U0720160

国家出版基金项目
NATIONAL PUBLICATION FOUNDATION

顧頡剛全集

顧頡剛古史論文集

卷　六

中　華　書　局

卷六目録

中國疆域沿革史[*]

重排本前言

　　六十年前，商務印書館創編中國文化史叢書，獨闢新徑，分門別類，各爲撰述，既顯示當年學術思潮和學人治學風格，亦發揚中國固有文化，爲功至鉅。故發刊伊始，即已蜚聲士林，見譽人口。迄至今日，猶受人稱道，蓋有由也。

　　叢書之中列有中國疆域沿革史，請顧頡剛先生撰述。顧先生慨然應允，然以諸務繁身，無暇執筆，要我先爲搜集材料及起草。1934 年禹貢學會初創，翌年得張石公（國淦）先生捐贈房舍，作爲會址。顧先生邀我先期移居禹貢學會之內，以便着手進行工作。

　　當時正是國難當頭，日本帝國主義侵凌日甚一日，東北三省早已淪陷，其鋒芒及於山海關內，北京（當時稱北平）勢同前綫，幾有不可終日之勢。顧先生曾感慨地説："吾人處於今日，深感外侮之凌逼，國力之衰弱，不惟漢唐盛業難期再現，即先民遺

---

　　* 1936—1937，與史念海等合作。商務印書館，1938 年 3 月；1999 年 7 月重排。

土，亦岌岌莫保，衷心忡忡，無任憂懼。"故承應撰著此書，實有深意。顧先生一再指出，必須詳細論述疆域損益及其演變踪迹，藉以使國人具知創造祖國山河之匪易，寸土皆應珍視，不能令其輕易淪喪，這不僅是口頭的指示，而且在書中開篇明白寫入。

顧先生上述指示，實爲本書框架輪廓，大綱目録即依此制定。目録中特設明代長城和九邊、清代後期失地等章節，亦有所指。論述歷代疆域，涉及許多具體地名，若一一備舉，悉以入於文内，顯得繁瑣累贅。顧先生又指示，應分別列成表格，既清眉目，亦可少占篇幅。顧先生還指示，講地理不能不用地圖，講現代地理如此，講沿革地理更不能捨之不用。根據這個指示，書中先後列表 31 個，附圖 27 幅。

以前我在大學學習時，曾聽過譚其驤先生講授中國歷史時期的地理的課程。譚先生很會講課，上課時只帶一些卡片，就滔滔不絕地講起來，既不發講義，也不繪製地圖和表格，學生只是聽講記筆記。在起草中，我翻閱過我所記筆記，由於和顧先生的指示以及寫作要求差距較大，很難配合。特別是顧先生在本書目録開端緒論之後，列有"中國疆域沿革史已有的成績"一章，筆記中無此内容可資參考，而疆域沿革之學有其歷史淵源，歷代學人咸有撰著，非一朝一代史事，起草此章要遍覽前哲時賢的著述，我深感難於措手。這些情形，我皆曾坦率地向顧先生談過。顧先生鼓勵我從頭學起，而且給我一年多的時間，作爲我在禹貢學會的工作。在這不很長的時間裹，我只好埋頭苦讀，翻檢有關圖書。這使我能博覽和參考古今許多學者的著述和學説，不囿於一家之言。在苦讀中，時時得到顧先生的指點，又不時和當時在禹貢學會工作的韓儒林、童書業、張維華諸先生共同研討，使我得到不少進益。在起草工作中也曾徵詢過諸先生的論點和意見，其中尤以童書業先生的爲多，但都没有注出他們的大名，因爲都僅是口頭的談論，不是著作，無從爲之注出。

　　總的説來，全書的框架輪廓以及大綱目録都有顧先生的指示，有規矩可依，所謂起草工作只是就章節題目做文章，看起來似乎不會很費力，但實際做起來却非常吃力。除了前面提到的"已有的成績"一章外，由於這本書以論述歷代疆域變遷爲主，舊日所謂正史大都有地理志或郡國志，就是有缺的，後來也有人爲之補撰，可以據以論述，不過有些志中也還有若干問題，前代學人於此都有論述，這就不能不多事翻檢，博採眾議，斟酌取舍。又在此書撰寫之前，顧先生曾經著有兩漢州制考，對於漢書地理志的訛誤有所校訂。既已創立規矩，就須一律踵行。再有疆域規劃時有變遷，歷年既久，其間自多增併損益，而改朝換代之後，改易更多，尤其是接近邊地各處，又時有盈虧。凡此種種，皆須一一董理，方不至有所訛誤。更爲繁瑣的則爲圖表的制定清繪。前代學人於此頗著功力，成果纍纍，但仍有不甚確切之處，需要考訂，而且要與現代地名對照，自不能不再下功夫，逐一爲之查勘。因此，以一年多的時間完成全書起草，極爲緊張。但是經過這次鍛煉，使我能够深入其中仔細鑽研，今日能够稍有寸進，確實是由顧先生諄諄的教導，爲我奠定治學的基礎，這是我没齒難忘的。

　　此書自出版迄今已六十年，本來已是往事一宗，無煩再爲道及。現在商務印書館決定重印，因就回憶所及，略述當年起草過程，亦雪泥鴻爪的微意。當年顧先生承應撰著此書，如前所説，是由於日本帝國主義的侵凌，日甚一日，其時國力衰弱，難於阻遏强敵，故欲借此書以昭告國人，不使大好河山繼續淪陷。現在國力日强，國運鼎盛，邊圉安謐，民康物阜，與六十年前迥然不同。顧先生在天之靈亦當爲之欣慰無已也。

史念海謹述
1998 年 2 月

第一章　緒論

在昔皇古之時，漢族群居中原，異類環伺，先民灑盡心血，耗竭精力，辛勤經營，始得今日之情況。夏、商以前，古史渺茫，難知究竟；即以三代而論，先民活動之區域猶僅限於黃河下游諸地；觀夫春秋初年，楚處南鄉，秦居西陲，而中原大國即以戎狄視之，擯不與之會盟，他可知矣。春秋、戰國之際，邊地諸國皆嘗出其餘力，向外開擴，故漢族之足跡，所至漸廣。漢族强盛之時，固可遠卻所謂夷狄之人於域外；然當其衰弱之日，異族又漸復内侵；故有秦皇、漢武之開邊擴土，即有西晉末年之五胡亂華；其間國力之强弱，疆域之盈虧，皆吾先民成功與失敗之痕跡，正吾人所應追慕與策勵者也。

傳説中之黃帝，已嘗畫野分州，建置萬國，其言雖荒誕，然疆域之區劃，皇古之時似已肇其痕跡。自禹貢以下，九州、十二州、大九州之説，各盛於一時，皆可代表先民對於疆域制度之理想。自郡縣肇建而地方制度與區劃，始稍見完善。厥後諸代建置之情形，各有不同，或因前朝舊規，或自創設新制，故漢州、唐道、宋路、元省皆成一代之主要地方制度，其名稱雖異，而其演變之跡尚可循求。今日國内以省區爲首要，然夷考其初，須溯自金、元；求其遠因，則應取證魏、晉。今日之縣制爲地方基本區劃，若一探究其根源，又須推至先秦之時。今日去遜清尚近，各地習俗仍多以府、州相稱，其所指不過一城，所轄不出數縣或數十縣；豈意兩漢、魏、晉一州之大，較諸今省猶有過之。隔代視之，似屬奇突；求其因革，罔不有所依據。吾人欲考究先民疆土之盈虧，則其時制度之變遷，固不可忽視者也。

　　且也，吾國今日人口之分布，東南密而西北疏，即以中原而論，亦較前代爲衰。返觀兩漢之時，三輔、三河、陳留、潁川、南陽、汝南實爲人口稠密之區域，以今地按之，則人口衰落之陝西中部、山西南部及河南是也。求其今古差別之原因，則東晉、南宋兩度偏安實有以促成之。蓋東晉之時，五胡亂華，中原衣冠相率南渡；南宋一代，金、元之南侵，遂使北地人民再度逃徙。此種劇烈之事變，固爲人口遷徙之最大原因；而南北郡縣增損之情形亦可假此解釋。蓋人户繁多之地，其政務自較複雜，郡縣之建置亦必日漸增多；反之，荒涼之地，户口稀少，不惟不必增置郡縣，抑且日有廢省（南北朝時代郡縣增多實逾常軌，不能以此例之）。西漢十三州刺史部及司隸校尉部之區劃，南方僅居其四（荆、揚、益、交四州），而北方實得十區；西晉十九州，南七而北十二；是北方地理區畫實遠密於南國。自經東晉、南北朝長期之紛亂，至唐代始漸歸平均，故唐初十道，南北各半。至明時之十三布政使司及二直隸則又北五而南十；清代內部十八省，亦北六而南十二，南北盛衰之情形於此顯見，故吾人欲考究歷代疆域之變遷，人口之增減亦不能不注意之也。

　　雖然，移民之事業，吾國古代即已有之，特晉、宋兩代爲最著耳。先秦之時姑不具論，嬴秦、兩漢實數見不鮮。秦、漢建都關中，因徙各地豪民富家於畿輔，故三齊諸田，燕、趙鉅族，皆車轂相接，絡繹西遷，關中人口盛極一時，此實都之策也。秦皇北逐匈奴，南取蠻、越，建郡置縣，徙罪民以居之，故河南、嶺外已有漢族之足跡。漢武拓地北方，開通西域，建河西四郡，益徙內地人民實之，而其時屯戍之卒且遠及於渠犂，殖邊之故也。東漢而後，降胡內徙，皆徙之塞下，移異族入吾境圉，實伏西晉亂離之先機。厥後民户南遷日甚，南北盛衰頓異。及元時括户，北部一州不當南國大縣；明初雖有徙寬鄉（徙南人入北）之舉，然積習日久，卒不能改。寖至塞外委爲蒙地，遼東舍於滿族，亦視爲應然，毫不足怪也。近年以來，强鄰虎視，欲得我地而甘心，乃謂滿、蒙非我舊土，不知漢之遼東、玄菟，實當今遼寧諸地，右北平屬縣大半皆在熱河境内；唐代之安東都護府治所實在今鴨緑江以南，其所轄州郡，亦散布於朝鮮半島。原强鄰侵略之野心，固當抹煞事實，而國人亦多數典忘祖，隨聲附和，豈不謬哉！

吾人處於今世，深感外侮之凌逼，國力之衰弱，不惟漢、唐盛業難期再現，即先民遺土亦岌岌莫保，衷心忡忡，無任憂懼！竊不自量，思欲檢討歷代疆域之盈虧，使知先民擴土之不易，雖一寸山河，亦不當輕輕付諸敵人，爰有是書之作。其地方制度州郡區劃與夫人户之移徙亦疆域史中所不可少者，因併論及，著之於編。

第二章　　中國疆域沿革史已有之成績

吾國地理之學發達極早，其見於文字之記載者，則尚書禹貢、山海經、爾雅釋地、周禮職方諸書蓋爲最古。然言地理者必有地圖始能相佐爲用。地圖之創始當在文字記載以前，誠以圖象之製作較文字爲易，故先民多先圖而後書。吾國地圖之見於記載者始於周初，尚書洛誥“伻來以圖，及獻卜”，詩周頌：“墮山喬嶽，允猶翕河”，即見明證（緯書之言地圖早在神農、黄帝之時，如太平御覽卷三十六引春秋元命苞云：“神農時怪義生白阜圖地形脈道”，其説不足據）。周禮亦云：“職方氏掌天下之圖，以掌天下之地”，是地圖之製作已漸臻發達。春秋戰國之世，諸侯交爭，地圖益多。戰國策秦策：“司馬錯與張儀爭論於秦惠王前，……儀曰：……據九鼎，按圖籍，挾天子以令天下，天下莫敢不聽，此王業也。"趙策："臣竊以天下地圖案之，諸侯之地，五倍於秦，料諸侯之卒，十倍於秦。"史記藺相如傳："因請召有司案圖，指從此以往十五都予趙。"而荊軻爲燕太子丹西刺秦王時所挾之督亢圖尤艷稱於後人口中。戰國學術本極發達，而地圖之繪製尤爲一時之盛事；蓋各國相爭，遣使結盟，出兵奪地，交通道路山川形勢在所必知，故地圖之繁多實吾人意料中之事也。

　　及劉、項亡秦，蕭何隨漢祖入關，先收秦丞相及御史律令圖書藏之，蕭相國世家所謂："漢王所以具知天下阨塞戶口多少，彊弱之處，民所疾苦者，以何具得秦圖書也。"張丞相列傳："蒼乃自秦時爲柱下史，明習天下圖書計籍"，吾人可由此稍知秦人作圖之概況，及其圖上所記載之情形。入漢以來，圖籍之著作益盛，吾人姑舉其著者言之，三王世家："臣昧死奏輿地圖，請所立國名。"淮南衡山列傳："王日夜與伍被、左吳等案輿地圖。"漢書江都易王傳："具天下之輿地及軍陳圖。"後漢書光武紀："臣請大司空上輿地圖。"馬皇后紀："帝按地圖將封皇子，悉半諸國。"岑彭傳注引續漢書："辛臣爲(田)戎作地圖，圖彭寵、張步、董憲、公孫述等所得郡國，云洛陽所得如掌耳。"馬援傳："前披閱輿地圖，見天下郡國百有六所。"李恂傳："拜侍御史，持節使幽州，……所過皆圖寫山川屯田聚落百餘卷，悉封奏上。"惜漢世諸圖今已亡佚，不得知其究竟；惟晉裴秀奏上禹貢地域圖時猶得見之，其言曰："今祕書既無古地圖，又無蕭何所得，惟有漢氏輿圖及括地諸雜圖，各不設分率，又不考正準望，亦不備載名山大川，雖有麤形皆不精審，不可依據，或荒外迂誕之言，不合事實，於義無取。"(晉書本傳)據秀所言漢圖殆僅有各地之輪廓，似非精細之作。惟此時有一事應爲吾人所注意者，即追記古代地理之輿圖，已見萌芽。漢書張騫傳："天子案古圖書，名河所出山曰崑崙。"後漢書循吏傳："乃賜(王)景山海經、河渠書、禹貢圖。"武帝所案之圖是否出自漢代，吾人不得而知；然景所得者，當爲漢時所製。蓋禹貢雖載九州區域，不過先秦人士之地理學說，其圖自非先秦之時所能作也。

兩漢地圖之外，輿地之著作尤爲衆多，太史公之河渠書及班孟堅之地理志，皆千古之絕作，而爲後世研究疆域沿革之人士奉爲圭臬，故隋書經籍志曰：“武帝時，計書既上太史，郡國地志固亦在焉；史遷所記，但述河渠而已。其後劉向略言地域，丞相張禹，使屬朱貢條記風俗，班固因之作地理志，其州國郡縣山川夷險時俗之異，經星之分，風氣所生，區域之廣，戶口之數，各有攸叙，與古禹貢周官所記相埒。”淮南王安賓客所撰之淮南子地形訓繼鄒衍之後，縱論天下九州，猶有先秦人士言地之餘風。楊雄之十二州箴，王莽職方可以考見。後漢應劭著十三州志及風俗地理志，以記各地沿革，惜其書不傳，難窺全豹，僅於他書中略睹其斷簡佚句，稍知其體例而已。

此期尚有一可注意之事，即方志之著作是也。方志之名雖早見於周禮；然其時是否已有此類書籍，實屬疑問。後漢書西域傳：“（甘英）抵條支而歷安息，臨西海以望大秦，拒玉門、陽關者四萬餘里，靡不周盡，……而二漢方志，莫有稱焉。”吾人逆料二漢之時，方志之著作蓋極普遍，故隋書經籍志謂“武帝之時，計書既上太史，郡國地志因亦在焉”。惟其時方志所載事物不若後世之繁雜而已。舉其著者則圈稱陳留風俗傳、王逸廣陵郡圖經（文選蕪城賦注引）皆是也。自此而後，作者代有，至於今日，荒州僻縣亦皆各有其志書，於是各地之沿革亦能溯其本源，考其變遷。雖其間優劣不齊，要爲治疆域沿革史者之別軍也。

自太史公作河渠書，班孟堅因之作溝洫志，二家之後，水道之記載，久而不聞；魏、晉間有水經一書出，遂爲談水者別開生面。水經一書，前人或以爲漢桑欽所撰，然書中載有魏、晉間事，當非欽所能知。元魏之時，酈道元爲之作注，發幽顯昧，頓成名山之業，後世遂以之與先秦之山海經並稱，爲治地學者所不可少之要籍，清人治此書者極多，其詳述於後文。

　　晉初，杜預以酷愛左傳成癖，因著春秋左氏經傳集解，而列國地理遂散見於其書中。司空裴秀博學多聞，因撰禹貢地域圖，晉書本傳載其書序文曰："今上考禹貢山海川流原隰陂澤，古之九州及今之十六州，郡國縣邑疆界鄉陬及古國盟會舊名，水陸經路，爲地圖十八篇。"窺其撰述之意，蓋考古兼以證今，山川郡國靡所不述，實爲研究疆域沿革之名作；惜其書不傳，難知其詳耳。其作圖之法，據傳所言，則大要有六："一曰分率，所以辨廣輪之度也；二曰準望，所以正彼此之體也；三曰道里，所以定所由之數也；四曰高下，五曰方邪，六曰迂直，此三者各因地而制宜，所以校夷險之異也。"隋宇文愷謂其圖以二寸爲千里（隋書本傳），則其輪廓可知。秀客京相璠又撰春秋土地名，則專考究一代。厥後虞摯又依禹貢周官撰畿服經百七十卷，隋書經籍志謂："其州郡及縣，分野、封略、事業、國邑、山陵、水泉、鄉、亭、城、道里、土田、民物、風俗、先賢、舊好，靡不具悉"，蓋亦一代集大成之作也，而今則亡矣。齊之陸澄（地理書）、梁之任昉（地記）、陳之顧野王（輿地志）皆嘗祖述虞氏體例，各有撰述，實則鈔集諸家之說，故隋志謂其不能成一家之體也。宋謝莊嘗製方丈圖，宋書本傳，謂其"分左氏經傳，隨國立篇，製木方丈圖，山川土地各有分理，離之則州別郡殊，合之則寓內爲一"。案其圖例，實可與京相璠之書相輔而行。其他疆域沿革之要籍，則齊有劉澄之之永初山川古今記，梁有陶弘景之古今州郡記，其書皆佚，存其目而已。晉郭璞注山海經與北魏酈道元之注水經，皆爲整理古籍之名作，先後輝映，長爲後世學人所景仰者也。

　　唐初史臣纂修晉書，地志一篇，疏誤甚多，深予後人以評論之口實。然魏王泰侍臣所撰之括地志，賈耽之貞元十道錄、華夷圖、古今郡國縣道四夷述，李吉甫之元和郡縣圖志皆卓然自成一家之言。賈氏古今縣道四夷述所載"中國本之禹貢，外夷本班固漢書，古郡國題以墨，今州縣題以朱，刊落疏舛，多所釐正"（新唐書本傳），今人治疆域沿革者所繪圖表，以朱墨套印，蓋賈氏之遺制也。傳又謂耽"著貞元十道録。以貞觀分天下隸十道，在景雲爲按察，開元爲採訪，廢置升降備焉"。其本朝疆域之沿革具於此矣。若括地志、元和郡縣圖志則皆言今而兼述古，括地志亡佚已久，元和郡縣圖志尚存，其圖亦早失矣。四庫全書總目提要謂："輿地圖經隋唐志所著録者，率散佚無存，其傳於今者惟此書（元和郡縣志）爲最古，其體例亦最善，後來雖遞相損益，無能出其範圍"，其見重於後世若此。

至於宋代，樂史著太平寰宇記、歐陽忞作輿地廣記、王象之撰輿地紀勝，考其所述則郡縣沿革山川人物藝文等目無不備載，蓋循李氏郡縣之舊規，而又揚其餘波者也。若王存之元豐九域志之類，雖亦輿地名作，然僅述本朝郡縣，不載沿革，非吾人所欲討論也。其專論地理沿革之著作，則王應麟通鑑地理通釋其最著者，王氏素精輿地之學，而斯書又詳闡歷代地理之變遷，故四庫提要稱其"徵引浩博，考核明確，於史學最爲有功"也。他若稅安禮歷代地理指掌圖、程大昌禹貢山川地理圖、吳澥歷代疆域志、鄭樵春秋地名譜亦此期研究疆域沿革之成績，宋史藝文志載有不著撰人之三代地理志一書，當亦爲此時之著作。

元代阿拉伯繪圖之法傳入，吾國地圖因經一度改良，朱思本之廣輿圖即利用新法而作成者，朱圖至明時爲羅洪先所增補，今日尚存。元人始創修一統志，明、清繼之，代有修纂，惜元一統志已佚，爲可惜耳。元代論疆域沿革之著作，多不可考見，僅胡三省之資治通鑑注流傳甚廣，胡氏所注固非專究輿地，然溫公書中之地名，得胡氏闡述，亦可知其沿革，其功正不可没也。至明而有桂蕚之歷代地理指掌，吳龍之郡縣地理沿革，郭子章之古今郡國名類等今皆亡矣。

清代樸學最爲發達，疆域沿革之研究亦因以遠超前人之範圍。清人之治疆域沿革者，多偏重於整理故籍，而於校補各史地理志，用力尤勤。自班固著漢書地理志後，司馬彪承其餘緒，撰續漢書郡國志，及陳壽著三國志，遂闕此不作；而唐人所修晉書地理志又多譌誤疏漏，其餘諸史或闕或陋，正待後人之修補，故清儒之治古地理者，多側重於此。其所補之志，如：劉文淇之楚漢諸侯疆域志，謝鍾英之三國疆域表，吳增僅之三國郡縣表（楊守敬補正），洪亮吉之補三國疆域志、東晉疆域志、十六國疆域志，洪齮孫之補梁疆域志，汪士鐸之南北史補志，徐文范之東晉南北朝輿地表等。其所校注者，如：全祖望之漢書地理志稽疑，錢坫之新斠注地里志（徐松集釋），汪遠孫之漢書地理志校本，王紹蘭之漢書地理志校注，吳卓信之漢書地理志補注，楊守敬之漢書地理志補校，畢沅之晉書地理志新補正，方愷之新校晉書地理志，成孺之宋書州郡志校勘記，溫曰鑑之魏書地形志校錄，張穆之延昌地形志，楊守敬之隋書地理志考證，練恕之五代史地理考，李慎儒之遼史地理志考等。凡此皆就史漢以後諸史爲之校補注釋，若先秦之時則研究者亦不乏人，若閻若璩之四書釋地，胡渭之禹貢錐指，蔣廷錫之尚書地理今釋，孫馮翼之禹貢地理古注考，焦循之毛詩地理釋，朱右曾之詩地理徵，高士奇之春秋地名考略，江永之春秋地理考實，沈欽韓之左傳地名補注，張琦之戰國策釋地，程恩澤之國策地名考等皆論上古時之地理者。至若各家文集札記，亦往往有論地之作，然零篇短札難於備舉矣。

　　山水二經自郭璞、酈亭之後，雖時見重於世人，然專董其業者尚不多見。入清以後，治之者甚多，而水經尤爲人所注意。清儒之治山經者，以吳任臣爲最早，其所著書曰山海經廣注，畢沅繼之有山海經新校注，郝懿行之山海經箋疏最後成，而其書亦最優。清初之治水經者甚多，據趙一清注釋徵引之本，則有錢曾、黃宗羲、孫潛、顧炎武、顧祖禹、閻若璩、黃儀、劉獻廷、胡渭、姜宸英、何焯、沈口、沈炳巽、董熥、項絪、杭世駿、齊召南、全祖望諸家，而全祖望、趙一清、戴震三家校本尤著。他若孔繼涵之水經釋地，趙匡學之水經注釋地，陳澧之水經注西南諸水考，沈欽韓之水經注疏證，汪士鐸之水經注提綱、水經注釋水（沈、汪二家之書未刊），皆精研博證，厥功至偉。清末，王先謙更集諸家之説爲合校本水經注，學者便之。楊守敬進而撰水經注疏，惜未竟全功，然就已刊之水經注疏要删觀之，則包羅諸家，集大成之作也。清儒爲水經注作圖，始自黃儀，儀於每水各寫一圖，汪士鐸繼之因著水經注圖，清末，楊守敬別著新圖，較舊作精詳矣。清儒治水道沿革，水經而外，多本漢志，因班氏志文間注水流，故學者多從而考覈之，陳澧之漢書地理志水道圖説及洪頤煊之漢志水道考證其最著者。

　　諸家之外，其綜考歷代疆域沿革之著作，則以顧祖禹之讀史方輿紀要最爲博大，而楊守敬之歷代地理志沿革圖尤爲鉅製。其他若陳芳績之歷代地理沿革表及李兆洛之歷代地理沿革圖、歷代地理志韻編今釋等雖不若顧、楊二家之宏博，猶能備學者之參考，不可廢也。

　　疆域沿革之學，其初本爲史學之附庸，自經清代樸學諸君子之努力，漸由附庸而爲大國，吾人細覽前人之成績，誠不禁嚮往之甚也。

第三章　夏民族之歷史傳説及其活動範圍

第一節　大禹治水分州之傳説

　　夏代以前因文獻無徵，研究中國歷史者惟有缺疑。夏代歷史雖亦僅憑後世之記載，然由種種方面證明，則知在殷商以前確有此一朝代也。夏之始祖相傳爲禹，但禹究竟與夏人是否有血統上之關係，又屬疑問。戰國以前書中之禹，但稱禹，不稱夏禹，或者禹之傳說乃爲中國之創世記耳。關於大禹傳說最著者爲治水及分州二事，今述之於後，以見中國古代之地理觀念。

世界各民族皆有洪水之傳說，其著者若巴比倫、猶太、印度、波斯、雲南猓猓等均有此神話。我國古代文明濫觴於黃河流域，夏民族又播遷流轉於此地，黃河自古即多氾濫之災，或即誤以部分之水災爲普遍之大害，遂產生治水分州等傳說邪？最初說爲治水之人物，即爲大禹，如詩大雅文王有聲篇謂：“豐水東注，維禹之績。”商頌長發篇言：“洪水茫茫，禹敷下土方。”尚書呂刑篇言：“禹平水土，主名山川。”蓋在西周時，已認定禹爲首出奠定山川者，凡後人所居皆禹之跡，故“禹跡”“禹都”即爲天下之代表名詞。時代愈後，洪水之傳說愈紛歧，於是自燧人氏、顓頊以至帝堯、帝舜時，乃莫不有治水患之傳說，而治水之事業亦不始於禹矣。如傳說中謂禹父鯀曾治水而失敗。國語周語又云：“昔共工……淫失其身，欲壅防百川，墮高堙庳以害天下，皇天弗福，……共工用滅。有崇伯鯀播其淫心，稱遂共工之過，堯用殛之於羽山，其後伯禹念前之非度，……共之從孫四岳佐之，高高下下，疏川導滯。”此謂在禹之先已有共工及鯀之治水，但皆用壅防之法而致失敗，以致共工既滅，鯀亦被誅。禹雖疏導成功，然傳說亦謂其備極勤勞，如莊子天下篇云：“墨子稱道曰：‘昔者禹之湮洪水，決江河，而通四夷九州也，名川三百，支川三千，小者無數，禹親自操橐耜，而九雜天下之川，腓無胈，脛無毛，沐甚雨，櫛疾風，置萬國。’”如此勤勞，尚須十三年而功始竣（史記河渠書，孟子作八年）。隨治水而來之傳說，則爲分割九州之事。“九州”一名辭，雖已見於春秋時銅器齊侯鎛鐘及詩商頌（作“九有”“九圍”等），但整個九州每州之名稱及疆域之分割，則恐爲戰國以後所安排。試觀墨子兼愛中道禹治水之事，爲西以泄渠、孫、皇之水，北以利燕、代、胡、貉、西河之民，東以利冀州之民，南以利荆、楚、于越，毫無禹貢九州之色彩（冀州爲一固定地名，非九州中之一州），則可知禹貢九州之名稱及劃分，應在墨子一書後也。今日所見之禹貢爲記禹時九州貢賦及治水刊山之書，雖非禹時實録，然亦足代表戰國時代人之古代地理觀念。其中所述禹時之九州爲：（一）冀州，（二）兗州，（三）青州，（四）徐州，（五）揚州，（六）荆州，（七）豫州，（八）梁州，（九）雍州。以今日之地理約略言之，則冀州在今山西省及河北、河南省之一部，兗州在今河北與山東省之一部，青州在今山東省境内，徐州在今山東及江蘇省之一部，淮水以南今江蘇、安徽等處則爲揚州，荆州在今兩湖境内，豫州略包括今河南省，梁州包括今四川、西康及陝西省之一部，雍州則起自今陝西省東界，並包有甘肅等地。然以上云云，特大略言之，夷考其詳，則諸家考據亦未有定論；況九州之分割既屬空中樓閣，詳細考證亦屬徒然也。

第二節　從夷夏交爭與少康中興等傳説中觀察夏代中世之疆域

據史記夏本紀所記，禹後爲啟，啟後爲太康、中康、相、少康四君。惟史記於啟後一段無何重要事跡之記載，若依左傳（襄公四年及哀公元年）則知夏代於后相時，曾有中絶之事，擾攘數十年，卒由少康中興，恢復禹績，不失舊物。蓋夏自太康以後，國勢已衰，東夷崛起，夷族中有有窮后羿者遂革去夏命，因夏民以代夏政。但羿固非能理民事者，淫於田獵，棄賢臣而用伯明氏之讒子弟寒浞，卒致依樣畫葫蘆，以其所取夏之天下歸於寒浞；浞並妻其妃姜，生子澆及豷。后相自失天下後，本依於同姓諸侯斟灌、斟尋，後見嫉於寒浞，乃命澆滅此二國，並殺夏后相。相

妻后緍方娠，逃出自竇，奔於母家有仍，生子少康。少康年長爲
有仍牧正，時澆封於過，豷封於戈，澆又思害少康，少康乃自有
仍逃奔有虞。虞君妻以二女，封以綸邑，遂有田一成，有衆一
旅，建立中興之基礎。先是夏之遺臣靡，在羿死後，逃奔有鬲，
至是亦出收夏之遺民，剿滅寒浞，少康卒即王位，有夏中興之事
業於以完成。（按此段故事甚有問題，今以夏代地理材料流傳絶
少，姑依左傳言之。）

　　此書本講中國疆域沿革，於此一段歷史事實瑣屑道及者，因
夷夏交爭之跡，可以覘夏族在當時活動之舞臺究爲何地耳。據歷
代經史家考證，知有窮國在今山東德縣北，寒在今山東濰縣東
北，有鬲亦與有窮相近；斟灌在今山東壽光縣東北，斟尋在今山
東濰縣西南；有仍在今山東濟寧縣（即任國）；過在今山東掖縣；
戈不詳其地，據舊説在宋、鄭兩國之間，當在今河南中部；有虞
與綸在今河南虞城縣。吾輩如以地圖覆按之，則知上述諸地固不
出黃河下游之地域也。

　　此外太康亦曾居斟鄩（水經注等書引汲冢古文）。后相之都城
並在黃河下游。左傳僖公三十一年云：“衛遷於帝丘……衛成公
夢康叔曰：‘相奪予享。’公命祀相，寧武子不可，曰：‘鬼神非其
族類，不歆其祀。杞、鄫何事！相之不享於此久矣，非衛之罪
也。’”因帝丘本相之舊都，一旦爲衛所據，故相奪康叔之享。帝
丘在今河北南端之濮陽縣西南；後譌爲商丘，古本竹書紀年謂相
即位，居商丘（太平御覽引）有左傳爲之佐證，似可信也。且后相
時曾征淮夷、畎夷、風夷、黃夷等，而于夷來賓（均本古本竹書
紀年），少康即位，方夷來賓（仝上），伯杼子征於東海（仝上），
后芬即位，九夷來御（仝上），是皆夏都本在東方之證。且在詩經
中夏之與國亦在黃河下游，如商頌長發云：“韋、顧既伐，昆吾、
夏桀”，韋、顧、昆吾蓋均夏末强國，故湯當伐夏前先除去之。
韋國在今河南滑縣東南；顧國在今山東范縣東南；昆吾在今河北

濮陽縣東，雖分處三省，地望實相近也。

　　至於夏之同姓國，古籍、甲金文中可考者則有觀、葚、杞、鄫、寒諸國。考其地望，則觀國在今山東觀城縣，居顧國之西。葚國約在今山東曹縣。杞本居今河南杞縣，後一再遷徙，至山東昌樂縣。古鄫國有二：一姬姓，一姒姓。姒姓之鄫，約在今山東嶧縣東，姬姓之鄫，蓋漢陽諸姬之一，與申戎搆亂禍周者。並非姒姓之鄫本居西方，後乃東遷也。寒國之爲姒姓，則見於金文（攗古録卷二之二），吳式芬引徐籀莊説，謂即寒浞之寒，如然，則少康與寒浞之爭亦閱牆耳。

　　吾輩試一統計上述諸地，則夏代中世之政治勢力範圍甚瞭然矣；蓋其政治中心似在今山東、河北、河南三省間也。然此種疆域亦僅限於夏代中世，若至晚夏則其政治中心似已西移，換言之，即夏已遷都也。但政治中心雖移，其民族並非盡數西遷，故東方尚多有其同姓及與國也。

第三節　晚夏之疆域範圍

　　夏代自帝杼以後所見故事傳説甚少，其居址不可甚詳；但當夏之晚年，其政治中心不在魯西，而在今河南鞏、洛以至河東一帶，則爲有證有據之事，未容否認者也。至於其西徙原因可以猜測者，或因黃河大氾濫使不能安居，或因東夷之侵陵，皆未可知，但非舉族西遷，東方仍有孑遺，後世之杞、鄫諸國是也。何時始西遷？西遷果在何地？今試分述之如下：

　　在左傳中曾見有大夏及夏虛二名辭，如昭公元年云："遷實沈于大夏，主參，唐人是因，以服事夏、商，其季世曰唐叔虞。當武王邑姜方震大叔，夢帝謂己：'余命而子曰虞，將與之唐，屬諸參，而蕃育子孫。'及生，有文在其手曰虞，遂以命之。及成王滅唐而封大叔焉。故參爲晉星。"又定公三年傳云："分唐叔以大路，密須之鼓，闕鞏沽洗，懷姓九宗，職官五正；命以唐誥而封於夏虛，啟以夏政，疆以戎索。”由以上記載，知晉地即大夏，亦即夏虛也。杜預注謂大夏“今晉陽縣”，又謂“夏虛、大夏，今太原晉陽也。”杜注蓋本於漢志太原晉陽注云：“故詩唐國，周成王滅唐，封弟叔虞。”服虔注謂“大夏在汾、澮之間。”顧炎武是服說，蓋服說較近於事實。近錢賓四先生（穆）又修正服氏之說，謂實沈居大夏，當在安邑一帶，而晉、唐故居當在河東涑水，不涉汾、澮，其證甚多（見周初地理考）。先是顧棟高春秋大事表亦曾主張“夏虛今爲山西解州之平陸縣，在河之北”，與錢先生說不甚相遠。

　　夏代何帝始西徙？此難作確切之答復者，但至少在夏后皋時已居河東附近。因左傳僖公二十三年有云：“殽有二陵焉，其南陵，夏后皋之墓也；其北陵，文王之所避風雨也。”在古代陵墓與居所或不能相距太遠，故吾人於其陵處求其居處，當不致有大誤。殽，杜注謂在弘農澠池縣西，亦正夏虛附近之地。至於夏桀之國之在西方，則尤有明證。國策魏策吳起云：“夫夏桀之國，左天門之陰，而右天谿之陽，盧、睪在其北，伊、洛在其南。”史記魏世家引作“夏桀之居，左河、濟，右華山，伊闕在其南，羊腸在其北。”太華即今華陰之華山。伊闕，史記秦本紀正義引括地志謂在洛州南十九里（在今洛陽縣）。羊腸之說有三：一說在懷、潞間，史記魏世家所云：“昔者魏伐趙，斷羊腸，拔閼與。”正義謂羊腸在太行山上，南口懷州，北口潞州。一說在壺關，漢志上黨壺關有羊腸坂。一說在晉陽，水經注謂“羊腸坂在晉陽西北。”三說之中，晉陽太北，一二兩說相近，宜以壺關爲是。如此則夏桀之國，西到華陰，東到濟水上流，北至壺關（在今山西長治縣），南至伊、洛，正包括上所云夏虛（大夏）之域也。此外國語周語有“昔伊、洛竭而夏亡”之語，逸周書度邑解亦云：“自洛汭延於伊汭，居易毋固，其有夏之居”，亦皆夏曾居河南西部之佐證。

　　總括以上三節所云，禹之傳説乃屬一種神話性質，不足知夏代政治範圍之所在，中夏以先，夏之政治中心似在今山東省，其勢力及於河北、河南，晚夏則移居河東及伊、洛流域，然東方仍有其子遺也。

本章重要參考書：

尚書禹貢。

國語。

左傳。

史記夏本紀。

顧頡剛：古史辨第一册。

顧頡剛：州與嶽的演變(燕京大學史學年報第五期)。

錢穆：周初地理考(燕京學報第十期)。

楊向奎：夏代地理小記(禹貢半月刊三卷十二期)。

第四章　殷商民族之來源及其活動區域

第一節　殷商民族起於東方説

　　中華民族之來源，至今未有定論，歐洲學者曾有種種假定，或謂自馬來半島渡海而來，或謂由于闐越山而至，或謂來自中亞細亞，或謂來自美索普達米亞，此外印度、埃及、美洲大陸皆曾説爲中華民族之發源地。但説法雖多，皆無強證，較有力者爲中亞細亞説。蓋在萬年以前，該處土質膏腴，應爲古代文化散布之地，後經地質變動，成爲沙漠，居民不得已而四散。我中華民族或由帕米爾高原越葱嶺而東下，以後發榮滋長，乃有今日之中國文化。但此乃有史以前一種假定說法，若憑中國古籍中之記載，則知夏、商代實起於東方，周代乃肇自西土也。

夏與東方之關係，已見上章所述。若商湯則太史公固亦謂起自西方矣。如云：“或曰：‘東方物所始生，西方物之成熟。’夫作事者必於東南，收功實者常於西北。故禹興於西羌；湯起於亳（案此亳指西亳）”（六國表序）。近傅孟真先生（斯年）於夷夏東西說一文中已辨其非，蓋商湯之亳實在東方，在商湯以前關於商代祖先之種種傳說，皆足以說明商起於東北，後錯處河、濟間，其後乃西漸而滅夏。詩商頌玄鳥有云：“天命玄鳥，降而生商。”“玄鳥”傳說之核心，在於祖宗以卵生而創業，後代神話與此說屬於一源而分化者，全屬東北民族及淮夷。如論衡吉驗篇云：“北夷橐離國王侍婢有娠，王欲殺之。婢對曰：‘有氣如大雞子，從天而下，我故有娠。’”魏書高句麗傳：“高句麗者，出於夫餘。自言先祖朱蒙，朱蒙母河伯女爲夫餘王閉於室中，……既而有孕，生一卵大如五升。”此外高麗好大王碑、高麗王氏朝金富軾撰三國史記高句驪紀、朝鮮舊三國史東明王本紀、清太祖武皇帝實錄等書均記有此等傳說。由此可知此種傳說在東北各部族中之普遍與綿長。在東北以外，古淮夷亦有此種神話，如史記秦本紀云：“秦之先，顓頊之苗裔孫曰女修。女修織，玄鳥隕卵，女修吞之，生子大業……”雖記秦事，實叙淮夷之祖，因秦本嬴姓，嬴姓乃東方濱海之民族也。淮夷本東海上部族，詩魯頌云：“至於海邦，淮夷來同”，是其證。據此種種佐證，則知所謂“天命玄鳥，降而生商”實與東北民族各神話同一來源。持此以證商民族與東北有密切關係，蓋爲無疑也。

再就詩商頌“宅殷土芒芒”一句而言，殷土果何在乎？自武乙以來所都之處，史記稱之曰殷虛，殷虛正在洹水南岸，今河南安陽縣境。不過此爲後來之事。更求殷商部族之本土，則呂氏春秋慎大覽有云："親郼如夏。"高誘注曰："郼讀如衣，今兗州人謂殷氏皆曰衣。"畢沅曰："書武成，殪戎殷，中庸作壹戎衣，二字聲本相近。"然則殷即郼，郼、韋、衛三字當爲一字之異體。衛之地位易求，如呂氏春秋有始覽云："河、濟之間爲兗州，衛也"；又左傳哀公二十四年杜注云："東郡白馬縣東南有韋城。"晉白馬縣當今滑縣東境，亦正古所謂河、濟之間也。則商湯之先公發跡於此可知矣。

此外於天問、山海經等書中又見商代祖先之故事。天問云："該秉季德，厥父是臧，胡終弊於有扈，牧夫牛羊？……恒秉季德，焉得夫朴牛？……昏微遵跡，有狄不寧。"又大荒東經曰："有困民國，句姓而食。有人曰王亥，兩手操鳥，方食其頭。王亥託於有易，河伯僕牛。有易殺王亥，取僕牛。"郭璞注引竹書曰："殷王子亥，賓於有易而淫焉，有易之君曰緜臣，殺而放之，是故殷上甲微假師於河伯，以伐有易，克之，遂殺其君緜臣也。"以上之故事，實紀殷祖王亥、王恒及上甲微三世之事。有扈亦即有易，蓋篆文形近而譌。有易即有狄，音近可通假。有狄之地當在今大河之北，即易水左右。以有易推殷商所在，知其必爲鄰國，應在今河北省中部或南部，是亦商湯先祖之所處也。

第二節　殷商之建都與遷都

商代之發跡，蓋由東北渤海灣與易水流域，後更南徙，往來於濟水、黃河間；商湯勃興，乃先翦除其附近夏之與國如韋、顧及昆吾等而後平滅夏桀。商湯以前，商民族亦曾聲勢赫赫，如商頌云："相土烈烈，海外有截。"然而滅夏據中原者，則自商湯始，故今考商之都城亦當自湯始。尚書序云："自契至於成湯八遷，湯始居亳。"古地以亳名者甚多，如春秋襄公十一年："秋七月己未，同盟於亳城北"，杜注云："亳城，鄭地"；左傳昭公九年云：

"肅慎、燕、亳，吾北土也"，杜預於此無説，然既與肅慎、燕並舉，或當在東北方，與燕及肅慎隣。湯都城之亳所在，説尤紛歧。班固漢志謂偃師尸鄉，殷湯所都，鄭玄亦然。皇甫謐以爲湯都穀熟，所謂南亳也。括地志以爲湯始居南亳穀熟，後遷西亳偃師。臣瓚又云，湯都山陽郡之薄縣。近王國維氏之説亳是其説。此説最有力之證據，如左傳哀公十四年，"宋景公曰：'薄，宗邑也。'"此薄即前漢山陽郡之薄縣。既云爲宋宗邑，自足證其爲商湯之都。又如孟子言湯居亳，與葛爲隣，皇甫謐、杜預等均以寧陵縣之葛鄉爲葛伯國。寧陵與薄縣地相接，湯之所都自當在此。其地在今河南商丘縣北，與山東曹縣接界也。

商人早歲之屢遷都，或因社會生產尚以游牧爲主之故。商湯而後至盤庚，自昔傳説尚有五遷，惟説法不一。史記殷本紀云："盤庚渡河南，復居成湯之故居，五遷無定處"，是謂盤庚一身五遷也。但書序云："仲丁遷於囂，作仲丁；河亶甲居相，作河亶甲；祖乙圮於耿，作祖乙；盤庚五遷，將治亳殷……"史記殷本紀云："仲丁居隞；河亶甲居相；祖乙遷於邢；盤庚宅殷。"蓋"隞"即"囂"，"邢"即"耿"也。是則仍以五王五遷説爲較勝。史記殷本紀正義引括地志云："榮陽故城在鄭州滎澤縣西南十七里，殷時敖地也。"又云："故殷城在相州内黃縣東南十三里，即河亶甲所築都之，故名殷城也。"皆黃河附近地。邢，索隱以河東皮氏縣當之；正義引括地志云："在龍門縣。"案：仲丁河亶甲所居皆在今河南中部以東，黃河附近數百里内；何以祖乙所居遠在河東，是誠難解者；蓋別有所在。説文"邢"字云："周公子所封地，近河内懷。"云"近河内懷"，乃指左傳宣公六年及國策魏策之邢丘。邢丘即"邢虛"，猶言商丘、殷虛也。祖乙所遷，當即在此杜預注邢丘，謂在河内平皋縣，平皋故城在今河南温縣東，正逼近大河，書序所云："圮於耿"者，有由來矣。殷地之所在，舊説亦誤，如書序云："盤庚五遷，將治亳殷"，亳殷連文，乃相沿以殷爲亳。史記殷本紀云："盤庚之時，殷已都河北，盤庚乃遂涉河南治亳，復居成湯之故居"，其誤與書序同。"亳殷"連文，不見於古籍，"亳"蓋"宅"字之譌，"宅殷"於義爲長。殷地之所在，尚書疏引汲冢古文云，在鄴南三十里，蓋即洹水南之殷虛也。在今河南安陽縣界。

竹書紀年謂："自盤庚徙殷，至紂之亡七百七十三年，更不遷都。"若然，則商之都殷，爲時最久。但亦有異說，如國語楚語云："武丁入於河，自河徂亳。"亳在河之南，殷在河北，故武丁往亳，必先入河。是盤庚之後，武丁曾一遷也。但殷之亡，實在河北，如國策魏策云："殷紂之國，……前帶河，後被山"，云"前帶河"，可知其在河之北。且由殷虛卜辭所祀帝王訖於康祖丁、武祖乙、文祖丁言之，知帝乙之世，亦宅河北殷虛，尤足知安陽殷虛之成虛，實因國滅而宗社屋，非由遷徙也。然則自亳還河北者，仍必有人，殷本紀謂在武乙時，帝王世紀謂在帝乙時，雖不能確定，而盤庚以後又曾二遷，則可知也。

第三節　殷代之勢力範圍與其征伐所及

殷商自湯始滅夏而有天下，故今所謂殷代之勢力範圍亦自成湯說起。考殷自開國後，拓土最力之帝王，除湯外爲武丁。如詩商頌云："武王載旆，……九有有截。韋、顧既伐，昆吾夏桀"，此言湯之武功也。又云："在武丁孫子。武丁孫子，武王靡不勝。龍旂十乘，大糦是承。邦畿千里，維民所止。肇域彼四海，四海來假"，此言武丁之盛也。約略言之，則湯本都蒙亳，今山東曹縣地，北向而取韋，西向而滅昆吾，再向西至伊、洛一帶，翦滅夏桀也；又相傳湯放桀於南巢，南巢遠在安徽境，如此說可信，則湯起自濟水，聲威西至河外，南及淮水，北達河北，千里之間，縱橫爭戰，蓋亦前代所罕有也。盤庚渡河後，至武丁更向西北擴張。如易既濟有關於武丁伐鬼方之記載，云："高宗伐鬼方，三年克之。"鬼方之地望雖不可確知，約言之，其族在殷商而後，西自汧、隴環中國而北，東及太行常山間，或分或合，而侵略中國；武丁克之，則必驅之愈西，謂武丁之聲威遠及汧隴，非不可也。以上所言爲殷商盛時之發展，至商紂時，國勢雖衰，然亦有征人方之事，勢力且達鬼方，詩大雅蕩有"文王曰咨，咨女殷商，如蜩如螗，如沸如羹，小大近喪。人尚乎由行。內奰於中國，覃及鬼方"之語，可知至商末鬼方與殷仍有關係也。

由甲骨文字中所見之方國之名甚多，此種方國或曾爲殷王所到，或爲殷商所征，或與殷商有國際交涉，亦足覘殷代之勢力範圍。曰齊，如云"在齊陳"，郭沫若謂齊即姜齊之前身，殷時舊國也。曰顧，如云"王正人方，在雇"，郭沫若以爲即韋、顧既伐之顧國，今山東省范縣地方。曰人方，卜辭中多有征人方之記載，董作賓以爲人方在武乙文丁時，尚爲屬國；至帝辛時始叛變，所有征人方卜辭，皆帝辛時事也。郭沫若謂人方當釋爲尸方，即東夷。曰曹，如云"貞獸伐棘"，郭沫若謂當是衛之曹邑，今河南滑縣南白馬城是其地。曰叡方，如云"貞伐叡"，丁山以爲王莽之鄴治即叡方故都，今河南永城縣境也。曰杞，如云"在杞貞……"，杞國在陳留雍丘，今河南杞縣，後乃東遷者也。曰晏，如云"寅帚晏示五矛"，董作賓以爲即後之燕國，今河北易縣一帶地。曰冀，如云"貞冀不其乎來"，丁山以爲殷之冀國，在今山西翼城縣境。曰盂方，如云"于盂亡戈"，王國維以爲盂即邘，今河南河內縣地。董作賓謂武乙時常獵於盂方，故多"王田于盂"之卜辭，殷之末葉此國有叛變事，故有"命多侯與多伯征盂方"之辭。曰周，如云"令周侯今月亡葊"，郭沫若謂"周與殷和逆無常，殷人於周，獨屢言寇，足證周人文化比他國較高，有寶物或貨財可供寇掠也。亦有稱周侯者，則周亦殷之同盟國，其後稍稍强大者也。"曰井方，如云"帚井示七矛，賓"，郭沫若謂此井方乃殷之諸侯，殷亡爲周人所滅，其國當在散關之東，岐山之南，渭水南岸地。曰羌，如云"不其獲羌"，董作賓謂後來姜姓之國皆爲羌之苗裔，以羌水證羌之所在，當在陝西、甘肅之間。今陝西漢中之寧羌，甘肅之伏羌、安羌、懷羌、來羌、破羌、臨羌（西寧）皆古羌地。羌蓋早爲殷商所征服之民族，故成湯時"自彼氐羌莫敢不來享"。武丁時又有"師獲羌"之記載。祖甲以後，常供樂舞。後又叛變，故廩辛康丁時有"於父甲，求弋羌方"之辭，乃禱於祖甲在天之靈，請降災害於羌方也。武乙之時，羌方又來賓，卜辭有"王於宗門逆羌"之記載。曰土方，如云"庚申卜，𥄿貞，今春，王徝伐土方"，郭沫若謂土方乃殷人西北方之大敵，其疆域當在包頭附近。曰𠱠方，如云"今春，伐𠱠方"，𠱠方乃游牧民族，其地望當在今山西北部。此外鬼方亦見於卜辭。其他尚有毋、戉、隹等方國，地望皆不可詳考。就以上所知之疆域言，則知殷、商之勢力，東起自山東濱海之地，西至汧、隴，北至河北及山西北部，南不出今河南省界，西北至包頭，東南至淮水流域，此一大王國縱橫數千里，蓋亦超越前代遠矣！由此南北狹而東西長之事實觀之，在三代時之中國，實只有東西之對峙，而無南北之紛爭也。

本章重要參考書：

史記。

王國維：觀堂集林、古史新證。

傅斯年：夷夏東西説（中央研究院歷史語言研究所集刊外編蔡元培先生六十歲慶祝論文集）。

丁山：由三代都邑論其民族文化（中央研究院歷史語言研究所集刊第五本第一分）。

朱芳圃：甲骨學商史編。

第五章　西周之疆域範圍及
東周王畿之區域

第一節　周民族起於西方及其東侵

　　周之始祖，相傳爲棄，爲帝堯之農師，舜時之后稷也。然依史記所載，自后稷至文王共有十五世，而佔時千餘年之久，於理不合。雖世本謂自公劉至文王爲十六世，較史記多一世，其相差仍巨。如依吳越春秋之説謂公劉當夏桀之世，然公劉上三代即后稷，以三世而佔四百餘年，尤不合理，故有謂不窋以上失官，世次無可考者(如戴震)。以上之世數與年代問題，雖似不能解決，然苟打破傳統觀念，不以后稷爲虞廷之官，而依左傳(昭公二十九年)所云："有烈山氏之子曰柱，爲稷，自夏以上祀之，周棄亦爲稷，自商以來祀之"，則知棄本商稷，世數年代固無不合也。

　　以上所云，非徒考其世系，亦所以説明棄非東方之傳説人物，乃西方傳説中之農神也。史謂其始封於邰。后稷卒，子不窋立。依史記周本紀謂因夏政衰，去稷不務，乃奔於戎狄之間。夏代政衰而不窋奔去之原因，雖未可信，但謂不窋奔於戎狄，則有可能，蓋殷商之際，環中國西北而居者多爲戎狄，周之所以崛起於涇、渭間者亦因此時之奔去也。史云，公劉雖在戎狄之間，復修后稷之業，自漆、沮渡渭取材用，行者居者有所資畜，民賴其慶，百姓懷之，多徙而從之。周道之興自此始。又言公劉子慶節始立國於豳，然據詩大雅公劉曰："篤公劉，於豳斯館。"史記匈奴傳亦云："夏道衰而公劉失其稷官，變於西戎，邑於豳。"漢書地理志亦云：栒邑縣有豳城，詩豳國，公劉所都。則國於豳者自公劉始，不始於慶節也。公劉後數傳至公亶父，復修后稷公劉之業，積德行義，國人皆戴之。但因薰育、戎狄屢事侵略，乃與其私屬去豳，渡漆、沮，踰梁山，止於岐下，而豳人舉國扶老攜幼盡復歸之於岐下，其他各國，聞其仁亦多歸之者。公亶父或謂即文王之祖太王也（按此説甚有問題）。後文王又遵后稷、公劉之業，則太王、王季之德，而國大盛。於是先後伐犬戎、伐密須、伐耆國、伐邘、伐崇侯虎；又自岐下徙都豐。文王崩，武王立，乃又建立鎬京，詩所謂：“考卜維王，宅是鎬京”，是也。以上周初發達之跡，可以漢書郊祀志引張敞之議總之曰：“臣聞周祖始乎后稷，后稷封於斄，公劉發跡於豳，太王建國於邠、梁，文、武興於豐、鎬；邠、梁、豐、鎬之間，周舊居也。”以今日之地言之，則斄在今陝西武功縣界，豳在今陝西栒邑縣界，邠、梁皆在陝西扶風附近，豐在今陝西鄠縣東，鎬在今陝西長安縣西南。其跡皆在涇、汧、渭水之間也。

　　殷、周本東西不同之二民族，但殷久居中原，文化之遺產既厚，服屬之方國亦多；周則久與夷狄爲伍，無甚文化可言，武力似亦不如殷商之雄厚，故周曾臣服於商，此不僅見諸史籍，觀甲骨文中亦有“令周侯”之字句可知。但歷史悠遠文化優厚之民族往往趨於頹廢，而爲新興較野蠻民族所吞併。至商紂，其本身之失德或不如諸傳説之甚，而殷商民族之不如周之剽悍，則可想而知；故牧野一役，紂雖億萬人而億萬心，卒致國滅而宗社屋。周雖滅殷，然因初定東方，未有其國，而封紂子祿父及殷遺民居殷，使管叔鮮、蔡叔度監之，殷之勢力尚不能剷除淨盡。殷商以東諸方國，亦仍爲舊有勢力所把持，故周公已封而未就國；太公就國，萊人來爭，其後由周公之東征及太公之開拓，於是始有西周一統之局面焉。

第二節　周滅殷後之東方封國

武王滅殷而後，除封紂子武庚於殷外，據傳說又襃封神農之後於焦，黃帝之後於祝，帝堯之後於薊，帝舜之後於陳，大禹之後於杞。究竟武王有否此封，亦僅憑後世記載，未能確信。據今日所已知者，則神農、黃帝之傳說，在周初尚未發生，封建云云，當屬不確。堯、舜、大禹其人亦未有有力之證足證其有。然陳、杞二國春秋時尚存，固爲奉虞、夏之祀者，或在周初曾受周之封贈；然此等封國實爲周之一種懷柔政策，與其勢力之東移無多助力也。周之所以能統一中原，開拓東土，雖受戎夷之侵，仍能立足於成周者，則由其廣封同姓子弟及功臣爲諸侯之一事耳。

周民族中實包有姬、姜二姓，又常互爲婚媾，如由姜嫄之傳說及公亶父"來朝走馬，率西水滸，至於岐下，爰及姜女，聿來胥宇"之說言之，則姬姓或非巨族，而曾依附於姜姓者。故滅殷而後，於封同姓之外，不能不封姜姓太公望以大國也。同姓中則封周公旦於魯，召公奭於燕，叔鮮於管，叔度於蔡，叔振鐸於曹，叔武於成，叔處於霍，以上蓋皆武王在位時所封。周公相成王時封武王同母少弟康叔於衛，成王又封其弟叔虞於唐，即晉也。齊國在營丘，今山東省臨淄縣。魯國在曲阜，今山東省曲阜縣。燕國在薊，今河北省大興縣。管國在今河南省鄭縣。蔡國在今河南省上蔡縣。曹國在陶丘，今山東定陶縣。成國在今山東省汶上縣。霍國在今山西省霍縣。衛國蓋在朝歌，今河南省淇縣。晉國在大夏，即夏虛，舊說在太原晉陽，實誤，晉唐故居當在河東涑水，顧棟高謂在今山西之平陸縣。以上諸封國皆見諸史記之記載者。此外見於春秋左傳中者則有：滕，爲文王子叔繡國，在今山東滕縣；東虢爲文王弟虢仲國，在今河南汜水縣；西虢爲文王弟虢叔國，舊都陝西寶雞縣東，後隨平王東遷更封於上陽，在今河南陝縣；郜爲文王子國，在今山東城武縣；原爲文王子國，在今河南濟源縣；毛爲文王子叔鄭國，或以爲在今河南宜陽縣境；聃爲文王子季載國，都於那處，在今湖北荆門縣；雍爲文王子國，在今河南修武縣；畢爲文王子國，在今陝西咸陽縣；酆爲文王子國，在今陝西鄠縣；郇爲文王子國，在今山西臨晉縣；邢爲武王子國，在今河南沁陽縣；應爲武王子國，在今河南魯山縣；韓爲武王子國，在今陝西韓城縣；此外周公子封國者，有祭，在今河南鄭縣；邢，初在今河北邢臺縣，後遷山東；凡，在今河南輝縣；蔣，在今河南固始縣；茅，在今山東金鄉縣；胙，在今河南延津縣。由此知當武王滅紂而後，酆、鎬以東，今河南、山東、山西、河北諸省，固已佈滿周之封國矣。

商代享國千年左右，拓地數千里，何以被周滅後，只餘區區二三百里之宋？殷之遺民除"頑"者遷於雒邑外，其餘又何在？蓋周之封國，實爲一種殖民政策，周人亦僅取其統治權，下層民衆固仍多爲殷之遺民。如左傳定公四年云："昔武王克商，成王定之，選建明德，以藩屏周。故周公相王室以尹天下，於周爲睦。分魯公以大路，大旂，夏后氏之璜，封父之繁弱，殷民六族：條氏、徐氏、蕭氏、索氏、長勺氏、尾勺氏，使帥其宗氏，輯其分族，將其類醜，以法則周公，用即命於周。是使之職事於魯，以昭周公之明德。分之土田陪敦，祝宗卜史，備物典策，官司彝器，因商、奄之民，命以伯禽而封於少皞之虛。分康叔以大路，少帛，綪茷，旃旌，大吕，殷民七族：陶氏、施氏、繁氏、錡氏、樊氏、饑氏、終葵氏……命以唐誥，而封於殷虛。皆啟以商政，疆以周索。分唐叔以大路，密須之鼓，闕鞏沽洗，懷姓九宗，職官五正，命以唐誥，而封於夏虛，啟以夏政，疆以戎索。"可知魯、衛之國爲殷遺民之國，而晉爲夏遺民之國。其他各國，雖文獻上不甚可考，然以居處限於豐、鎬之周，一旦擴其勢力於東方數千里之外，封國數十，其國民自當爲舊有民族，周不過取其統治權而已。

第三節　周室之東遷及東周王畿之疆域

武王克殷後二年即崩，子誦立，是爲成王。成王年少，周公旦相成王，攝政當國。管叔、蔡叔謂公將不利於孺子，與武庚畔，周公東征，誅武庚、管叔，放蔡叔，封微子啟於宋，三年而畢。七年，周公反政成王，北面就群臣之位，作雒邑，爲朝會之所。成王又東伐淮夷殘奄，遷其君薄姑。既伐東夷，息慎來賀。蓋西周聲威之極盛世也。當時王室聲威所及之疆域，蓋北及燕塞，南服巴、濮，西包汧、隴，東達大海焉。成王崩，子康王釗立。康王崩，子昭王瑕立。斯時王道微缺，昭王南巡狩不返，卒於江上，蓋已有不服者矣。子穆王滿立，爲一好大喜功之主，故有征伐犬戎之事。或其性好游覽，故又有乘八駿登崑崙會西王母之傳說。因其巡狩樂而忘歸，乃有徐偃王作亂，造父爲穆王御，歸而平亂。其後王室漸衰，數傳至厲王，益無道，國人畔之，乃出奔於彘，共和行政焉。共和行政有二說：一以爲周、召二相共攝政權；一以爲共國之伯名和者攝政。前說爲正史傳統說法，若證以先秦書籍，則以後說爲長也。厲王崩，子宣王靜立。能修文、武、成、康之遺風，諸侯復宗周。宣王西北攘戎狄，東南服荊蠻，封姜姓之申、呂於今河南南陽縣，周人勢力又一擴張。宣王崩，子幽王立。因嬖愛褒姒，欲廢申后並去太子。申侯怒，與繒、西夷、犬戎攻周，遂殺幽王於驪山下（驪山在今陝西臨潼縣境）。於是諸侯共迎立故幽王太子宜臼於申，是爲平王。平王而後，周室局勢丕變矣。

平王因避戎寇，東遷雒邑爲王城，畿內之地尚有數百里，其後諸王相繼，號令不行，既不能張皇六師，又復披析其地以爲賞功之資，於是疆土日削矣。今由顧棟高春秋大事表春秋列國疆域表，録東周之疆域如下：

平王東遷，洛邑爲王城，畿內方六百里之地。鄭詩譜云：封域在禹貢豫州太華外方之間。正義曰：太華即華山，外方即嵩高。地理志華山在華陰縣南，外方在嵩高。是從河南河南府嵩縣直接陝西西安府華陰縣，皆周之封域。虢國桃林之地，皆其境內矣。又莊二十一年，王與虢公酒泉。杜注酒泉，周邑，在今陝西同州府澄城縣，直跨大河以西。漢書地理志云：初，洛邑與宗周通，封畿東西長，南北短，短長相覆爲千里，二封之地本相通，是時周東遷未遠，四出之地猶未爲秦、晉所侵奪也。自晉滅虢而畿內始迫狹，東西都隔絕矣。	北得河陽漸冀州之南。正義曰：周襄王賜晉文公陽、樊、温、原之田，晉於是始啟南陽。杜云：在晉山南河北。是未賜晉時，爲周之畿內，故知北得河陽也。今爲河南懷慶一府之地。	又汝州伊陽縣爲周郟垂地。左傳文十七年，甘歜敗戎於郟垂，戎即伊洛之戎，與伊陽接境。	申、吕爲南門。申國在南陽府治南陽縣。吕國在府治西三十里。國語史伯曰：當成周者，南有申、吕。自楚滅申爲方城，因裕州方城山爲固，起南陽葉縣至唐縣連接數百里，封畛於汝，直至汝水之南，與汝州伊陽縣接界，與王城逼近，自是遂觀兵周疆矣。	虞、虢爲北戸。虞國在今山西解州之平陸縣。虢國在今河南河南府陝州東南。虢舊封爲今陝西鳳翔府寶雞縣東六十里，東遷後棄爲秦之雍地，爲西虢。虢叔之子孫從平王東遷，更封以弘農陝縣東南虢城，則今地也。是虢亦從周畿內析封矣。
隱十一年，桓王與鄭蘇忿生之田，温、原、絺、樊、隰郕、攢茅、向、盟、州、陘、隤、懷。按此十二邑，俱在今懷慶府。温在今温縣西南三十里，原今濟源縣西北有原鄉，僖二十五年，襄王更以二邑賜晉；絺在今河內縣	桓七年，盟、向背鄭，鄭伐盟、向，王遷盟、向之民於郟。杜注：郟，王城也。今河南府洛陽縣西有郟鄏陌。此十二邑，鄭不能有而復歸之周	莊二十一年，惠王與鄭以虎牢以東，與虢以酒泉。杜注：虎牢，河南成皋縣，今河南開封府汜水縣西有虎牢城。酒泉，周邑，今陝西同州府有甘泉	僖二十二年，秦、晉遷陸渾之戎於伊川。伊川即今河南府嵩縣。	僖二十五年，襄王與晉陽、樊、温、原、攢茅之田，晉於是始啟南陽。俱見上。

也，傳獨言盟、向耳。觀僖二十五年，王以陽、樊、溫、原、攢茅之田賜晉，州屬晉爲卻稱樊豹邑，陘屬晉爲太行陘，懷又屬晉，宣六年，赤狄伐晉圍懷即此，使非歸之周，何緣更以賜晉乎？	出匱谷中，造酒尤美，名酒泉。	

西三十二里；樊一名陽樊，在今濟源縣東南三十里，後賜晉；隰郕在今河內縣城西三十里；攢茅在今脩武縣西北二十里；向在今濟源縣西南；盟即古孟津，今孟縣西南三十里，有古河陽城，後歸晉；州今懷慶府東南五十里，後屬晉；陘即太行陘，在今懷慶府西北三十里；隤在今脩武縣北；懷在今武陟縣西南十一里，後屬晉。

昭十七年，晉荀吳帥師滅陸渾之戎。三塗，山名，在今河南府嵩縣南，伊水逕其東。自是河南嵩縣之地屬於晉，王畿益迫狹矣。

蓋東遷之後，周室疆域，尚有舊河南、懷慶二府之地，兼得汝州。跨河南北，有虢國桃林之隘，以呼吸西京；有申、呂、南陽之地，以控扼南服。又虎牢、崤函俱在王略，襟山帶河，晉、鄭夾輔，勢尚不弱。及平、桓、莊、惠相繼，號令不行，王綱大墜，酒泉賜虢，虎牢賜鄭，至允姓之戎入居伊川。晉滅虢，鎬京之消息斷；楚滅申，南國之聲勢張。至溫、原蘇忿生之田與鄭，復以賜晉，則舉大河以北委而棄之。由是舊懷慶所屬七縣，原武屬鄭，濟源、脩武、孟縣、溫縣屬晉，王所有者河內、武陟二縣及舊河南府之洛陽、偃師、鞏縣、嵩、登封、新安、宜陽、孟津及汝州之伊陽、魯山，許州之臨潁而已（以上節錄春秋大事表案語）。至戰國時周地更日爲韓、秦等國所削，王畿幾於不國矣。

周室東遷而後，本都王城(即河南，又名雒邑)，敬王乃遷都成周(即洛陽)。案王城、成周均在今洛陽縣，至考王時封其弟揭於河南，續周公之官，是爲西周桓公，西周又封其支庶於鞏邑(在今河南鞏縣)，是爲東周。於是周分爲三，而有二東周矣。王赧徙都西周，遂與鞏之東周分治，而成周無聞焉。後秦昭襄王滅西周，莊襄王滅東周，東西周皆入於秦，周室遂不祀矣。

本章重要參考書：

書經。

詩經。

國語。

左傳。

史記。

漢書。

顧棟高：春秋大事表。

傅斯年：周東封與殷遺民(中央研究院歷史語言研究所集刊)。

第六章　春秋列國疆域概述

第一節　春秋時期華夏之疆域

春秋之時，列國之見於書者百四十餘，然此並蠻夷之國言之；若僅言華夏，實無此數也。今所謂華夏，以周之封國及風俗文化相同者爲限，若楚、吳、越之用夷俗稱王創霸者不與焉。華夏諸國，强大者當推齊、魯、晉、秦、宋、衛、鄭諸國，今略述諸國之疆域沿革情形，以覘華夏勢力範圍之所在。其他附庸及弱小諸國疆域，亦不甚出此區域之範圍也。

齊以異姓獨封大國，蓋姬、姜二姓世爲婚媾之故。左傳僖公四年"管仲云：……賜我先君履，東至於海，西至於河，南至於穆陵，北於無棣。"史記集解引服虔曰："是皆太公始受封土地疆域所至也。"竊謂太公始封時疆域必不如此之大，此蓋桓公時之疆域，所謂"東至於海"，蓋北臨渤海，東與南並臨黃海也。古黃河道經今南樂冠縣西，大名東，堂邑博平北，館陶清平南，正當齊之西境，故曰"西至於河"也。今山東臨朐縣南百五十里有穆陵關，在大峴山上，齊南境也，故曰："南至於穆陵。"今河北鹽山縣即古無棣，爲齊北境，故曰："北至於無棣。"太公初封都營邱（即臨淄），胡公徙都薄姑，獻公以下復都臨淄，今山東臨淄縣地也。

魯爲周公封國，當春秋時兼有九國之地（極、項、鄆、邿、根牟、向、須句、鄫、郜）。其疆域初佔有今山東省之曲阜、寧陽、泗水、金鄉、魚臺、汶上、濟寧、嘉祥等縣地。後又兼涉滕縣、鄒縣、嶧縣地，與邾接境，泰安與齊接境，兼有新泰、萊蕪、臨沂、費、沂水、鄆城、鉅野、武城、單等縣地，又兼安邱諸城二縣地，與莒接境。又河南項城縣爲魯所滅項國，南又涉江蘇之東海縣地。都今曲阜，地跨三省，共佔今二十餘縣焉。

晉爲武王少子唐叔虞之封國。春秋前後，晉所兼并者約二十國左右。景公時翦滅衆狄，盡收其前日蹂躪中國之地，又東得衛之殷墟，鄭之虎牢，周之陸渾等地。自西及東，延袤二千餘里，有今山西省大半之地。又有河北省之元城、邯鄲、成安、清河、永年、順德、邢臺、任縣、唐山、晉縣、趙縣、冀縣、藁城、欒城、柏鄉、臨城等地。並有山東省之恩冠、范等縣地，與齊、魯二國接境。更有河南省之濟源、修武、孟縣、溫縣、汲縣、淇縣、輝縣、濬縣、新鄉。南自平陸渡河，又有陝縣、閿鄉、靈寶、永寧、澠池、偃師等地。後又得今嵩縣陸渾之地，與周、鄭、衛接境。西自永濟渡河，又有陝西之朝邑、韓城、澄城、白水等縣，與華陰、膚施、臨潼、商縣等地俱與秦接境。蓋晉在華夏諸國中，疆域最廣，地跨五省，初都翼城（絳），後遷於曲沃（新田）焉。

秦爲周孝王臣非子封國，至襄公始列爲諸侯。初國西垂（在今甘肅禮縣），遷都平陽縣（在今陝西岐山縣），又遷於雍（在今陝西鳳翔縣）。秦本爲西陲附庸，乘衰周之亂，逐戎有岐山以西之地，其後稍稍蠶食西畿虢、鄭遺域。至穆公又滅梁芮，勢力遂與晉相接觸。春秋時之秦地，約佔今陝西中部及北部、南部之一部，兼涉甘肅之東部，東與晉、楚接壤，西與羌戎比鄰，其河西要地多爲晉所佔據，故終春秋之世，秦不能甚得志焉。

宋爲殷後微子啟之封國，都於商丘。今河南商丘縣地。春秋之時，兼有六國之地（宿、偪陽、曹、杞、戴、彭城）。其封域全有舊歸德府一府一州八縣之地，兼涉杞縣、封邱、蘭封、滑縣、睢寧、西華及江蘇省之銅山、沛縣、蕭縣，安徽省之太和，山東省之金鄉、嶧縣、東平、曹縣、菏澤、定陶等地。範圍跨四省也。

衛爲武王弟康叔封國。其始封也，都朝歌（在今淇縣），兼有“三監”之地，封域本大，後再遷楚丘帝丘，而其舊封多入於晉，狄乃迫狹矣。春秋之初，諸侯多務兼併以自廣，衛介在齊、晉、宋、魯、鄭五大國之間，無所發展，又被狄難，崎嶇遷徙，愈爲不振。其地略有今河北省之濮陽、元城、魏縣、長垣等地。又錯入河南省之滑縣、修武、安陽、內黃、林縣、封邱等地，山東省之濮縣、曹縣、陽穀、東阿等地。地多奇零，與諸國交錯。

鄭爲宣王庶弟桓公友之封國，初封陝西華縣。東周之初，武公吞并虢檜之地，遷都新鄭。武公子莊公英武有爲，然因四面皆逢強國，亦無能爲開疆啟土之計。春秋二百四十年中，僅再滅許，肆其吞噬，而虎牢入晉，犨、櫟、郟入楚，鄭之封疆亦蝕於晉、楚焉。約略計其疆域，則佔有今河南省之開封、蘭封、中牟、陽武、鄢陵、洧川、尉氏等縣，兼涉杞縣，與楚接界；陳留，與陳接界；封邱，與衛接界。許縣爲其所奪許國之地。又及於延津、登封、鞏縣、偃師、扶溝、武涉、睢縣等地。其在河北省者，則又有長垣縣地，爲祭仲邑，東明縣有鄭武父地，僅彈丸黑子而已。

總上諸國疆域所在，合以河南西部之周，河北中北部之燕（其疆域不詳），知當時所謂華夏之疆域，僅限於黃河流域，今陝西、山西、河北、河南、山東等省而已。

第二節　春秋時夷蠻戎狄之分佈

春秋之時戎狄四起，若非有二三強大諸侯鎮撫其間，則誠有所謂“南夷與北狄交侵，中國不絕如綫”者矣。戎狄諸族之中，以狄、楚之勢爲最強大，爲患於華夏諸侯亦最屬。狄略分三種，曰：赤狄、白狄、長狄。赤狄之別有六，曰：東山皋落氏、廧咎如、潞氏、甲氏、留吁、鐸辰。白狄之別有三，曰：鮮虞、肥、鼓。長狄只有一種，曰：瞍瞞。史記謂赤翟白翟居河西。杜預云：白狄在晉西。清顧棟高則謂狄處晉東，與西無預；實則晉之西、北、東三面皆環居狄族，蓋狄無城郭，飄忽無定，遷徙極易。如史記晉世家言晉強西有河西與秦接境，北邊狄，東至河內，則知晉北有狄也。晉重耳居蒲，今爲永濟縣，夷吾居屈，今爲吉縣；晉世家言蒲邊秦，屈邊狄。重耳之在狄也，從狄君以田渭濱，狄以重耳故，擊晉於采桑，即今吉縣地，由此知晉西亦狄也。重耳在狄時，狄人伐廧咎如，獲其二女叔隗、季隗，而重耳從狄君以田渭濱，則廧咎如當亦在晉西。晉既滅潞氏，復伐廧咎如，討赤狄之餘，而廧咎如已在晉東，由此足知狄之東徙之跡矣。春秋自魯莊公三十二年，始見狄禍，此後如火燎原，東夏悉被其殃。閔二年，狄又伐衛，時齊桓公伯業方興，乃不能攘卻此寇，僅能遷邢於夷儀，封衛於楚邱，坐聽邢、衛之亡，則狄勢之强可知也。僖十年狄又滅溫，其後伐齊、伐魯、伐鄭、伐晉，並蹂躪王室，其勢益盛。不特此也，宋伐齊喪而狄救齊，衛病邢而狄爲邢謀衛難，仗大義於中國，有伯者風矣。自宣十五年晉師滅赤狄潞氏而赤狄之威殺；翌年，晉人又滅赤狄甲氏及留吁，此後乃不見赤狄爲患矣。昭十二年，晉荀吳又滅白狄肥，昭十五年滅鼓，二十二年再滅鼓，白狄所餘僅鮮虞，哀六年晉趙鞅伐之而未滅，蓋亦不絕如縷耳。魯文公十一年，瞍瞞侵齊，遂伐魯，叔孫得臣敗狄於鹹，獲長狄僑如，晉之滅潞也，獲僑如之弟焚如，瞍瞞之族遂亡。瞍瞞居地，蓋在今山東省境內。

綜觀狄之分佈，蓋今陝西渭水以東北及乎蒲、屈皆狄之居，而晉之西北，遼曠之虛，並爲狄土無疑。其東則自山西以迄河北、河南直抵山東境內，皆其所出沒之地，特其俗無城郭，就山野廬帳而居，不易指名其實處耳。

其次戎族。春秋之時，戎稱最雜，有所謂戎、北戎、允姓之戎、揚拒泉皋伊雒之戎、茅戎、犬戎、驪戎等名目。其地域約略可分爲三區，戎在今山東省西南部濟寧、菏澤一帶，北戎約在今河北省，其餘諸戎則居渭水流域，以迄伊、洛流域，左傳昭公九年傳云：“允姓之姦，居於瓜州。”杜注：“瓜州今燉煌”，陸渾之戎之遷於伊川自此地。案瓜州當在今陝西省，謂燉煌者當不可信。揚拒泉皋伊雒之戎蓋雜處於伊、雒二水之間，然亦自西垂遷來者，如傳曰：“初，平王之東遷也，辛有適伊川，見被髮而祭於野者，曰：‘不及百年，此其戎乎，其禮先亡矣。’”足證伊、洛之間，本無戎族，而爲以後遷來者也。茅戎在今河南臨汝以及山西平陸一帶。犬戎則一見於渭汭，再見於桑田（今河南靈寶縣境），原居豐鎬之西，其後爲禍及於成周，此足覘其遷徙之跡矣。至驪戎蓋亦在今陝西境内，舊謂在今臨潼縣。然戎數雖繁，大致僅能局促於諸大之間，非能狼奔豕突，若楚狄之蠶食鯨吞也。蓋戎之大部在春秋時居河、洛之間，北晉、南楚、西秦，爲諸夏所包圍，又逼近周畿，稍不謹則誅討至，亦地勢之不利，非人謀之不臧也。

　　次論蠻族。春秋之世，百蠻多屬於楚，無由自通於中國，故往往不能舉其稱，第謂蠻曰群蠻，濮曰百濮以概之，蓋其種類實繁，約略計之，可分爲盧戎、群蠻、百濮、巴等。其地爲今之某縣某邑，雖頗難詳考，然亦約略可指其地。巴約在今四川江北縣。盧戎蓋在今湖北南漳縣境。左傳文公十六年云："楚大饑。戎伐其西南，至於阜山，師於大林，又伐其東南，至於陽邱，以侵訾枝，庸人帥群蠻以叛楚，麇人率百濮聚於選，將伐楚，於是申、息之北門不啟，楚人謀徙於阪高。"蓋楚東鄰群舒及吳，北爲漢陽諸姬，西北則群蠻，西南則百濮，正西則巴，諸姬以隨爲大，群舒以舒爲大，群蠻帥乎庸，百濮則帥乎麇也。

　　楚亦群蠻之一也。蓋本東方夷族，周人遷之以西，遂竄居南土，稱爲强族。周衰代興，併吞諸夏小國與蠻夷部落，地廣於齊、晉，勢雄於秦、狄，其疆域約包今湖北全省，北抵河南南部，西至陝西東南境，與四川東境，東及江西、安徽，兼涉江蘇西南一小部，南則不越洞庭湖，地兼跨於七省。初都丹陽（在今河南西南部丹、淅二水交流處，舊説在今湖北秭歸等處，非是）；後遷於郢（在今湖北江陵縣）；復遷於郢（在今宜城縣），號爲鄢郢。蓋春秋時第一大國也。

　　吳、越亦夷蠻之族，舊説吳爲周後，越爲夏裔，皆不可信，吳、越王室蓋皆楚之支族，其民則東南夷也。春秋初，吳服於楚，蓋弱小之國，其後晉通之，乃稍强大，蠶食楚屬，遂與楚爲勁敵。其地略有江蘇大部，西披安徽，江西，南涉浙江，爲春秋晚期之大國。都姑蘇，爲今吳縣。吳强以後，越亦競起，從楚而仇吳，吳越之爭既起，楚禍乃息，競爭之結果，越强而吳滅。越地在初時略有今浙江省及江西省之一小部，與吳、楚接境，都會稽，爲今紹興；及滅吳後，盡有故吳地，疆域乃大盛焉。

　　次論夷族。論語云：“子欲居九夷。”注云：東方之夷有九種，若畎夷、黃夷、白夷之屬。考之春秋、左傳諸書，東夷之國亦不少，若淮夷、介、萊、根牟等是也。大凡夷族盛時，舉族北上至齊、魯邊境，其衰則舉族南遷於徐、揚，如徐本在魯東，又言在淮，奄在曲阜，又言在淮是也。左傳僖公十三年，淮夷病杞，齊桓公會諸侯城緣陵以遷杞，山東夷之勢復盛而北侵也。春秋僖二十九年，介葛盧來，此介見經之始，其地在今山東省膠縣境。萊始見於宣七年。根牟見於宣九年。萊在今山東黃縣，後爲齊滅。根牟在今山東沂水縣，爲魯所滅。此外群舒及江、黃、六、蓼之屬，雜處於淮水流域，蓋皆淮夷別種。然在春秋之世，皆未强大。四夷之中，蓋以夷勢爲最弱也。

第三節　春秋時代諸侯之互相吞併及夷狄之同化

　　自入春秋以來，列國紛爭，周室得以綿延數百年不亡者，賴有齊、晉諸大國倡尊王攘夷以支持之耳。齊、晉之所以强大稱雄，則由於兼併各國。假令齊、晉謹守侯度，猶爲臨淄、太原之封，則所謂南夷與北狄交侵之時，周天子安能統率虞、虢諸國以鞭策荊楚而抵禦夷狄？終因華夏諸侯中有强大之國，然後能攘卻夷狄，中原之文化始獲保存。夷狄在政治上趨於滅亡，而在文化上亦必隨諸夏以同化矣。今依陳漢章先生補史記十二諸侯表以見當時兼併之略焉。

十二諸侯表補

殷　邶　鄘　共　胙　南燕　邢　凡											并滅於衛	
奄　極　項　須句　向　祝　鄆　邦　鄟　鄫　單 顓臾											并滅於魯	
茅　須句											先滅於邾	
鄫　向											先滅於莒	
權　邶　鄾　穀　鄀　羅　盧　鄀　鄖　貳　軫　絞 州　蓼　息　鄧　申　呂　弦　黃　蘷　江　六　蓼 麇　宗　巢　庸　道　柏　房　沈　蔣　舒蓼　舒庸 舒鳩　賴　康　頓　胡　應　鄌　唐　微　盧　濮　屬 　疇　許　杞　隨　摯　褒　英氏　東不羹　四不羹 陳　蔡											以上五十八 國盡滅於楚	
州來　鍾離　巢　鍾吾　桐											皆滅於吳	
吳　郯　莒											繼滅於越	
戴　蕭　徐　宿　偪　焦　葛　偪陽　曹　邾											皆滅於宋	
紀　郕　譚　遂　郭　陽　萊　介　牟　任　薛　郭 夷州											皆滅於齊	
唐　韓　耿　霍　魏　虢　虞　荀　賈　楊　焦　溫 原　邢　滑　沈　似　蓐　黃　趙　微　雍　邢　冀											皆滅於晉	
虢　鄶　許　管　鄔　祭											皆滅於鄭	
召　芮　毛　畢　彭　酆　密　彤　郇　杜　亳　崇 芮　梁											皆滅於秦	

　　上共百五十餘國，然據荀子仲尼篇稱：“齊桓公併國三十五。”韓非子難二篇稱：“晉獻公併國十七，服國三十八。”有度篇稱：“荊莊王併國二十六。”呂氏春秋直諫篇稱：“楚文王兼國三十九。”史記李斯傳稱：“秦穆公併國二十。”此四國五君已併國百三十七，故上表所列，特其可考者耳。而因華夏諸侯兼併勢盛之故，戎狄亦多被吞併，如萊、介等之滅於齊，根牟之滅於魯，盧戎、蠻氏等之滅於楚，驪戎、亳等之滅於秦，陸渾之戎、瞍瞞、潞氏、甲氏、留吁、鐸辰、東山皋落氏、廧咎如、肥、鼓等之滅

於晉。則知大河北境悉入晉封，汝潁以南悉成楚境，秦涼附近盡爲秦疆，而膠東一帶化爲齊土矣。當時異族本多與漢族通婚姻者，如周襄王之狄后，晉獻公之驪姬，晉文公之季隗，則知夷狄之文化必受漢族之影響，及其滅亡，遺黎當同化於漢族，即其存者亦漸華化矣。故楚雖蠻夷而文化人才乃不下於齊、晉、吳、越雖蠻夷，季札之淵博，種、蠡之文章，皆爲一時之上選，可知其文化程度已漸發達，而秦則對西戎又自稱中國，此皆由中國文化之推廣所發生之同化作用也。

本章重要參考書：

左傳。

國語。

史記。

顧棟高：春秋大事表。

蒙文通：周秦民族與思想。

楊守敬：歷代輿地圖（下各章同）。

第七章　戰國疆域變遷概述

第一節　戰國之形勢

春秋之季，晉六卿強而公室卑，所謂六卿，即范氏、中行氏、智氏、魏氏、趙氏、韓氏也。其後六卿益弱公室，至春秋末，又由六卿變爲四卿，智伯與趙、韓、魏共分范、中行之地。時智氏最強，晉國國政皆決於智伯；其後趙襄子、韓康子、魏桓子共殺智伯，盡分其地，時周定王十六年也。然晉猶有君，三家尚爲大夫；至周威烈王二十三年，始命晉大夫魏斯、韓虔、趙籍爲諸侯，晉國乃亡。同時齊亦爲其大夫田氏所簒。周顯王四十六年，越王無彊伐楚，楚人大敗之，乘勝盡取吳地，越遂散亡。其他宋分於齊、魏、楚三國，魯滅於楚，鄭滅於韓，白狄後之裔中山亦亡於魏、趙，惟衛最後亡，然毫無勢力。故所謂戰國者，乃指齊、楚、燕、韓、趙、魏、秦七國而言也。

戰國七雄：齊當盛時，威王擊趙擊衛，破魏，又救趙敗魏；宣王又破魏伐燕；湣王滅宋分其地，南割楚淮北，西侵三晉，泗上諸侯皆稱臣。蓋齊之疆域，南自宋、魯，北臨渤海（兼涉河北境），西越大河，東抵於海。楚（頃襄王遷於陳，考烈王遷於距陽，後又遷壽春）南抵湖南，西南至四川、貴州，西北至漢中，北抵河南南部，東北至山東南部，東至東海，東南抵江西、浙江，於戰國時亦最爲大國。燕都今北平附近（初在今薊縣，後更建下都於今易縣），疆域所至，東臨朝鮮，北至塞外，西臨趙、代，南及滹沱。韓始都陽翟（在今河南禹縣），滅鄭後遷都新鄭，疆域所至，東臨洧水，西接商坂（在陝西商縣附近），南至宛（南陽）穰（鄧縣），北自成皋踰河得上黨（故赤狄地）；兼有今河南中西部，復涉陝西、山西兩省地。趙都晉陽（今山西太原縣），徙都邯鄲（即今河北邯鄲縣），中牟（在今河南湯陰縣），極盛之世，疆域北至恒山、塞外，南跨漳河，東擁清河，西越汾水，西北直抵今之河套，地跨河北、山東、山西、河南、陝西、綏遠六省焉。魏都安邑（在今山西夏縣），徙都大梁（在今河南開封縣），其疆域東及淮潁，西達河西，北至太行及山西省南部，南至鴻溝（即汴河），兼涉陝、晉、豫、皖、冀五省之地。秦轉徙都咸陽（在今陝西咸陽縣），孝公以後，於諸國爲强，其疆域初略有今河南西南部，陝西中南部，及北部之一部與甘肅之東部，其後東侵韓、魏、趙、楚，北滅義渠，南并巴蜀，及兼有今山西省之一部，陝西全部，河南與湖北之西部及全蜀地，北亦兼并至今長城一帶。

蓋七國幅員，楚、秦最大，齊、趙、燕次之，魏又次之，韓爲最小也。

第二節　戰國時華夏疆域之擴張及民族之同化

春秋之世，華夏之地不過當今黃河流域陝西、山西、河北、河南、山東諸省之地。然即在此數省地中尚與夷狄雜處，異族分布情形已見前章所述，故容齋隨筆卷五有云：

> 成周之世，中國之地最狹。以今地理考之，吳、越、楚、蜀、閩皆爲蠻；淮南爲群舒；秦爲戎；河北真定、中山之境，乃鮮虞、肥、鼓國；河東之境有赤狄、甲氏、留吁、鐸辰、潞國；洛陽爲王城，而有揚拒泉皋、蠻氏、陸渾、伊雒之戎；京東有萊、牟、介、莒，皆夷也；杞都雍丘，今汴之屬邑，亦同夷禮；邾近於魯亦曰夷；其中國者獨晉、衛、齊、魯、宋、鄭、陳、許而已，通不過數十州，蓋於今天下特五分之一耳。

洪邁之説特用春秋之義，所謂於諸夏之用夷禮者亦目之爲夷也。凡諸夷狄之語言、宗教、衣服、風俗蓋多與華夏異，如左傳記辛有適伊川見被髮而祭於野者，曰：“不及百年，此其戎乎。”論語記孔子之言曰：“微管仲，吾其被髮左衽矣。”可以推定西北群狄之俗爲被髮左衽。史記吳越世家皆有斷髮文身之語，可以推定東南瀕海之族多斷髮文身之俗。史記西南夷傳稱自滇以北，皆魋結，其外嶲、昆明皆編髮，可以推定西南蠻夷之俗或盤髮或編髮。是皆與我中華之冠戴民族不同血統者也。又如左傳記戎子駒支云：“我諸戎衣服飲食不與華同，言語不通。”又記介葛盧朝魯，待譯而通。孟子斥楚之許行爲南蠻鴃舌之人。其語言今雖不可知，而由人名地名中觀察楚、吳、越、狄等知其與華夏之單音語有別也。左傳記東夷有人祭之俗，秦人之祭祀神祇亦與中原不同，是知宗教風俗亦有別也。然而傳佈文化之利器，莫如戰爭，自莊、僖之世，齊桓、晉文繼起，併戎狄以自廣。秦、楚亦大滅夷狄而努力於華化，故論人文者春秋時楚爲最盛，秦則對西戎固亦以中國自居。其戎狄之被吞并者，當不復保有其文化，故春秋時夷夏之分野，至戰國時固已大部分泯滅。因外族之消滅與秦、楚、燕、趙諸國拓土之事，華夏疆域所及遠過於春秋。如秦則厲公先伐大荔，取王城，使秦無東顧憂，是爲侵略東方之舉。北方之國，義渠最強，厲公伐之於前，惠王征之於後，至於昭王，義渠乃滅，是爲侵略北方之舉。孝公即位，西斬獂王於渭水以西，置隴西郡，是爲侵略西方之舉。其後用司馬錯之議伐蜀，蜀降爲侯；及昭王之世，秦又興定蜀之師，而巴、漢之間悉爲秦壤；稽其疆域，南達黔中，是爲侵略南方之舉。蓋四方境地皆有所開闢也。趙則春秋末年，處其西北者有林胡、樓煩，與其雜居者有中山國。襄子踰句注破并、代，臨胡、貉，而趙之北境直達雁門。中山兵力最強，惠文王三年始滅其國。又北破林胡、樓煩，築長城於高闕，置雲中、雁門、九原郡。及李牧爲將，大破東胡，趙人勢力浸及漠南，西至河套，東至恒山，皆爲漢族之地矣。燕則戰國之時，處其北境者有東胡、山戎諸族，由今宣化達灤州；及秦開襲破東胡，拓地千里，築長城自造陽之襄平，置上谷、漁陽、右北平、遼西、遼東郡，而東北之地遂直達於朝鮮。楚則當戰國之時，封疆萬里，東興兵滅越，地達海隅，而越裔居江南者，悉稱臣納貢；莊蹻闢地西南，東起黔中，西通滇國。由此知戰國之時開化之地，已佔有今陝西、湖北、湖南、江西、浙江、安徽、江蘇、山東、河南、河北、山西及甘肅、四川，以至貴州、綏遠、察哈爾、熱河及遼寧之一部焉。較之春秋時僅佔黃河流域數省者，其廣狹爲何如耶？

第三節　郡縣之起源

漢書地理志言："秦併兼四海，以爲周制微弱，終爲諸侯所喪，故不立尺土之封，分天下爲郡縣；盪滅前聖之苗裔，靡有子遺。"後之人祖述其説，遂以爲廢封建立郡縣始自始皇。其實不然也。蓋當春秋之時，諸大國併吞小弱，大抵即以其地爲縣，縣或以之賞功臣，或特使大夫守之，如史記秦本紀武公十年伐邽冀戎，初縣之。十一年，初縣杜、鄭。左傳僖公三十三年，襄公以再命命先茅之縣賞胥臣。宣公十一年，楚子縣陳。十二年鄭伯逆楚子之辭曰："使改事君，夷於九縣"（注：楚滅諸小國爲九縣）。十五年，晉侯賞士伯以瓜衍之縣。成公六年，韓獻子曰："成師以出而敗楚之二縣。"襄公二十六年，蔡聲子曰："晉人將與之縣以比叔向。"三十年，絳縣人或年長矣。昭公三年，韓宣子曰："晉之別縣不惟州。"五年，蓮啟疆曰："韓賦七邑，皆成縣也。"又曰："因其十家九縣，……其餘四十縣。"十一年，叔向曰："陳人聽命而遂縣之。"二十八年，晉分祁氏之田以爲七縣，分羊舌氏之田以爲三縣。哀公十七年，子穀曰："彭仲爽，申俘也，文王以爲令尹，實縣申、息"，齊侯鐘銘記齊侯錫叔夷"其縣三百"，由以上諸證，知縣早起於春秋以前矣。

春秋戰國之時，亦已有郡，如國語晉語："公子夷吾私於公子摯曰：'君實有郡縣。'"又左傳哀公二年趙簡子之誓曰："克敵者上大夫受縣，下大夫受郡。"史記甘茂傳："范蜎對楚王曰：'……楚南塞厲門，而郡江東。'"國策秦策："甘茂對曰：'宜陽，大縣也……名曰縣，其實郡也。'"春申君傳："黃歇言於楚王曰：'淮北地邊齊，其事急，請以爲郡便。'"匈奴傳言趙武靈王置雲中、雁門、代郡，燕置上谷、漁陽、右北平、遼西、遼東郡以拒胡；又言魏有西河、上郡以與戎界邊。蓋邊地近敵則郡之。上引趙簡子之誓，上大夫受縣，下大夫受郡，非郡小於縣而相統屬，乃因郡遠而縣近，縣聚富庶而郡荒陋，故以美惡異等也。晉語夷吾之言，君實有郡縣，亦言晉地之屬秦者異於秦之近縣，則謂之曰郡縣，亦非謂郡與縣相統屬也。及三卿分范、中行、知氏之縣，其縣與故縣隔絶，分人以守，略同守邊地之體，故率以郡名，而郡乃大，統有屬縣。其後秦、楚等國亦皆以所得諸侯地名郡，郡乃漸多矣。

至於郡縣之長官，則縣有縣令（或縣大夫）縣公，郡有郡守。如國策魏策，“西門豹爲鄴令”。史記春申君傳，“以荀卿爲蘭陵令。”秦本紀：“孝公十二年併諸小鄉聚，集爲大縣，縣一令，四十一縣。”楚則縣之長官曰公，如左傳宣公十一年“諸侯縣公皆慶寡人。”此後劉邦之稱沛公，亦楚制稱公之遺意也。史記吳起傳：“魏文侯以吳起善用兵，⋯⋯乃以爲西河守，以拒秦、韓。”白起傳：“昭王四十五年，伐韓之野王，野王降秦，上黨道絶，其守馮亭與民謀曰，鄭道已絶。”樗里子傳：“昭王元年，樗里子將伐蒲，蒲守恐。”此均可爲秦始皇以前已有郡縣守令之制之證也。

本章重要參考書：

左傳。
國語。
史記。
戰國策。
洪邁：容齋隨筆。
顧炎武：日知録。
姚鼐：惜抱軒集。
梁啟超：中國歷史上民族之研究。

第八章　先秦人士之區劃地域觀念

第一節　九州説及大九州説

　　春秋以前，中國内部多爲獨立的國家及部落。所謂華夏文明祇限於今河南、陝西、山東、山西、河北諸省境内，此一區域即當時之所謂“中國”。此外則謂之“蠻方”，蠻方在中國人之意想中已距離甚遠矣。

　　上古人之世界觀念，實以海爲邊際，故有“四海”及“海内”之稱。尚書君奭篇云：“海隅出日，罔不率俾”，立政篇云：“方行天下，至於海表，罔有不服”，此足以證明周人以海邊爲天邊也。詩商頌云：“相土烈烈，海外有截”，此足以證明商人亦以“海外有截”爲不世之盛業也。春秋之時，天下之觀念尚甚狹小，如齊處山東，楚居湖北、河南，已有南海、北海之别，孔子登太山而小天下，其所謂天下之範圍之小可知矣。

　　古人以宇宙爲禹所平定，故有禹蹟之稱，如詩文王有聲云：“豐水東注，維禹之績（蹟）”，禹蹟乃廣被天下者，故“禹蹟”即爲天下之代稱。又以爲禹曾劃分天下爲九區，即所謂“九州”者，如齊侯鐘銘云：“虩虩成唐，……尃受天命，……咸有九州，處禹之堵”，此謂成湯受天命遂享有禹之九州也。九州或名“九有”（囿）（詩玄鳥）、“九圍”（詩長發）、“九隅”（逸周書嘗麥解），因之，知九州原來爲一空泛之名稱，而非一種具體的地方制度也。

　　自春秋迄戰國，各大國努力開闢土地之結果，中國乃愈推愈遠，天下亦愈放愈大，中國人之地理觀念乃隨之而變，於是具體地方制度之九州說起。記載此種制度之書籍比較可靠者，爲呂氏春秋，有始覽云：“河、漢之間爲豫州，周也；兩河之間爲冀州，晉也；河、濟之間爲兗州，衛也；東方爲青州，齊也；泗上爲徐州，魯也；東南爲揚州，越也；南方爲荆州，楚也；西方爲雍州，秦也；北方爲幽州，燕也。”由此段文字知九州制度之背景，實爲春秋戰國之形勢，此點本甚顯明，前人乃皆不加理會焉。越爲揚州，燕爲幽州，乃字之聲轉；楚爲荆州，乃沿用舊名；秦爲雍州，因雍爲秦都；齊爲青州，因齊在東方，東方色青，乃五行說既起後之規定。此種九州之疆域蓋包括今河南、山西、山東、江蘇、浙江、湖北、湖南、江西、安徽、陝西、甘肅、河北、遼寧一帶地方，較殷、周時之中國，放大一倍有餘矣。

　　九州之名稱除見於呂氏春秋者外，又有梁州，見於禹貢；并州，見於周官與逸周書之職方篇；營州，見於爾雅釋地。禹貢云：“華陽黑水惟梁州”，梁州乃指今陝西南部與四川一帶地。職方云：“東北曰幽州，河內曰冀州，正北曰并州”，是知并州乃指今河北、山西之間一帶地方。爾雅云：“齊曰營州”，則知營州即青州之變名。以梁州、并州地域補呂氏春秋之九州疆域，則添出北部一隅及四川一省，此疆域已有宋、明時中國疆域四分之三矣。

　　以上所述“九州”之觀念，大致尚依實際之地理知識而建立。此外戰國晚年又有一種但憑想像而建立之世界觀念，代表此種觀念最完整者，爲鄒衍之“大九州”說。鄒衍，齊人，約生於西曆紀元前三四世紀，史謂其著述十餘萬言，惜今已失傳，所可知者，僅於史記一小傳中見其學說之大概耳。孟子荀卿列傳謂鄒衍“以爲儒者所謂中國者，於天下乃八十一分居其一分耳。中國名爲赤縣神州；赤縣神州內自有九州，禹之序九州是也，不得爲州數。中國外如赤縣神州者九，乃所謂九州也；於是有裨海環之，人民禽獸莫能相通者，如一區中者，乃爲一州。如此者九，乃有大瀛海環其外，天地之際焉。"據此種説法，知禹九州中之一州，僅爲全世界中七百二十九分之一。此種世界觀念，不能不謂爲極大膽的想像也。

鄒衍之大九州名稱，除赤縣神州外，古籍皆不載。但淮南子中則記有一套整齊之九州名稱，云："東南神州，曰農土；正南次州，曰沃土；西南戎州，曰滔土；正西弇州，曰并土；正中冀州，曰中土；西北台州，曰肥土；正北泲州，曰成土；東北薄州，曰隱土；正東陽州，曰申土。"其名與禹貢等書異，未知是否即鄒衍所説之大九州？此外緯書中又有不同記載，無甚要義，今俱略之。

第二節　十二州説

古書中凡説"州"之制度，僅有九分制而無十二分制，鄒衍之大九州説，推廣爲八十一州，亦爲九之自乘數。堯典中乃有"肇十有二州"，"咨十有二牧"等語。但禹既在堯、舜時治水分州，何以堯典州數竟與禹貢不同？漢初人於此事之解釋，已不能見，今所見最早之解釋，當推班固漢書地理志。志序有云："昔在黃帝……方制萬里，畫野分州。……堯遭洪水，懷山襄陵，天下分絶爲十二州，使禹治之。水土既平，更制九州，列五服，任土作貢"，此亦本於谷永之説。漢書谷永傳有云："堯遭洪水之災，天下分絶爲十二州，制遠之道微而無乖畔之難者，德厚思深，無怨於下也。"是謂十二州之劃分，乃堯遭洪水時之變制也。然在堯典中則絲毫無此意，況既云"肇"乃謂創制，非由洪水之分絶而變制，谷永等説終爲曲解耳。

其後馬融之解釋恰與谷永、班固之説相反，馬融云："禹平水土，置九州。舜以冀州之北廣大，分置并州，燕、齊遼遠，分燕置幽州，分齊爲營州；於是爲十二州，在九州之後也。"（史記五帝本紀集解引）班固謂禹平水土以前爲十二州，以後併作九州，馬融乃謂禹平水土以後，舜更分九州爲十二州；谷永謂天下被洪水分絶爲十二州，馬融乃謂舜嫌冀、燕、齊之地廣而分爲十二州：其相異有如是者。至十二州之名稱爲何，馬融以前亦無知者。融謂禹貢九州冀、兗、青、徐、揚、荆、豫、梁、雍之外再加并、幽、營，即舜時之十二州。但營州與青州乃名異而實同者，馬融之十二州，實際上乃僅十一州，中有一州有名而無實。後來之説居上，其弟子鄭玄乃彌補之曰：“舜以青州越海而外齊爲營州，冀州南北太遠，分衛爲并州；燕以北爲幽州；新置之州并舊爲十二州，更爲之定界。”（史記五帝本紀集解引）由此説則營州乃當遼東、朝鮮一帶。但營州由營丘之名而來，何由渡海至遼東耶？況鄭玄謂“分衛爲并州”，亦誤，吕氏春秋有始覽謂“河、濟之間爲兗州，衛也”，東漢時衛地屬河內郡，司隷校尉所轄，鄭氏以衛屬并州，并州之境界未免偏東南矣。

　　自馬融、鄭玄之説起，十二州之名分配停當，於是後來注家依聲學舌，代代相承，如僞孔傳云：“禹治水之後，舜分冀州爲幽州、并州，分青州爲營州，始置十二州。”陸德明經典釋文云：“十有二州謂冀、兗、青、徐、荆、揚、豫、梁、雍、并、幽、營也。”舜時十二州乃被勘定。

　　吾輩研討此項問題，知舜時十二州名之成立乃由附會併湊而來，多屬無中生有。推其源皆由未肯謂堯典十二州無可徵考，及未肯説明禹貢、釋地、職方州名互相衝突，乃傳説互異之故，於是以三篇不同之説分屬夏、商、周，又齊不同以爲同而屬之於舜，淵源既明，其説即不難推翻矣。

　　以舜時十二州與漢武帝之州制相比，大概相同，僅舜時多一營州，而少朔方、交趾兩刺史部。或十二分州制思想之來源，實爲秦皇、漢武拓地開疆之反映，因拓地日遠，非“九”可包，故擴爲十二耳。漢書地理志云：“武帝攘卻胡越，開地斥境，南置交趾，北置<u>朔方</u>之州，兼<u>徐</u>、<u>梁</u>、<u>幽</u>、<u>并</u>、<u>夏</u>、<u>周</u>之制，改雍曰涼，改梁曰<u>益</u>，凡十三部，置刺史。"此十二州制背景之最好説明。<u>左傳哀七年</u>云："十二，天之大數也"，此亦或爲取用十二數之理由也。

由上云云，十二州制之説，本非<u>先秦</u>所有，似未宜置於此章，特以其見於<u>堯典</u>，而<u>堯典</u>一篇，疑其晚出者尚少，故述此説之來源，兼以證<u>堯典</u>乃晚出之書也。

第三節　畿服説

與分州説並稱者，古書中又有所謂畿服之説。畿服説最早見於<u>國語</u>，<u>周語</u>云：<u>祭公謀父</u>曰："夫先王之制，邦内甸服，邦外侯服，侯衞賓服，夷蠻要服，戎狄荒服。甸服者祭，侯服者祀，賓服者享，要服者貢，荒服者王。"是謂五服。<u>周語</u>又載<u>襄王</u>謂<u>晉文公</u>曰，"昔我先王之有天下也，規方千里以爲甸服"，是甸服大有千里，餘服則不知其里數。是説之成蓋在<u>春秋</u>、<u>戰國</u>之間。時<u>周</u>天子久替，諸侯競起，中原復無霸主，異族<u>楚</u>、<u>吳</u>、<u>越</u>等迭興，天王中心之觀念已失，<u>夷夏</u>之限亦破，於是心存舊制者遂采觀故事，酌合禮情，託諸往古，造爲此説，其意蓋爲王國諸侯異族間定一簡單合理之等第，以伸其一己之理想而已。其説既託爲先王之制，傳之久遠，世人遂錯認爲實事矣。

出於<u>戰國</u>末或<u>西漢</u>初之<u>禹貢</u>，承受此説而稍變其制，云："五百里甸服：百里賦納總，二百里納銍，三百里納秸，服，四百里粟，五百里米。五百里侯服：百里采，二百里男邦，三百里諸侯。五百里綏服：三百里揆文教，二百里奮武衞。五百里要服：三百里夷，二百里蔡。五百里荒服：三百里蠻，二百里流。"<u>禹貢</u>之綏服，蓋即<u>周語</u>之賓服，餘名皆同<u>國語</u>。自此五服，乃有一定之里數，而皆距離五百里焉。與<u>禹貢</u>同時或稍後之<u>逸周書職</u>

方篇(周官文同)更分天下爲九服，云：“乃辨九服之邦國：方千里曰王圻(周官作畿)，其外方五百里曰侯服，又其外方五百里曰甸服，又其外方五百里曰男服，又其外方五百里曰采服，又其外方五百里曰衛服，又其外方五百里曰蠻服，又其外方五百里曰夷服，又其外方五百里曰鎮服，又其外方五百里曰藩服。”周官九服於大司馬職稱爲九畿，於大行人職則僅邦畿及侯、甸、男、采、衛、要六服，六服之內爲九州，六服之外謂之蕃國。說者謂要服即蠻服，蕃國即夷、鎮、藩三服。案職方王畿千里之説，蓋本於詩，而當周語、禹貢之甸服。其以甸服居侯服之外，則與周語、禹貢異。男服與采服、衛服、蠻服、夷服之名，殆即本於禹貢“百里采”，“二百里男邦”，“二百里奮武衛”，“三百里夷”，“三百里蠻”之文。鎮服、藩服不知所據，要爲杜撰。禹貢之地猶方二千五百里，職方之天下則有五千五百里之大，其爲秦、漢時人觀念中之天下而非戰國以前人觀念中之天下可知也。

　　虞書皋陶謨稱：“弼成五服，至於五千”，其天下之觀念亦大於禹貢而與職方相等。周書王會篇又有三服之説：方千里之內爲比服，方二千里之內爲要服，方三千里之內爲荒服。比，近也。比服顯爲王會篇作者新構之王畿別名，要荒兩服則亦取自周語、禹貢，惟推廣五百里爲千里耳。

　　畿服之説雖爲後人杜撰，然亦略有所本。矢令方彝有“衆卿事寮，衆諸尹，衆里君，衆百工，衆諸侯：侯、田、男”之文，大盂鼎亦有“隹殷邊侯，田，雩殷正百辟”之語，周書更有“侯、甸、男、邦、采、衛，百工播民和，見士於周”(康誥)，“越在外服：侯、甸、男、衛、邦伯；越在內服：百僚、庶尹、惟亞、惟服、宗工、越百姓、里居”(酒誥)。“侯、甸、男、衛，矧太史友，內史友，越獻臣，百宗工”(同上)，“命庶殷：侯、甸、男、邦伯”(召誥)，“小臣屏侯甸”(君奭)，“庶邦：侯、甸、男、衛”(顧命)等文，春秋左傳襄十五年亦云，“王及公、侯、伯、子、

男、采、衛、大夫各居其列.”可見侯、甸、男、采、衛皆爵位之
稱，侯、甸、男爲諸侯，采、衛蓋爲附庸，其非畿服之稱明甚。
蓋自酒誥有“越在外服”，“越在内服”之語，春秋以後之創爲畿服
説者即假用其名以託諸古，後世離古愈遠，又蔽於儒説之一尊，
遂深信之而不疑矣。

本章重要參考書：

顧頡剛：州與嶽的演變（史學年報第五期）。

顧頡剛、童書業：漢代以前中國人的世界觀念與域外交通的故事（禹貢
半月刊第五卷第三四合期）。

郭沫若：金文叢考。

吳其昌：矢彝考釋（燕京學報第九期）。

土樹民：畿服説成變考（北京大學史學論叢第一册）。

第九章　嬴秦統一後之疆域

第一節　六國之滅亡及秦之統一

秦孝公用商鞅變法，國大富強，乃建咸陽，築冀闕而徙都
焉。又并諸小鄉聚爲大縣四十有一，乃東拓土至河，魏因之徙都
大梁。及惠文君立，晉先後納陰晉（今陝西華陰縣）及河西地（黃
河以西地，今陝西大荔、澄城等縣），三晉之衰亡自此始。其後
屢兼併諸侯土地。諸侯合縱以控之，合縱之説倡自蘇秦。及張儀
相秦，又倡連衡之策使六國北面事秦，秦勢益張，離六國之交，
使關東諸國互相猜忌，日圖賂秦以抒禍。秦乃復用所謂遠交近攻
之策，先服魏滅韓，近東略定，而後北舉滅趙，因便滅魏，趙魏

滅然後分兩軍南滅楚，而北滅燕，略定代地。即以滅燕之軍南面襲齊，十年之間，六王畢而四海一矣！今略撮秦自孝公以後吞併六國之跡，爲表於下（擇錄六國年表）：

孝公八年，與魏戰元里，斬首七千，取少梁。

　　十年，衞公孫鞅爲大良造，伐安邑，降之。

　　十二年，初取小邑爲三十一縣，令爲田，開阡陌。

惠文王三年，拔韓宜陽。

　　六年，魏以陰晉爲和，命曰寧秦。

　　八年，魏入少梁、河西地於秦。

　　九年，渡河取汾陰皮氏。圍焦，降之。

　　十年，公子桑圍蒲陽，降之。魏納上郡。

　　十三年，相張儀將兵取陝。

改元後九年，擊蜀，滅之。取趙中都、西陽、安邑。

　　十一年，侵義渠，得二十五城。

武王四年，拔宜陽城，斬首六萬。涉河，城武遂。

昭王六年，蜀反，司馬錯往誅蜀守煇，定蜀。

　　十七年，魏入河東四百里。

　　十八年，客卿錯擊魏，至軹，取城大小六十一。

　　二十一年，魏納安邑及河內。

　　二十九年，白起擊楚，拔郢，更東至竟陵，以爲南郡。

　　四十四年，秦攻韓，取南陽。

　　四十五年，秦攻韓，取十城。

　　五十年，王齕、鄭安平圍邯鄲。及齕還軍，拔新中。

莊襄王二年，蒙驁擊趙榆次、新城、狼孟，得三十七城。

　　三年，王齮擊上黨，初置太原郡。

始皇帝三年，蒙驁擊韓，取十三城。

　　五年，蒙驁取魏酸棗二十城，初置東郡。

　　六年，秦拔魏朝歌。

七年，秦拔魏汲。

九年，秦拔魏垣、蒲陽、衍。

十一年，王翦擊鄴、閼與，取九城。

十三年，桓齮擊平陽，……因東擊趙之河南。

十四年，桓齮定平陽、武城、宜陽。

十五年，興軍至鄴，軍至太原，取狼孟。

十六年，發卒受韓南陽地。

十七年，内史勝，擊得韓王安，盡取其地，置潁川郡。

十九年，王翦拔趙，虜王遷，之邯鄲。

二十一年，秦拔燕薊，得太子丹，徙王遼東。

二十二年，王賁擊魏，得其王假，盡取其地。

二十四年，王翦、蒙武破楚，虜其王負芻。

二十五年，王賁擊燕，虜王喜；又擊代，虜王嘉。

二十六年，王賁擊齊，虜王建，初并天下。

第二節　秦郡考略

郡縣制度雖在春秋時已見其萌芽，然尚非推行普遍之地方制度，郡縣間亦不甚相統屬。時至戰國，郡始轄縣。始皇統一天下後，乃分天下爲若干郡縣，以爲地方之行政區劃。郡有守，掌治其郡；有丞，掌佐守；有尉，亦掌佐守，典武職甲卒。蓋守丞掌文事，尉承武備也。又有郡監，掌監郡。縣有令長，掌治其縣；有縣丞，掌佐令；又縣尉，掌武事。

覈之史記始皇本紀云："二十六年分天下以爲三十六郡，郡置守、尉、監。"漢書地理志亦云："本秦京師爲内史，分天下作三十六郡。"是謂并天下後分天下爲三十六郡。然内史是否在三十六郡内？秦郡是否僅爲三十六？皆爲中國疆域沿革史上最紛歧之問題。如本漢書地理志諸郡國下所注之沿革，則稱秦所舊有之郡並內史爲三十七，其名如下：

河東　太原　上黨　東郡　潁川　南陽　南郡　九江

鉅鹿　齊郡　琅邪　會稽　漢中　蜀郡　巴郡　隴西　北地

上郡　雲中　雁門　代郡　上谷　漁陽　右北平　遼西

遼東　南海（以上稱秦置）　河南（故秦三川）　沛郡（故秦泗水）　五原（秦九原）　鬱林（故秦桂林）　日南（故秦象郡）　趙國（故秦邯鄲）　梁國（故秦碭郡）　魯國（故秦薛郡）（以上稱故秦某郡）　長沙（稱秦郡）　京兆（稱故秦內史）

然南海、桂林、象郡據始皇本紀及南越傳謂爲始皇三十三年所置，則謂二十六年之三十六郡有此三郡，乃成問題。九原郡於史亦無據。故三十六郡之目，當別有説，而三十六郡亦非秦一代郡之總數可知也。全祖望之漢書地理志稽疑於此有詳細考證，於諸家之中最具勝義。今撮録之於下：

內史　不在三十六郡內，蓋以尊京師也。

隴西　秦故封，不知其置郡之年。

北地　故義渠、大荔諸戎地，昭襄王置，不知其年。

上郡　故魏置，惠文王十年因之。

漢中　故楚置，惠文王後十三年因之。

蜀郡　故蜀國，惠文王後十四年因之。

巴郡　故巴國，惠文王後十四年置。

　　　上六郡皆秦境。

邯鄲　始皇十九年置。

鉅鹿　始皇二十三年置。

太原　莊襄王四年置。

上黨　故韓置，後入趙，莊襄王四年因之。

雁門　故趙置，始皇十九年因之。

代郡　故代國，後入趙，置代郡；始皇二十五年因之。

雲中　故趙置，始皇十三年因之。

九原　始皇置。三十三年，蒙恬闢河西地四十餘縣，蓋
　　　以此四十餘縣置九原，不當在始皇二十六年所并
　　　三十六郡之內。
　　　上八郡皆趙境。

河東　昭襄王二十一年置。

東郡　始皇五年置。

碭郡　始皇二十二年置。
　　　上三郡皆魏境。

三川　莊襄王九年置。

潁川　始皇十七年置。

南郡　昭襄王二十九年置。

黔中　故楚置，昭襄王三十年因之。

南陽　昭襄王三十五年置。

長沙　始皇二十五年置。

楚郡　始皇二十四年置。

九江　同上。

泗水　同上。

薛郡　同上。

東海　同上。

會稽　始皇二十五年置。
　　　上十郡皆楚境。

齊郡　始皇二十六年置。

琅邪　同上。
　　　上二郡皆齊境。

漁陽　故燕置，始皇二十一年因之。

上谷　同上。

右北平　故燕置，始皇二十五年因之。

遼西　同上。

遼東　同上。

廣陽　始皇二十三年置。

上六郡皆燕境。

以上除內史及九原外，即始皇二十六年所分之三
十六郡也。

南海　始皇三十三年置。

桂林　同上。

象郡　同上。

閩中　始皇置，不知其年。

上四郡，不在三十六郡內。

第三節　長城

　　長城之建築肇始於春秋，至戰國時代，齊、楚、燕、趙、
魏、中山、秦諸國亦先後建城立防。始皇統一天下，使蒙恬修接
舊有長城，以防匈奴，所謂"萬里長城"非即由其一手所造成也。
兩漢、北魏、北齊、後周及隋，各修繕其一部。至明，因防蒙古
之故，又整理全城；今日之長城實明代邊牆，與秦、漢之舊觀相
去已遠。今略述戰國時代各國及嬴秦之長城，若明代之邊牆，其
詳述於後文。

（一）齊長城

　　管子輕重篇："管子曰：'長城之陽，魯也；長城之陰，齊
也。'"史記楚世家正義引括地志云："齊長城西起濟州平陰縣，沿
河歷泰山北岡，……至密州琅琊臺入海。"趙世家正義云："齊長
城西頭在齊州平陰縣。"郡國志濟北國下云："盧有平陰城，有防
門，有長城至東海。"由上諸條知齊之長城西起於今山東省西境平
陰縣，歷泰山北岡，南達黃海北岸諸城縣境之琅琊臺入海。其建

築時代當在春秋之際，驫氏編鐘銘文中已有"作齊，入長城，先會於平陰"之語，説者謂此鐘爲周靈王時之器，則春秋時代齊已有長城可知矣。

(二)楚長城

楚長城又名方城，但方城亦爲山名。其爲山名者，如楚屈完對齊桓公稱："楚國方城以爲城"，即方城山，在今河南葉縣南四十里境。其後歷代郡縣亦有名方城者，故讀古書者應分別何者始爲楚之長城也。水經潕水注引盛宏之荆州記云："葉縣東界有故城，始犨縣東，至瀙水，達泚陽，南北聯聯數百里，號爲方城，一謂長城"，即左傳所謂"楚國方城以爲城"是也。案葉縣東北之故城，雖爲楚長城，但非左傳所謂之方城也。又漢書地理志南陽郡葉縣注云："有長城，號曰方城"，葉縣在今河南魯山縣（古犨縣）與泚陽（古泚陽）之間，與荆州記所載相合，是知今河南魯山至泚陽縣之間有楚之長城。水經潕水注："酈有故城一面，未詳里數，號爲長城即此。"酈縣在今河南内鄉縣東北十里地。史記禮書正義引括地志云："方城在房州竹山縣東南四十一里，……山南有城長十餘里。"按竹山縣之方城，原爲庸有，後楚滅庸，方城始爲楚險。至於葉之方城，當爲楚北境之長城，惜其遺跡今無存者，多不可考矣。

(三)魏長城

魏有西長城及東長城。西部長城因防秦而作，秦本紀云："魏築長城，自鄭濱洛以北有上郡。"正義云："魏界與秦相接，南自華州鄭縣，西北過渭水濱洛水東岸，向北有上郡鄜州之地，皆築以界秦境。"魏世家云："築長城，塞固陽。"正義引括地志云："梱陽縣，漢舊縣也，在銀州銀城縣界。"案魏長城自鄭濱洛，北達銀州，至勝州固陽縣爲塞也。以今地言之，則知此長城南起於陝西華縣，沿北洛水而北，經鄜縣、綏德、米脂等地，而達綏遠之固陽，長千餘里。又後漢書郡國志云："卷有長城，經陽武到密"，即魏之南部長城也。魏都大梁，此長城乃邊乎大梁，而爲魏之南屏。以今地言之，則北起河南原武縣西北，東至陽武縣，曲折而達密縣，長約四百里。其建築時代，蓋在戰國。

（四）燕長城

史記匈奴列傳云："燕亦築長城，自造陽至襄平，置上谷、漁陽、右北平、遼西、遼東郡以拒胡。"此即燕之北長城也。造陽爲今察哈爾省懷來縣治，襄平在今遼寧遼陽縣北千里地，是知此長城延袤千餘里也。戰國策燕策云："張儀謂燕王曰：'今趙王已朝澠池，效河間以事秦。大王不事秦，秦下甲雲中、九原，驅趙而攻燕，則易水長城非王之有也。'"此乃燕之南長城。更據水經易水注所記，知此長城所經之地爲今易縣西南古關門城，及縣東南十六里地古漸離城之西；今徐水縣西二十五里地武遂縣故城西南兩面，及縣西南二百里新城縣故城之北；自此而東北與今定興縣南十里地范陽縣故城相望，又東經今任丘縣東南二十里地，阿陵縣故城之東北文安縣附近。

（五）趙長城

史記趙世家云："肅侯十七年築長城。"又云："武靈王召樓緩謀曰：'我先王因世之變，以長南藩之地，屬阻漳、滏之險，立長城。'"先王即指肅侯。此趙之南長城。以今地言，此長城乃在今河北磁縣及河南臨漳縣一帶地方。又史記匈奴列傳云："趙武靈王變俗胡服，習騎射，北破林胡、樓煩，築長城，自代並陰山下至高闕爲塞。"正義引括地志云："趙武靈王長城在朔州善陽縣北。"此趙北長城也。

(六)中山長城

史記趙世家云：“成侯六年，中山築長城。”中山在趙之東北，今河北省、山西省之間；長城亦應距此不遠，蓋用以防趙也。

(七)秦長城

史記蒙恬列傳云：“始皇二十六年，使蒙恬將三十萬衆北逐戎狄，收河南，築長城，因地形用險制塞，起臨洮至遼東，延袤萬餘里。”水經河水注云：“始皇令太子扶蘇與蒙恬築長城，起自臨洮，至於碣石”，蓋碣石在今朝鮮平壤南，秦屬遼東郡。此長城實集戰國沿塞長城之大成也。史記匈奴列傳又云：“秦昭王時，義渠戎王與宣太后亂，……於是秦有隴西、北地、上郡，築長城以拒胡。”臨洮爲今甘肅岷縣，隴西今爲甘肅狄道縣治，而甘肅隆德縣城，西北六十里有長城，相傳爲秦所築；固原西北十里有長城遺趾，相傳秦滅義渠戎後所築。此秦原有之長城也。是知秦之大長城西起於今甘肅岷縣，東行經狄道、固原、隆德等地，包六盤山而北走，再經環縣而入陝西，東過綏德，渡黃河，歷山西、河北至山海關，又東北而至朝鮮平壤南，此秦長城之大略也。

本章重要參考書：

史記。

漢書。

水經注。

全祖望：漢書地理志稽疑。

王國良：中國長城沿革考。

第十章　西漢疆域概述

第一節　漢初之封建制度

秦爲無道，暴虐天下，陳勝、吳廣揭竿首義，項羽、劉邦相繼響應，遂屋秦祖。項氏聽范增之計，復立楚後，以相號召；未幾，六國君臣竄伏草萊之間者，亦紛紛而起，相與並立，於是秦之郡縣區劃復雜以封建制度，殆與秦未滅六國時之情形相差無幾矣。

劉、項初起，關中未下，稱王號君者不可數計，然朝興夕伏者亦所在多有，直至項羽分裂天下大封王侯之時，始略得其眉目。項羽於誅秦王子嬰之後，與諸侯共尊楚懷王孫心爲義帝，自立爲西楚霸王，復分宇內爲十八諸侯，其時之情形如下：

項羽自爲西楚霸王，王梁、楚等九郡，都彭城。

劉邦爲漢王，王巴、蜀、漢中，都南鄭。

章邯爲雍王，王咸陽以西，都廢丘。

司馬欣爲塞王，王咸陽以東至河，都櫟陽。

董翳爲翟王，王上郡，都高奴。

魏豹爲西魏王，王河東，都平陽。

申陽爲河南王，都雒陽。

韓成爲韓王，都陽翟。

司馬卬爲殷王，王河內，都朝歌。

趙歇爲代王，都代。

張耳爲常山王，王趙地，都襄國。

英布爲九江王，都六。

吳芮爲衡山王，都邾。

共敖爲臨江王，都江陵。

韓廣爲遼東王，都無終。

臧荼爲燕王，都薊。

田巿爲膠東王，都即墨。

田都爲齊王，都臨濟。

田安爲濟北王，都博陽。

義帝都長沙郴縣。

受封諸王或爲六國後裔，或爲諸侯舊將，大者轄地數郡，小者僅得數縣，利益不均，其形勢自不能久也。

果也，漢王不甘櫪伏，出關而東，以與項氏爭衡，二十諸侯之局面因以破裂。積數年之戰爭，漢王遂得次第翦滅群雄，復定一統。楚、漢相持之時，漢王雖從張良之計，不復立六國後裔，然封建之制度不能即因此而終止也。蓋軍中將士之所以轉戰南北者，其心目中固時時望他日分茅裂土爲王爲侯也。二等之叙，誠時勢所迫，不得不如此，非漢王鑒於亡秦之失，亦非有慕於成周之得也。初期之封王者凡八：

韓信爲齊王，都臨淄；嗣改封楚王，王淮北，都下邳。

張耳爲趙王，都襄國。

英布爲淮南王，都六。

彭越爲梁王，王魏故地，都定陶。

韓王信爲韓王，都陽翟；嗣徙國太原，都馬邑。

盧綰爲燕王，都薊。

吳芮爲長沙王，王長沙、豫章、象郡、桂林、南海諸地，都臨湘。

亡諸爲閩粵王，王閩中地，都冶。

漢王雖如此分土，然其心中固惴惴焉懼諸將之反側，亟思次第翦

除，故韓信見誅，彭越菹醢，無非爲欲達此目的也。他方復分封
子弟，使與異姓諸王犬牙相錯，以相牽制；末年復定非劉氏不王
之制，而異姓之王盡矣。高帝末年王者十國：

楚王交，高帝弟，六年封。

齊王肥，高帝子，六年封。

趙王如意，高帝子，九年封。

淮南王長，高帝子，十一年封。

梁王恢，高帝子，十一年封。

淮陽王友，高帝子，十一年封。

代王恒，高帝子，十一年封。

吳王濞，高帝兄仲子，十二年封。

燕王建，高帝子，十二年封。

長沙王吳臣，故長沙王吳芮後。

十王之中僅長沙一人爲異姓，蓋以其地僻居南服，國小民貧，故
能不見忌於漢廷耳。

諸侯王國封地大小雖不一，然合計之則甚廣，殆居其時郡國
之大半。史記漢興以來諸侯年表云：

自鴈門太原以東至遼陽，爲燕、代國；常山以南，太行
左轉，度河、濟，阿、甄以東，薄海，爲齊、趙國；自陳以
西，南至九疑，東帶江、淮、穀、泗，薄會稽，爲梁、楚、
淮南、長沙國；皆外接於胡越；而內地北距山以東盡諸侯
地，大者或五六郡，連城數十，置百官宮觀，僭於天子。漢
獨有三河、東郡、穎川、南陽，自江陵以西至蜀，北自雲中
至隴西，與內史凡十五郡。

清儒全祖望嘗事考證，謂其時天子自有者實十八郡（漢書地理志
稽疑四）。史公之言容或有誤，然十八郡之數亦非甚多。天子自

屬諸郡中又雜以列侯公主之食邑，亦非盡隸於漢廷也。列侯即所謂二等之一。漢代列侯爲數頗多，高帝一代已達百五十人，文、景而後，外戚丞相及諸王之子弟亦皆受封，其數益多，此百餘列侯其食邑皆在漢郡之内，故漢廷十八郡僅名義上之數字而已。

自文帝而後，血統漸疏，諸王疆土又過大，遂起漢廷疑忌之心。賈誼上治安之策，創衆建諸侯之議，以弱疏强親，故封建之局大異。景帝時用鼂錯之計，大削藩封，七國之王遂相與反叛，其後雖能底定亂事，而上下益猜疑矣。下至武帝用主父偃之策，推親親之恩，使諸侯王得以食邑分封子弟，國土愈分，其勢益弱。漢初諸侯王或領數郡，或轄數十城，至是所轄者僅各得一郡，郡與國遂同等矣。且王子之爲列侯者，其地皆屬漢郡，故郡之大者有及三四十縣，而諸王所屬有僅得五六城者，以之與漢初較，相去不可以道里計矣。

第二節　西漢之郡國區劃及其制度

秦併六國，大設郡縣，及其季年已有四十餘郡。漢興之後，迭有建置，下迄平帝元始二年遂增至百三郡國。班氏地志後序言漢代諸帝增置郡國之次序曰：“高帝增二十六，文、景各六，武帝二十有八，昭帝一。”然檢志文郡國條中所述始置之時，則與此未能相符。志文稱高帝所增置者凡二十有六：

　　馮翊（高帝河上郡）、扶風（高帝中地郡）、河内（高帝殷國）、汝南、江夏、魏郡、常山、清河、涿郡、勃海、平原、千乘、泰山、東萊、東海、豫章、桂陽、武陵、廣漢、定襄、淮陽、楚國、中山、廣陽（高帝燕國）、膠東、六安（高帝衡山國）。

文帝增六：

　　廬江、濟南、河間、菑川、高密（文帝膠西國）、城陽。

景帝增四：

山陽、濟陰、東平（景帝濟東國）、北海。

武帝增二十五：

弘農、陳留、臨淮、零陵、武都、天水、敦煌、安定、西河、真定、犍爲、越巂、益州、牂牁、武威、張掖、酒泉、朔方、玄菟、樂浪、蒼梧、交趾、合浦、九真、泗水。

昭帝增一：

金城。

別有未注建置之時者：

丹陽、廣平、信都、廣陵。

後世學人對此矛盾之記載迭有解釋，若續漢書郡國志、晉書地理志以及清全祖望、錢大昕諸人之著述，皆其著者，其説紛紜不一，近人譚其驤漢百三郡國建置之始考最後出而其説亦較精。據其論證，則除因秦四十一郡之外，高帝增十九，文帝增一，景、武二帝共增四十一，昭帝增一。武陵、淮陽、廣陽、東海，秦舊郡也。沛郡、桂陽、涿郡、勃海、平原，景帝所新置也。江夏、定襄、泰山，武帝所增建也。而千乘、東萊，亦景、武所立也。志皆入於高帝之時。若廬江、博陽（博陽即志文之濟南）、河間、膠西、城陽本高帝時或楚、漢間諸侯所置，志又誤歸之文帝。鄣郡（志丹陽）、東陽（志廣陵），亦高帝時或楚、漢間已有，志反未注其時。黜其所不當有而益其所當增，則高帝所增者實十九郡國耳。文帝之六國既黜其五，則所餘僅菑川而已。陳留、廣平、信都皆景帝所置，而志於陳留（景帝濟川國）則云武帝置，廣平、信都（景帝廣川國）又不注始置之年，皆非是。覈其實則景置十二而武增二十七，益以未知確爲景或爲武所建之千乘、東萊二郡國，實得四十有一。昭帝僅金城一郡，當仍志説，合承秦之四十一郡，即所謂百三郡國也。

漢制異於嬴秦者，王國、侯國而外尚有州刺史部。地理志序云："武帝攘卻胡越開地斥境，南置交趾，北置朔方之州，兼徐、梁、幽、并，夏、周之制，改雍曰涼，改梁曰益，凡十三州，置刺史。"是此十三州者，乃因所謂夏、周舊制之冀、兗、青、徐、揚、荆、豫、益、涼、幽、并及新置之交趾、朔方二部也。惟志文郡國條中所注之州名，無朔方、涼州二部，別有司隸，而交趾亦稱交州，與序文大異。案司隸校尉之置爲征和四年事，而十三州刺史部則在元封五年，是司隸校尉部不在十三州之中。西漢時，平當、蕭育、翟方進皆嘗爲朔方刺史，則朔方亦一部也；志文於朔方郡下注云屬并州，蓋以東都新制爲西京舊規。王莽時嘗改交趾曰交州，光武初雖復舊，明、章以後再稱交州，班氏又誤以東漢制度羼入志文中矣。志文雖未言涼州，然志序既言改雍曰涼，是涼州亦舊制也，且河西諸郡亦未注所屬，故不言涼州者，班氏誤遺之也。

十三州刺史部及司隸校尉部所統之郡國，班氏地志雖間有注及，亦多譌誤，頡剛舊著兩漢州制考嘗加校訂，今録諸州所隸郡國於下，以見其時疆域分劃之情形：

司隸校尉部：京兆、扶風、馮翊、弘農、河内、河南、河東——凡七郡。

豫州刺史部：潁川、汝南、沛郡；梁國——凡三郡一國。

冀州刺史部：魏、鉅鹿、常山、清河郡；趙、廣平、真定、中山、信都、河間國——凡四郡六國。

兗州刺史部：陳留、山陽、濟陰、泰山、東郡；城陽、淮陽、東平國——凡五郡三國。

徐州刺史部：琅邪、東海、臨淮郡；泗水、廣陵、楚、魯國——凡三郡四國。

青州刺史部：平原、千乘、濟南、北海、東萊、齊郡；

菑川、膠東、高密國——共六郡三國。

荆州刺史部：南陽、江夏、桂陽、武陵、零陵、南郡；
長沙國——凡六郡一國。

揚州刺史部：盧江、九江、會稽、丹陽、豫章郡；六安
國——凡五郡一國。

益州刺史部：漢中、廣漢、犍爲、越嶲、益州、牂牁、
蜀、巴郡——凡八郡。

涼州刺史部：隴西、金城、天水、武威、張掖、酒泉、
敦煌、安定、北地、武都——凡十郡。

并州刺史部：太原、上黨、雲中、定襄、雁門、代
郡——凡六郡。

幽州刺史部：勃海、上谷、漁陽、右北平、遼西、遼
東、玄菟、樂浪、涿郡；廣陽國——凡九
郡一國。

朔方刺史部：朔方、五原、西河、上郡——凡四郡。

交趾刺史部：南海、鬱林、蒼梧、交趾、合浦、九真、
日南——凡七郡。

第三節　西漢地方行政制度

漢代因嬴秦舊規，復承成周故習，合封建郡縣二種制度冶於
一爐，故其地方之官吏亦因郡國之情形而異。今略究其因革之
跡，分論於後：

秦分天下爲郡縣，而畿輔之地獨稱内史，以別於他郡，即以
内史治之。漢初分其地爲三郡：中曰渭南，左曰河上，右曰中
地；雖爲京師所在，而其地位則與他郡等。高帝末年，天下大
定，復因秦制合之爲一，其官吏亦如秦舊。稍後復分左右，其分
置之時據地志所載，則武帝建元六年事也，而百官表又謂在景帝

二年，檢表文，則景帝元年已有左內史鼂錯之記載，知其時已分左右矣。武帝太初元年，更右內史爲京兆尹，左內史爲左馮翊，復以主爵都尉爲右扶風，即治內史右地，是爲三輔。後世遂爲定制。三輔首吏雖有專名，究其實際固無異郡守國相，特以其爲京師重地，故有斯稱耳。

　　郡置郡守，以司民事，復置郡尉，以掌軍旅，皆秦時舊官而漢所因者。景帝中二年更郡守曰太守，郡尉曰都尉，遂爲定稱。與郡同等者則諸侯王國，秦制所無，故其置官設吏，多所特創。高帝之時，諸王權勢頗大，官吏率如漢廷，百官表云："有太傅輔王，內史治國民，中尉掌武職，丞相統衆官，群卿大夫都官如漢制"，是其國土雖小，而其職官初不異於帝室也。景帝遭七國之亂，以諸王權力過大，乃盛加損抑，復令諸王不得自治其國，所屬官吏皆由天子爲之除授。元狩初，衡山、淮南二王謀反，武帝以其國屬吏實促其成，乃作左官之律，屬行限制。至成帝綏和元年復省其內史，以相代治民事，以中尉爲之主兵旅。自文、景削藩之後，諸王國土日漸縮小，幾不能比之諸郡，守與相，都尉與中尉實際所差者僅名稱不同而已。

　　郡之太守與諸侯王國之相、中尉，皆僅一員，而都尉之多寡則因地而異，邊圍要塞往往多至四五員。其名稱略見於地志，姑舉其重要者而言之：如會稽有西部都尉，復有南部都尉；酒泉有北部都尉，又有東部都尉；而雲中且有中部都尉；此外則騎都尉，天水、安定諸郡有之；農都尉，金城、西河諸郡有之；屬國都尉，上郡、五原諸郡有之；關都尉，敦煌、弘農諸郡有之。別有受降都尉（田廣明傳），護漕都尉（朱博傳），宜禾都尉（地志）諸名，皆因時而置，非常制也。

　　漢制別有州刺史，此秦代之所無者，漢書武帝紀："元封五年，初置刺史，部十三州。"諸州刺史僅司監察之責，非親民之官，故百官表云："掌奉詔條察州。"胡廣漢官解詁亦言："馳郡行國，督察在位，（敷）奏以言，錄見囚徒，考實侵冤，退不錄（稱）職"（北堂書鈔七二設官部引）。刺史所轄之地域雖大，其重要反不及郡太守與國相，守相之秩各爲二千石，而州刺史則僅六百石，不及三分之一，蓋其時地方制度尚爲郡縣或王國侯國之二級制也，與州刺史相似者又有司隸校尉，百官表："武帝征和四年初置，從中都官徒千二百人。捕巫蠱，督大姦猾。後罷其兵，察三輔、三河、弘農。"是司隸之初置，本因巫蠱獄起，事平之後遂使察州。其形式雖與州刺史相似，而其權力則非州刺史所可及。其後刺史之權力漸次增大，寖假而憑陵太守，綏和元年遂因何武、翟方進之請，改刺史爲牧，於是向之僅司監察之責者一變而直接指揮守相之大員，其地位頓見重要，而地方制度亦由二級制變爲三級制矣。州牧權力過大，不便之處甚多，故三年之後又因御史大夫朱博奏言，復行舊制。王莽柄政，再稱州牧，漢室不久亦亡矣。

　漢制郡國之下，復有縣、邑、道、侯國，百官表："列侯所食縣曰國，皇太后、皇后、公主所食曰邑，有蠻夷曰道。"是所謂邑、道、侯國者，特縣之異稱而已。縣置令長以治其民，萬户以上爲令，減萬户則爲長，皆秦舊制也。邑、道置官與縣同，而侯國則別置相如王國，其職責與縣令長無異，對列侯亦不拘守臣節，而列侯亦不得以屬吏視之也。縣令長及侯相之下亦稍有掾吏以爲佐貳，惟不若郡守國相之多耳。

第四節　西漢對外疆土之擴張

　先秦之時，漢民族群居黃河流域，因地分國，自相爭長；而邊遠之邦又復竭其餘力以向他民族求發展之地，故秦處西方，因霸西戎，晉擴北土，威服狄人，燕國遠居幽、冀，遂東向而至遼河流域，齊、晉諸國又時時與楚、吳爭衡，蓋無處不顯其對外擴張之能力也。及秦併六國，於是向之分離不合之漢民族乃混成大一統之局面。秦皇黷武，南則略取陸梁，北復拓地榆中，並置郡縣，先秦以來，漢族向外發展，至此爲極盛。

秦、漢二代最大之外患，厥爲匈奴。始皇雖嘗使蒙恬北征，大起長城，秦祚絶後，其勢益張。漢祖平城敗後，邊事復急；文、景之世胡騎每深入安定、北地諸郡，勢逼京師，細柳、棘門遂皆爲備胡之地，上下苦之。武帝即位，嘗用大行王恢之言，誘匈奴入馬邑，欲一舉殲滅，不意事敗垂成；然武帝雄才大略，並不因此而稍戢，乃任衛青、霍去病諸人當折衝之任，數數出塞，絶域遠征。元朔二年，衛青出雲中以西，至於隴西，遂收秦故河南地，置朔方五原郡，惟漢亦東棄上谷斗辟縣造陽地以與胡。元狩三年，匈奴内閧，昆邪王殺休屠王來降，乃復以其地爲武威、酒泉二郡。元鼎末，又復分武威、酒泉置張掖、敦煌郡，徙内地之民以實之。四郡之建置，非獨挾制匈奴，且爲通西域之要道，其重要殊不能與常郡等。其間大兵雖時有遠征，若衛青之至闐顏山，霍去病之封狼胥居山，然軍還則已，未能統治其地。太初中，光禄徐自爲自朔方塞外列城築郭，遠至盧朐，復以重兵駐守，雖其所築城郭未幾即爲匈奴所毀，要可以覘漢地之遠大。清一統志謂盧朐河今名克魯倫河，源出喀爾喀肯特山，是今外蒙之地其時已有漢亭郭矣。其後五單于爭立，呼韓邪内附，居於塞下，北方始得稍息焉。

漢與匈奴交爭，以西域當匈奴右臂，乃使張騫西使，以孤匈奴勢。是時西域小國林立，蓋三十有六，稍後復分五十餘，其種族亦頗不一。西域傳言：“自疏勒以西北休循、捐毒之屬，皆故塞種也。”又云：“蒲犂及依耐無雷國皆西夜類也。西夜與胡異，其種類羌氏，行國，隨畜逐水草往來。”而大宛以西至於安息，其人又皆深目多鬚眉，又與塞羌異種矣。張騫之初使也，諸國皆以距漢過遠，又畏匈奴，莫敢内附；迨匈奴昆邪王來降，河西四郡既建，玉門路通，諸國始皆相繼臣服。時烏孫最號大國，漢廷乃利用和親之計，以相接納。至貳師將軍征大宛，漢威遂遠被絕域；於是輪臺、渠犂皆置田卒，復有校尉領護，以爲久遠之計。宣帝於烏壘城置都護以護南北二路，其形勢益固。迄王莽篡漢，始略形疏離。綜全漢之時，西域通中國者凡五十有六國，其國情風土備見班氏西域傳，今略舉名稱於下：

　　　婼羌　樓蘭（昭帝元鳳四年，傅介子殺其王，更其國名爲鄯善）　且末　小宛　精絕　戎盧　扜彌　渠勒　于闐　皮山　烏秅　西夜　蒲犂　依耐　無雷　難兜（屬罽賓）　罽賓（不屬都護）　烏弋山離（不屬都護）　條支（役屬於安息）　安息（不屬都護）　大月氏（不屬都護）　康居（不屬都護）　奄蔡（屬康居）　大宛　桃槐　休循　捐毒　莎車　疏勒　尉頭　烏孫　姑墨　溫宿　龜玆　烏壘　渠犂　尉犂　危須　焉耆　烏貪訾離（元帝時分車師後王之西爲此國。以處匈奴東蒲類王玆力支）　卑陸　卑陸後國　郁立師　單桓　蒲類　蒲類後國　西且彌　東且彌　劫國　狐胡　山國　姑溫（宣帝時分爲車師前後王及山北六國）　車師前國　車師後國　車師都尉　車師後城長國

居漢之東北者爲朝鮮。朝鮮古與中國通，自遭秦亂，漸相隔絕。漢初，燕人衛滿入其地，殺其王而王其國，爲漢外臣。然以距漢過遠，漢兵所不能至，故每招誘人民，而真番、辰國之入貢者亦爲所壅閼不通。武帝即位，發師東討，會朝鮮亦殺其王右渠降，乃以其地爲真番、樂浪、臨屯、玄菟四郡，時元封三年也。其先曾因濊之降人置蒼海郡，然未久即罷，故僅四郡存焉。

　南越王趙佗因秦末亂離，雄據嶺南，竊稱帝號，高、惠、文、景諸帝頗事優容。武帝時，其相呂嘉復要其王反，盡殺漢使之在南越者，於是武帝乃議南征。元鼎五年，使伏波將軍路博德出桂陽，下湟水；樓船將軍楊僕出豫章，下橫浦；戈船下瀨將軍

故歸義粵侯二人出零陵，或下灘水，或抵蒼梧；又使馳義侯因巴、蜀罪人發夜郎兵，下牂柯江：五路將士俱會番禺。其明年，南越平，以其地爲儋耳、珠崖、南海、蒼梧、鬱林、合浦、交趾、九真、日南九郡。昭、元二帝罷儋耳、珠崖，故元始之時嶺南僅存七郡。會東粵亦數反側，漢既定南越，其王益恐，發兵叛，漢因使兵擊其地，徙其民於江、淮間，東粵地遂空。

　　西南夷處巴、蜀塞外，各聚族而居，其君長凡數十，夜郎、滇、邛都、嶲、昆明、徙、筰都、冉駹、白馬等部爲最大，其俗或耕田有邑聚，或隨畜遷徙而無定居，以道途遠阻，多不與中國通，而漢廷亦以其徼外蠻夷，不甚重視之也。及漢有事於南粵，使者唐蒙知由夜郎可趨南粵，乃説武帝謀取其地。武帝乃使蒙爲使，使夜郎。建元六年，蒙至其地，降其王以爲犍爲郡。未幾，以北築朔方，據河逐胡，遂罷西南夷。自張騫使西還，建議取西南夷，出身毒，以通西域，漢遂再有事於西南夷。會南粵反，漢欲發西南夷兵，而且蘭君不行。元鼎六年，漢已滅南粵，乃以餘兵誅且蘭，降其地爲牂柯郡。於是諸夷皆震恐，爭求内屬，因以邛都爲越嶲郡，筰都爲沈黎郡，冉駹爲汶山郡，廣漢西白馬爲武都郡。元封二年又擊降滇王，以爲益州郡。西南夷自此大定。沈黎、汶山未久即廢，犍爲、牂柯等遂得比於内地諸郡矣。

本章重要參考書：

史記。

漢書。

全祖望：漢書地理志稽疑。

錢坫：新斠注地里志集釋（徐松集釋）。

吳卓信：漢書地理志補注。

顧祖禹：讀史方輿紀要（下各章同）。

顧頡剛：兩漢州制考（中央研究院歷史語言研究所集刊外編蔡元培先生六十五歲慶祝論文集）。

譚其驤：漢百三郡國建置之始考(地學雜誌民國二十二年第二期)。

第十一章　　新莽改制後之疆域

　　漢代疆域賴有元始二年之簿籍著録於班氏地志而得見其大凡。由地志觀之，其時有司隸部一、刺史部十三與郡國百三，漢制於是大備。惟此完備之制度不久即被破壞，蓋是時王莽已執政柄，漸改漢制，疆域區劃自非例外。莽改漢制肇始於元始四年，平帝紀：

　　　　元始四年冬，置西海郡，徙天下犯禁者處之；……分京師置前煇光、後烈丞二郡，更……十二州名，分界。郡國所屬，罷置更易，天下多事，吏不能紀。

是不惟更易州名，即郡國縣邑亦當盛加改革，而十二州之建置直打破武帝以來固定之制度。至其改革之原因，據莽傳所載莽之奏書云：

　　　　漢家地廣二帝三王，……州名及界多不應經。堯典十有二州，後定爲九州。漢家廓地遼遠，州牧行部遠者三萬餘里，不可爲九。謹以經義正十二州名分界，以應正始。

是其所制作完全以其心目中之經義爲依歸。十二州之名稱，漢志多闕，據揚雄十二州箴則爲：

　　　　冀　兗　青　徐　揚　荊　豫　益　雍　幽　并　交
莽之十二州較之漢制無司隸、朔方二部，並改涼曰雍，改交趾曰交州。蓋司隸、朔方與交趾皆武帝所新置，自王莽視之，固絕非合於經義之古制；然堯典有"宅南交"之語，是交趾之名雖不可用，而其中之"交"字則已見諸典謨，故黜其名而存其地，若司隸、朔方無所因恃，遂被廢省。漢志序文曾言"改雍曰涼，改梁曰益"，是雍、梁自爲古制，故莽十二州中復涼曰雍，但未知益何以不改爲梁耳。

西漢定都長安，於關中畿內之地別稱三輔，所以異於他郡也。莽以長安爲西都，雒陽爲東都，更長安爲常安，雒陽爲義陽，以示不相襲。復分三輔爲六尉郡以拱衛京師。六尉郡者：京尉、師尉、翊尉、光尉、扶尉、烈尉也。而東都保忠信（漢河南）之周圍亦分置六隊郡，以與西京等。六隊郡者：前隊（漢南陽）、後隊（漢河內），左隊（漢潁川），右隊（漢弘農），兆隊（漢河東），祈隊（漢河南之一部）也。郡之等第亦各不相同，粟米之內曰內郡，其外曰近郡，有邊郵者曰邊郡，以示其遠近輕重也。

漢代地方之官吏，大抵州有刺史（後改牧），郡有太守、都尉，而縣則有令長。莽既改州郡名稱，官吏因之亦多異，諸州因漢制置牧，其後更置牧監副，以爲牧貳。始建國初年改太守曰大尹，都尉曰太尉，令長曰宰。天鳳初，復置卒正、連率及屬正、屬長，卒正、連率職如大尹，屬正、屬長則若太尉，因官於其地者爵位之高低而其名稱亦不一也。六尉、六隊之尹爲大夫，其尉則爲屬正；保忠信之尹別曰卿，示與他郡異也。西都別分六鄉，鄉置帥；東都亦分六州，州置長，此則漢制之所無也。

莽篡漢後僅十五年即爲光武所滅，然此十五年之間，諸郡縣罷置更易，靡有定規，即當時之吏民已痛感其繁瑣，不能復紀其名稱。莽傳中言其時郡之改易歲有變更，一郡且有五易其名而還復其故者，可謂極複雜之能事矣；即莽自下詔書亦輒繫其故名，稱爲制詔，是誠苦矣。往往有諸郡屬縣互易，縣已盡，郡已廢，尚不知，而所謂大尹、太尉者皆常無處可歸，群集於都門，誠滑稽之事也。莽傳紀天鳳元年共有郡一百二十五，縣二千二百三，新室紛亂之疆域，得此數字，亦可稍稍知其梗概焉。

　莽於元始時，强取西羌之地以爲西海郡，羌民怨憤，遂於居攝初舉兵内侵。莽擴地不成，反致兵爭，殆其初意所未料及者。即位後又復數改制度，四夷亦叠更其名稱，嚮之稱王者皆改稱侯，又收其故印，別授以新室印綬，於是諸夷皆怨，紛紛背叛，自武帝以來征伐所得，一時俱盡矣。

本章重要參考書：

漢書。

顧頡剛：兩漢州制考。

譚其驤：新莽職方考（燕京學報第十五期）。

第十二章　　東漢復興後之疆域

第一節　　東漢初年郡國之省併

　自王莽改制之後，疆域之制度頓形紊亂，遂至吏民不能復紀其名稱。光武起兵雖倡復漢制，然出征之將士，每專置牧守，擅更疆界，故劉玄傳謂其時"州郡交錯，莫知所從"。加以兵燹之後，户口耗少，郡國益形空虛，應劭漢官儀稱"世祖中興，海内人民可得而數裁十二三，邊陲蕭條，靡有孑遺，郭塞破壞，亭隊絶滅"（續漢志劉注引）。其時荒涼之情況已可想見。然此僅示其概狀，不能備知其詳情。續漢志劉昭注："光武中元二年户四百二十七萬九千六百三十四，口二千一百萬七千八百二十。"是時上距光武即位已三十餘年，其戶口猶如此凋零，視元始時之戶千二百二十三萬三千六十二，口五千九百五十九萬四千九百七十八（漢志後序），所差將及三倍。光武削平内亂之後，因傷百姓遭難，官役煩多，遂命併省縣邑，與民休息。光武紀稱：“建武六年并省諸縣凡四百餘所”，此四百餘所之縣邑僅言其大體，若其名稱則書缺有間，已多不能詳知矣。

縣、邑、道、侯、國，爲地方之基本區畫，建武省併之多幾當全數四分之一，不可謂非劇烈之變遷。諸縣既迭經省併，則居其上之郡國其政令自漸清閑，故光武復進而省併之。光武紀：

建武十年……省定襄郡，徙其民於西河。

十二年……省金城郡，屬隴西。

十三年……省併西京十三國：廣平屬鉅鹿，真定屬常山，河間屬信都，城陽屬琅邪，泗水屬廣陵，淄川屬高密，膠東屬北海，六安屬廬江，廣陽屬上谷（案：此僅十國，錢大昕廿二史考異：“十三國者，誤衍‘三’字，而淄川下又誤衍‘屬’字”，説是）。

二十年……省五原郡，徙其吏人置河東。

是所併省凡十三郡、國，已當西漢諸郡十分之一矣。

建武所廢諸國可別爲二類：一爲内地之國，一爲邊境之郡。内地諸國因其人戶減少，而諸王之血統已遠，故舉而廢除之。邊地於戶口減少之外，又益以異族之襲擊，沿邊諸郡併省者甚多、非僅定襄、金城、五原三郡而已。光武紀：“建武二十六年，南單于遣子入侍，奉奏詣闕，於是雲中、五原、朔方、北地、定襄、雁門、上谷、代八郡民歸於本土。”是雲中等八郡初爲匈奴所擾，乃徙其民於内地而廢其郡，至是因南單于歸順又復故耳。然此有可注意者，自秦得河南地，起長城，及武帝數遣師出征，匈奴不敢窺塞內者，蓋已數百年矣。自王莽亂漢，群雄並起，中原擾攘無暇北顧，匈奴故技復生，南侵塞內，至遷民廢郡以避之；其後雖復故地，然漢末之廢北邊九郡，其朕兆固已伏於此時矣。

光武紀："建武十一年……省朔方牧，并并州。"是於併省縣邑郡國而外，復進而廢省州矣。朔方於王莽時一度省併，東漢初復立；然自北方八郡省併之後，人民皆已內徙，朔方牧不惟一變而爲閒曹，且時時有被匈奴擄掠之虞，故省併已成不可避免之勢。惟南單于內附後八郡皆復故土，而朔方未聞復置，自此以後，朔方部之名即不復再見於疆域史上矣。東漢既廢朔方，尋降司隸之地位與諸州等，是仍爲十三部，然已與西漢制度異矣。

第二節　兩漢地理制度之比較　與其疆域之消長

建武之後，社會漸安，戶口日繁，司馬彪著續漢志以順帝永和五年爲斷，謂其時有民戶九百六十九萬八千六百三十，口四千九百一十五萬二百二十，雖未能比肩於元始，較之建武中元已增過半矣。建武中元、永和之間，郡縣復稍稍分置，續漢志後序謂："明帝置郡一(永昌)，章帝置郡國二(任城國，他一無考)，和帝置三(濟北、河間二國及廣陽郡)，安帝又命屬國別領比郡者六(犍爲屬國、廣漢屬國、蜀郡屬國、張掖屬國、張掖居延屬國、遼東屬國)，又所省縣漸復分置，至於孝順凡郡、國百五，縣、邑、道、侯、國千一百八十。"東漢郡國雖較西漢多二，而縣、邑、道、侯、國之類反稍遜矣。

東漢地方之制度大都因於西漢，若刺史部與郡、國以及縣、邑、道、侯、國之類，皆西漢之舊制也。光武初年曾以郡爲公國，建武中諸公國多進位爲王，僅宋、衛二公猶存，然所食實一縣之地，與侯國相差無幾，惟名稱稍異耳。至安帝之時，又命屬國別領縣等於郡，屬國之名西漢時已有之，惟其地位較低，至斯始陞與郡等。此公國與屬國比郡之制度，即東漢增於西漢者也。

　　兩漢皆設刺史部，西京於十三刺史之外別置司隸校尉部，東都自省朔方刺史後，又降司隸校尉之地位與諸州等，故東漢實際僅有十三部。（東漢都洛陽，以長安爲西都，南陽爲南都；獻帝初遷長安，繼徙許昌，洛都廢矣。）光武初，諸州皆置刺史；靈帝而後諸州刺史遂有稱牧者。刺史州牧之區別，多視其人之重要與否而定，大抵由公卿出而司州事者則稱牧，其他仍曰刺史，如劉焉之牧益州，劉虞之牧幽州皆是也。故東漢之末，地方制度已由虛三級制一變而爲虛三級與實三級之混合制度矣。

　　兩漢地方區劃間有差異，故其縣邑之分布亦略有不同。大抵西漢之時，黃河一帶縣邑衆多，下至東漢，則長江流域反形增加，黃河流域似已不及。即以其時之户口而論，則西漢之時北對南成三與一之比强，而東漢則已變爲爲六對五之比弱（參見禹貢半月刊第一卷第七期譚其驤論兩漢西晉户口）。可知兩漢四百年之間，南部漸較北部發達。

　　兩漢疆域之廣狹，大略亦復相同，惟對外之開擴東漢較有遜色。兩漢邊患之最烈者，要爲匈奴，東漢初年北邊雖數被侵掠，然自匈奴分裂爲南北單于之後，南單于遂遷處塞下，永爲漢藩；而北單于猶數數入寇。章帝之時，竇憲柄政，欲耀威異域，乃出塞北伐，大破虜庭，遂勒銘於燕然山上，北匈奴由是西遁，不敢復爲漢患矣。

　　漢自武帝開通西域之後，諸國皆悉心内向；惟中經新莽之亂，絕不復至。光武初始漸有來者，然光武以天下初定，未遑外事，不欲遠通絕域，諸國遂復附於匈奴。其後屢通屢絕，至和帝時班超遂定西域。超復遣其掾甘英西通大秦，英至西海而還，雖其目的未達，然其行程之遠已爲皇古已來所未有；而漢人對世界之知識亦因此大形增長。超死，諸國復叛，其子勇克紹箕裘，再定西域，然歸附者僅龜兹、疏勒等十七國，蔥嶺以西遂絕不通。及漢末國衰，嶺東諸國亦疏慢不朝，張、班之功遂盡棄矣。

東漢最大之外患，不在匈奴，亦不在西域，而爲西方之羌人。自王莽末羌人遷處塞內，遂生覬覦之心，數數內侵，不惟涼州諸郡多被其患，即三輔要地亦屢遭其蹂躪，居民東徙，田園爲墟，寖假而侵至河東、河內，爲害之烈可以見矣。其時征羌之軍屢出，耗帑無算，遂有議棄涼州者。其後賴趙沖、段熲等悉力征討，涼土得以不失，然其害仍未能盡除也。

至若高句麗、扶餘、倭、韓，以及西南夷南蠻等皆仍賓服，朝貢不絕。雖烏桓、鮮卑數爲邊害，然其力小種弱，僅鈔掠邊邑而已。故東漢之疆域雖未開擴，然猶能保西京之舊，而無大增損。

第三節　漢末九州制之復興

吾國疆域史上之九州説、十二州説以及大九州説，在昔先秦之世，僅爲一部學者或政治家之玄想或空談，雖於各州之中略著其名山大河，然究未能施及實際之區劃，故其結果亦不過成爲一人或一時之學説而已，與其時之疆域無若何之關係也。自王莽假借其所謂之典謨以託古改制，於是漢武所制定之十三刺史部與一司隸校尉部一變而爲十二州之制度，而昔日不著實際之學説乃得見諸實行。然其心目中特借此以爲篡漢之步驟，其制度固無所謂善與不善也。

王莽歷位短促，故其建制不久亦歸夭折。然百餘年後復古思想又一度興盛，蓋東漢獻帝時曹操柄政，又倡復九州之制也。兩漢末年，兩度復古，相映成趣；而其復古之方法與目的又復相似，實奇蹟也。

曹操之復九州制度爲獻帝建安十八年之事，獻帝紀章懷注引獻帝春秋載其時州名及其分合曰：

> 時省幽、并州，以其郡國并於冀州。省司隸校尉及涼州，以其郡國并爲雍州。省交州，并荊州、益州。於是有兗、豫、青、徐、荊、揚、冀、益、雍也。九數雖同，而禹貢無益州，有梁州；然梁、益亦一地也。

王莽所依據之經義爲堯典，曹操則本之於禹貢，因其所採之經書不同，故其結果亦異。曹操之九州雖與禹貢少異，然梁、益一地實際又不在其範圍之内，無容細爲推覈也。

禹貢所述九州之區劃，多略舉其輪廓，如“沛、河惟兗州”，“海岱惟青州”，“海岱及淮惟徐州”之類，因其時本無實際之境界故也。至於漢末，郡國羅列，縣邑星布，郡國有所屬，縣邑有所隸，不能復舉其一山一水以爲割併之根據。然曹操於是時自領冀州牧，恢復九州者，不過假其名以益冀州之土地，冀州之外即略不注意其平均與否，故冀州一州兼轄漢時之幽、并、冀三州，大河以北皆入其範圍之内。冀州既益土，不能不略增損他州，以掩人耳目，故司隸及涼州併爲雍州，而交州亦分隸於荊、益二州，蓋以其地非己有，雖不平均亦無關係也。

禹貢所載九州區劃雖非實際，然亦可以知先秦人士之地理觀念，若“荊及衡陽惟荊州”一語已明言其時之疆土不止於衡山；實際五嶺以南諸郡，歷經秦皇、漢武之征伐，始入中國版圖，强以禹貢所記制度區分之，已嫌不倫，而分隸荊、益，更無所據。且諸州之區劃又多與禹貢所述者不合，蓋其時所因襲之者僅九州之名稱而已，其他則非所需。然由此亦可知曹氏幕中經生解釋經義之牽强附會也

王莽之十二州制度與新室同時告終，其時期已屬短促，而曹氏之九州制度尚不若莽制之長，魏文之時即已不見其名稱，蓋其

時魏已篡漢，復興九州之目的既失，故此新制因以廢除，非魏文不欲爲其父之肖子也。此新九州制廢除之時雖暫不可考，然魏志蔣濟傳已稱其時有十二州，杜畿傳中且詳載十二州之名，則曹魏不行九州制度可無疑矣。

本章重要參考書：

漢書。

後漢書。

三國志。

顧頡剛：兩漢州制考。

第十三章　三國鼎峙中之疆域

第一節　曹魏之疆域

漢末群雄四起，爭相割據，曹操繼董卓之後，挾天子以令諸侯，四出征討，削除異己，二袁、劉表、呂布之屬相繼爲所夷滅；惟劉備據有巴、蜀，孫權稱雄江左，恃險自守，終未歸於一統。及曹丕篡漢，蜀、吳相繼稱帝，三國鼎立之局勢於焉告成。

曹操柄政之時倡復九州，劃郡分國，亦頗鄭重其事，惟其建置僅行於其勢力範圍之內，其他命令不及之處則固仍因舊制，吳人不廢交州，即其明證。曹丕篡漢之後，此新九州制度即歸消滅，而其時疆域之區劃復因東漢之舊，僅各有增損而已。

三國之疆域，魏爲最大，吳次之，而蜀漢最小。魏得東漢之司隸（魏志杜畿傳、吳志孫權傳皆稱司州，或其時已更名）。冀、并、豫、兗、青、徐、幽（幽州東部初爲公孫氏所據，公孫氏滅始全入於魏）、涼九州全土，及揚、荆二州江北之一部（二州雖僅一部分，猶置刺史，故仍襲揚、荆之名。文帝黄初三年因孫權歸附，改荆州曰郢州，未幾又復故）。後又析司隸、涼州立雍州，共得十二州（晉書地理志於秦州下注曰：“魏分隴右置”，後人之治曹魏地理者遂謂其時有秦州。然吴志孫權傳、魏志杜畿傳皆備言曹魏諸州，而不及秦州，其餘紀傳中亦無一言及之，晉志之説自誤）。

曹魏郡、國建置之情形，治其時之地理者説各不同，即以郡、國之數目而言亦紛紜莫定，晉志有郡七十五，通典、通考及輿地廣記皆謂六十八，顧氏讀史方輿紀要則云九十一，洪氏補志又謂百一，謝氏之疆域表、吴氏之郡縣表皆稱有九十三。今以吴氏所論爲主，表示於下，其各家之不同者亦注及之。

州名	統　　　　郡	備　　　　　　　　　　　　　考
司隸	河南、原武、弘農、河東、平陽、河内、野王	晉志、洪志、謝表、紀要無原武、野王二郡；吴表，二郡咸熙元年立。洪志有滎陽郡；吴表，滎陽之省，疑在嘉平初年。紀要别有朝歌郡，然朝歌實屬冀州非司隸也。
豫州	潁川、襄城、汝南、弋陽、梁國、陳郡、沛國、譙郡、魯郡、安豐	晉志無襄城；謝表無襄城、安豐，洪志别有汝陰、陽安二郡，紀要無襄城、安豐而有陽安。吴表，安豐黄初立；襄城咸熙初立；又云，汝陰、陽安二郡後廢。
冀州	魏郡、廣平、陽平、鉅鹿、趙國、常山、中山、安平、平原、樂陵、勃海、河間、清河	晉志有博陵國，洪志有博陵、朝歌、章武，謝表有博陵。按三郡吴表亦著録，蓋後廢。
兗州	陳留、東郡、濟陰、山陽、任成、東平、濟北、泰山	
徐州	下邳、彭城、東海、琅邪、東莞、廣陵	

青州	齊國、濟南、樂安、北海、城陽、東萊	洪志有長廣郡，吳表魏武置，尋省。
荆州	南陽、南鄉、江夏、襄陽、魏興、上庸、新城	洪志、謝表及紀要皆別有義陽郡，沈約宋志，義陽，魏文帝立，後省。
揚州	淮南、廬江	紀要有安豐郡，吳表屬豫州。
雍州	京兆、馮翊、扶風、北地、新平、安定、廣魏、天水、隴西、南安	洪志別有漢興而無安定、廣魏、天水、隴西、南安等郡，紀要無廣魏、天水、隴西、南安等郡，蓋皆以魏有秦州，以諸郡屬之也（洪志安定屬涼州）。吳表，漢興，漢末所立，入魏已省；黃初初年於西城置魏興郡，漢興之省當在此時。
涼州	金城、武威、張掖、酒泉、敦煌、西海、西平、西郡	洪志有安定郡。
并州	太原、上黨、樂平、西河、雁門、新興	
幽州	范陽、燕國、漁陽、北平、上谷、代郡、遼東、昌黎、遼西、玄菟、帶方、樂浪	紀要、洪志無漁陽郡，蓋誤從晉志。謝表有涿郡及遼東屬國，涿郡即范陽之故名，遼東屬國乃昌黎之舊號。

若諸縣之數則洪志謂有七百三十五，謝表稱爲七百七十二，吳氏又云實有七百二十。案魏志齊王芳紀：“自帝即位至於是歲（嘉平五年），郡、國、縣、道多所置省俄或還復，不可勝紀。”蓋其間疆場紛爭，每因時而廢置，不可勝紀之語，誠史家率直之言，非故爲遁辭也。後世治此期之疆域者，紛紜多端，要未能劇成定論，今姑存其説而已。

魏文篡漢，建都洛陽，尋以譙縣爲其先人故土，長安爲西漢舊京，許昌爲東漢所居，鄴爲太祖興王之城，故並加都號，與洛陽同制，因有五都之名。自兩漢以來，長安、洛陽相繼爲東西都會，帝王宅京亦僅限一地，漢末戎馬四起，流離遷徙，雖移居數地，猶以所居之處爲重，故獻帝菹許，洛陽即廢不爲都，自魏文肇建五都，有首有陪，遂爲後世開先例，隋、唐以後一代數都，殆未能脱曹氏之窠臼也。

第二節　蜀漢之疆域

漢末亂離，風雲四起，劉備起於布衣，與諸雄相爭，轉戰千里，幾無存身之處，自於南陽聞諸葛隆中之言，乃舍中原四戰之地，西入巴、蜀。巴、蜀初屬劉璋，璋暗弱不能保其疆土，先主乃乘間取之。蜀中固肥沃之地，據劍閣，臨三峽，地雖跼蹐，而恃險以守，外兵輕易不敢叩關。先主入蜀，休養生息，亦可雄視四方矣。

劉氏之地僅益州一隅，當漢州十三之一，三國中，蜀之疆域獨最狹小，視魏之有十二州，吳之有四州，遠不如矣。劉氏於蜀中諸郡雖迭有建置，而州名則依漢舊。先主初入益地，都於成都，復於南鄙置庲降都督以統南中諸郡。劉氏先後立都督凡四，庲降而外，尚有永安、江州、漢中三地，而庲降獨統郡，雖非州名，相差亦無幾矣。

或謂蜀人北有涼州而南有交趾，是其轄境固不僅益州一方也。然案之實際，交州尚有其名，若涼州則非蜀人勢力所能及也。涼州之建立乃魏景元四年之事，見諸魏志陳留王紀，是時鄧艾已下蜀，而後主禪復舉家東遷，安能復從容析郡置州？蜀漢曾以姜維領涼州刺史，或以其時劉氏已有涼州，惟案其所轄者僅武都、陰平二郡，然二郡實益州舊屬，涼州之建置不外巧立名目而已，實際之疆域固未開擴也。

交州之名，蜀漢固嘗有之，然僅有其名而已；實際之土地固屬吳而不屬蜀也。說者以交州屬蜀，蓋以蜀志李恢傳中有交州刺史之名，遂有此論。考恢傳有"恢爲庲降都督使持節領交州刺史，住平夷縣"之文。即爲論者所持之證據。然三國時人本喜置牧守以遙領他國州郡，此交州刺史即其類也。觀恢領交州刺史住平夷縣之文，即可知矣。平夷爲牂牁郡屬縣，苟其時蜀人有交州之地，豈能設治所於益州之牂牁？若謂蜀有交、涼二州刺史之名，即以蜀人有二州之證，然鄧芝曾領兗州，張翼嘗刺冀州，是蜀亦將有冀、兗之地乎？

益州統郡，各家之説亦間有不同，今列表如下：

州名	統 郡	備 考
益州	蜀郡、汶山、犍爲、江陽、漢嘉、廣漢、東廣漢、梓潼、巴西、巴郡、巴東、涪陵、漢中、武都、陰平、朱提、越嶲、建寧、牂牁、永昌、興古、雲南	紀要以漢中、廣漢、巴郡、梓潼、涪陵、巴東、巴西、宕渠、陰平、武都爲梁州；洪志、謝表無東廣漢郡。吳表，東廣漢郡，後主分廣漢置。洪志又有宕渠，吳表，延熙中置郡，旋省。

諸縣之數，洪氏謂有一百二十八，謝氏謂有一百四十六，吳氏則云有一百三十九，吾人存其説可已。

第三節　吳之疆域

孫權據有江東，席父兄之餘蔭，巍然爲一方霸主。自赤壁戰後，魏人不敢復輕視孫氏。其後兵戈雖未絕跡，而中原戎馬究未一越大江，故魏文篡漢，先主稱尊之後，亦竊帝號以自娛。其疆域約承漢之荊、揚、交三州，荊、揚與魏人隔江相對，各據其半，交則完全爲吳所統治。黃武五年分交州爲二部，南海三郡仍因故名，海東四郡別稱廣州。廣州之名，實始於此（廣州尋復除，至永安七年交、廣再分，始成定制。通典謂吳有五州，荊、揚、交、廣而外別有郢州，然郢州乃魏制，非孫氏所建也）。

吳人所置之州郡縣邑，據吳志孫皓傳裴注引晉陽秋則其時有州四、郡四十二、縣三百一十三；然各家所云又各不同，通典、通考、輿地廣記、方輿紀要以及吳氏之表皆言四十三郡，而洪氏則謂有四十七，謝氏又言有四十八，今表示於下：

州名	統　　　　　　　　郡	備　　　　　　　　考
揚州	丹陽、新都、蘄春、會稽、臨海、建安、東陽、吳郡、吳興、豫章、廬陵、鄱陽、臨川、安成	紀要、謝表有廬江。紀要蘄春、安成屬鄱州。謝表蘄春屬荆州。吳表廬江，赤烏中省。
荆州	南郡、宜都、建平、江夏、武陵、天門、長沙、衡陽、湘東、零陵、始安、昭陵、桂陽、始興、臨賀	紀要無江夏，而別有武昌，屬於鄱州。謝表有營陽、蘄春，臨賀別屬廣州。吳表營陽，甘露元年置，尋省。
交州	合浦、朱崖、交趾、新興、武平、九真、九德、日南	謝表合浦、朱崖屬廣州。
廣州	南海、蒼梧、鬱林、桂林、高涼、高興	謝表別有臨賀、合浦、珠崖三郡。

諸縣之數亦有小異，洪志作三百三十七，謝氏作三百五十二，而吳表又爲三百三十一，皆與孫皓傳注異矣。

第四節　三國時之地方制度與特殊制度

魏、蜀、吳三國之疆域雖各有不同，其地方之制度則又大同而小異，究其本原，皆因於東漢，僅略異其面目耳。東漢之制以州統郡，而郡之下復有縣、邑、道、侯國之屬。三國之後，邑、道之名漸不見於史籍，當已廢省，故因於東漢者，僅州、郡、王國與夫縣、侯國諸種而已。

魏人雖無邑、道之名，而縣與侯國之外，別增縣王國、公國二者，其王國之制與漢代略異。吾人當猶憶及西漢初年諸侯王之國土每有至數郡者，文、景而後漸與郡等，故漢志以郡、國並稱，示無別也；歷經東漢，此制不改；曹魏雖亦有此種制度，其外尚有與縣侯國同等之王國，二者僅因受封者地位之高低及身份之輕重，略有區別，其他則無異也。因王國之不同，而生一似平凡而實離奇之制度，郡所統者爲縣侯國、王國、公國，而王國所轄亦此三者，郡與國（指轄縣之王國）復受治於州牧或刺史，與東漢王國不統侯國之局面稍異矣。

若蜀、吳兩國則較簡單，二國疆域不廣，諸王之封建不以實土，故州之下僅有郡，郡之下又僅有縣與侯國，不似曹魏之複雜與離奇矣。

三國時州郡之官吏亦略因於東漢，蓋東漢末葉諸州或置牧，或置刺史，牧與刺史不惟名稱不同，實際亦且大異，刺史僅監察郡國，而牧則爲統治郡國守相之大員。魏、蜀、吳三國皆因此制，如同一冀州也，孫禮、桓範領之則稱牧（各見魏志本傳），裴徽、陳本則稱刺史（裴見魏志裴潛傳注，陳見陳矯傳）；同一益州也，諸葛亮爲州牧，蔣琬則爲刺史（各見蜀志本傳）；同一交州也，呂岱爲州牧，而戴良則爲刺史（見吳志岱傳）。其授受之標準因人而異，初無定制也。其下郡置守、都尉，國置相，縣置令、長，仍同漢制。

三國時有二種特別制度，爲前代所不經見者，則遙領與虛封是也。遙領者，不入版圖之地，而別於國內他處設刺史、郡守以轄之也。虛封者，則僅有封爵而無實土之謂也。此二種制度在其時建置極盛，請略言之：魏有益州刺史黃權（蜀志本傳），平州刺史田豫（魏志蔣濟傳注引司馬彪戰略），然黃權刺益州時，益州正爲蜀中重地，而田豫之爲平州，平州尚屬公孫氏。蜀、吳二國此制度尤盛。黃龍元年，吳與蜀約三分天下，冀、兗、并、涼屬蜀，豫、青、徐、幽屬吳，二國各於其範圍內置刺史、州牧，於是蜀有冀州刺史張翼，兗州刺史鄧芝、宗預，并州刺史廖化，涼州刺史魏延；吳有青州牧朱桓，豫州牧諸葛瑾，徐州牧全琮、賀齊，幽州牧孫韶（各見本傳），然其地實皆屬魏，蜀、吳二國固不得稍加染指也。先是蜀嘗以李恢刺交州，吳亦以朱然牧兗州，步隲牧冀州（各見本傳），自締約後，交州固吳人屬地，而兗、冀亦當蜀分，故紛紛自解其刺史、州牧，以示不侵。惟永安以後，吳人又以陸抗牧益州（見吳志陸遜傳），是又敗約矣。刺史、州牧而外，守令之遙領者尤多，如魏有丹陽太守蔣濟，蜀有弘農太守楊儀（見本傳），吳有河間太守虞聳（見吳志虞翻傳），即其著者。

曹魏之虛封僅見吳王彪一國（見魏志楚王彪傳），若蜀、吳二國諸王，其封疆皆在域外，蜀有魯王劉永、梁王劉理（見蜀志本傳）、北地王劉諶（見蜀志後主傳），所封皆在魏地，吳有南陽王孫和、魯王孫霸、齊王孫奮（見吳志本傳），亦皆魏土也。

第五節　三國時北邊漢族之南徙與南蠻山越之征服

東漢末年，中原擾攘，干戈不息，智士勇將咸以爭權奪地爲能事，衛青、竇憲之故績殆無人復願提及。當是時胡人屢南下刼掠，塞內諸郡若雲中、定襄、西河、雁門等地之居民遂四散流徙，塞下頓空。建安十八年，曹操倡復九州制度，因以并州之太原、上黨、西河、定襄、雁門、雲中、五原、朔方等郡屬冀州，而上郡亦西入雍州（後漢書百官志引獻帝起居注）。曹氏復古九州，雖別有其目的，然并州諸郡人口之稀少，殆爲不可掩諱之事實。建安二十年，省雲中、定襄、五原、朔方郡，郡置一縣，領其民，合以爲新興郡（魏志武帝紀），即其明證。苟此諸郡無匈奴之患，人煙稠密，何用魏武之併徙哉！黃初時，雖再置并州，然又徙新興郡於嶺南（見通鑑胡注引漢晉春秋），因棄句注山北諸地。秦、漢以來，蹙地之甚，無有踰於此者！然此特政府廢置州郡而已，若異族之人固已乘漢族之遷徙而據其故廬，五胡亂華聲中之劉淵、石勒，不皆西河、上黨之胡羯耶？故漢末北方居民之內徙，曹魏之棄邊，實已伏西晉末年亂離時代之導火綫矣！

邊民內徙固予異族以可乘之隙，而內地戶口之減少猶屬當時之重要事件。吾人苟以三國郡縣與兩漢相較，其增置之數顯然可見，然不能認爲漢族疆土擴大或人口增密之結果。三國相爭，兵戈不休，傷亡之衆直可謂盈城盈野，此實戶口減少之最大原因。

且兵爭足以妨礙農作，饑饉之頻繁與盜賊之增多亦足以使戶口大量減少。晉書地理志載太康元年平吳後之戶口，計戶二百四十五萬九千八百四十，口一千六百一十六萬三千八百六十三，較之東漢永和之時，相差乃至四倍，誠可駭人！且也，三國交爭，無非攻城略地，然亦有若干州縣，人戶稀少，彼此互不治理，遂成甌脫，揚州廣陵、江都一帶，廢縣乃至十餘，蓋以此耳！

當北方異族移居塞內之時，正吳、蜀兩國征討山越、南蠻之日，一爲蹙土，一爲擴地，相映成趣。吳地之山越分布極廣，會稽、吳郡、丹陽、豫章、廬陵、鄱陽、新都、東安、吳興諸郡莫不有其踪跡，聚類而居，輒爲漢族患。孫權以其擾亂不息，忍痛卑辭臣魏（吳志孫權傳），其爲害之烈可以見矣。孫氏諸將若賀齊、朱治、全琮，皆嘗竭其精力施以撻伐，其結果遂使漢族之活動範圍增廣不少，東安、新都諸郡皆以此而建置也。

蜀處益州一隅，本甚狹小，而南中諸郡又數爲蠻擾。建興初，丞相諸葛亮率軍南征，遠渡瀘水，深入不毛，其地皆曩昔漢兵所不至，遠征且達於滇池，而別軍庲降都督李恢復追北至槃江岸，東且與牂牁接矣。南中平定，軍資國用多賴其地，蜀之所以屢伐魏人，以其得南中後，財力有恃無恐耳。蜀平南蠻後不置州縣，即以夷人理夷事，夷民感其信任之誠，誓不復叛，遂無後顧之憂。後世羈縻州縣土司制度之建置，尚不脫諸葛公之遺意也。

本章重要參考書：

後漢書。

三國志。

晉書。

洪亮吉：補三國疆域志。

謝鍾英：三國疆域表。

吳增僅：三國郡縣表。

楊守敬：三國郡縣表補正。

第十四章　西晉統一後之疆域
及其地方制度

蜀漢既滅，司馬氏旋復篡魏，稱帝於洛陽，晉武尋又滅吳，三分之局復歸一統。晉書地理志叙其疆域沿革，以武帝太康初爲斷，其言晉初之疆域曰："武帝太康元年既平孫氏，凡增置郡國二十有三；省司隸置司州，別立梁、秦、寧、平四州，仍吳之廣州，凡十九州。"十九州者，司、冀、兗、豫、荆、徐、揚、青、幽、平、并、雍、涼、秦、梁、益、寧、交、廣州也。據志文所云，晉武增建郡國，合兩漢、三國所舊有者，共得一百七十有三（通典作一百五十有六），其區劃如下：

司州　河南、滎陽、弘農、上洛、平陽、河東、汲、河內、廣平、陽平、魏、頓丘等十二郡；

兗州　濟陽、泰山郡，陳留、濮陽、高平、任城、東平、濟北國等二郡六國；

豫州　潁川、汝南、襄城、汝陰、譙、魯、弋陽、安豐郡，梁、沛國等八郡二國；

冀州　渤海、常山郡，趙、鉅鹿、安平、平原、樂陵、章武、河間、高陽、博陵、清河、中山國等二郡十一國；

幽州　北平、上谷、廣寧、代、遼西郡，范陽、燕國等五郡二國；

平州　昌黎、樂浪、玄菟、帶方郡，遼東國等四郡一國；

并州　上黨、樂平、鴈門、新興郡，太原、西河國等四郡二國；

雍州　　京兆、馮翊、扶風、安定、北地、始平、新平等
　　　　七郡；

涼州　　金城、西平、武威、張掖、西、酒泉、敦煌、西海等
　　　　八郡；

秦州　　隴西、南安、天水、略陽、武都、陰平等六郡；

梁州　　漢中、梓潼、廣漢、新都、涪陵、巴、巴西、巴東等
　　　　八郡；

益州　　蜀、犍爲、汶山、漢嘉、江陽、朱提、越嶲、牂牁等
　　　　八郡；

寧州　　雲南、興古、建寧、永昌等四郡；

青州　　濟南、城陽、長廣郡，齊、樂安、東萊國等三郡
　　　　三國；

徐州　　東海、東莞、廣陵、臨淮郡，彭城、下邳、琅邪國等
　　　　四郡三國；

荊州　　江夏、南、襄陽、順陽、義陽、新城、魏興、上庸、
　　　　建平、宜都、南平、武陵、天門、長沙、衡陽、湘
　　　　東、零陵、邵陵、桂陽、武昌、安城郡，南陽國等二
　　　　十一郡一國；

揚州　　丹陽、宣城、淮南、廬江、毗陵、吳、吳興、會稽、
　　　　東陽、新安、臨海、建安、晉安、豫章、臨川、鄱
　　　　陽、廬陵、南康等十八郡；

交州　　合浦、交阯、新昌、武平、九真、九德、日南等
　　　　七郡；

廣州　　南海、臨賀、始安、始興、蒼梧、鬱林、桂林、高
　　　　涼、高興、寧浦等十郡。

然志文所載諸多謁誤，畢沅之晉書地理志新補正謂實得百七十有
二，蓋青州脱去北海一郡耳（志佚濟南屬縣，而以北海爲濟南，
見方愷新校晉書地理志）。至其所屬縣邑，則據通典所載，凡千

一百有九。吾人持此數字與前章相較，可知晉之郡增而縣邑反減少，其國力之盛衰亦可略窺概要矣。

史家志一代之地理，或以其極盛之時爲據，或以其最後之年爲斷，據其極盛之時，則其疆域之廣狹、户口之增損皆可臚列詳載；斷於最後之年，則郡縣之沿革可以無遺。今晉志乃據其初年之疆域，故所言多矛盾譌誤，十九州之説即不能以之總括全代。蓋惠帝元康初年嘗割荆、揚二州之一部，別置江州；而懷帝又分荆、廣二州別建湘州，故言西晉疆域當以二十一州爲主，所謂十九州者不過其初期之制，不足據也。

西晉承三國之後，故其制度多因漢、魏之舊，其所紹述漢制者，則於州下置郡、國，郡、國之下復析置縣及侯國；其承曹魏故事者，則有與縣及侯國同等之王國、公國。自漢季以降，諸州或置刺史，或任州牧，其權力輕重輒因其人而定。晉雖盛置刺史，然亦間有州牧，若東海王越之牧豫州，即其例也。宋書百官志謂其時牧爲二千石，刺史六百石，惟其輕重則不在此；蓋魏、晉以下，刺史多帶將軍開府，任重者爲使持節，權輕者爲持節，再次爲假節，若單車刺史則又下矣。此雖涉及軍制，然其時一般人士固以此而別刺史之高下也。

西晉郡國置太守、相，縣置令、長，亦若漢、魏舊制。郡縣亦各有等級，郡有不滿五千户者，五千户以上者，及萬户以上者；縣則有不滿三百户者，三百户以上者，五百户以上者，千户以上者，千五百户以上者。縣而不滿三百户，亦云小矣。

漢初封建僅有王國，若宋、衛之封公，則王莽創之。魏氏之世，公國始多。司馬昭爲晉王，因裴秀等之議而建五等制度，五等者，公、侯、伯、子、男也，而諸王階級獨在五等之上。泰始初年復罷五等之制，存者惟王、公、侯等國而已。

泰始元年大封諸王，以郡爲國，邑二萬户爲大國，萬户爲次國，五千户爲小國。所謂大國者，平原、汝南、琅邪、扶風也；

次國則梁、趙、樂安、燕、安平、義陽；其餘皆爲小國。公國亦三等，邑萬户以上爲大國，五千户以上爲次國，不滿五千户爲小國。其後屢有增損，公侯之國與縣王之國皆與諸縣相等矣。

本章重要參考書：

晉書。

畢沅：晉書地理志新補正。

方愷：新校晉書地理志。

第十五章　　東晉南北朝疆域概述

第一節　　五胡亂華及漢族之南遷

兩漢以來，每移塞外降胡處於內地，以爲羈縻之計，漢季塞下居民見逼於異族，紛徙內郡，而異族之人又乘隙南遷；下迄晉初，不惟塞下諸郡盡爲戎居，即關、隴、汾、晉亦多胡踪。時人雖迭倡徙戎之論，而執政者不聽也。及八王亂起，胡人乃俟隙而動；永嘉禍作，諸胡遂紛紛並起，一發而不可收拾矣。其時中原州郡瓜分豆剖，極紛亂之能事，其間亂離蓋已一百三十餘年！生民顛沛流離，秦、漢以來未之有也！

永嘉之亂，始於前趙劉淵，而諸胡繼之，建國十六，即五涼四燕三秦二趙與夏成漢也（其中前涼、西涼、北燕皆漢人）。諸國領土，以後趙、前秦爲最廣，而前秦尤甚，北方諸郡盡入其版圖，幾與晉室對立。其他各國或據數州，或竊一方，皆稱王稱帝，相互爭長。今略論其疆域，列表於下：

國名	領　　州	四　　境	備　　考
前趙	雍、幽、冀、青、司隷、荆、豫、殷、衛、東梁、西河陽、北兗、并、秦、涼、朔、益。	二劉盛時，其地東不過太行，南不越嵩、洛，西不踰隴坻，北不出汾、晉。（用顧祖禹語，下同）。	劉淵起於離石，都左國城，號漢，尋徙蒲子，又徙平陽。劉曜徙都長安，爲石勒所滅。
後趙	司、洛、豫、兗、冀、青、徐、幽、并、朔、雍、秦、荆、揚、營、洛、涼。	石趙盛時，其地南逾淮、漢，東濱於海，西至河西，北盡燕、代。	石勒本上黨羯奴，初屬劉淵，後據襄國稱帝。石虎遷於鄴，虎死養子冉閔殺石氏種族自立，爲慕容燕所滅（顧氏紀要，石虎置涼州於金城）。
前燕	平、幽、中、洛、豫、兗、青、冀、并、荆、徐。	慕容燕盛時南至汝、潁，東盡青、齊，西抵崤黽，北守雲中。	慕容氏初居遼西棘城之北，至廆始營龍城而居之；其子儁初遷薊，後都鄴，爲前秦苻氏所滅。（洪氏十六國疆域志，慕容氏尚有揚州淮南、蘭陵二郡）。
前秦	司隷、雍、北雍、秦、南秦、洛、豫、東豫、并、朔、冀、北冀、幽、平、涼、晉、沙、河、梁、益、寧、兗、南兗、青、荆、徐、揚。	苻堅盛時，南至卭、僰，東抵淮、泗，西極西域，北盡大磧。	苻氏自健時，入關據長安，至堅時，其勢遂大，盡平北方諸雄，然淝水敗後，瞬即瓦解矣。
後秦	司隷、雍、秦、涼、河、并、冀、荆、豫、徐、兗、梁、南秦、南梁。	姚秦盛時，其地南至漢川，東逾汝、潁，西控西河，北守上郡。	後秦姚氏本南安羌酋，曾爲苻秦部將，淝水戰後，遂叛而自立，都於常安（長安），及劉裕北伐，始滅其國。
後蜀	益、梁、荆、寧、漢、安。	李成盛時，東守三峽，南兼僰、爨，西盡岷、卭，北據南鄭。	賨人李氏，西晉時因饑饉就食於蜀中，至雄，稱帝於成都，國號成；至壽，又改國號曰漢，爲桓溫所滅。
前涼	涼、河、沙、定、商、秦。	張氏盛時，南逾河、湟，東至秦、隴，西包蔥嶺，北曁居延。	前涼張氏本爲晉臣，及覘時艱，乃退保河西，威力所至，于闐、焉耆皆臣屬之；至重華，始稱涼王，其後没於苻秦。

西涼	涼。		西涼李暠據酒泉稱秦、涼二州牧。傳子歆，爲沮渠蒙遜所滅。暠所領雖號二州，實僅涼州一隅。
後涼	涼。		後涼呂光亦苻氏舊將，嘗以兵西伐焉耆等國，後據姑臧稱王。至呂隆時，降於姚秦。
後燕	冀、幽、平、營、兗、青、徐、豫、并、雍。	後燕盛時，南至琅邪，東訖遼海，西屈河、汾，北曁燕、代。	自苻秦侵晉，破於淝水，諸將紛紛自立，燕裔慕容垂亦據中山稱王，是爲後燕。垂歿，魏拓拔氏取鄴及河北地，垂子寶東保遼東。後馮跋作亂，後燕遂亡。
西秦	秦、東秦、河、北河、定、沙、涼、梁、南梁、商、益。	乞伏盛時，其地西逾浩亹，東極隴坻，北距河，南略吐谷渾。	苻堅敗後，鮮卑族乞伏國仁據苑川自立。國仁死，其弟乾歸遂稱秦王，後滅於夏。
北燕	平、幽、冀、并、青。		北燕馮跋據後燕遼東舊域，都於和龍，爲魏所滅。
南涼	涼。	南涼盛時，東至金城，西至西海，南有河、湟，北據廣武。	南涼禿髮烏孤據廉川稱王，後爲西秦所滅。
南燕	司隸、青、并、幽、徐、兗。	南燕之地，東至海，南濱泗上，西帶鉅野，北薄於河。	後燕慕容垂歿後，魏兵破鄴，燕主寶東走遼東。時垂弟慕容德守鄴，亦棄鄴據廣固，因稱帝，後爲劉豫所滅。
北涼	涼、秦、沙。	蒙遜盛時，西控西域，東盡河、湟。	北涼沮渠蒙遜都張掖，爲魏所滅。
夏	幽、雍、朔、秦、北秦、并、涼、豫、荊。	勃勃盛時，南阻秦嶺，東戍蒲津，西收秦、隴，北薄於河。	赫連勃勃據統萬稱夏，後爲吐谷渾所滅。

　　中原之地既爲胡虜所割據，遺黎不堪異族之壓迫，紛紛南渡（當時漢、胡之間傾軋極烈，冉閔誅石氏，羯、胡死者二十餘萬，

可見一斑）。晉書王導傳曰：“洛京傾覆，中州仕女避亂江左者十
六七。”其數之多，可以知矣。南遷之人民多就江、淮之下游，蓋
其時元帝渡江建都建康，京畿之地自爲衣冠仕女聚會之中心，故
南徐州一帶（晉人僑置諸州，不加“南”字，其詳具見錢大昕十駕
齋養新録中。此處僅以別於江北之徐州，故仍作南徐州）移民至
者尤多。惟移於江、淮間者實以黃河下游之人民爲多，略包今山
東、河北及河南東部，蓋其地距江、淮間較近，而遷徙之時亦較
易也。若黃河上游今陝、甘、山西及河南西部之人民，又多移就
漢水以南江水上游巴、蜀諸地。此劇烈之胡禍及大量之移民，遂
使漢族之文化由中原而轉至江左，漢、魏之時中原人物聲教之
盛，一蹶而不能復振，故文中子謂“江東，中國之舊也，衣冠禮
樂之所就也”（中説述文篇）。此大量之移民雖遠離本土，猶稱故
名，政府特爲別置州、縣，而僑州、郡、縣制度因以成立，其詳
請述之下節。

第二節　僑州郡縣制度之建立

五胡亂起，中原板蕩，士民遥思故國，紛紛南渡，其時上下
咸思匡復，渡江之流人以爲終有北還之期，每視僑寓爲權宜之
計。且其時門第之風漸盛，當世氏族每以郡望別高下，故土雖
失，常欲存舊名以資辨識，故雖遠僑他地，猶稱故郡。政府以綏
懷遺黎，輒因其遷移之地而錫以故土之名，於是僑州、郡、縣制
度因之而起。元帝太興三年以琅邪國過江人民僑立懷德縣於建
康，是蓋此種制度之濫觴也。

僑州、郡、縣制度之建立，雖以流民之遷徙爲主因，然實際
則非盡出於此。自南北對峙之後，接壤之地每因兵爭而變遷，故
州、郡之建置亦時有不同。試以宋志所載之南豫州爲例，自祖約
失譙以後，退治壽春，其後治所益輒轉不定，蕪湖、邾城、武

昌、牛渚、歷陽、馬頭、譙、壽春、姑孰、宣城諸地，迭爲刺史治所，是蓋防禦北虜，故因時而不同也。

渡江之初，每有洛都刺史挾其兵力來歸，其舊治雖失而其兵力依然完整，政府爲位置此失地之刺史，每因其所至之地而置州郡，是同爲僑置，固不以人民遷徙爲轉移也。若郗鑒初鎮鄒山，兗州刺史即治於其地，及其南行，刺史治所又隨之移於廣陵，即其例也。此蓋國家姑息一二擁有軍力之藩鎮，而爲此權宜之計，非一般之情形也。

流民之遷徙既爲僑置州、縣之主因，其遷徙之時初非同至一地，故往往一州之人散居數處，因其居留非僅一地，而僑置名目相同之郡、縣，如太原郡當西晉初固并州之地，而宋世既於青州置太原刺史，又於秦州置南太原刺史，蓋二地皆有故太原之流民也。亦有諸州、郡之流民群寓一地，復各稱其舊籍，故咸康四年，京口一地竟爲魏郡、廣川、高陽、堂邑諸僑郡及所統之僑縣共治之地。江左輒有一州僅失一部，則僑置郡、縣當在本州未失之部，東晉初年，臨淮太守治於歷陽，晉末僑於丹陽之于湖，不出揚州之境，此習見情形也。然每有州雖未盡失而人民已遠徙者，若淮南之義成縣，宋時且遠置於襄陽，又陞之爲郡；東晉揚州之松滋，反寄治於尋陽，松滋尚屬揚州，義成已改隸雍州，此皆因時制宜，非有定規也。

僑置州、郡既爲一時權宜之計，故其民多不著土籍，寓居既久，漸同土著，此范寧所謂“人安其業，丘壠墳柏皆已成行，雖無本邦之名，而有安土之實也”（晉書范寧傳）。國家設官施政，一同實郡，惟僑實相錯，其間轄隸統屬複雜特甚，洪亮吉東晉疆域志即因此而作也。今依洪氏所述，究其僑實關係，略列如下：

實州僑郡　　例如荆州新興郡，益州南陰平郡，新興初隸并州，陰平原屬秦州。

僑州實郡　　例如徐州廣陵郡，秦州陰平郡，徐州原治彭城，

　　　　　　後迻僑治江南北，秦州本鎮上邽，江左或治襄陽
　　　　　　或治漢中。

實郡僑縣　例如淮陵郡廣陽，東安郡發干，廣陽於西晉屬燕
　　　　　　國，發干於西晉屬陽平郡。

僑郡實縣　例如南東海郡之丹徒、武進諸縣皆當地之實
　　　　　　縣也。

僑州僑郡　例如豫州汝南郡，僑於江夏。

僑郡僑縣　例如陽平郡、館陶、濮陽等縣，僑於淮北。

　　僑州、郡、縣既因流民而置，故每當中原亂離淮海不安之
時，僑置即因而增多，若永嘉諸胡之亂華，祖約、蘇峻之倡亂
江、淮間，與夫康、穆以後關中再爲胡、氐所蹂躪，皆爲流民大
舉遷移之時，而僑置州、郡、縣之增置亦以此諸期爲最盛。隆
安、興寧間，桓溫整飾閭閻，行土斷之法，流民與土著間之差別
漸泯。義熙中又踵行其法，依界土斷，於是諸流寓郡、縣多被省
併，僑置之風始稍殺矣。

　　晉末劉裕北伐，中原諸地一時又爲江左所有，舊土既得，復
建州、郡，然昔日之僑置者仍因而不廢，僅於新得諸實州郡上加
“北”字，以資分別。元嘉以後，北虜復數數南侵，關西中原再度
淪陷，於是曩所加“北”字諸州、郡亦僑於江、淮間，尋於舊日所
僑置者冠以“南”字，“南”“北”相對，益形複雜；其後雖除“北”
字，其複雜之情形依然如故。

　　自桓溫、劉裕迭行土斷之法後，流寓漸同土著，僑置亦類實
土，其間繁雜愈甚，“魏邦而有韓邑，齊縣而有趙民，且省置交
加，日回月徙，寄寓遷流，迄無定託，邦名邑號，難或詳書”（宋
書律志），沈休文已慨乎言之矣。自僑置之制興，疆域區劃頗異
疇昔，秦、漢舊規無復存留，隋、唐以後即大異其趣，故謂此種
制度爲吾國疆域史上之一大分野，亦無不可。

　　自東晉開僑州、郡、縣制度之端，宋、齊、梁、陳諸代皆承

其陋習，陳陳相因，此制殆與南北朝共長久。

第三節　江左諸朝疆域之變遷

晉自永嘉亂後，中原諸地盡爲胡有，元帝倉卒渡江，暫處建康，僅保江、淮以南諸州郡，而淮水南北又數爲漢、胡爭鋒之地，其時疆域之廣狹頗無一定，朝得一城夕即棄之者，已成習見之事。宋書州郡志述其時之疆域曰："自夷狄亂華，司、冀、雝、涼、青、并、兗、豫、幽、平諸州一時淪沒，遺民南渡，並僑置牧司，非舊土也。江左又分荆爲湘，或離或合，凡有揚、荆、湘、江、梁、益、交、廣，其徐州則有過半，豫州惟得譙城而已。"（案宋志雖云司、冀……諸州，江左並僑置牧司，然晉、宋諸志不惟無僑立平州之名，抑且無以平州移民所創立之僑郡、縣，宋志所言非盡實録。）僑置州、郡、縣之制度，僅爲弱國對於所失土地表示留戀與懷念，故雖置官設吏，亦不過若望梅止渴，存其名而已。是東晉實有之土地僅荆、揚等九州與夫殘餘之徐、豫，較之西晉相差已過半矣（案寧州自西晉初始置，東晉尚存，宋志不言及，誤矣）。

自元帝東遷，士大夫多痛感故國之淪没，時思恢復，如祖逖之鎮譙城，庾亮之戍石頭，皆嘗以收復故國山河爲己任，然均未伸其志。及桓温、劉裕始得大舉出師，桓温以永和初西討成漢，收復益、梁之地，又遣軍北伐，西至灞上，以糧盡而返；太和初再出，爲慕容垂敗於枋頭，司州諸地一度入晉，不旋踵而又失之；及苻堅勢盛，益、梁之地又復淪陷。苻秦敗後，慕容德、姚興又迭起於司、青諸州，而巴、蜀亦爲譙縱所據。義熙初，劉裕又復北伐，東自廣固，西至關中，皆爲晉有，青、兗、豫、司諸州咸復故土，又使朱齡石西征譙氏，盡復益、梁之地。惜劉氏急圖篡位，遂棄關中，其地再淪於赫連勃勃，良可惜也。（晉志不

載東晉之郡縣數目）

　　劉裕伐秦歸後，未幾即受晉禪，稱宋帝。景平、元嘉之間，宋、魏屢興兵戎，然河南諸州郡尚多爲宋守。宋書州郡志以大明八年爲斷，其得二十二州，其總叙中述諸州之分合曰：“宋世分揚州爲南徐，徐州爲南兗，揚州之江西悉屬豫州，分荆爲雝，分荆、湘爲郢，分荆爲司，分廣爲越，分青爲冀，分梁爲南北秦。”（案宋志南豫州條云：“永初二年，分淮東爲南豫州，治歷陽，淮西爲豫州。”僑置豫州之分南北當始於此。其後雖遷徙無定，要未廢省，總序中無一言及之，誤矣。又秦州無南北之分，此亦誤記。）合益、寧、江、交、兗五州，即大明之二十二州。（通典卷一七一州郡一載宋世有郡二百三十有八，縣千一百七十九。）其時黃河、秦嶺以南皆入劉宋版圖，自東晉元帝渡江，至陳氏亡國，其間疆域之廣，無出其右者。然自明帝泰始以後，魏人大舉南侵，於是淮水之北，豫州西部，一時俱没，以江、淮爲北境，國土頓蹙，於是僑徐、兗二州於淮南，立青、冀二州於贛榆，國威頓減矣。

　　南齊書州郡志記蕭氏諸州凡二十有三，其名曰：揚、南徐、豫、南豫、南兗、北兗、北徐、青、冀、江、廣、交、越、荆、巴、郢、司、雍、湘、梁、秦、益、寧。（通典卷一七一州郡一載齊氏有郡三百九十有五，縣千四百七十有四。）窺其建置，多祖宋制；然宋人之二十二州乃遠至河南，而蕭氏之二十三州幾不得達淮岸，州名雖相因，疆土遠不相同，仍僅恃僑置爲不二法門。後數數爲魏所侵，領土漸虧；及東昏永元初，沔北諸郡相繼淪没，魏人又東取合肥、壽春諸地，齊人乃并淮南亦失之矣。

　　梁武帝代齊，州郡建置多沿勝國舊制。惟即位未久，漢川、淮西之地相繼皆失。隋書地理志云：“天監十年，有州二十三，郡三百五十，縣千二百二十二。”（錢大昕廿二史考異謂：二十三州爲揚、南徐、荆、江、雍、郢、南兗、湘、豫、司、北兗、北徐、青、梁、益、交、廣、南梁、寧、衡、桂、越、霍也。)是郡縣雖減省，而諸州仍如故。中大通時大舉北伐，淮南諸地皆復入版圖，而征人且遠至洛陽，魏將侯景又以河南諸地來歸，幾若劉宋初年之情形，然未久復失，不能守也。梁氏君臣咸務開拓，淮北雖未能久守，然牂牁獠、狸荒徼之外，多經開闢，皆置州郡，而舊州又數數析置，故至"大同年中，州一百七，郡縣亦稱於此"（隋書地理志語），江左建置州郡之多，至此極矣。

　　陳人承蕭梁舊規，然疆土愈蹙，巴、漢之地爲北周所併，大江以北又入高齊之手，西守三峽，北防江岸，土地之小，最於南朝。宣帝太建中，遣師北伐，盡取淮南諸地，更進而經略淮北，適高齊爲北周所滅，陳兵亦被迫南旋，淮南又淪於周人，故隋書地理志言陳氏之疆域曰："威力所加，不出荊、揚之域，州有四十二，郡唯一百九，縣四百三十八。"徐文范東晉南北朝輿地表記陳太建末之州郡縣，謂其時有州六十四，郡百六十六，縣幾六百，與隋志異矣。徐氏所載諸州爲：

揚	南徐	東徐	東陽	縉	豫	宣	北江	江	合	
西江	南江	寧	吳	高	閩	豐	北新	土	富	迥	豪
泉	郢	荊	南荊	信	武	沅	盧	湘	巴	雋	湘
羅	營	衡	東衡	郴	靜	東靜	桂	廣	瀛	成石	新
隴	建	定	尹	東寧	高	東羅	越	交	南新	愛	
德	南	合	安	黃	崖						

（徐氏之言曰："方輿紀要云：'陳有州四十二，郡百有九，縣四百三十八'，實未盡其數，即瀛、建等州時已罷併，吳、宣等州時尚未置，去此數州，尚有五十餘州。余蓋括陳氏所置之州除所失江北地，統計於此，即縣已是實數。"）

宣帝末，周將司馬消難以沔北九州來歸（郢、隨、溫、應、土、順、河、濆、岳），周復取之，仍不能越江而北也。資治通鑑隋紀："開皇九年，陳國皆平，得州三十，郡一百，縣四百。"胡注：

"按隋志陳境當時有揚、東揚、南徐、吳、閩、豐、湘、巴、武、江、郢、廣、東衡、衡、高、羅、新、隴、建、成、桂、東寧、靜、南定、越、南合、崖、安、交、愛，凡三十州。"是陳氏季年國土益蹙矣。

第四節　北魏周齊疆域之分合

元魏拓跋氏其先爲鮮卑索頭部，世居漠北，後漸南遷，居漠南。晉永嘉初，其種人有猗盧者，助并州刺史劉琨討鮮卑叛者劉虎等，頗有功，晉帝特授爲大單于，封爲代公，於是猗盧遂率其種人徙居塞內。又傳至什翼犍，國始强大。斯時前秦苻氏適四出征討，平滅諸雄，前涼張氏、前燕慕容氏皆爲夷滅，秦兵復北向擊代，拓跋之族遂四散離居。及苻堅伐晉，敗於淝水，曩日被征服之諸族紛紛並起，各據土地，稱帝稱王，於是什翼犍之孫拓跋珪復召集所部，居定樂，復稱代王，尋改號爲魏，既向與燕構釁，取中山，因遷都於平城。至其子明元帝又漸南下，爭河南之地，而魏之南疆遂遠至許昌、汝陽諸地矣。太武帝時，西破統萬，驅夏赫連氏，尋得蒲反、長安。太延以後，又東平遼東，西破姑臧，北燕、北涼皆被夷滅，於是北方大定。自晉永嘉以後擾擾攘攘，旋起旋滅之十六國，至是遂盡入元魏之版圖，而與南朝成對峙之形勢矣。

魏自太延以後，國境西至流沙，東接高麗，惟州郡建立多因時制宜，靡有定規。太和十年始大加釐定，凡得三十八州，二十五州在河南，十三州在河北。資治通鑑胡三省注記其諸州名稱曰："河南二十五州：青、南青、兗、齊、濟、光、豫、洛、徐、東徐、雍、秦、南秦、梁、益、荊、涼、河、沙，時又置華、陝、夏、岐、班、郢，凡二十五。河北十三州：司、并、肆、定、相、冀、幽、燕、營、平、安，時又置瀛、汾，凡十三州。"

然胡氏又引蕭子顯之說曰：“雍、涼、秦、沙、涇、華、岐、河、西華、寧、陝、洛、荊、郢、北豫、東荊、南豫、西兗、東兗、南徐、東徐、青、齊、濟、光二十五州在河南；相、汾、懷、東雍、肆、定、瀛、朔、并、冀、幽、平、司等十三州在河北。”（胡氏引文略與南齊書魏虜傳異。）二說不同，姑並存之。

　　魏太武、孝文之世，國力頗強，屢出兵遠征，與困守江左之南朝兵爭尤多，江、淮間之州郡輒被侵凌。宣武帝之時又得漢川、劍閣、淮西諸地，國勢益盛。自孝文遷都洛陽，承漢、魏之舊規，復受漢族之同化，國既富強，文化亦漸高。惟孝莊帝之時，遭爾朱氏之亂，國威頓衰，三數年後，且復分爲東、西，東魏居鄴，西魏則遷於長安。及高洋篡東魏爲齊，宇文覺代西魏稱周，於是與江左之梁、陳共成鼎峙之勢矣。

　　魏收之魏書地形志雖亦稱爲一代典籍，然吾人殊未能據以知元魏疆域之詳情；蓋收志以武定時之簿籍爲據，武定乃孝靜帝之年號，時魏已分東西，不數年且爲高氏所篡，故其志文頗詳於東而略於西；又以關西各地爲西魏所據，而別以永熙時簿籍爲本，一篇之中不以同一時代爲準，頗乖史法。然吾人可因以知東西魏分離後之疆域，亦未可厚非也。考收志所載共得州百一十三（通典一七一州郡一：“今按舊史管州百十有一，郡五百十有九，縣千三百五十有二”，與此不同）。東魏所轄凡八十州，其餘三十三，收謂之淪陷諸州，即西魏之疆域也。

　　高齊席東魏故土，屢與宇文氏構釁，河陰、洛陽之間輒爲兵爭之地，勝負互見，其後終爲周人夷滅。文宣之時嘗遣將略地，南至於江，而武平中淮南之地又復没於陳氏（淮南之地計二十七州：揚、南譙、西楚、合、江、東廣、涇、楚、潼、東楚、海、秦、仁、永、郢、義、定、光、南建、衡、巴、北江、南司、羅、和、安、產），及其亡也，共得州九十有七，郡一百六十，縣三百六十五（此據隋書地理志。周書武帝紀下：“關東平，合州五十五，郡一百六十二，縣三百八十五"，與志文不同）。徐文范記齊末疆域，謂諸州之名稱如下：

司	西兗	黎	義	洛	北荊	東雍	北豫	懷	南汾
晉	襄	齊	青	光	兗	北兗	南兗	濟	梁	譙	睢
信	豫	廣	東豫	鄭	南青	膠	徐	府	雲	顯	北顯
寧	嵐	朔	靈	建	汾	西汾	恒	北恒	肆	營	平
安	幽	北燕	東燕	鄭	南營	定	趙	冀	滄	北徐

與隋志之言又略異矣。

宇文周西據關中，東與高齊爭土，南得梁、雍、漢中，繼又遣軍入蜀，盡有梁、益諸州，復遠征姑臧，疆域益廣，建德初年，諸州建置乃至百餘：

雍	華	同	岐	隴	宜	原	鹽	寧	燕	涇	幽
蔚	恒	鄜	敷	丹	夏	長	延	綏	靈	會	銀	復
都	安	郢	環	江	襄	隨	蔡	昌	唐	鄧	申	鄭
純	淮	潘	秦	殷	蒙	魯	豐	萬	廣	淅	信	通
硤	開	并	商	麓	洮	亭	虞	邵	秦	渭	交	河
岷	武	興	成	鳳	文	龍	扶	宕	蓬	鄀	涼	甘
瓜	巴	楚	臨	遂	合	梁	洋	金	泗	上	遷	羅
康	新	始	潼	利	沙	隆	渠	容	益	卭	雅	陸
眉	戎	資	澠	鄧	芳	瀘	益	潭	嚴	陝	中	和
蒲	絳	汾	勳	懷

及平齊後，統一北方，其南疆自淮南迄於巴、蜀，較之元魏誠時，抑又過矣。而後梁據江陵有荊、鄀、基、平、直等州，爲國外藩，固極一時之盛也。大象末，職方之臣所司凡州二百十有一，郡五百八，縣千一百二十有四云。

第五節　南北朝時代地方制度
之沿革及其紊亂

晉自元帝渡江，即位建康，郡國制度多仍因於西晉，而行三級之制，諸州置刺史、州牧，郡、國則置守、相，縣有令、長；所異者則西晉置河南尹，而東晉移爲丹陽尹，蓋尹置於輦轂之下，西晉都洛陽而東晉都建康，故尹隨時改置。宋、齊、梁、陳國都因於東晉，丹陽置尹遂歷五代而不改。

宋、齊以後，雖仍遵行三級之制度，已稍異於東晉。吾人前讀漢時制度，當尚憶及與縣同等之道，道主蠻夷，故多置於邊境，漢後則混同諸縣，久不聞其名。宋、齊之世，別於邊地置左郡、左縣，以治蠻夷之人，其左縣實即漢代之道，特名稱少異而已。左郡、左縣之等級，亦若內地之郡縣，故亦有守令。宋初復行五等之制，廣建公、侯、伯、子、男諸國，因諸縣之地而封建之，國各置相，一同舊制。其他則州刺史（揚州刺史稱牧，因帝都在斯故也），郡守、縣令、長之名稱仍因而不改。

蕭齊於主蠻夷之左郡左縣之外，復置狸郡獠郡，其名稱可考者若益州之東宕渠獠郡、越巂獠郡、沈黎獠郡、甘松獠郡、始平獠郡及越州之吳春狸郡。大抵左郡之置雖在邊地，然不必皆有蠻夷，而獠、狸諸郡，則必置於蠻夷之中。試以南齊書州郡志所載者爲例，則豫、郢、司、益諸州俱有左郡之置，而司州置者尤多，若獠狸之郡，則僅益、越二州有之。

自東晉創僑州、郡、縣制度以來，江左一隅分州置縣殊形繁雜，不惟中原州郡僑移江左，即新析之區劃亦日漸增多，故梁天監以後，且增至百餘州，其州境之小，可以知矣。沈約生於當世，已痛感其渾淆，因謂“地理參差，其詳難舉，實由名號驟易，境土屢分，或一郡一縣割成四五，四五之中亙有離合，千回百改，巧歷不算"(宋書州郡志)。然其時固不僅分合雜亂而已，且每有郡縣"散居無實土，官長無廨舍，寄止民村"之情形(語見南齊書州郡志)。夫有郡縣而無土地，有官長而無廨舍，寧非笑談，江左諸朝如此建置，豈能令州郡制度不日趨於紊亂乎？

因州郡建置之繁雜，而各級之隸屬亦漸變更，自三級制度成立以後，州必統郡，郡必轄縣，已爲不可變更之成規。宋末越州新置諸郡，沈氏不載其屬縣，想已無縣可屬，非沈氏之故失載也。至蕭齊之時，此等情形尤爲習見，蕭子顯所著之州郡志中，無縣之郡已比比皆是。齊時荒郡尤多，此類荒郡多無民户，遑論縣邑，僅存名稱而已。

廣建州郡不惟使諸郡無縣可轄，且使二郡合治，此二郡合治名爲"雙頭郡、縣"。雙頭郡縣始見於南齊書州郡志，青州之東莞琅邪二郡即其濫觴也。此二郡所領之縣僅三，宜其合之爲一處也。此種制度爲濫置州郡自然之結果，故蕭梁繼位仍因之而不改。實則不僅梁氏爲然，即北朝之元魏亦嘗仿其制度，魏書地形志之雙頭郡、縣多注"蕭衍置"之語，當爲取諸梁人者，地形志所載之新蔡、南陳留二郡等雙頭郡、縣多僅轄一縣，以二郡而共治一縣，寧非奇事！縣令何太苦，郡守何太閑？

蕭梁之世，州、郡建置更屬奇觀。梁人北伐元魏，南平狸洞，每因所取之地，建立州名，輒有若干州、郡不如一村落，即刺史、守令亦任用當地居民，類若唐代之羈縻州，當時嘗有邊徼二十餘州，即職方之臣亦不知其處所，抑何可怪！邊關將帥一人守二三郡，尤爲習見。領土不增，州郡反多，亦一時反常之現象也。

南朝地方制度，多因於漢、魏，雖其間少有差異，巧立名目，然尚有脈絡可尋，若北朝則不然。元魏、周、齊雖亦三級制度，實則非因於古；蓋元魏起於北方，初興之時每於邊要形勝之處建立鎮戍，而州、郡之置反不重要。自後鎮戍建置較多，鎮將輒得兼理民務，若州刺史然。明帝之後，州、郡漸多，刺史郡守遂較重要。魏人分州郡縣各爲上中下三等，亦置刺史、太守、令、長，惟魏人地方行政之制度頗異時昔，諸州各置刺史三人，宗室一人，異姓二人，郡守、縣令亦如之，實奇制也。魏人亦行封建制度，惟所封者僅王、公、侯、子四級，王食大郡，公食小郡，而侯、子則分食大小縣。

南北朝時州郡縣之濫置，固不僅江左而已，元魏而後亦多增建。魏太和中有州僅三十八，然魏收著地形志已載百一十三州。高齊纂東魏後，得州八十（此據收志所載未淪陷諸州而言），隋書地理志謂“天保之末總加併省”。然國滅之時猶有九十七州，併省者固如斯乎？

自元魏盛置刺史、守、令之後，齊、周多因其制，然區劃既小，設官又多，上有刺史，下有令、長，太守漸成閒員，故隋室繼統，遂廢三級之制而行二級制矣。

本章重要參考書：

晉書。

宋書。

南齊書。

梁書。

陳書。

魏書。

北齊書。

周書。

隋書。

資治通鑑。

畢沅：晉書地理志新補正。

洪亮吉：東晉疆域志。

洪亮吉：十六國疆域志。

洪齮孫：補梁疆域志。

臧勵龢：補陳疆域志。

汪士鐸：南北史補志。

徐文范：東晉南北朝輿地表。

第十六章　隋代疆域概述

第一節　隋代疆域之區劃及其制度

宇文周自滅高齊之後，統一北方，未久即爲楊堅篡奪，於是復成隋、陳南北對峙之局。惟隋氏承周、齊之後，疆土廣大，陳人則據江南一隅，地小民弱，及北兵下采石，渡京口，南朝之局面遂告終結，而宇内復歸於一統。

南北朝末葉，州郡建置日益紛繁，遂至有官無土，有牧守而無人民。隋文即位，懲其積弊，乃於開皇三年悉省諸郡，以縣邑直隸於州。自東漢季年，改刺史爲州牧後，地方之區劃相沿爲三級之制度，至是乃變爲二級制，故隋文之時，實吾國疆域沿革史上之一重要階段也。開皇九年平陳之後，因并省廢江南諸州，而南北之制度相同矣。煬帝大業三年改州稱郡，以郡統縣，與嬴秦之制度頗相類似，惟大業改革僅稍易其名稱而已，於制度之更易，疆域之變遷無與也。

煬帝既更州爲郡，復仿漢武故事於郡上置司隸、刺史若干人分部巡視，掌六條以監察官吏之良否，不治民事。隋書百官志："司隸臺大夫一人，掌諸巡察；別駕二人，分察畿内；……刺史十四人，巡查畿外諸郡。"司隸、刺史合共十五員，豈其時分部爲十五乎？

　唐人所修之隋書地理志依禹貢九州分述其時郡縣，一若隋人復行九州之制者，然檢諸隋書紀傳，殊不能得其證據，此蓋與杜佑之通典述唐制而以九州區分者同一意義，與當時之制度無關也。隋書既依九州叙述，其時之分部遂無由詳知矣。今因隋志所載州郡，列表於下，以見其時封疆之概況，九州之名稱亦因隋志之舊，閲者幸勿視爲當時實際之政治區劃可耳。

雍州：京兆、馮翊、扶風、安定、北地、上郡、雕陰、延安、弘化、平涼、朔方、鹽川、靈武、榆林、五原、天水、隴西、金城、枹罕、澆河、西平、武威、張掖、敦煌、鄯善、且末、西海、河源二十八郡。

梁州：漢川、西城、房陵、清化、通川、宕渠、漢陽、臨洮、宕昌、武都、同昌、河池、順政、義城、平武、汶山、普安、金山、新城、巴西、遂寧、涪陵、巴郡、巴東、蜀郡、臨卭、眉山、隆山、資陽、瀘川、犍爲、越巂、牂柯、黔安三十四郡。

豫州：河南、滎陽、梁郡、譙郡、濟陰、襄城、潁川、汝南、淮陽、汝陰、上洛、弘農、淅陽、南陽、淯陽、淮安十六郡。

兗州：東郡、東平、濟北、武陽、渤海、平原六郡。

冀州：信都、清河、魏郡、汲郡、河内、長平、上黨、河東、絳郡、文成、臨汾、龍泉、西河、離石、鴈門、馬邑、定襄、樓煩、太原、襄國、武安、趙郡、恒山、博陵、河間、涿郡、上谷、漁陽、北平、安樂、遼西三十一郡。

青州：北海、齊郡、東萊、高密四郡。

徐州：彭城、魯郡、琅邪、東海、下邳五郡。

揚州：江都、鍾離、淮南、弋陽、蘄春、廬江、同安、歷陽、丹陽、宣城、毗陵、吳郡、會稽、餘杭、新安、東陽、永嘉、建安、遂安、鄱陽、臨川、廬陵、南康、宜春、豫章、南海、龍川、義安、高涼、信安、永熙、蒼梧、始安、永平、鬱林、合浦、珠崖、寧越、交趾、九真、日南、比景、海陰、林邑四十四郡。

荆州：南郡、夷陵、竟陵、沔陽、沅陵、武陵、清江、襄陽、春陵、漢東、安陸、永安、義陽、九江、江夏、澧陽、巴陵、長沙、衡山、桂陽、零陵、熙平二十二郡。

宇文周之末葉計有州二百一十一，郡五百八，縣一千一百二十四（見隋書地理志序）。隋文平陳，又得州三十，郡一百，縣四百（隋書高祖紀），是隋初共有州二百四十一，郡六百八，縣一千五百二十四。然隋書地理志載大業季年之郡縣，僅得郡一百九十，縣一千二百五十五，是減省已多矣。南北朝以來濫置州郡之情形，至此遂得告一段落焉。

隋代初都長安，煬帝大業初年營洛陽爲東京，尋復稱東都。開皇之初，置牧於雍州，設尹於京兆郡，以其爲帝都之所在也。煬帝既建東都，而河南郡亦置尹，比於京兆；兩都輦下之大興、長安、河南、洛陽四縣令，其品級亦異於常縣，以示略有區別也。隋文初即位，州、郡、縣各因舊制分爲上中下九等，各以刺史、太守、縣令治其事，及廢郡留州，太守亦因之而廢矣。開皇十四年復改九等州、縣爲上、中、中下、下四等，已稍簡於開國之時。煬帝改制，廢州置郡，而刺史復改爲太守，州、縣亦由四等而爲上中下三級矣。

自東晉以後，南北分裂，兵戈交爭，多在江、淮之間，域外之開擴殆無聞焉。南朝日日欲復中原故土，終未完成其志，故土尚不能光復，域外之建樹更無論矣。元魏初尚北擊蠕蠕，耀武朔方，及東西對立，亦無暇外向矣。至隋煬之時，南北已歸一統，帝亦好大喜功，故大業初年，南征林邑，取其地爲蕩、農、沖三州，更西擊吐谷渾，復置鄯善、且末、西海、河源四郡。隋書地理志謂其時東南皆至於海，西至且末，北至五原，隋氏之盛極於此矣。惜煬帝黷武過甚，不顧民力，卒至高麗之師未旋，叛逆之軍已起，國滅身亡，誠可慨也。

第二節　運河

吾人今日披閱地圖，尚能見巨河蜿蜒，自南徂北，橫貫吾國東部，此即吾國二大工程之一之運河是也。海通以前，固南北交通之捷徑也。運河之開鑿，遠起於春秋之時，吳王夫差將北伐齊，以爭霸於中原，乃鑿邗溝（亦稱韓江，或曰邗溟溝）以通江、淮，謀運輸之便利。其水自廣陵東南之邗城，引江東北通射陽湖，復西北至末口入於淮，是爲運河之創始。自後開河運輸之事，數見不鮮，西漢關中之漕渠，東漢河南之陽渠，皆其著者。然其工程多限一地，其利益復僅溥於一時，若大規模之開鑿，則在於隋代。隋代以洛陽爲中心，西達關中，南至餘杭，北迄涿郡，費全國之力始告成功，後人所艶稱之隋煬帝開運河，即謂此也。

運河之工程雖以煬帝時爲最鉅，然隋代鑿河之發軔則不自煬帝始也。文帝建都關中，憫漕運之維艱，乃於開皇四年，使宇文愷尋漢漕渠之舊蹟，率工開鑿，引渭水自大興城東至潼關三百餘里，是爲廣通渠（後改爲永通渠）。蓋以渭川水力大小無常，流淺沙深，動致阻閼也。此渠開後，轉運便利，關內賴之。開皇七年，又於揚州開山陽瀆以通運漕，蓋是時方經營江南，舉師伐陳，開鑿此瀆正以便利軍運也。

煬帝繼位，好大喜功，既耀兵四夷，復力求建設，於是踵文帝故事，大鑿運河，其所成就者爲通濟渠、邗溝、江南河及永濟渠是也。煬帝大業元年即詔開通濟渠，大發河南諸郡男女百餘萬，自西苑引穀、洛水入於河，西苑即煬帝常游幸娛樂之處，渠之所以始於此者，爲遠游時便利計耳。渠過洛陽城東南，復東流逕偃師縣南，東至鞏縣之洛口入於河。此段渠身蓋循東漢張純所開陽渠之故道而作也。自洛口東行即利用黃河水勢。又東至汜水之板渚，引河水東南流，因古鴻溝、汴渠故跡，過大梁，東入泗，而合於淮。自洛陽西苑至此，即所謂通濟渠是也。浮淮而下，至文帝所開之山陽瀆，折而南流，復利用吳王之故河，南達於江。江、淮之間，即因舊名而稱之曰邗溝。大業六年，煬帝欲巡會稽，乃敕開江南河，自京口至餘杭八百餘里，此段運河直至今日猶爲蘇、杭諸地交通之塗徑也。

　　由通濟渠入邗溝，再入江南河，乃東南交通之幹脈。其至東北之工程則爲永濟渠。永濟渠之開鑿，乃大業四年事，其時方遠征高麗，故有開此渠之議。隋書煬帝紀所謂發河北諸郡男女百餘萬，開永濟渠，引沁水南達於河，北通涿郡是也。此渠工程似較河南諸渠尤爲繁難，蓋河北諸郡之男女多參與斯役也。吾人試思諸大運河之成功，不過數年間之事耳，南北縱橫乃至數千里，宜其騷動天下矣。此渠起於沁水，導沁水入衛河，循衛河過清河而至於涿郡。隋人之涿郡理薊，其故址在今北平附近，此河由今河南沁陽直達北平附近，其間數千里，功程之大殊可驚人。

　　隋代所鑿運河，雖蜿蜒數千里，然至今大半已漸湮没。蓋運河之用多爲漕運，故歷代鑿河多以京師爲中心，西漢漕渠、隋文廣通，皆爲此也。煬帝東都河南，而各渠即以洛陽爲出發點。及唐都長安，關中粟米多仰給於東南，水路轉運，朝野咸重，故隋文廣通盛被利用。宋徙汴京，關中水利遂漸失修。元、明、清諸代舍關中、汴、洛而都燕京，於是政治中心由西北中原而移於幽、薊，幽、薊之粟米亦惟東南是資，故元、明運河漕轉，亦爲二代要政，然其所修者與隋運河異途矣。吾人今日所稱運河，即指元、明以後而言也。今運河自北平直至浙東，約分八段：

通惠河（北平至通縣）；

北運河（通縣至天津）；

南運河（天津至臨清）；

山東運河（臨清至邳縣）；

中運河（邳縣至淮陰）；

淮南運河（淮陰至江都）；

江南運河（鎮江至杭縣）；

浙東運河（杭縣至剡溪）。

今運河八段之中，僅中運河及淮南、江南三段尚依稀能見隋氏之遺跡，其他各渠殆無聞矣。

運河之工程其堅巨與長城相似，其在當時糜金錢，苦人民，而歷代葺修改築尤大費經營，秦皇煬帝且因此而亡其國家，然時過境遷已漸失其效用而徒留供後人之憑弔，可慨也夫！

本章重要參考書：

隋書。

楊守敬：隋書地理志考證。

第十七章　唐代疆域概述

第一節　唐代疆域之區劃及其制度

隋季天下大亂，群盜四起，唐高祖舉兵太原，西定關中，疆域之制度仍因隋氏舊制，僅改郡爲州而已。惟其時群雄並起，各不相下，納地來歸者往往因其所盤據之處，割置州縣，於是州、縣之數較之隋季已增數倍。太宗貞觀初年，天下大定，乃力加省併，復因山川形勢之便，分國內爲十道：

關內　河南　河東　河北　山南　隴右　淮南　江南
劍南　嶺南

道名之創立實吾國疆域史上之一新名稱也。

吾人若非健忘，當尚能憶及漢武帝後之虛三級制度。漢武之制度乃以郡統縣，復以州刺史司監察諸州之責；自經南北朝之紛亂，州郡之地位與區劃漸無差別，故隋、唐兩代州、郡名稱遂能互相更易，昔日監察太守或統轄諸郡之州刺史，至此已直轄縣令矣。太宗因別於諸州上置十道，十道即漢十三州之變形也。此種道之建置，多因於自然地理之形勢，究其最初之意義亦不過地理上之劃分，實非行政上之具體區域也。

玄宗開元二十一年，疆域區劃又經一度新改置，由十道變而爲十五道，十五道者，山南、江南各分爲東西二道，復增置京畿、都畿及黔中三道也。經此次改置，諸道境漸成定制，今述其所轄府州於下：（府之建置見另節）。

京畿道　　轄府二：京兆、鳳翔；州四：華、同、商、邠。
關內道　　轄都護府二：單于、安北；州二十四：隴、涇、原、渭、武、寧、慶、鄜、坊、丹、延、靈、威、雄、警、會、鹽、夏、綏、銀、宥、麟、勝、豐。
都畿道　　轄府一：河南；州一：汝。
河南道　　轄州二十八：陝、虢、滑、鄭、潁、許、陳、蔡、汴、宋、亳、徐、泗、濠、宿、鄆、齊、曹、濮、青、淄、登、萊、棣、兗、海、沂、密。
河東道　　轄府二：河中、太原；州十九：晉、絳、慈、隰、汾、沁、遼、嵐、憲、石、忻、代、雲、朔、蔚、武、新、潞、澤。

河北道　　轄都護府一：安東；州二十九：孟、懷、魏、博、
相、衛、貝、澶、邢、洺、惠、鎮、冀、深、趙、
滄、景、德、定、易、幽、涿、瀛、莫、平、媯、
檀、薊、營。

山南東道　　轄府一：江陵；州十七：峽、歸、夔、澧、朗、
忠、涪、萬、襄、泌、隋、鄧、均、房、復、
郢、金。

山南西道　　轄府一：興元；州十六：洋、利、鳳、興、成、
文、扶、集、壁、巴、蓬、通、開、閬、
果、渠。

隴右道　　轄都護府二：北庭、安西；州十九：秦、河、渭、
鄯、蘭、臨、階、洮、岷、廓、疊、宕、涼、沙、
瓜、甘、肅、伊、西。

淮南道　　轄州十二：揚、楚、滁、和、壽、廬、舒、光、
蘄、安、黃、申。

江南東道　　轄州十九：潤、昇、常、蘇、湖、杭、睦、越、
明、衢、處、婺、溫、台、福、建、泉、
汀、漳。

江南西道　　轄州十九：宣、歙、池、洪、江、鄂、岳、饒、
虔、吉、袁、信、撫、潭、衡、永、道、
郴、邵。

黔中道　　轄州十三：黔、辰、錦、施、叙、獎、夷、播、
思、費、南、溪、溱。

劍南道　　轄府一：成都；都護府一：保寧；州三十八：彭、
蜀、漢、嘉、眉、邛、簡、資、巂、雅、黎、茂、
翼、維、戎、姚、松、當、悉、靜、柘、恭、保、
真、霸、乾、梓、遂、綿、劍、合、龍、普、渝、

陵、榮、昌、瀘。

嶺南道　轄都護府一：安南；州七十三：廣、韶、循、潮、康、瀧、端、新、封、潘、春、勤、羅、辯、高、恩、雷、崖、瓊、振、儋、萬安、邕、澄、賓、橫、潯、巒、欽、貴、龔、象、藤、巖、宜、瀼、籠、田、環、桂、梧、賀、連、柳、富、昭、蒙、嚴、融、思唐、古、容、牢、白、順、繡、鬱林、黨、竇、禺、廉、義、陸、峰、愛、驩、長、福、禄、湯、芝、武峨、演、武安（從新唐書地理志）。

　　唐初承受隋氏之郡計百九十，而縣亦有一千二百五十五。高祖迄事建置，爲數殊多。貞觀初年，雖盛有省併，仍遠過於隋代，十三年定簿，共得州府三百五十八，縣一千五百五十一；其明年平高昌，復得州二縣六。此後時有增損，開元末年，國内郡（州）府凡三百二十八，縣千五百七十三，而因降附諸夷所置之羈縻州、縣，尚不在其數，可謂盛矣。

　　高祖於關中受禪，即以長安爲京師，建都於其地。高宗營洛陽爲東都，與隋氏同制。武后執政，以洛陽爲神都，自長安遷居之，又於太原置北都，因有三都之號。中宗復辟，神都又稱東都，重返居於長安，並北都亦廢之，仍兩都之舊。玄宗之時，再復北都，而河中府亦一度有中都之目。肅宗至德二年，立五京之號，五京者：中京長安，東京洛陽，北京太原，西京鳳翔，南京成都。上元初，移南京於江陵；次年即罷四京之號，專以長安爲都。肅宗元年，再復五都，五都即上元初之五京也。既而又罷西南二都，寖成定制。

　　論唐代疆域者，每稱開元之時爲極盛，舊唐書地理志所言"東至安東府，西至安西府，南至日南郡，北至單于府"，較諸漢代之時抑已過矣。然此僅就國内而言，若羈縻州縣之設立，尤屬廣泛，自高麗以至於波斯，無往無唐官吏之足跡，其疆域之廣大，自古以來所未嘗有也。

第二節　府制之確立及其種類

　　唐初於全國疆域分置十道而外，復於各形勢重要之地別立諸府，道與府皆吾國疆域史上之新制度也。唐代諸府可分三種，沿邊各地則有都護府，國內要區則設都督府，諸京都所在則置府尹，名稱相似，實則各有不同，請分述之。

　　唐代最早之府，當推總管府，總管府即都督府之前身也。其濫觴遠始於曹魏，魏黃初中置都督諸州軍事之官，其初專理軍政，與民事無關也。晉初始兼刺史，南北朝以下漸成定制，刺史必帶開府，單車刺史遂不爲世人所重。北周改都督爲總管，即唐制之所因。武德七年改稱都督，始成定制。續通典職官謂“都督掌督諸州兵馬、甲械、城隍、鎮戍、糧廩，總判府事”（卷三十六），是仍兼理軍民，與南北朝時無殊也。都督除轄其所在之州外，兼轄其鄰近各州，其所在之州因稱曰都督府，他州皆號支郡。武德中著令，凡轄十州以上者稱大都督府，其時國內稱大都督府者凡五，洺、荊、并、幽、交五州是也。武德貞觀之時，都督府之建置頗多，括地志稱“貞觀十三年，凡天下有都督府四十一，分統天下州縣，唯近畿九州無所隸”（初學記引）。是亦一時之重要制度也。

　　景雲初，併省諸都督府，共得大、中、下都督府二十有四：

大都督府　揚、益、并、荊四州。

中都督府　汴、兗、魏、冀、蒲、綿、秦、洪、潤、越十州。

下都督府　齊、鄜、涇、襄、安、潭、遂、通、梁、夔十州。

此二十四都督府分轄國內諸州，惟畿內諸州不隸焉。都督司糾察所管州刺史以下官人善惡，其職比漢十三州部刺史，而權威則遠過之，故不久即以權重而廢。

太極之初，復以并、益、荊、揚爲大都督府。開元十七年，增潞州而爲五。其時制定上、中、下之等第，域内共有都督府四十：

上都督府　潞、益、并、荊、揚五州。

中都督府　涼、秦、靈、延、代、兖、梁、安、越、洪、潭、桂、廣、戎、福十五州。

下都督府　夏、原、慶、豐、勝、榮、松、洮、鄯、西、雅、瀘、茂、巂、姚、夔、黔、辰、容、邕二十州。

其後復時有制置，雖未即成定規，然其時域内形勢略可概見矣。

唐初開拓疆土，於邊地設立都護府以統蠻、夷。都護之名遠始於西漢，西域都護即唐制之所因者。自太宗平高昌後，設置安西都邊府，是爲建立都護府之嚆矢。其後漸次增置，至中宗時共得六都護府，西有安西、北庭，東有安東，北有安北、單于，南有安南，其建置情形略述如下：

安西都護府　貞觀十四年平高昌，置安西都護府，咸亨元年陷於吐蕃，長壽二年收復，至德初一度更名鎮西，貞元三年陷於吐蕃。

安北都護府　貞觀二十一年置燕然都護府，龍朔三年改名瀚海都護府，總章二年改名安北都護府。

單于都護府　龍朔三年置雲中都護府，麟德元年改名單于都護府。

安東都護府　總章元年平遼東，置安東都護府，聖曆元年更名安東都督府，神龍元年復故，至德後廢。

安南都護府　調露元年改交州都督府爲安南都護府，至德二載曰鎮南都護府，大曆三年復爲安南都護府。

北庭都護府　　長安二年置北庭都護府，貞元六年陷吐蕃（新志關內道別有鎮北都護府，劍南道有保寧都護府，不在六都護府之列）。

開元後於諸京都皆置府，以示不同於常州，其後駐蹕之地亦陞爲府，終唐之世，計有府十：

京兆府（本雍州）　　興德府（本華州）　　鳳翔府（本岐州）

河南府（本洛州）　　興唐府（本陝州）　　河中府（本蒲州）

太原府（本并州）　　江陵府（本荆州）　　興元府（本梁州）

成都府（本益州）

此類府之建置，遂爲後世諸代疆域史上之重要制度。吾人今日每稱前清之某某府，其肇始蓋基於此。

新唐書地理志於叙述每州沿革後，必曰有府若干，且或舉其名稱，然此乃唐代府兵駐在地，與疆域無關，故略而不論。

第三節　節度使區域之建置

武德初年，因隋舊制置總管之官，既而諸州總管每加號使持節，其制蓋如魏、晉之使持節都督諸州軍事焉。永徽以後，凡都督帶使持節者始稱節度使，未帶者不稱之，節度使之名稱昉始於此。然此僅諸鎮官銜之名稱，非有地域之限制也。景雲二年以涼州都督充河西節度使，而節度之號始成定稱矣。

景雲之後漸次增置，至開元、天寶之間已有十節度使之號：

河西節度使治涼州，以隔斷羌、胡。

范陽節度使治幽州，臨制奚、契丹。

隴右節度使治鄯州，以備羌、戎。

劍南節度使治成都府，西抗吐蕃，南撫蠻、獠。

安西節度使治龜茲，撫寧西域，統龜茲、焉耆、于闐、疏勒四國。

朔方節度使治靈州，捍禦北狄。

河東節度使治太原府，掎角朔方，以禦北狄。

北庭節度使治北庭都護府，防制突騎施、堅昆、斬啜。

平盧節度使治營州，鎮撫室韋、靺鞨。

嶺南五府經略使治廣州，綏靜夷、獠（嶺南自至德二載賀蘭
進明爲使，始兼節度之號）。

統觀十節度使設置之地位及其所掌之職務，可知創立此種制度之用意純在防制異民族之反側，然此僅爲由東北至西南陸上之設置，東南二方海上別有守捉、經略之吏以司其事：

東萊守捉使，萊州刺史領之。

東牟守捉使，登州刺史領之。

長樂經略使，福州刺史領之。

節度經略守捉諸使之名稱雖各有不同，然其設置之用意固無異也。更進而言之，節度、經略等使之建立，其動機純爲軍事之計畫，其設置之地亦非内地，與都督府之轄州者略有不同，唐代疆域之開拓，節度使之建置實與有力焉。

自節度使建置之後，政府雖能稍得其力，而其軍權過重，漸有尾大不掉之勢。天寶末，安禄山遂以范陽節度興兵南下，國内大亂，幾至不可收拾。自中原亂離，政府爲獎勵出征戰士，懷柔反正降將，每皆錫以節度之號，於是向日施於邊庭之制度轉而濫用於内地，故舊唐書地理志云：“至德之後，中原用兵，刺史皆治軍戎，遂有防禦團練制置之名，要衝大郡皆有節度之類，寇盜稍息，則易以觀察之號。”節度使之增加自爲意中之事。此類武夫戰將據土地，攘使號，大者連州十數，小者亦兼三四，除授轉讓類皆不請命於中央，而境内置官行政尤多一任己意，故其初雖爲邊關軍事制度，至是已實際成爲内地之行政區域。唐初諸道之分割僅存其名稱而已。

安、史亂後，節度使之濫置，其數日益增多，舊唐書地理志

載至德上元間諸節度使已有四十四，李吉甫記元和疆域共得四十七鎮，今略叙元和諸使於下：

關內道　鳳翔節度使（治鳳翔府）、涇原節度使（治涇州）、邠寧節度使（治邠州）、鄜坊節度使（治鄜州）、靈武節度使（治靈州）、夏綏銀節度使（治夏州）、振武節度使（治單于府）、豐州都防禦使（治豐州）。

河南道　陝虢觀察使（治陝州）、汴宋節度使（治汴州）、鄭滑節度使（治滑州）、陳許節度使（治許州）、徐泗節度使（治徐州）、蔡州節度使（治蔡州）、淄青節度使（治鄆州）。

河東道　河中節度使（治河中府）、河東節度使（治太原府）、澤潞節度使（治潞州）。

河北道　河陽三城懷州節度使（治懷州）、魏博節度使（治魏州）、恒冀節度使（治恒州）、易定節度使（治定州）、滄景節度使（治滄州）、幽州節度使（治幽州）、盧龍節度使（治幽州）。

山南道　襄陽節度使（治襄州）、荆南節度使（治荆州）、山南西道節度使（治興元府）。

淮南道　淮南節度使（治揚州）。

江南道　浙西觀察使（治潤州）、浙東觀察使（治越州）、鄂岳觀察使（治鄂州）、江南西道觀察使（治洪州）、宣歙觀察使（治宣州）、湖南觀察使（治潭州）、福建觀察使（治福州）、黔州觀察使（治黔州）。

劍南道　西川節度使（治成都府）、東川節度使（治梓州）。

嶺南道　嶺南節度使（治廣州）、容管經略使（治容州）、桂管經略使（治桂州）、邕管經略使（治邕州）、安南都護府（治交州）。

隴右道　隴右節度使（原治鄯州，寄治鳳翔府普潤）、河西節度使（原治甘州，寄治沙州）、安西四鎮北庭節度使（原治龜茲，寄治涇州由涇原節度兼領）（元和時隴右久陷吐蕃，故寄治内地）。（參據方鎮年表。）

其後分割寖多，建置益雜，武夫猛將竊據一方，襲使之號；及其勢衰力弱，爲他人所分奪，則其區劃名號又隨之變更，故舊唐書地理志云："乾符之後，天下亂離，禮樂征伐，不自朝廷，禹跡九州瓜分巀剖，或併或析，不可備書"，殆實録也。

第四節　唐代地方行政制度

唐代以諸道爲最高之地方區域，考其設置之初意，蓋欲仿漢刺史部之制度以監察州郡也。司諸道之事者，最初當爲巡察使，初期之使不常置，皆屬臨時派遣之性質，故亦無定員。貞觀八年，遣十七道巡察使，二十年又遣大理卿孫伏伽等二十二人以六條巡察四方，皆此類也。其所巡察之地方，亦不以十道爲限，故有十七道等之名稱也。天授時又稱存撫使，景龍時復號按察使，蓋因時制宜，固無牢守舊規之必要也。開元中，復置諸道採訪處，置使以察舉善惡。後復有宣撫、觀察之號，大抵名稱雖易，其性質則仍相似也。

諸京及諸府皆置尹以治其事，諸州皆置刺史（天寶、乾元之間，嘗一度改州稱郡，刺史亦更爲太守）以轄州事，諸州因地位之重要與否而有高下之分，近京師之地，列等最高，稱爲四輔，其次復有六雄十望十緊之號：

四輔　華、同、岐、蒲四州；

六雄　鄭、陝、汴、絳、懷、魏六州；

十望　宋、亳、滑、許、汝、晉、洺、虢、衛相十州；

十緊　秦、延、涇、邠、隴、汾、隰、慈、唐、鄧十州

　　（中葉以後陞緊望者甚多，此僅舉初期而言）。

其餘因人口之多寡而有上中下之別，唐會要七十載開元時勅云：
"太平時久，戶口日殷，宜以四萬戶以上爲上州，二萬五千戶爲
中州，不滿二萬戶爲下州，其六雄、十望州、三輔等，及別勅同
上州都督及畿内州並同上州，緣邊州三萬戶已上爲上州，二萬戶
爲中州，其親王任中州下州刺史者亦爲上州，王去任後，仍舊。"
刺史品位之高低亦因諸州等級不同而有差別焉。

　　諸縣置縣令。縣之等級亦有高低之差別，開元時曾令"六千
戶以上爲上縣，三千戶以上爲中縣，不滿三千戶爲中下縣。其赤
畿望緊等縣，不限戶數並爲上縣，去京五百里内并緣邊州縣戶五
千已上亦爲上縣，二千已上爲中縣，一千已上爲中下縣"。

　　他若都督都護節度使諸官，已略見上文，不贅述矣。

第五節　　唐代疆域之擴張及
羈縻州縣之建置

　　自五胡亂起，漢族迭被壓迫，華夏舊壤岌岌不能瓦全，歷東
晉、南北朝諸代，渡江之人士保守一方，固不得發展，而留居北
土者尤橫遭蹂躪，其間二百餘年實爲漢族受他族壓迫最烈之時代
也。隋室統一之後，煬帝雖有開擴之心，然其功竟不就；直至唐
初，漢民族始能揚眉吐氣，一洗向日之恥辱焉！

　　唐初倡義晉陽，嘗受突厥助援，其人每恃功驕踞，小有不
遂，輒爲邊患。太宗力事征討，遂於貞觀四年擒其可汗頡利，分
其地爲六州，置定襄、雲中二都督府以統之。頡利既虜，其別部
車鼻可汗繼起，永徽初，高偘遠征，遂追執車鼻，而分其地爲狼
山、桑乾、金微、新黎等十都督府及蘇龍、仙萼等二十二州，悉
部於單于、瀚海二都護府，即以其降酋爲都督刺史，分統其衆。
武后以降，叛服不常，開元時遂盡平之。

　　貞觀十四年，高昌不庭，乃平其地爲安西都護府。及西突厥

葉護阿史那賀魯率衆內附，因使居安西諸地。高宗初，賀魯以府叛；顯慶二年，蘇定方率大軍西征，擒賀魯歸京師，遂盡定其地，乃分置濛池、崑陵二都護府，並析其部落爲匐廷、嗢鹿、絜山、鹽泊、雙河、鷹娑諸都督府，而其役屬諸胡國，亦皆分置州縣。龍朔元年，西域諸國遣使內屬，乃使王名遠爲吐火羅道置州縣使，於是自于闐以西，波斯以東凡十六國，以其王都爲都督府，其國土各分置州縣，建都督府十六，州八十，縣一百一十，軍府一百二十六。十六都督府者：月氏（吐火羅國置）、大汗（嚈達部落置）、條枝（訶達羅支國置）、天馬（解蘇國置）、高附（骨咄施國置）、修鮮（罽賓國置）、寫鳳（失范延國置）、悦般州（石汗那國置）、奇沙州（護特犍國置）、姑默州（怛没國置）、旅獒州（烏拉喝國置）、崑墟州（多勒建國置）、至拔州（俱密國置）、烏飛州（護密多國置）、王庭州（久越得建國置）、波斯（波斯國置）也。名遠更於吐火羅立碑紀功，唐之西陲遂遠抵於今波斯矣。

　　塞北自突厥、頡利滅後，薛延陀、回紇等崛起。貞觀中，遣李勣北討，盡滅薛延陀；而回紇、鐵勒等部遂相率來歸，請置唐官，太宗乃於其地分置瀚海、燕然、金微、幽陵、龜林、盧山六都督府，皋蘭等七州，而以其酋長爲都督、刺史；復於突厥、回紇之間，廣置郵驛，開闢"參天可汗道"，以爲入貢之路。天可汗者，西北諸番所上太宗之尊號也。故太宗賜諸番璽書，皆稱皇帝天可汗，諸番建立君長，亦必待天可汗册封，唐室實際已爲諸族之宗主國矣。

　　高麗遠處遼東塞外，久不內附，隋煬帝累加征討，不惟未能平復，且因遠征而引起國内之騷擾。太宗時，嘗大舉出師，亦未底定。至總章初，李勣東征，始夷其地，分置新城、遼城、哥勿、衛樂、舍利、居素、越喜、去旦、建安等九州都督府，及四十二州，百縣，復於平壤城置安東都護府以統之。東邊自此大定。

　　唐自武德、貞觀之時，國威大振，四夷賓服；高宗而後，遠征之師猶時出沒於異域之地。自波斯以至東海，其間立國蓋亦數十，或畏威來歸，或用兵征服，莫不稱臣納貢，唐室因就此諸族之故地，建置都督府及州縣以治理之，此類府州總稱之曰羈縻州。羈縻州者，雖有州縣之名稱，而刺史、縣令皆以其酋長渠魁爲之，其内部之行政中央殆少加以過問，後世之土司制度彷彿似之。吾人略推究此等羈縻州之名稱屬隸，即可略見唐人對外疆土擴張之情形，固無容瑣瑣言其征伐降附之故事也。

關内道

夏州都督府	轄突厥州四，府一；回紇州五，府四；吐谷渾州一；
單于都護府	轄突厥州十二，府三；
安北都護府	轄突厥州三，府一；回紇州七，府五；
靈州都督府	轄回紇州六；党項州二十八，府十二；
慶州都督府	轄党項州二十三，府二；
延州都督府	轄吐谷渾州一。

河北道

| 幽州都督府 | 轄突厥州二；奚州九，府一；契丹州十七，府一；靺鞨州三，府三；降胡州一； |
| 安東都督府 | 轄高麗降戶州十四，府九。 |

隴右道

涼州都督府	轄突厥州一，府一；回紇州三，府一；吐谷渾州一；
北庭都督府	轄突厥州二，府二十六；
秦州都督府	轄党項州一；
臨州都督府	轄党項州一；
松州都督府	轄党項州七十一，府一（別有二十四州未知所屬）；

　　　　安西都護府　　轄四鎮都督府州三十四；河西內屬諸胡州
　　　　　　　　　　　十二，府二；西域州七十二，府十六。

劍南道
　　　　松州都督府　　轄諸羌州四；
　　　　茂州都督府　　轄諸羌州三十九；
　　　　嶲州都督府　　轄諸羌州十六；
　　　　雅州都督府　　轄諸羌州四十七；
　　　　黎州都督府　　轄諸羌州五十二；
　　　　戎州都督府　　轄諸蠻州六十四；
　　　　姚州都督府　　轄諸蠻州十三；
　　　　瀘州都督府　　轄諸蠻州十四。

江南道
　　　　黔州都督府　　轄諸蠻州五十一。

嶺南道
　　　　桂州都督府　　轄諸蠻州七；
　　　　邕州都督府　　轄諸蠻州二十六；
　　　　安南都護府　　轄諸蠻州四十一；
　　　　峰州都護府　　轄蜀爨蠻州十八。

　　天寶末葉，安祿山反於范陽，直犯京畿，玄宗倉皇奔蜀，中
原亂離，幾至不可收拾，邊庭諸蠻夷殆已無暇羈縻，守邊將士多
被召還，降夷漸叛，貞觀、顯慶之功棄矣！其時吐蕃、南詔等皆
乘隙尋釁，隴西、劍南迭陷名城，故所謂羈縻州者僅略具其名稱
於職方之臣而已。

　　吐蕃於貞觀、永徽之時，已頻窺邊境，唐室雖嘗遣兵遠征，
惜多未克奏膚功。其後虜勢漸強，隴西、河西諸節度之建置，莫
不因防禦吐蕃而設。及安、史亂起，西兵東還，邊圉不固，吐蕃
因乘隙深入，於是鳳翔之西，邠州之北，盡爲番戎之境矣。寶應
之後，隴右盡沒，帝都長安亦嘗被其陷落，禍難益深。會昌而

後，其國內稍亂離，始漸息兵革。咸通中，沙州張潮義奉甘、瓜等州歸國，秦、渭諸州亦相繼收復，然唐室力弱，已不能再事開擴矣。

南詔處劍南塞外，高宗時嘗來朝入貢，其後邊臣苛擾，遂激叛離。天寶時，楊國忠執政，徵兵遠征，宇內騷然。安、史亂後，更深入劍南，陷安南府，後雖收復故地而唐室已大困矣。

本章重要參考書：

杜佑：通典。

李吉甫：元和郡縣志。

王溥：唐會要。

舊唐書。

新唐書。

第十八章　　五代割據時期疆域概述

第一節　　五代遞嬗期間中原疆域之演變

唐自中葉以後，藩鎮日強，割州據土者比比皆是，中央政府兵弱政衰，力不足以征服，亦遂聽其自然。及黃巢倡亂，而唐室益微，於是藩鎮愈強，擅命者亦日多矣。巢將有朱溫者，以同州來降，即使節度宣武，處於汴、宋之間，溫擁雄兵，據要地，因乘隙入執政柄，遂弒昭宗廢昭宣帝，稱帝於開封（梁都開封改洛陽為西都），而唐祚告終矣。溫雖稱帝號，而轄地不廣，力所及者僅六道而已。

關內道　雍、華、同、崇、商、邠、寧、慶、鄜、坊、丹、延、靈、鹽、夏、綏、銀、宥、衍諸州，岐、隴、涇、原、武諸州別隸李茂貞，府、麟二州屬晉（後唐）。

河南道　洛、汝、陝、虢、滑、鄭、潁、許、陳、蔡、汴、宋、亳、徐、宿、鄆、齊、曹、濮、青、淄、登、萊、棣、兗、沂、密、輝諸州，海、泗、濠諸州屬吳。

河東道　蒲、晉、絳諸州，慈、隰、并、汾、沁、遼、嵐、憲、石、忻、代、雲、朔、蔚、潞、澤、應諸州屬晉（後唐）。

河北道　孟、懷、魏、博、相、衛、貝、澶、邢、洺、惠、鎮、冀、深、趙、定、祁、易諸州，滄、景、德、幽、涿、瀛、莫、平、媯、檀、薊、營、儒、順、新、武諸州屬燕。

山南道　襄、泌、隨、鄧、均、房、復、郢諸州，峽、歸、夔、忠、涪、萬、金及舊山南西道諸州屬前蜀，澧、朗屬楚，荊屬南平。

淮南道　僅有安、申二州，揚、楚、滁、和、壽、廬、舒、光、蘄、黃諸州屬吳。

後梁勢力所及者僅此六道，猶多非全土，是時與梁並立者十國，南有吳、吳越、荊南、楚、閩、南漢，西有岐、前蜀，北有燕、唐（時稱晉），其疆土"西至涇、渭，南逾江、漢，北據河，東濱海"（顧祖禹語）。所轄者僅七十八州而已。

後唐起自河東，東平燕人，取瀛、莫以北諸州，遂定幽、薊之地，復南下滅梁。初莊宗即位，以魏州爲東都，號興唐府；以鎮州爲北都，號真定府；太原爲西都，及滅梁後，遷都洛陽，號爲東都，因以長安爲西都，太原改爲北都，而魏州、鎮州如故。同光後，稱洛陽爲興唐府，魏州別號鄴都；天成以後，廢鄴都，僅西北東三都存焉。其疆域較梁略廣，兼有九道之地：

關內道　得梁人故土，兼取岐李茂貞諸州。

河東道　取梁人蒲、晉、絳三州後，盡有全道。

河北道　滅梁後，盡有全道，後陷營、平二州於契丹。

山南道　得梁舊土；同光時，復滅前蜀王氏，盡取巴、蜀諸
　　　　地。其後孟知祥以兩川叛，歸、峽二州又爲荊南取
　　　　去，後唐所餘者金、鳳二州而已。

隴右道　破前蜀後，得秦、階諸州。

劍南道　破前蜀後，盡取其地，其後爲孟知祥所據。

江南道　破前蜀得黔、施諸州，後入後蜀。

七道之外，河南、淮南二道則仍因梁人舊土，未有增損。唐自滅
燕臣岐，破西蜀後，僅餘吳、吳越、南平（荊南）、楚、閩、南漢
諸國，及孟知祥以蜀地稱王，與唐共爲八國，其時“東際於海，
南至淮、漢，西逾秦、隴，北盡燕、代，皆唐境也”（顧祖禹語）。
共得州一百二十有三。

　　石晉亦起河東，藉契丹之力滅唐稱帝。依梁舊制，建都開
封，仍稱洛陽爲西京，而鄴都則改號廣晉府。席唐人舊土，疆域
未增。晉既藉契丹助力，故稱帝後，即以幽、燕十六州爲賂。十
六州者：幽、涿、薊、檀、順、瀛、莫、朔、蔚、雲、應、新、
嬀、儒、武、寰是也（此十六州之名，見通鑑及遼史太宗紀，遼
史地理志總序則黜瀛、莫而進營、平，然營、平二州後唐時即爲
北人取去，當不能俟石晉始割也）。此十六州自石晉斷送之後，
雖經周世宗取回瀛、莫二州，而其餘竟久淪異族。石氏共有百零
九州，蓋於割十六州之外，又取蜀人之金州，別於關內道增建威
州也。是時吳臣徐知誥（李昇）稱帝，改號南唐；與石氏並立者仍
七國也。

　　石晉初藉契丹之力，以取天下，及得勢後又失和好，於是契
丹乃屢侵邊境，後入開封執晉主而去。晉河東節度劉知遠乘隙取

河南地，於開封稱帝，號曰漢。劉漢建都與石晉相同，惟鄴都改號大名耳。漢之疆土概因石氏之舊，惟後蜀孟氏侵取秦、鳳、成、階諸州，較前朝遂有遜色。朱梁之外，據中原者以劉漢疆域爲最小，力所及者，僅百六州而已。晉末南唐已滅閩，故劉漢而外割據者尚有六國。

後周郭威初爲劉漢天雄節度，舉兵入汴，代漢稱帝，世宗即位，屢興兵戎，西伐後蜀，得秦、鳳、階、成諸州，復唐、晉二朝故土；南伐南唐，取江北各地，於是唐故河南、淮南二道全境皆入於周；北征契丹，奪歸瀛、莫二州，略洗石氏以來之恥辱。惟河東并、汾等十州入於北漢，略減雄聲耳。然其域內仍有州百一十八（宋史地理志序：“太祖受周禪，初有州百一十一，縣六百三十八”）。五代之中，猶不失爲大國也。廣順初南唐滅楚馬氏，盡徙其族於金陵，其地爲周行逢所據，劉旻自立於太原，與周並治者仍七國也。

第二節　十國之割據與此期疆域之變遷

自唐室喪亂，五季迭興，相繼稱帝於汴、洛之間，而其統御之域，又皆不過中原一方；若江南、嶺南、劍南、河東各地，自唐末即爲藩鎮所據，或攘地數州，或竊處一道，皆稱帝王以自娛，其間蓋有吳、南唐、前蜀、後蜀、南漢、楚、吳越、閩、南平、北漢等十國，其疆域之廣狹可得而論述焉。

國名	建都	屬道	轄　　　　　　州	備　　　　　　考
吳	江都	河南道	海、泗、濠。	石晉天福二年爲李昇所篡。本表所列諸州，概以歐史職方考爲準。
		淮南道	揚、楚、滁、和、壽、廬、舒、光、蘄、黃、泰。	

		江南道	潤、昇、常、宣、歙、池、洪、江、鄂、饒、虔、吉、袁、信、撫。	
南唐	江寧	河南道	海、濠、泗。	周顯德五年，江北地盡入於周，以江爲界，南唐去帝號稱江南國主；及宋開寶八年爲宋所滅。職方考云："自江以下二十一州爲南唐"，蓋以周末爲準。其泉、漳二州，爲留從効所據，南唐僅羈縻之，後直降於宋。宋史地理志序稱"平江南，得州一十九軍三縣一百八。"
		淮南道	與吳同。	
		江南道	潤、昇、常、建、泉、劍、漳、汀、宣、歙、池、洪、江、鄂、饒、虔、吉、袁、信、撫、筠。	
前蜀	成都	山南道	峽、歸、夔、忠、萬、涪、金、梁、洋、利、鳳、興、成、文、集、壁、巴、蓬、通、開、閬、果、渠。	歐史職方考前蜀凡有五十六州。然薛史唐莊宗紀七則云："同光三年，蜀平，得節度州十，郡六十四，縣二百四十九。"與歐史異。
		隴右道	秦、階。	
		江南道	黔、施。	
		劍南道	益、彭、蜀、漢、嘉、眉、邛、簡、資、雅、黎、茂、維、戎、梓、遂、綿、劍、合、龍、普、渝、陵、榮、昌、瀘。	
後蜀	成都	山南道	夔、忠、涪、萬、梁、洋、利、興、文、集、壁、巴、蓬、通、開、閬、果、渠。	歐史職方考載後蜀屬州四十九，序稱有四十六州。宋史地理志序："乾德三年平蜀，得州府四十六縣一百九十八"；宋史太祖紀則作四十五州；續資治通鑑長編六、玉海十四、通考輿地考皆同地理志。地理志無衡、潭、澧、通四州，別有達州。
		江南道 劍南道	江南、劍南二道皆與前蜀同。	

南漢	南海	江南道	郴。	歐史職方考南漢有州四十七
		嶺南道	廣、英、韶、雄、惠、連、	（考誤載化州）。宋史地理志
			康、瀧、端、新、封、潘、	序："平廣南得州六十，縣二百
			春、勤、羅、辨、高、恩、	一十四。"地理志無郴、瀧、恩諸
			雷、崖、瓊、萬、安、邕、	州，而有潮、循、忍、恭、恩唐、
			儋、賓、橫、潯、欽、象、	澄、貴、蠻、牢、黨、繡、禺、義、
			藤、宜、桂、梧、賀、柳、	順、振、龍諸州。
			富、昭、蒙、嚴、融、容、	
			白、鬱、林、竇、廉、化。	
楚	長沙	山南道	朗、澧。	歐史職方考："自湖南、北十州
		江南道	岳、潭、衡、永、道、邵、	爲楚。"宋史地理志："平湖南得
			辰、叙。	州一十五，監一，縣六十六。"志
				多郴、全、獎、錦、溪五州。宋史
				太祖紀作十四州。
吳越	錢塘	江南道	蘇、秀、湖、杭、睦、越、	宋史地理志："錢俶入朝得州十
			明、衢、處、婺、溫、台、	三軍一，縣八十六。"
			福。	
閩	閩	江南道	建、福、泉、汀、漳。	石晉開運二年，南唐滅閩，取其
				建、泉、汀、漳諸州，福州入於吳
				越。
南平	江陵	山南道	荊、峽、歸。	宋史地理志："建隆四年，取荊
				南，得州、府三，縣一十七。"
北漢	太原	關內道	麟。	宋史地理志："太平興國十四
		河東道	并、汾、沁、遼、嵐、憲、	年，平太原，得州十，軍一，縣四
			石、忻、代。	十。"志有隆州無麟州。

　　上表所列，乃史家所謂十國是也。然其時割據者河北尚有劉仁恭，關內有李茂貞。仁恭稱燕，茂貞號岐，傳國不久，皆爲後唐所夷滅，故闕而不論焉。

　　自五季亂離，疆土割裂，日甚一日，而職方之臣疏於記述，故僅得其大較，詳情頗難備知。宋初平諸國，所得州縣戶口咸有記載，雖所述略有不同，亦可略知其疆域損益之概況。今請以宋史地理志爲據，志序言平滅諸國後所得州縣戶口云：

國　　　名	州　府	軍　　監	縣	戶
周	一一一		六三八	九六七、三五三
荊南（南平）	三		一七	一四二、三〇〇
湖　南（楚）	一五	監一	六六	九七、三八八
蜀（後蜀）	四六		一九八	五三四、〇三九
廣　南（漢）	六〇		二一四	一七〇、二六三
江南（南唐）	一九	軍三	一〇八	六五五、〇六五
陳　洪　進	二		一四	一五一、九七八
吳　　越	一三	軍一	八六	五五〇、六八四
北　　漢	一〇	軍一	四〇	三五、二二五
共　　計	二七九	軍五監一	一、三八一	三、三〇四、二九五

吾人持此數與新唐書地理志所載開元二十八年戶部之數字相較，其差殊可驚人，蓋新唐志所言開元二十八年之時，“凡郡（州）府三百二十有八，縣千五百七十三，戶八百四十一萬二千八百七十一”也。吾人試推求此差異之原因，固不外國內兵爭不息，國外異族內侵也。國內長期之戰爭，致使人民塗炭，遂令戶口數字銳減。國外異族屢次內侵，而土地因之以陷失，其最著者，即石晉賂契丹以十六州也。又如唐代關內、隴右二道，轄地廣闊，遠至安西、北庭之地；五季之時，關內諸州已有喪失，而隴右內屬者僅秦、渭、階諸州而已。若劍南、松、當諸州已漸變爲化外，疆土之損失如此之甚，國內兵爭如此之烈，毋怪州、府戶口數字相差若斯之多也。

本章重要參考書：

舊唐書。

新唐書。

舊五代史。

新五代史。

宋史。

王溥：五代會要。

樂史：太平寰宇記。

第十九章　宋代疆域概述

第一節　北宋之疆域區劃及其制度

宋太祖初受周禪，承五季之後，割據者尚多，太祖努力削平，巴、蜀、荊、湖、江南、廣南漸次內屬。太宗繼之，而陳洪進、錢俶等相繼獻地入朝，及平北漢，宇內乃復歸於一統，五十餘年之分裂局面，至此遂告一段落焉。

宋初力平群雄，疆域制置少有顧及，太宗平諸國後，乃因唐之舊道而略事改革，遂有十三道之名，十三道者：

河南　關西　河東　河北　劍南西　劍南東　江南東
江南西　淮南　山南西　山南東　隴右　嶺南

其區劃已與唐制異矣。自唐末亂離，藩鎮財賦多不上之中央，宋太祖懲其積弊，自乾德以後，乃創置諸道轉運使，以掌握地方之財賦。太平興國二年，復盡除節度使所轄支郡，“自是而後，邊防、盜賊、刑訟、金穀按廉之任，皆委於轉運使，又節次以天下土地形勢，俾之分路而治矣。繼增轉運使判官，以京官爲之，於是轉運使於一路之事無所不總”（文獻通考六十一職官考引呂祖謙語）。轉運使自此實際已成一道之長官矣。轉運使或轄水路或司陸路，路之名稱蓋始於此；及轉運使實際爲地方大員，而路亦因之變爲具體之行政區劃，遂取道之名稱而代之矣。

宋代因襲道之名稱，遠至淳化之特，宋史職官志：「淳化四年……又分天下爲十道，曰：河南、河東、關西、劍南、淮南、江南東西、兩浙、廣南」（宋史此處僅言九道，據玉海一八六尚關河北道）。此十道之制度次年即罷，故淳化五年爲實際廢除道名之時也。然路成爲具體之區劃實遠在太宗初年，太平興國四年有二十一路，七年又有十九路，端拱二年有十七路，淳化三年有十六路，其建置皆在淳化五年以前，是宋初「道」、「路」二名並存，宋人之路制，蓋略似於唐道，非盡因舊制也。

宋初諸路，分合不一，至道三年始定天下爲十五路，十五路之名見諸續資治通鑑長編四二：

　　京東　京西　河北　河東　陝西　淮南　江南　荊湖南
　　荊湖北　兩浙　福建　西川　陝（峽）　廣南東　廣南西
其後又屢經分析，至元豐末遂至二十三路，二十三路者，京東、河北、淮南、江南各別爲東西，京西分爲南北，陝西析爲永興、秦鳳，西川、峽改爲成都、梓州、利州、夔州也。吾人即依此二十三路之制度，列其時之詳細區劃如下：

路　　名	屬　　　府	屬　　　　　州	屬　軍	屬　監
開封府（東京）				
京東東路		齊、青、密、沂、登、萊、濰、淄。	淮陽。	
京東西路	應天（南京）	兗、徐、曹、鄆、濟、單、濮。		
京西南路		襄、鄧、隨、金、房、均、郢、唐。		
京西北路	河南（西京）潁昌	鄭、滑、孟、蔡、陳、潁、汝。	信陽。	

河北東路	大名（北京）	澶、滄、冀、瀛、博、棣、莫、雄、霸、德、濱、恩。	永靜、乾寧、信安、保定。	
河北西路	真定	相、定、邢、懷、衛、洺、深、磁、祁、趙、保。	安肅、永寧、廣信、順安。	
河東路	太原	潞、晉、絳、澤、代、忻、汾、遼、憲、嵐、石、隰、麟、府、豐。	威勝、平定、岢嵐、寧化、火山、保德。	
永興軍路	京兆、河中	解、陝、商、虢、同、華、耀、延、鄜、坊、慶、環、邠、寧、丹。	保安。	
秦鳳路	鳳翔	秦、隴、成、鳳、階、渭、涇、原、熙、河、岷、蘭。	德順、鎮戎、通遠。	
兩浙路		杭、越、蘇、潤、湖、婺、明、溫、台、處、衢、睦、秀、常。		
淮南東路		揚、亳、宿、楚、海、泰、泗、滁、真、通。		
淮南西路		壽、廬、蘄、和、舒、濠、光、黃。	無爲。	
江南東路	江寧	宣、歙、池、江、饒、信、太平。	廣德、南康。	
江南西路		洪、虔、吉、袁、撫、筠。	興國、南安、臨江、建昌。	
荊湖北路	江陵	鄂、安、復、鼎、澧、峽、岳、歸、辰、沅、誠。		
荊湖南路		潭、衡、道、永、郴、邵、全。		桂陽。
福建路		福、建、泉、南劍、漳、汀。	邵武、興化。	
成都府路	成都	眉、蜀、彭、綿、漢、嘉、邛、簡、黎、雅、茂、威。		陵井。
梓州路		梓、遂、果、資、普、昌、戎、瀘、合、榮、渠。	懷安、廣安。	富順。

利州路	興元	利、洋、閬、劍、巴、文、興、蓬、龍。	
夔州路		夔、黔、施、忠、萬、達、涪、渝、開。	雲安、梁山、大寧。南平。
廣南東路		廣、韶、循、潮、連、梅、南雄、英、賀、封、端、新、康、南恩、惠。	
廣南西路		桂、容、邕、融、象、昭、梧、藤、龔、潯、柳、貴、宜、賓、橫、化、高、雷、欽、白、鬱、林、廉、瓊。	昌化、萬安、朱崖。

其時之疆域："東南際海，西盡巴、夔，北極三關"（宋史地理志）。而全國共有府十四，州二百四十二，軍三十七，監四，縣一千二百三十五（元豐九域志）。

宋代路制除轉運司所轄之路外，尚有經略安撫司等所轄者，轉運司路即普通政治區劃也。若經略安撫司之路則專爲軍事而設，非常制也。陝西六路（秦鳳、涇原、環慶、鄜延、永興軍、熙河）。河北四路（大名府、高陽關、真定府、定州）皆是也。其與政治區劃之關係無多，故略而不論。

五代之時，初行軍監制度，各軍監皆不轄縣而隸屬於州、府。宋代則軍監有統縣者，亦有不統縣者，其統縣者隸於路，不統縣者則屬於府、州。府、州下統軍監諸縣，而上屬之於路；縣則除隸府、州、軍監之外，亦有直隸於京師者，利州之三原縣，蓋其一也。

宋初因後周之制，分建東、西二京，東京開封府，西京河南府，而開封則爲帝都所在；其後又分建南、北二京，合爲四京。北京大名府，乃五代時舊制；南京應天府，本稱宋州，太祖嘗爲節度於此，乃興王之處，發祥之地，故亦建爲陪都，以示不忘本也。

第二節　宋室南渡後之疆域

北宋數苦遼人侵略，乃聯金滅遼。遼亡而金轉盛，小有嫌猜，遂爾失和，金因大舉入寇，斡离不自燕山入河北，粘没喝自雲中寇河東，宋之封疆大吏相率棄城遁歸，金人乃長驅而渡黄河。敵兵既壓境，廟堂之上和戰大計猶未確定，金人攻於外，而宋之君臣議於内，戰既不力，和亦不堅，守事亦不備，於是金人乃陷汴京，擄徽、欽北去。

汴京既破，高宗即帝位於南京，是時臣宰或勸返都，或勸幸關中，或乞趨襄、鄧，而黄潛善、汪伯彦則力主南遷。計議未定，金人復至，於是乃倉卒渡江，金兵乘勢尾追，江南北皆爲蹂躪，迨金人北去，高宗乃還處臨安，而偏安之局定矣。東晉以後，漢族至此再度南遷，中原諸地復淪於異族矣。

初，金人擄徽、欽，因立張邦昌爲楚帝，使治宋故土；及高宗即位，邦昌來歸，金復立宋知東平府劉豫爲齊帝，使南向攻宋，藉收“以華制華”之效。宋雖畏金人不敢與之爭衡，而於劉豫則下詔討伐，嚴兵備之。豫至不勝，金人亦知其無能，遂廢之。

南宋諸將如岳飛、韓世忠輩，皆痛心國事，力主恢復，飛嘗率兵出襄、鄧，直下中原，兩河豪傑，亦皆思南歸，適劉錡敗兀尤於順昌，吳璘敗撒離喝於扶風，東西並舉，士氣大振，故國山河，光復有望，惜秦檜承高宗意力主和議，諸將之功力遂輕擲於虛牝。和議告成之後，淮北新得之地，復淪於金，其時高宗奉表金人謂：“臣構言，今來畫疆，以淮水中流爲界，西有唐、鄧州割屬上國，自鄧州西四十里，併南六十里爲界屬鄧，四十里外併西南，盡屬光化軍，爲敝邑沿邊州城”（宋史紀事本末）。自此之後，中原諸地不可復得矣。

宋史地理志序："高宗蒼黄渡江，駐蹕吳、會，中原陝右盡入於金，東畫長、淮，西割商、秦之半，以散關爲界；其所存者，兩浙、兩淮、江東西、湖南北、西蜀、福建、廣東、廣西十五路而已。"其時京西南路尚存襄陽府、隨州、棗陽、光化軍，仍稱一路(南宋初，京西南路及荊湖北路有合爲京湖路之稱，非定制也)。是宋人所有者，尚有十六路也。建炎四年以後，合江南東西爲一路；紹興初復分。後因鄭剛中之請，又分利州爲東西二路，惟乾道四年即復合爲一路(利州路此後尚數有分合，然究以合時爲多)，故南宋一代以十六路之時爲最長久。此十六路之區劃當如下表：

路名	屬　　　　　　府	屬　　　　　　州	屬　　軍屬　監
兩浙西路	臨安（行在所）（杭州）、平江（蘇州）、鎮江（潤州）、嘉興（秀州）、建德（嚴州）。	安吉（湖）、常。	江陰。
兩浙東路	紹興（越州）、慶元（明州）、瑞安（溫州）。	婺、台、處、衢。	
江南東路	寧國（宣州）、建康（江寧府）。	徽（歙）、池、饒、信、太平。	南康、廣德。
江南西路	隆興（洪州）。	江、贛、吉、袁、撫、瑞（筠）。	興國、南安、臨江、建昌。
淮南東路		揚、楚、海（建炎時入金，後爲李全所據，景定後收復）、泰、泗（紹興時入金，後收復）、滁、真（建炎三年入金，後收復）、通（建炎四年入金，後收復）、安東（漣水軍）。	高郵、招信、淮安、清河。

淮南西路	壽春（壽州）、安慶（舒州）。	廬、蘄、和、濠、蔣（光）、黃。	六安、無爲（建炎二年入金，尋復）、懷遠、鎮巢、安豐。
荆湖南路	寶慶（邵州）。	潭、衡、道、永、郴、全。	茶陵、桂陽（故監）、武岡。
荆湖北路	江陵、德安（安州）、常德（鼎州）。	鄂、復、澧、峽、岳、歸、辰、沅、靖。	荆門、壽昌、漢陽、信陽。
京西南路	襄陽。	隨、房、均、郢。	光化、棗陽。
廣南東路	英德（英州）、肇慶（端州）、德慶（康州）。	廣、韶、循、連、潮、梅、南雄、封、新、南恩、惠。	
廣南西路	靜江（桂州）、慶遠（宜州）。	容、邕、融、象、昭、梧、藤、潯、柳、貴、賓、橫、化、高、雷、欽、鬱林、廉、瓊、賀。	南寧（昌化）、萬安、吉陽。
福建路	建寧（建州）。	福、泉、南劍、漳、汀。	邵武、興化。
成都府路	成都、崇慶（蜀州）、嘉定（嘉州）。	眉、彭、綿、漢、邛、簡、黎、雅、茂、威、隆（仙井監）。	永康、石泉。
潼川府路	潼川（梓州）、遂寧（遂州）、順慶（果州）。	資、昌、普、叙（戎）、江安（瀘）、合、榮、渠。	長寧、懷安、寧西（廣安）。 富順。
夔州路	紹慶（黔州）、咸淳（忠州）、重慶（恭州）。	夔、施、萬、開、達、涪、思、播。	雲安、梁山、南平。 大寧。
利州路	興元、隆慶（劍州）、同慶（成州）。	利、洋、閬、巴、沔（興）、蓬、政（龍）、金、階、西和（岷）、鳳。	大安、天水。

高宗紹興末，金主亮大舉南侵，直抵江滸，宋室幾危；幸金

主爲其下弒於揚州，軍無鬭志，悉兵北歸；宋人乘之，遂取唐、鄧、海、泗、陳、蔡諸州，而吳璘亦將師下秦、隴、商、虢等地；詎樞密張浚調度失機，新得疆土遂復喪失矣。

蒙古崛起漠北，率兵南下，宋人乃聯之以滅金，蒙古兵入蔡州，宋亦遣軍取唐、鄧二州，以垂亡之金虜易方盛之蒙古，幾何其不敗事也！及宋人議取三京，遂肇兵釁，邊境益無寧日，蒙古兵入臨安，恭帝遂效徽、欽故事，長期北狩矣。

第三節　宋代地方行政制度

宋承唐後，分天下爲諸府州軍監，其下統轄諸縣，而上屬於各路。路置轉運使，轉運使之職本在理財，太平興國之後，始兼理民刑。宋史職官志稱諸使“歲行所部，檢舉儲積積攷帳籍，凡吏蠹民瘼悉條以上達，及專舉刺官吏之事”。是已兼司監察之事矣。南渡而後，轉運使之職掌雖略有變動，而其監察之責仍如汴京之舊，故職官志言中興後之轉運使，猶稱其“間詣所部，則財用之豐欠，民情之休戚，官吏之勤惰，皆訪問而奏陳之”也。

宋初欲盡革五季藩鎮跋扈之患，乃於京師多建佳第美宅，賜諸鎮節度居之，以爲羈縻之計，務使擺脫各地政務而後已。諸府州之政務，則以文臣代守，此輩文臣皆以其京官本職臨民，號權知軍州，以其本非守臣，而使之知地方之事務也。其後二品以上及帶中書樞密院宣徽使職出守地方者則稱之曰判某府州軍監，不及二品者僅爲知州軍事，因成定制。後世之知府知州知縣諸名，皆肇始於此。

宋以前諸府皆置尹，宋初太宗爲京尹，諸臣遂不敢復居其位，乃置權知府以司其事，其後京師雖亦間置府尹，然領其事者非親王即太子也。其他諸府仍皆置權知府以治之，不稱尹也。宋代諸府等第最上者爲輔，其次則望、緊、上、中、中下、下，以此定其事之繁簡與地位之高下也。

宋代各州皆置知州事一人，若古之刺史。其時各州共析爲七等，輔、雄、望、緊、上、中、中下、下是也。較之唐代增中下一等。別有節度、防禦、團練、刺史等州之名，則皆因唐而置；此四種階級在唐代雖極重要，然在宋代則僅有其名稱而無職任，特以爲武臣遷轉之次序，與實際之第等固無若何關係也。

軍監之置官亦如府、州，惟其等第則略有不同，直隸於路之軍與監，多比下州之地位；若屬於府州者，雖亦置知某軍事或置知某監事之官吏，然其地位已降與諸縣等矣。

宋縣置知縣事一員，縣有赤、畿、次赤、次畿、望、緊、上、中、中下、下十等，皆依其戶之多少而爲高下也。

本章重要參考書：

宋史。

樂史：太平寰宇記。

王存：元豐九域志。

歐陽忞：輿地廣記。

王象之：輿地紀勝。

陳邦瞻：宋史紀事本末。

李燾：續資治通鑑長編。

張家駒：宋代分路考（禹貢半月刊第四卷第一期）。

第二十章　遼國疆域概述

遼人肇興，遠在唐代，唐初開擴土城，諸夷之降附者皆置州縣以其酋長爲刺史令長而羈縻之。幽州塞外有契丹種人者率其族內附，乃爲置松漠都督府及諸羈縻州縣以居之。唐中葉而後，中原亂離，無暇外顧，其種乃漸大，其酋有阿保機者，因併諸部，居於臨潢，稍進而伸其勢力於他族，於是北伐室韋、女真，西取突厥故地，併滅奚族。是時唐諸藩鎮方互爭長，聞契丹強大，朱溫、李克用、劉守光等競來結好，其勢益盛，遂於梁貞明初，建國曰契丹，而稱帝號焉。

阿保機既稱帝號，遂東滅渤海，悉有其地，遼史地理志所謂“得城邑之居百有三”也。朱梁、後唐之間，南取營、平二州；及石敬瑭稱帝，以深藉契丹之力，乃割幽、薊、瀛、莫、涿、檀、順、新、嬀、儒、武、雲、應、寰、朔、蔚十六州以獻，而契丹之勢南漸矣。

石晉天福二年，契丹主耶律德光改國號曰遼，晉帝石敬瑭既受契丹冊立，故終其身事虜之禮甚恭；敬瑭逝後，晉之君臣以臣遼爲辱，頗欲脫離關係，德光乃率師南下，虜晉帝而滅其國，中原之地備受胡騎蹂躪。然所得之地，終不能守，乃還師北去。

宋初議復石晉失土，然國力未強，故太宗兩次出兵皆戰敗而歸，遼人知宋兵不振，屢寇邊境，易、定諸州，數被其禍。景德初遼兵大舉南侵，真宗北幸澶淵以禦之，締約和好，兩國自此以白溝河爲界，其後雖仍數次南侵，疆界亦間有變遷，然白溝之分界，固仍爲兩國所重視也。

遼人以塞外胡虜，雖乘漢族積弱之時，挾其強弓硬弩，馳騁於幽、薊之地，更立石晉爲其保護之國，兵力之強，其時固無敢與爭鋒者，然其文化之低下，則又不可否認其國制度率皆模倣漢人舊制，故其疆域之區劃，亦以州、縣爲重。更仿唐制分建五京：

上京臨潢府　太祖神冊三年城之，名曰皇都；太宗天顯十三年更名上都，府名臨潢；

東京遼陽府　天顯三年以東平郡爲南京，十三年改曰東京，府曰遼陽；

中京大定府　聖宗統和二十五年置曰中京，府曰大定；

南京析津府　　故唐幽州，會同元年爲南京，府曰幽都，開泰
　　　　　　　　元年，更爲析津府。

西京大同府　　故唐雲州，興宗重熙十三年建爲西京，府曰
　　　　　　　　大同。

　　遼既分置五京，復因五京而置五道，道亦稱路，蓋仿於宋制
也。道之下設府、州、軍、城，府州之下復置州軍城縣；別有所
謂頭下軍州者，蓋遼人所創立之制度也。遼史地理志："頭下軍
州，皆諸王外戚大臣及諸部從征俘掠，或置生口各團集建州縣以
居之。橫帳諸王國舅公主許創立州城，自餘不得建城郭。朝廷賜州
縣額，其節度使朝廷命之，刺史以下皆以本主部曲充焉。官位九品
之下及井邑、商賈之家，征稅各歸頭下，唯酒稅課納上京鹽鐵司。"
是頭下軍州乃諸將之戰利品，與夫王公大臣公主之食邑也。

　　遼國之幅員據地理志所言，則西起金山，暨於流沙，北至臚
朐河，南至白溝，東漸於海，亦朔方之大國也。其間置京五，府
六，州軍城百五十有六，縣二百有九，其名稱隸屬略具於下（下
表所載僅直隸於道者）：

道　名	屬　　　府	屬　　　　　　　　州	屬軍	屬　　　城
上京道	上京臨潢府	祖、懷、慶、泰、長、春、烏、永、儀坤、龍化、降聖、饒、徽、成、懿、渭、壕、原、福、橫、鳳、遂、豐、順、閭、松山、豫、寧（自徽州至寧州即所謂頭下軍州）、靜、鎮、維、防、招。		河董、靜邊、皮被河、塔懶主。
東京道	東京遼陽府率賓、定理、鐵利、安定、長嶺、鎮海。	開、定、保、辰、盧、鐵、興、湯、崇、海、淥、顯、宗、乾、貴德、瀋、集、廣、遼、遂、通、韓、雙、銀、同、咸、信、賓、湖、龍、渤、郢、銅、涑、冀、東、尚、吉、麓、荊、懿、媵、寧、衍、連、歸、蘇、復、肅、安、榮、率、荷、源、渤海、寧江、河、祥、		來遠、順化。

中京道	中京大定府	成、宜、錦、川、建、來。	
	興中。		
南京道	南京析津府	平。	
西京道	西京大同府	豐、雲内、寧邊、奉聖、蔚、應、	天德、河清。
		朔、東勝、金肅。	

遼人之先，遠處塞北，以游牧爲能事，各種建制，皆甚簡樸，置官設員，亦因其俗而略具名稱，此文化未發達民族之通例也。及南取幽、薊諸州，國内漢人驟見增多，番漢之俗不一，相處自難融洽，欲兼理此兩民族，勢不能再因其曩日簡樸之官制矣。遼太宗有鑒於此，因分其官吏爲南北二面，所謂北面者，其官吏居其牙帳之北，專治番事，以治宮帳、部族、屬國之政；而南面之官吏居牙帳之南，主治漢事，以司漢人州縣、租賦、軍馬之事，兩族分治，自滅少無限糾葛。此種分別自中央以至地方莫不皆然，故吾人欲述其地方之行政制度，亦當分論其南北之情形也。

契丹之俗，喜聚族而居，因有部族之別，部落曰部，民族曰族，氏族間之分歧至爲清晰，不容稍有雜亂也。唐初之松漠都督府即因其時八部而建置也。部族之分合亦時有不同，遼太祖之時有部二十，及於聖宗，分置十六，增建十八，合舊部共爲五十四，部族日雜，而大小遂分，五院、六院、乙室、奚六諸部其最大者，因大小之不同，而設官亦異。大部族置大王，左右宰相、太師、太保及司空，並建部節度使司部族詳穩司，與夫石烈，彌里彌鄉諸官；小部落則裁其大王、宰相、太師、太保等而改置部族司徒府，使各治理其部族之事，此皆屬於北院也。

遼人既因漢制而分建京府州縣，故其官吏皆仍漢舊。遼人於臨潢、遼陽、大定、大同、析津分建五京，五京之長官皆稱府尹，多以留守兼之。上都爲皇都重地，凡諸京所有之官吏，上京皆有之，其餘則因其地位之重要與否，而各有不同，故西京多邊防官，而南京、中京多財賦官也。其他諸府則裁府尹而置知府，以其地位次於京府也。

　　遼國諸州，以節度州爲最高，觀察州次之，團練州又次之，防禦州又次之，而刺史州爲殿，各因其高下而分置節度、觀察、團練、防禦等使及刺史焉。縣則置縣令。州縣之行政官吏往往與宋代相同，惟因府州之下亦可轄州，故同爲諸州長吏，而地位遂有差別矣。軍城之官吏史籍未詳，故略而不述。

　　遼自阿保機建國，九傳而至天祚帝延禧，政紊國弱，女真起於東境，屢構釁隙，遂至兵戎相爭，遼以衰弱之餘，難當新興之金人，故連戰皆北，而和又不成，金師西向，遂取燕京之地，天祚兵敗被執，遼國遂亡。其族有耶律大石者，率衆西奔，至中央亞細亞建西遼國，越八十餘年，而爲乃蠻王所滅，遼祚乃斬。

本章重要參考書：

遼史。

葉隆禮：契丹國志。

第二十一章　金源疆域概述

　　金源本海上夷人，世處長白山下，遼人崛起塞外，嘗臣事之。天祚帝時，其酋有阿骨打者，因不堪遼人之壓迫，乃起兵反叛；是時遼人已漸衰，自難當此初盛之外寇，故金人得大逞其志，乃建國而稱帝號。阿骨打逝後，其弟吳乞買繼立，遂擒遼天祚帝而滅其國焉。

　　金滅遼之後，南與宋接壤，宋於是時積弱已甚，雖將亡之遼亦不可勝，豈能敵驟强之金。金帝深知宋兵之無力，故於擒天祚後，即遣兵分道南下，進陷汴京，虜徽、欽二帝而去；復分兵寇汴京東西，及陝西諸路，或降或陷，皆取其地。宋高宗雖遠保江南，然金師仍時時南擾，兩國之間殊少寧日。金人既得中原，遂立張邦昌爲楚帝，邦昌稱帝未久，復歸於宋，金乃別立劉豫爲齊帝，使南與宋爭，以收漁利。豫既立而兵力不能勝宋，金復廢之，自統中原諸地。及秦檜和議告成，南北疆界始得略定。

金承遼制亦設五京，惟其稱號略異：

> 上京會寧府　　太宗建都之地，天眷元年置上京。
>
> 南京遼陽府　　遼東京。
>
> 中京大定府　　遼中京，金初因之。
>
> 西京大同府　　遼故京。
>
> 北京臨潢府　　遼上京，天眷元年改爲北京。

及海陵南侵，遷都於燕，因更五都之號：

> 南京開封府　　宋故京。
>
> 北京大定府
>
> 東京遼陽府
>
> 西京大同府
>
> 中都大興府　　遼故南京。

世宗即位，復會寧府上京之號，於是有六京之目。宣宗貞祐二年，避元人南侵，遷都南京，因以洛陽爲中京，號金昌府，未幾而國亡矣。

金人仿宋之制度，分建諸路，路置總管府，其數共有十四，合五京爲十九路。十九路之分合轄隸略如下表：

路　名	屬　　　府	屬　　　　　　　　　　　　　　　　州
上京路	會寧、隆安。	肇、信。
咸平路	咸平。	韓。
東京路	遼陽。	澄、瀋、貴德、蓋、復、來遠（本軍）。
北京路	大定、廣寧、興中、臨潢。	利、義、錦、瑞、懿、建、全、慶、興、泰。

西京路	大同、德興。	豐、弘、淨、桓、撫、昌、宣德、朔、武、應、蔚、雲內、寧邊、東勝。
中都路	大興。	通、薊、易、涿、順、平、灤、雄、霸、保、安、遂、安肅（本軍）。
南京路	開封、歸德、河南。	睢、單、壽、陝、鄧、唐、裕、嵩、汝、許、鈞、亳、陳、蔡、息、鄭、潁、宿、泗。
河北東路	河間。	蠡、莫、獻、冀、深、清、滄、景。
河北西路	真定、彰德、中山。	威、沃、邢、洺、磁、祁、濬、衛、滑。
山東東路	益都、濟南。	濰、濱、沂、密、海、莒、棣、淄、萊、登、寧海。
山東西路	東平。	濟、徐、邳、滕、博、兗、泰安、德、曹。
大名府路	大名。	恩、濮、開。
河東北路	太原。	晉、祈、平定、汾、石、葭、代、隩、寧化、嵐、岢嵐、保德、管。
河東南路	平陽、河中。	隰、吉、絳、解、澤、潞、遼、沁、懷、孟。
京兆府路	京兆。	商、虢、乾、同、耀、華。
鳳翔路	鳳翔、平涼。	德順、鎮戎、秦、隴。
鄜延路	延安。	丹、保安、綏德、鄜、坊。
慶原路	慶陽。	環、寧、邠、原、涇。
臨洮路	臨洮。	積石、洮、蘭、鞏、會、河。

　　上京、東京二路爲金人初起時據有之疆域，故其地尚保存金源固有之區劃，若上京路轄有蒲與路、合懶路、恤品路、曷蘇館路、胡里改路及東京路之婆速府路，皆因其部族而置，不在十九路之中也。

　　金初因宋制，亦建諸軍，位於州之次，循遼之舊，凡不足一縣之地亦曰城鎮，大定而後，盡升諸軍爲州，而城鎮亦有升爲縣者，故金人之制度頗簡於宋、遼，即以路統府、州，而府、州復轄縣、鎮也。

　　金國全境東起海濱，西越積石，北出陰山，南則以淮水與宋爲界，凡置路十九，京府州百七十九，縣六百八十三，較契丹舊域又形廣闊矣。

金之初起亦以夷虜，故其建官置吏，多因舊俗。及滅遼侵宋，國內庶民非盡女真一族，因效遼人南院之制度，設漢官而治理之。天會時始建三省之制，以效法漢人；熙宗頒定新官制，大率多循遼、宋故事，遂漸廢其舊稱矣。

地方之官吏，初年有孛菫忽魯之號，轄一部者曰孛菫，統數部者則稱忽魯，此其大較也。自熙宗定官制後，遂有尹牧令長之官，孛菫忽魯之稱漸廢矣。

金源疆域之區劃以路為最高，合五京府與十四總管府為十九路。諸京置留守兼攝府尹總管；總管府則府尹兼都總管，各治其本路之事，諸路雖亦置轉運使司，然僅理財賦，不問民政。與宋制異矣。其餘諸府亦置府尹，然不兼總管之職，所轄亦祇本府之事，是為散府，散府上隸於路，與州之名雖異而實際則少有不同也。

諸州亦分節度、防禦、刺史三級，各級之中又分為上、中、下三等，節度州置節度使，防禦州置防禦使，刺史州僅置刺史。縣有七等之分，七等者，赤、京、劇（次赤）、次劇、上、中、下也。中部附郭曰赤縣，諸京附郭曰京縣，二萬五千戶以上者為次赤為劇，二萬戶以上者為次劇，萬戶以上者為上，三千戶以上為中，不滿三千戶者為下。諸縣各置縣令以判縣事，而總成於府尹總管，金人之行政制度如此而已。

本章重要參考書：

金史。

宇文懋昭：大金國志。

第二十二章　元代疆域概述

第一節　元初領土之擴張及
四大汗國之建立

　　蒙古之初，遠處漠北，遼、金之時嘗入貢焉。其酋有也速該（Yesugai）者，勢漸强大，遂蠶食其旁諸部族。也速該逝後，其子鐵木真（Temujin）繼立，滅泰赤烏（Taijiut）、破札只剌（Jajirat）、蔑兒乞（Märkit）、弘吉剌（Qonqirat）、塔塔兒（Tatar）等部；克烈部（Kerät）長王罕（On-Khan）不服，遂擊定其地；後擒乃蠻部（Naiman）長太陽罕（Tayan Khan），於是漠南北諸部族或望風降附，或被夷滅，無敢再與之抗者；其群臣集於斡難河（Onon）之源，共上尊號曰成吉思汗（Čingis-Khan）。成吉思汗統一蒙古之後，即圖南侵，首攻西夏，夏人乞和；復進擊金人，是時金人已漸衰，兩河、山東數千里之地咸爲所蹂躪，而金宣宗所居之中都亦被圍困，金主勢窮，亦效宋人納幣而請和焉。

　　金主既乞和，復遷都於汴。成吉思汗以其許和而遷都，是不見信，遂再起兵南下。初，乃蠻破後，成吉思汗遣別將西征，定西遼（Kara-Qitai）地，與花剌子模（Khwarazm）接壤。花剌子模亦西域之强國也，以故殺蒙古使者。成吉思汗因留兵困金，自率大軍西征，是爲蒙古用兵西方之始。汗於一二一八年冬季率軍西行，次年夏，軍次也兒的石河（Irtis），其秋遂進軍西討，迭破不花剌（Bokhara）、撒麻耳干（Samarqand）、攻花剌子模之都兀籠格赤（Kourkandj），墮其城，其算端謨罕默德（Mohammed）先期出走，汗乃使哲別(Jebe)、速不台(Subudai)二將軍率師追之。謨罕默德歷經巴里黑(Balkh)、你沙不兒(Nischabour)、哥疾云(Qazvin)而逃入寬田吉思海(Caspian Sea)中，迨哲別等至，謨罕默德已困死於海中小島上。哲別、速不台乃乘勝略伊蘭(Iran)北方諸城，復進掠谷兒只(Georgia)，既而越太和嶺(Caucase)，連破阿蘭(Alains)、欽察(Kipčak)、斡羅思(Russ)諸部兵，復乘回回之便，平不里阿耳(Bulgar)及康里(Kangli)而歸，於是突厥斯坦(Turkestan)、寬田吉思海周圍遂無處無蒙古人之足跡矣。

　　汗既破花剌子模，遂進圍阿母河(Amu)北岸之忒耳密(Termidh)屠其城，復分兵下巴達呼傷(Badakhsan)、呼羅珊(Khorasan)及巴里黑你沙不兒梵衍那(Bamigan)等城，攻哥疾寧(Ghazna)，蓋是時謨罕默德之子札蘭丁(Jadel al-Din Monguberte)方據守此城也。札蘭丁禦戰，大敗，遂逃入印度之底里(Delhi)，汗使將追之，不及而返。成吉思汗在西域七年，盡定其地，置達魯花赤以治之。

　　成吉思汗東歸後，復滅西夏，西夏平，汗亦遂崩。太宗繼之，復滅金人。是時札蘭丁又歸波斯，乃遣搠兒馬罕西征，因乘間取阿美尼亞、曲兒忒(Kurdistan)、谷兒只諸地，而小亞細亞(Asia Minor)亦爲蒙古兵所侵略。是時復遣拔都(Batu)西征欽察、斡羅思諸部，拔都率其大軍自亦的勒河(Idil)進擒欽察酋長八赤蠻(Batchman)，破不里阿耳，西定斡羅思，毀其名城兀剌的米兒(Vladimir)、莫斯科(Moscow)及乞瓦(Kiev)，斡羅思全部殆無地不受其蹂躪。拔都既定斡羅思，乃分兵西進，遠征馬札兒(Hongrie)，拔都自將中軍，直攻其地，海都、拜答兒(Baidar)率北軍入孛烈兒(Pologne)，趨克剌哿(Cracovie)，焚其城而進攻昔烈西亞(Silesie)，破日耳曼之義勇兵，轉至奧大利邊，會拔都軍於馬札兒。別軍亦自東南羅馬尼亞共臨帛思忒(Pest)城下，破之。其王不剌(Bela IV)出奔，拔都乃遣合丹追之。合丹乘勢蹂躪塞爾維亞諸地，拔都復率師西向至維尼斯（Venice）及奧大利界，欲盡平諸國，會太宗訃至，遂班師東歸。

憲宗即位之後，以波斯諸部尚未大定，乃於一二五三年命其弟旭烈兀（Hulagu）西征。旭烈兀兵入波斯，首滅木剌夷國（Mulahida），驛送其王於蒙古，至中途而殺之。復進取報達（Bagdad）滅黑衣大食（Abbasids），更西而進至天房（Arabie），侵入密昔兒（Misr），以憲宗崩，遂罷軍。

初，成吉思汗逝後，其地分屬諸子，長子尤赤後裔拔都統欽察舊地，東踰烏剌兒嶺（Ural），西迄禿納河（Danau），包有斡羅斯東南部，乃花剌子模康里，建牙於亦的勒河下游左岸之薩萊（Sarai），即所謂欽察汗國是也。次子察合台（Čayaitai）得西遼地，東起伊犁河（Ili），西跨錫爾河（Syr Darya）上游，南限阿梅河（Amu Darya），北控西伯里亞（Siberia），建牙於阿里麻里克（Almalik），是爲察合台汗國。窩闊台（Ogotai）食欽察汗國之東，察合台汗國之北，葉密立河（Emil）流域舊乃蠻地，爲窩闊台汗國。而憲宗時率軍西征之旭烈兀，亦食欽察汗國之南，及察合台汗國以西諸地，是爲伊兒汗國。四大汗國與統轄蒙古本部及中國之皇室，東西並治焉。

憲宗在位之時，除遣旭烈兀西征外，復遣忽必烈征大理、吐蕃，兀良哈台（Uryankhadai）伐交趾，皆破之。憲宗自率兵攻宋，逝於合州城下。忽必烈乃即帝位，因改蒙古爲元，是爲元世祖。世祖既即位，賡其前業，繼續伐宋，使伯顏入臨安，虜宋帝北去，復困宋帝昺於厓山，滅之而歸。

世祖即位之初，嘗遣兵渡海征日本，以颶風覆舟狼狽而歸；會時方有事於占城，乃移軍而南，日本卒未能下。元既破占城，遂與安南起釁；然師久不能成功，至成帝時遠征軍罷，安南乃内附，南洋諸國若馬八兒（Maabar）、馬蘭丹、蘇木都剌（Sumatar）皆遣使貢方物。元代版圖至此而極大，歷代無與之倫比者也。

第二節　元代中國本部之疆域
區劃與其制度

　　蒙古民族之兵力雖遠及於歐、亞兩洲，然所征服之土地均分封子弟功臣，受封者各治其封疆，僅戴大汗爲共主。自世祖忽必烈不經"忽烈而台"推舉而自立，遂引起帝位之爭執，兵釁擾攘，數十年後始漸底定，而帝室與諸汗國之關係，因之益疏，元帝實際所統治者，僅蒙古本部及中國內地而已。

　　元時疆域制度，頗與前代不同。吾人猶憶漢州、唐道，與夫宋人之路，皆嘗爲一代疆域主要之區劃；元代雖仍保存路、州等之故稱，然於路州之上別置中書省、行中書省以轄之，是其所異於前代者也。省名之起，其原甚早，魏、晉之時已有尚書省、中書省之稱；然皆中樞之要署，不直轄地方也。隋開皇八年伐陳，嘗置淮南行臺省於壽春，以晉王廣爲尚書令，是其時已有行省之名，惟僅限於一時，故未久即廢也。金源入主中原，南攻宋，西制夏，北防蒙古，行省之建置始多，然皆因時制宜，故與疆域區劃少有關係。元太宗三年始立中書省，以耶律楚材爲中書令；憲宗初，乃立燕京等處行尚書省；中統初，改置行中書省。其後屢事增置，至英宗至治時，遂有一中書省及十一行中書省之目：

中書省（腹裏）

行中書省　嶺北　遼陽　河南江北　陝西　四川　甘肅　雲
　　　　　南　江浙　江西　湖廣　征東

中書省、行中書省之名稱間有改爲尚書省、行尚書省者，然皆爲時不久，非定制也。

　　元之初起始於和林，即建都於其地；世祖遷都大興，和林廢不爲都。大德後於其地置行中書省，同於列郡。大興本遼之南京析津府，金人中都路，世祖既定中原，遂改爲大興，別稱大都，遂建都焉；後世因之，成定制矣。初憲宗時，世祖以諸王治漠南地，開府於故金之恒州，即位後以潛府所在因陞爲開平府，加號上都，比於大都，歲一巡幸。終元之世，常以大興、開平爲二都焉。

元既建中書行省之制，而曩之路、府、州縣皆隸屬之。路轄府、州、縣，府領州、縣，而州亦有屬縣。路、府州亦有不直接轄縣者，府與州又有不隸路，而隸於省者，即所謂直隸府、州也。元又別置軍及安撫司。軍仿宋之舊制，安撫司則立於邊境番、夷之地，其數皆不多，僅四川有一軍（長寧），湖廣有三軍（南寧、萬安、吉陽）；若安撫司則僅湖廣有之，他省不置也。軍有直隸於省者，湖廣三軍是也；有統轄於路者，四川之一軍是也。安撫司則皆直隸於路，無他屬者。元代帝室其權力雖不及於西北四大汗國，即以蒙古與中國本部而論，疆域之廣亦駕於前代。元史地理志序稱其地“北踰陰山，西極流沙，東盡遼左，南越海表，……東南所至不下漢、唐，而西北則過之，有難以里數限者”，蓋實録也。所惜者此偌大之帝國，爲異族所建，而炎、黄後裔，反處於壓迫之地位，不能揚眉吐氣，可慨已夫！元代於域内諸省之下，置路一百八十五，府三十三，州三百五十九，軍四，安撫司十五，縣一千一百二十七。較之漢、唐，則又過矣。今表列諸省及所轄之路與夫直隸之州、府於下，略見其時疆域分合之概況焉。

省名	屬　　路　　直　隸　府	直　　隸　　州
中書省	大都、上都、興和、永平、德寧、淨州、泰寧、集寧、應昌、全寧、寧昌、保定、真定、順德、廣平、彰德、大名、懷慶、衛輝、河間、東平、東昌、濟寧、益都、濟南、般陽府、大同、冀寧、晉寧。	曹、濮、高唐、泰安、德、恩、冠、寧海。

嶺北	和寧。		
遼陽	遼陽、廣寧府、大寧、東寧、瀋陽、開元、合蘭府水達達。	咸平。	
河南江北	汴梁、河南府、襄陽、蘄州、黃州、廬州、安豐、安慶、揚州、淮安、中興、峽州。	南陽、汝寧、歸德、高郵、安陸、沔陽、德安。	荊門。
陝西	奉元、延安、興元、河州、脫思麻。	鳳翔、鞏昌、平涼、臨洮、慶陽。	邠、涇、開成、莊浪、秦、隴、寧、定西、鎮原、西和、環、金、靜寧、蘭、會、徽、階、成、金洋、雅、黎、洮、貴德、茂、岷、鐵。
四川	成都、嘉定府、廣元、順慶、永寧、重慶、夔州、敘州、馬湖。	潼川、紹慶、懷德。	
甘肅	甘州、永昌、肅州、沙州、亦集乃、寧夏府、兀剌海。		山丹、西寧。
雲南	中慶、威楚開南、武定、鶴慶、雲遠、廣南西、麗江、東川、茫部、孟傑、普安、曲靖、澂江、普定、建昌、德昌、會川、臨安、廣西、元江、大理、蒙憐、蒙萊、柔遠、茫施、鎮康、鎮西、平緬、麓川、木連、蒙光、木邦、孟定、謀粘、孟隆、木朵、蒙兀。	仁德、柏興。	
江浙	杭州、湖州、嘉興、平江、常州、鎮江、建德、慶元、衢州、婺州、紹興、溫州、台州、處州、寧國、徽州、饒州、集慶、太平、池州、信州、廣德、福州、建寧、泉州、興化、邵武、延平、汀州、漳州。	松江。	江陰、鉛山。
江西	龍興、吉安、瑞州、袁州、臨江、撫州、江州、南康、贛州、建昌、南安、廣州、韶州、惠州、南雄、潮州、德慶、肇慶。		南豐、英德、梅、南恩、封、新、桂陽、連、循。

| 湖廣 | 武昌、岳州、常德、澧州、辰州、沅州、興國、靖州、天臨、衡州、道州、永州、郴州、全州、寶慶、武岡、桂陽、靜江、南寧、梧州、潯州、柳州、思明、太平、田州、來安、鎮安、雷州、化州、高州、欽州、廉州。 | 漢陽、平樂、定遠。 | 歸、茶陵、耒陽、常寧、鬱林、容、象、賓、橫、融、藤、賀、貴。 |
| 征東 | | 瀋陽、耽羅。 | |

元代既分全境爲中書省及十一行中書省，又以疆域過大，行省之分劃過廣，間有鞭長難及之患，故於偏僻之處，邊陲之地，斟酌其需要，分爲諸道，此道即所爲宣慰使司之道也。道上承省之政令而布之於諸縣，復轉諸縣之請求於省，蓋所以補省與行省區劃之所不及也。此類之道凡十一：

山東東西道（治益都路）；　河東山西道（治大同路）；

淮東道（治揚州路）；　　　荊湖北道（治中興路）；

四川南道（治重慶路）；　　浙東道（治慶元路）；

湖南道（治天臨路）；　　　廣東道（治廣州路）；

廣西兩江道（治靜江路）；　海北海南道（治雷州路）；

福建道（治福州路）。

然元代之道因不僅宣慰使司道之一種，別有所謂肅政廉訪使之道，則上承中央御史台及引御史台之命，而監察全國各地之行政。此種肅政廉訪使道全國共有二十二區，每道皆有肅政廉訪使以司其事，與引省制度系統中之宣慰使司之道，完全異趣，故略而不述焉。

第三節　元代地方行政制度

蒙古起自漠北，承游牧之俗，制置簡略，蓋與遼、金之初相似。及南下亡金滅宋，爲中國文化所薰陶，建官置吏，略仿唐、宋、遼、金諸朝舊制，而監、司、臺、守之臣始漸備焉。蒙古以戰勝之民族，對於受其統治之漢人南人，頗加歧視；又恐其心懷反側，不敢遽受大權，故行政官吏類皆蒙、漢兼置，操大權者爲蒙人，而以漢人爲其副貳，較之遼、金又加苛刻矣。

元自世祖入主中國後，分建二都，各置留守，以司守衞宮闕都城調度本路供億諸務；復置都總管府以治民事，上都之都總管府事由留守兼理，大都則別設官以司之，亦前代尹牧之遺意也。

元代中書省與行中書省之區劃，與漢州、唐道頗相類似；然究其實際，則大相徑庭。蓋漢、唐州道皆爲監察之區域，而元之行省則負行政上之全責，故前後似是而實非也。行中書省之名稱乃對中書省而言，蓋初年征伐之時因時而置，使轄軍民之事，其組織皆仿之中書省，故皆設丞相平章左右丞與參知政事以處理一省內之政務，舉凡錢糧、兵甲、屯種、漕運軍國重事無不領之。特中書省別有中書令以典領百官而會決庶務，此則行省之所無也。要之，行省官吏之權力，實龐大無倫，開三級制中之新聲。漢改刺史爲州牧時，議者尚以爲權重，然較之元代行省之大吏，則又瞠乎其後矣。

元代之諸路約分上、下二等，上路有戶十萬以上，其不足者則爲下路；惟其地勢衝要而戶口稍減者，亦得列爲上路。路置達魯花赤一員，總管一員。達魯花赤者，蒙古語長官之意也，常以蒙人爲之。漢人則多爲總管，以其爲蒙人之副貳也。

宋人之府隸屬於路，元人則陞之直隸諸省，與路居同等之地位；然亦有不陞之者，即散府是也。直隸府與散府皆置達魯花赤一員，知府或府尹一員，知府爲帶京官而司府事者，與宋制同，其名稱雖與府尹異，而其權力職務則固相若也。

州亦有直隸、散州之別。至元初年，別州爲三等：一萬五千戶以上者爲上州，六千戶以上者爲中州，其不及六千戶者則爲下州。江南既平，戶口益繁，乃更加訂正；五萬戶以上者爲上州，三萬户以上者爲中州，不及三萬户者爲下州。因此次訂正而陞縣爲州者，遂有四十餘，而其路府附郭之縣，尚不在其數也。上州置達魯花赤及州尹各一員，中、下州則改州尹爲知州，以略示其區別。

諸縣亦別爲三等，<u>至元</u>初，以六千户以上者爲上縣，二千户以上者爲中縣，其不及二千户者則爲下縣；二十年後又定<u>江</u>、<u>淮</u>以南三萬户以上者爲上縣，一萬户以上者爲中縣，不及一萬户者爲下縣。縣置達魯花赤一員，尹一員，以司其民事焉。

路、府、州、縣之外，邊地則有軍安撫司及蠻夷諸地之長官司，其制約當内地之下州，亦置達魯花赤，而其副貳則間用當地之土人，蓋與内地之任<u>漢</u>人，具有同一之意義也。

元初兩次釐定州、縣等級，使吾人得知自北宋衰亡，<u>徽</u>、<u>欽</u>北狩之後，歷經<u>遼</u>、<u>金</u>諸代之騷擾，中原元氣愈形不振。其時人民不堪異族之壓迫，群相南遷，殆與政府取同一之步驟，惜簡册多闕，難知其詳。其時亦不若南、北朝時<u>江左</u>僑置郡、縣，能使吾人稍可知其流離之情況；然由<u>元</u>代州縣户口之差別，南北間相異之狀況殆不可同日而語，南方之上縣幾當中原之一州，懸殊之勢，甚可驚人。故<u>宋</u>人南渡至<u>元</u>人入主中原之際，實爲<u>漢</u>族再度南遷之時期。此種南北之差別歷久而未復，直至今日猶未能盡復舊規，外患對於民族之影響，可以見矣。

本章重要參考書：

<u>元史</u>。

<u>新元史</u>。

<u>屠寄</u>：<u>蒙兀兒史記</u>。

<u>馮承鈞</u>譯：<u>多桑蒙古史</u>。

<u>冯承鈞</u>譯：<u>格魯賽蒙古史略</u>。

第二十三章　明代疆域概述

第一節　明初布政使司之建置
　　　　及其疆域區劃

　　元人以異族入主中國，漢族處於被征服之地位，實居社會上最低下之階級，所謂蒙古人、色目人者則儼然高踞，極壓迫荼毒之能事，武力屈服之下，固無由稍事反抗者也。及其末季，政益衰而虐益甚，有劉福通者振臂一呼，揭竿而起，久受憑陵之人民紛紛響應，於是方國珍據浙東，張士誠據浙西，明玉珍據巴、蜀，陳友諒據湖廣，此皆兵力較強而能割據一方者也；至若擁一城竊一鄉者，更難指數矣。明祖起於淮右，進略金陵，東定吳中，西併湖廣，雄師北指，胡虜遠遁，嚮之氣燄不可一世，無人敢與爭鋒之游牧民族，至此亦以狼狽逃竄聞，漢人始能脫離異族之桎梏而獨立矣。

　　明祖初起義師，疆域建置未遑從事，故尚因元人舊稱，而有江南行中書省之名。既而以胡虜之舊號，難適於方起之新朝，故洪武建元之後，即以肇建新制為急務，於是革江南之名，而以其地直隸中書省。蓋其時明祖兵力東阻於張吳，西隔於陳漢，而北面猶有胡騎之慮，僅金陵一隅入其掌握，故黜江南之稱以示其力之所及也。其後勁旅四出，土地益廣，建置屢繁，行省之設遂有十二：

　　　北平　山西　山東　河南　陝西　四川　江西　湖廣
　　浙江　福建　廣東　廣西

然此尚仍元人行省之故稱。洪武九年因改行中書省爲承宣布政使司，此又爲吾國疆域史上之新制也。既而又罷中書省以諸府、州直隸於六部，於是元代之省與行省之名稱遂廢棄矣。雖然，明初罷元諸省之名，而布政使司之制度，實由省與行省所蛻化；且布政使司之區域，又與元省相差無幾，固換湯而不換藥者也。一般人士習俗之稱謂，仍以省爲普遍，行之既久，遂成不刊之典。自明、清至於今日，皆爲疆域主要之區劃，此殆創行此制之金源、蒙古諸族，所未料及者也。

洪武十五年，平定雲南，而大理亦內屬，乃於其地置雲南承宣布政使司，近代所謂中國內部之輪廓，遂略具矣。明祖即位之後，又懲宋、元之孤立，復分封子弟於要地，於是燕、秦、晉、周、楚、齊、潭、趙、魯、蜀、湘、代、肅、遼、慶、寧、岷、谷、韓、瀋、安、唐、郢、伊諸國一時並置，及建文削藩詔下，而靖難兵起矣。明祖封藩與漢高如同出一轍，然不旋踵即受其禍，較之西漢，更有甚焉。

成祖奪建文之位，遷都北京。其時布政使司之區域又略變遷，除北平之名，亦以其府、州直隸於行都六部，於是有南、北直隸之稱矣。永樂五年，南平交趾，亦建布政使司；十一年復置貴州布政使司；仁、宣之際，交趾叛服不常，終亦棄之；而二直隸十三布政使司，遂爲常制矣。

明祖起兵之後，進據江寧，即改其地爲應天府，而定都焉。應天既建都，加號南京；尋又曰京師。成祖奪國後，以北平爲龍興之地，乃建北京爲行在所，永樂十九年遂徙都之，更名曰京師；應天再爲南京。仁宗繼立，欲復永樂初年之故事，而京師遂又號行在所；然遷都之計劃終未實現，故至英宗之時因廢行在而仍稱京師，至明之亡，皆遵其制，無所更改。明祖初年，以鳳陽爲陵寢所在，別建中都；嘉靖又建承天府爲興都，皆置留守司以治其事焉。

　　明初廢路改府，故其制度略簡於元。布政使司轄府及直隸州，府又統散州及縣，而州亦皆統縣；邊境別置衛所以懷輯遠人。今略述其時布政使所轄之府、州於後，以見有明一代疆域之概況。

省名	屬　　　　　　　　　府	直　　隸　　州
京師（北直隸）	順天、保定、河間、真定、順德、廣平、大名、永平。	延慶、保安。
南京（南直隸）	應天、鳳陽、淮安、揚州、蘇州、松江、常州、鎮江、廬州、安慶、太平、池州、寧國、徽州。	徐、滁、和、廣德。
山東	濟南、兗州、東昌、青州、萊州、登州。	
山西	太原、平陽、汾州、潞安、大同。	澤、沁、遼。
河南	開封、河南、歸德、汝寧、南陽、懷慶、衛輝、彰德。	汝。
陝西	西安、鳳翔、漢中、延安、慶陽、平涼、鞏昌、臨洮。	靈、興安。
四川	成都、保寧、順慶、夔州、重慶、遵義、叙州、龍安、馬湖、鎮雄、烏蒙、烏撒、東川。	潼川、眉、卭、嘉定、瀘、雅。
江西	南昌、瑞州、九江、南康、饒州、廣信、建昌、撫州、吉安、臨江、袁州、贛州、南安。	
湖廣	武昌、漢陽、黃州、承天、德安、岳州、荊州、襄陽、鄖陽、長沙、常德、衡州、永州、寶慶、辰州。	郴、靖。
浙江	杭州、嚴州、嘉興、湖州、紹興、寧波、台州、金華、衢州、處州、溫州。	
福建	福州、興化、建寧、延平、汀州、邵武、泉州、漳州。	福寧。
廣東	廣州、肇慶、韶州、南雄、惠州、潮州、高州、雷州、廉州、瓊州。	羅定。
廣西	桂林、平樂、梧州、潯州、柳州、慶遠、南寧、思恩、太平、思明、鎮安。	田、歸順、泗城、向武、都康、龍、江、思陵、憑祥。

雲南	雲南、曲靖、尋甸、臨安、澂江、廣西、　北勝、廣邑。
	廣南、元江、楚雄、姚安、武定、景東、
	鎮沅、大理、鶴慶、麗江、永寧、永昌、
	蒙化、順寧。
貴州	貴陽、安順、都勻、平越、黎平、思南、
	思州、鎮遠、銅仁、石阡。

明史地理志稱有明一代計有“府百有四十，州百九十有三，縣千一百三十有八，羈縻之府十有九，州四十有七，縣六”；其疆域“東起遼海，西至嘉峪，南至瓊、崖，北抵雲、朔”，亦云盛矣。

第二節　明代地方行政制度

　　明代疆域以布政使司爲最大之區劃，其制由元人行省蛻變而成。明祖初定金陵，尚存中書省之目，地域稍廣，復置中書分省，其後因所得之地分建行省，遂廢分省之稱。行省既因元制，其設官置吏亦多仍元舊，故平章政事、左右丞參知政事之官吏，明初頗不少見，此固新朝初建時之普通情形，非有明一代爲然也。洪武九年改省爲承宣布政使司，於是罷平章左右丞諸員而改參知政事爲布政使，使總一省之行政，復置按察使司以掌刑名，布政、按察二使居同等之地位，特所司之事務稍異而已。兩直隸不置布政、按察之使，直屬於六部；其儲糧、屯田、清軍、驛傳、水利、撫民之事，則由鄰近各布政使屬吏兼辦，不另立其他名目也。

　　布政使司之下爲府。府有三等：糧二十萬石以上者爲上府，二十萬石以下者爲中府，十萬石以下者爲下府，此洪武六年之制也。明以前州縣等第皆視其人户之增減，而定其次序，至明乃別以所納糧米之多寡爲標準，亦制度之改革者也。府設知府一人（京府則置府尹），直隸之府得專達於朝，其他皆受布政使之節度，以治一府之事焉。

府下爲州。州有二種：散州與直隸州是也。散州屬於府，而直隸州則直屬於布政使司，此其大別也。州置知州，散州之知州其品秩視縣，直隸州則視府。州與府之區別，在知州於治縣事外兼轄其旁之縣，而府則僅轄散州與諸縣，不直接治縣事，故府之附郭有縣而州則否。此與元制稍異，蓋元制州之附郭固尚有縣，及明始裁之也。

府州之下爲縣。縣亦有三等：糧十萬石以下者爲上縣，六萬石以下者爲中縣，三萬石以下者則爲下縣。太祖吳元年所定之制也。縣置知縣，以掌一縣之政事焉。

第三節　都司衛所之分佈

明祖初起義兵，勒其部下爲衛爲所，五千六百人爲衛，千一百二十人爲千戶所，百十有二人爲百戶所，總若干衛所而統於都指揮使司及行都指揮使司（指揮使司之在京者稱留守衛指揮使司）。都指揮司駐在地多與承宣布政使司相同（大寧、遼東、萬全三都司稍異），而行都指揮使司則設於省内他一地方，以輔都指揮使司之不及。京師復置五軍都督府，以統全國之都司、衛、所焉。

都司、衛、所之建置，早在洪武初年，其後時有變遷，至成化中葉始成定制，計有都司十六，行都司五：

　　大寧　陝西　山西　浙江　江西　山東　四川　福建
湖廣　廣東　廣西　遼東　河南　貴州　雲南　萬全　陝西
行　山西行　福建行　四川行　湖廣行
而直隸諸衛所尚不在其内。浙江、遼東、山東三都司隸左軍都督府，陝西、四川、廣西、雲南、貴州五都司及陝西、四川二行都司隸右軍都督府，河南都司隸中軍都督府，湖廣、江西、福建、廣東四都司及湖廣、福建二行都司隸前軍都督府，大寧、萬全、山西三都司及山西行都司則隸後軍都督府。

明代都司、衛、所之建置，本純爲軍事之性質，軍士皆爲世籍，征調則屬於諸將，事平則散歸各衛，多以屯墾自給，初與普通行政區劃不相涉也。其後邊境屯防制度日漸毀壞，軍士人民漫無區別，而衛、所遂兼理民事矣。邊境州縣省併者亦以其治民之事責諸衛、所，於是衛所之一部遂由軍區兼理軍民之務，寖假而成爲地方區劃矣。雖然，衛、所漸爲地方區劃之情形，固非全國皆如是也。大抵邊關之地守戍責重，其地軍民多與防守有關，故州、縣之任即委之衛、所，後又置衛、所於未設置州、縣之區域，故其權漸重；若内地則不然，民户多於軍伍，衛、所治民實無必要，於是衛、所遂有實土與非實土之區別。實土即兼含民政性質，非實土則專爲軍事制度也。

明史職官志："天下内外衛凡五百四十有七，所凡二千五百九十有三"，此就全數而言也（兵志又言："洪武二十六年定天下都司、衛、所，共計都司十有七，留守司一，内外衛三百二十九，守禦千户所六十五"，蓋就明初而言，故與職官志稍異）。若實土衛、所則遠不及其半數。明史地理志附見實土衛所於布政司之下，其略如下：

萬全都司治宣府左衛，領實土衛十一，守禦千户所二堡五：宣府左衛、右衛、前衛，萬全左衛、右衛，懷安衛，保安右衛，懷來衛，延慶右衛，開平衛，龍門衛；興和、龍門二所；長安嶺、鵰鶚、赤城、雲州、馬營五堡。

遼東都司治定遼中衛，領衛二十五，州二，皆實土也：定遼中衛、左衛、右衛、前衛、後衛，東寧衛，海州衛，蓋州衛，復州衛，金州衛，廣寧衛、中衛、左衛、右衛、前屯衛、後屯衛、中屯衛、左屯衛、右屯衛，義州衛，寧遠衛，瀋陽中衛，鐵嶺衛，三萬衛，遼海衛；自在、安樂二州。

陝西都司治西安府，領實土衛十：寧夏衛、前衛、左屯衛、右屯衛、中衛、後衛，洮州軍民衛，岷州軍民衛，河州軍民衛，靖虜衛。

　　陝西行都司治甘州左衛，領實土衛十二，守禦千户所四：甘州左衛、右衛、中衛、前衛、後衛、肅州衛，山丹衛，永昌衛，涼州衛，鎮番衛，莊浪衛，西寧衛；碾伯、鎮夷、古浪、高臺四所。

　　四川都司治成都府，領實土衛一，守禦軍民千户所二，土官招討司一：松潘衛；叠溪、黎州二所；天全六番招討司。

　　四川行都司治建昌衛，領實土衛五：建昌衛，寧番衛，越雋衛，鹽井衛，會川衛。

　　湖廣都司治武昌府，領實土衛一，宣慰司二：施州軍民衛；永順、保靜州二軍民宣慰使司。

　　雲南都司治雲南府，領孟璉、剌和莊、里麻、八寨等長官司。

　　貴陽都司治貴陽府，領實土衛九，所一：龍里衛，新添衛，安南衛，威清衛，平壩衛，畢節衛，赤水衛，敷勇衛，鎮西衛；普市守禦千户所。

實土衛所僅如上述，較之全國衛所數目相差過甚，然有明一代邊地區劃複雜之情形，可以略知矣。

第四節　明代九邊之建置及邊牆之修築

　　明祖掃蕩群雄，奠一尊之位，又遣徐達、李文忠諸將北驅元裔，順帝率其臣民，倉惶北去。元主雖遠遁朔方，其故國之思，固未或忘，時時乘間南侵；成祖奮威，三犁漠庭，卒以操勞過度，阿魯臺之役遂崩於榆木川，胡虜之盛可知矣。正統以後，邊患日甚，土木之變，英宗北狩，造成明代之鉅大國恥，而國門之下猶時爲胡騎巡弋之處，故終明之世，邊防極重，而爲朝野上下所共憂慮者也。及北虜勢衰，滿州復盛，於是北邊之備，復轉移之遼東，明季幾以全國之力謀保此方，然而國滅族辱，終因於此，履霜薄冰固有其由來也。

明初禦邊，設遼東、宣府、大同、延綏四鎮以爲兵備之所，繼設寧夏、甘肅、薊州三鎮以補其不足；尋復以太原鎮巡統馭偏頭、寧武、鴈門三關，陝西鎮巡統屯駐固原，因有九邊之稱；於是東起遼海而西迄酒泉，邊備燦然可觀矣。初，明祖既驅元裔，設北平行都指揮使司於大寧，其地居喜峰口之外，形勢極佳，爲京師屏蔽，與遼東、宣大共成犄角，實邊境之要區也。成祖起靖難師，兀良哈率師前趨，及即位後，論功行賞，乃徙都司於保定，而以大寧故地畀之，因建朵顏、福餘、泰寧三衛，北門鎖鑰付人，藩屏頓空，自是遼東、宣大聯絡不固，聲援遂絶，而邊警益多，胡人之能牧馬於畿輔，薊州之所以成爲重鎮者，大抵皆源於此。後又廢興和，徙開平於獨石口，蹙地至數百里，土木變起，獨石諸城遂墟，而宣府益重矣。

宣府之西，緊接大同。大同與宣府較，防守尤難；然大同實爲居庸、紫荆、倒馬内三關之屏蔽，大同防禦稍疏，内三關即感威脅，内三關有警，而京師不安，故欲守内三關，不能不保大同，是以宣府之西，首重此地也。山西總兵兼轄偏頭等三關，所謂外三關也。自開平内徙，東勝有警，外三關形勢頓重。及河套淪亡，偏頭地位益勝，若虜入偏頭，乘大同之背，内三關旦夕告警，帝都震動矣。

陝西外接河套，元人既去，乃城東勝州以爲屯戍重地。東勝在偏頭關西，距唐受降城故址不遠，亦邊疆之要塞也。其地水草肥美，數起胡虜覬覦之心，成化初年毛里孩、乣加思蘭等相繼入寇，河套遂淪於異族；下迄弘治、正德以至嘉靖，累朝迭議收復，而將怯兵弱，終未成功，延綏、寧夏、陝西、宣大等鎮遂益形重要。防邊帶甲之士常不下數十萬，然猶不能制胡馬之南牧，終明之世殆無時不受其禍。

　九邊之兵各統於總兵，而以副總兵爲之貳，復佐以參將游擊，其他守備提督尤繁，一堡一寨，皆分兵伺守，以防萬一。其後邊警日急，復使大員巡撫各邊，兼提督其地軍務，各撫之置，先後不一，觀其設置之次第，可略知有明當時邊警之緩急：

　　　　遼東巡撫　正統元年始設，駐遼陽，後駐廣寧，又移駐
　　　　　　　　　山海關，復徙寧遠；
　　　　宣化巡撫　正統元年始設；
　　　　大同巡撫　初與宣府共一巡撫，成化十年後專設；
　　　　延綏巡撫　宣德十年專設，成化九年徙鎮榆林；
　　　　寧夏巡撫　正統元年始設；
　　　　甘肅巡撫　景泰元年定設；
　　　　順天巡撫　成化二年設，兼理薊州邊備；
　　　　山西巡撫　正統十三年專設，兼提督鴈門軍務；
　　　　陝西巡撫　景泰初設，駐西安，防秋駐固原。

巡撫而外，復於沿邊置三總督，以專責成：

　　　　薊遼總督　嘉靖二十九年設，開府密雲，轄順天、保
　　　　　　　　　定、遼東三巡撫；
　　　　宣大總督　正德二十九年定設總督，轄宣大、山西等
　　　　　　　　　處，三十八年定防秋駐宣府，四十三年駐懷
　　　　　　　　　來，隆慶四年移駐陽和；
　　　　陝西三邊總督　弘治十年始設，轄陝西、甘肅、延綏、
　　　　　　　　　寧夏諸處軍務，開府固原，防秋駐花
　　　　　　　　　馬池。

其後建置日繁，遼東一帶置撫多至十數，官吏屢多，邊事益不堪問聞矣。

　明人防邊，九鎮而外，復汲汲於邊牆之建築。邊牆者何？長城是也。長城之修築遠始於春秋戰國之際，嬴秦繼之，乃成偉

觀，其城起臨洮而至遼東，蜿蜒數千里，顧今日所稱爲長城者，已非秦氏之舊蹟，而爲明人之新築。然則明人大築長城，乃稱曰邊牆者，何也？蓋秦皇築長城而後萬世詬之，邊牆云者，避與秦皇同稱也。

明初防邊，多恃關堡，明史兵志：“洪武二年，從淮安侯華雲龍言，自永平、薊州、密雲以西二千餘里，關隘百二十有九，皆置戍守；於紫荆關及蘆花嶺設千戶所守禦。又詔山西都衛於雁門關、太和嶺並武、朔諸山谷間凡七十三隘俱設戍兵。九年敕燕山前後等十一衛分兵守古北口、居庸關、喜峰口、松亭關，烽堠百九十六處。……十五年，又於北平都司所轄關隘二百以各衛卒戍守。”邊備之嚴，無與倫比。成祖之時，迭事討伐，北虜雖多畏服，而導備亦益整飭。考明代邊牆之建築，遠始於洪武初年，其時徐達鎮守薊北，於山海關以西之地，緣山起築城垣，以爲邊防。及成祖之世，復於宣府之西建城，直達山西北境。成化八年，余子俊巡撫延綏，奏修榆林東、中、西三路邊牆一千七百餘里，是城橫截河套南部，東起清水營西至花馬池，巍然大觀矣。子俊後又總督宣大，復議修山西邊牆，東起四海冶，西止黃河，長約千三百餘里，然子俊竟以是得罪，工亦未畢。成化十年，寧夏巡撫徐廷章復築黃河嘴至花馬池間三百餘里之邊牆。弘治十四年，土魯番擾陝西西邊，乃修嘉峪關以禦之。次年，總制秦紘復築固原邊牆，自饒陽至靖虜衛、花兒岔約千里。嘉靖九年，總制王瓊復西修至蘭州。嘉靖時，翟鵬、翁萬達相繼總督宣大，於是紫荆等三關及宣大間之邊牆皆得修葺，而萬達之籌邊尤爲詳悉，明史兵志載其言曰：“山西保德州河岸東盡老營堡凡二百五十四里，西路丫角山迤北而東歷中北路抵東路之東陽河鎮口臺凡六百四十七里，宣府西路西陽河迤東歷中北路抵東路之永寧四海冶凡一千二十三里，皆逼臨巨寇，險在外者，所謂極邊也。老營堡轉南而東，歷寧武、雁門、北樓至平刑關盡境約八百里，又轉南而

東爲保定界，歷龍泉、倒馬、紫荊、吳王口、插箭嶺、浮圖峪至
沿河口約一千七十餘里。又東北爲順天界，歷高崖、白羊抵居庸
關約一百八十餘里，皆峻嶺層岡，險在内者，所謂次邊也。"乃修
建宣大邊牆，京師得以乂安。而薊州邊牆自山海關以西至居庸
關，其間蜿蜒千里，亦得乘間修築。吾人今日所見長城之巨蹟，
皆此時所建築之鉅工也。

　　然邊牆之修築，非至山海關即止也，今遼寧省中尚有若干
段，依稀可見，亦明人之遺跡。明代遼東邊外，西有兀良哈，東
有建州之女真，皆常爲邊患，明廷即於其地分建邊牆，以防禦
之。遼東邊牆之修築，始於王翱之守邊，翱於正統七年提督遼東
軍務，始修山海關至開原間之邊牆。其後守臣累事增茸，東南越
鳳凰山而至鴨緑江口，環繞遼東之東北，其功亦鉅。明人備邊，
築城修塞，竭全國之力，然猶不能禦異族之侵入；今日之外患較
之明代，實遠過之，而邊圉不固，守禦無方，上視明人能無愧色！

本章重要參考書：

明史。
皇明經濟文録（九邊編、遼東編、薊州編、宣府編、大同編）。
大明一統志。
羅洪先：廣輿圖。

第二十四章　　清代疆域概述

第一節　　未入關前之滿清

清初居於長白山下，明設建州衛以處之。至努兒哈赤時勢漸

强盛，侵併其旁諸部落。努兒哈赤之初起也，以蘇克素護河部圖倫城之尼堪外蘭嘗構殺其二祖，乃率衆擊之，下圖倫城，由是累攻棟鄂、渾河、蘇克素護河、哲陳、完顔諸部，遂統一建州。時扈倫四部中之葉赫部最强（扈倫四部爲明海西衛地），塞外諸國，盡推之爲盟主，及見努兒哈赤疆土漸廣，慮其不利於己，乃遣使要以割地，努兒哈赤不聽，遂生嫌隙。葉赫部酋乃糾合扈倫他三部哈達、輝發、烏拉及蒙古三部科爾沁、錫伯、卦勒察及長白山二部珠舍哩及訥殷，合九部之兵蘇盟來戰，遇於古埒山，九部之兵大潰，努兒哈赤乘間攻珠舍哩及訥殷滅之。先是長白山別部鴨綠江部爲清兵所破，至是長白山三部盡爲所有（長白山三部亦明建州衛地）。扈倫四部及蒙古科爾沁等部皆來乞盟；既而扈倫四部相繼背盟，因遣兵征之，四部遂亡。明萬歷丙辰乃即汗位，國號金。復遠征東海部，東海部爲明野人衛之地，自寧古塔以東迄於東海，皆其人所居；其族以瓦爾喀、庫爾喀諸部爲最大，建州兵至皆望風降附。其疆域益廣，西南與明境及朝鮮相接，東境且至於海；後又征服索倫諸部，北疆遠及黑龍江外矣。

　　蒙古科爾沁部於葉赫聯軍敗後，嘗乞盟相安，其後努兒哈赤攻烏拉，科爾沁敗盟往援，又爲努兒哈赤所敗；是時察哈爾林丹汗勢已强，威逼諸部，科爾沁不堪其擾，思結大國以自固，乃再降附。林丹汗爲元人蘖裔，世居於長城附近，爲察哈爾部，傳至林丹汗時，其勢頗盛，遂進而侵略其鄰部；然林丹汗遇屬部過虐，於是喀爾喀諸部及敖漢、奈蠻、喀喇沁、土默特等部相率東歸，臣服於金，而金之疆土遂與察哈爾相接。皇太極時，林丹汗受明賄，遂起釁隙，皇太極乃會諸部兵，親率軍征之，林丹汗軍大敗，西逃至青海附近而死，其地盡歸於金。皇太極愈强，乃黜金號而改稱清焉。

　　初，努兒哈赤之攻葉赫部也，明廷慮葉赫亡而遼東之屏藩失，且使建州坐大，乃助葉赫部守。努兒哈赤書七大恨告天内犯，連破撫順清河，明廷震恐，大舉出師以援遼東，不意薩爾滸之戰，經略楊鎬遂覆其兵。其後熊廷弼、袁應泰先後巡邊，而瀋陽、遼陽相繼失陷，努兒哈赤且由興京遷居遼陽，復由遼陽進都瀋陽，逼近明邊，俟隙西侵。及袁崇煥備邊，寧遠一戰，大敗建州兵，努兒哈赤亦因傷忿死。努兒哈赤死後，皇太極繼立，乘間南攻朝鮮，與之定盟，抒後顧之憂；復以輕師入喜峰口，薄遵化邊，猖獗於畿輔間，都門之下，虜騎屢至。清人又以反間殺崇煥，崇煥死而明之邊備衰矣。是時清兵已南降朝鮮，北定察哈爾，明北邊亦爲清兵所據，於是虜騎屢毀邊牆內犯。崇禎十一年，多爾袞之師由密雲直入薊邊，分軍南向，明兵遇者輒靡，清師直至濟南，破其城，始從容北歸。時錦州、松山、山海關等地尚爲明守，清軍亦知山海關不得，所取之塞內州縣必不能久保，故數次入寇，蹂躪各地後，即舍之而去。後錦州、松山相繼被陷，山海關勢益孤，及李自成入京師，吳三桂啟關東降，清兵遂長驅直入矣。

第二節　清代行省之區劃

清既得入主中國，疆域制度仍因元、明之舊，分置行省。行省之制雖完成於元代，爲明人所效法，然明人實不以行省稱；及於滿清，遂復行省之名，惟其制度已稍異於蒙古矣。清之稱行省爲康熙初年之事，順治時固仍因明人布政使司之舊，僅改南直隸爲江南，蓋清以北京爲京師，南京廢不爲都，直隸之名無所承受也。

康熙初，以十五省區劃過大，因分江南爲江蘇、安徽，陝西爲陝西、甘肅，湖廣爲湖南、湖北，合爲十八行省，此十八行省即吾人習語所稱之中國內部也。光緒九年乘回疆亂定，即於其地建設行省，錫以新疆之名；十三年又改臺灣爲省，惜中、日戰後已爲日人奪去矣。庚子以後東北情形日漸繁雜，因於其地分置奉天、吉林、黑龍江三省，合舊日之十八省而爲二十二省。二十二省之下，各設府、廳、州、縣，今略述其屬府及直隸廳州於後，以見其區劃之概況焉。

行省及京府 順天府	屬　　　　　府	直　　隸　　廳	直　隸　州
直隸省	保定、正定、大名、順德、廣平、天津、河間、承德、朝陽、宣化、永平。	張家口、獨石口、多倫諾爾	赤峰、冀、趙、深、定、易、遵化。
奉天省	奉天、錦州、新民、興京、長白、海龍、昌圖、洮南。	法庫、營口、鳳凰、莊河、輝南。	
吉林省	吉林、長春、新城、雙城、賓州、五常、延吉、甯安、依蘭、臨江、密山。	榆樹、濱江、東甯、琿春、虎林。	伊通、綏遠、濛江。
黑龍江省	龍江、呼蘭、綏化、海倫、嫩江、黑河、臚濱。	訥河、愛琿、呼倫、肇州、大賚、安達。	
江蘇省	江寧、淮安、揚州、徐州、蘇州、松江、常州、鎮江。	海門。	通、海、太倉。
安徽省	安慶、廬州、鳳陽、潁州、徽州、甯國、池州、太平。		廣德、滁和、六安、泗。
山西省	太原、汾州、潞安、澤州、平陽、蒲州、大同、朔平、甯武。	歸化城、薩拉齊、清水河、豐鎮、托克托、甯遠、和林格爾、興和、陶林、武川、五原、東勝。	遼、沁、平、定、解、絳、隰、霍、忻、代、保德。
山東省	濟南、東昌、泰安、武定、兗州、沂州、曹州、登州、萊州、青州。		臨清、濟甯、膠。
河南省	開封、歸德、陳州、河南、彰德、衛輝、懷慶、南陽、汝甯。	淅川。	許、鄭、陝、汝、光。
陝西省	西安、同州、鳳翔、漢中、興安、延安、榆林。		乾、商、邠、鄜、綏、德。

甘肅省	蘭州、平涼、鞏昌、慶陽、寧夏、西寧、涼州、甘州。	化平川。	涇、固原、階、秦、肅、安西。
浙江省	杭州、嘉興、湖州、甯波、紹興、台州、金華、衢州、嚴州、温州、處州。	定海。	
江西省	南昌、饒州、廣信、南康、九江、建昌、撫州、臨江、瑞州、袁州、吉安、贛州、南安。		甯都。
湖北省	武昌、漢陽、黃州、安陸、德安、荆州、襄陽、鄖陽、宜昌、施南。	鶴峰。	荆門。
湖南省	長沙、寶慶、岳州、常德、衡州、永州、辰州、沅州、永順。	南州、乾州、鳳凰、永綏、晃州。	澧、桂陽、郴、靖。
四川省	成都、重慶、保甯、順慶、叙州、夔州、龍安、甯遠、雅州、嘉定、潼川、綏定、康定、巴安、登科。	松潘、石砫、理番。	卭、綿、資、茂、忠、酉陽、眉、瀘、永甯。
福建省	福州、福甯、延平、建甯、邵武、汀州、漳州、興化、泉州。		龍巖、永春。
廣東省	廣州、肇慶、韶州、惠州、潮州、高州、雷州、廉州、瓊州。	佛岡、赤溪、連山。	羅定、南雄、連、嘉應、陽江、欽崖。
廣西省	桂林、柳州、慶遠、思恩、泗城、平樂、梧州、潯州、南甯、太平、鎮安。	百色、上思。	鬱林、歸順。
雲南省	雲南、大理、麗江、楚雄、永昌、順甯、曲靖、東川、昭通、澂江、臨安、廣南、開化、普洱。	永北、蒙化、景東、鎮沅、鎮邊。	武定、鎮雄、廣西、元江。
貴州省	貴陽、安順、都勻、鎮遠、思南、思州、銅仁、遵義、石阡、黎平、大定、興義。	松桃。	平越。

| 新疆省 | 迪化、伊犂、温宿、焉耆、疏勒、莎車。 | 鎮西、吐魯番、哈密、庫爾喀喇烏蘇、塔爾巴哈臺、精河、烏什、英吉沙爾。 | 庫車、和闐。 |
| 附臺灣省 | 臺灣、臺北、臺南。 | | 臺東。 |

清自世祖入關，建都北京，奠定華夏，下至高宗，臻於極盛，版圖所及"東極三姓所屬庫頁島，西極新疆疏勒，至於葱嶺，北極外興安嶺，南極廣東瓊州之崖山"（清史稿地理志語），較之明代抑又過矣。惜中葉而後，國力漸衰，列强環伺，外侮日多，卒至藩屬離去，疆土被割，遺禍無窮！自德宗時增建行省州縣，迄於末年遂有行省二十二，府廳州縣一千七百有奇（據清史稿地理志），一代疆域區劃，盡於此矣。

第三節　蒙藏底定後之四方藩屬

明驅元裔於塞外，中國歸於一統，惟其疆域北限於長城，西僅越河西，蒙古舊部及西域諸國皆不能有也。清人於未入關以前，滅察哈爾林丹汗，内蒙諸部相繼降附，而外蒙喀爾喀三汗部亦嘗遣使入貢；及準部東犯，喀爾喀諸部舉族内附，遂結以姻婭，感以威力，故終清之世，永爲藩臣。喀爾喀蒙古之西，別有額魯特蒙古者，舊分爲四部：准噶爾、和碩特、杜爾伯特及土爾扈特，即所謂四衛拉特也。清之初起，以荒遠未服，而准噶爾部漸强，稍蠶食其鄰部，康熙十四年其酋噶爾丹遂盡併合四部舊地，尋又越天山而併南路諸部。時和碩特部已自烏魯木齊移居於青海，復由青海伸其勢力於西藏，藏人苦之；噶爾丹乃陰結藏人，殺和碩特汗而併有其地。尋乘喀爾喀三部内鬨，舉兵由杭愛山襲其地，且復覬覦漠南，康熙帝乃親率大軍西征，烏蘭布通及

昭莫多諸戰，噶爾丹之勢大殺，西竄而死。噶爾丹雖勢孤走死，
其姪策妄阿拉布坦復據其舊地作亂，康熙五十四年大兵再出，遂
乘間收復唐努烏梁海，而准噶爾部之亂，猶紛擾不止。迨乾隆二
十二年平定伊犁，大事殺戮，準部人民幾無孑遺矣。準部平後，
天山南路又爲回部所據，時清兵勢甚盛，故不久亦歸夷滅。

　　青海於清初爲額魯特和碩特部固始汗所竊據，固始汗且由此
而伸其勢力於西藏，及噶爾丹强盛，遂爲殘破。康熙時，準部爲
清兵追破，固始汗之子孫又重整其舊業，率其族內屬。雍正初，
其酋有羅卜藏丹津者，固始汗之蘗孫也，發兵反，清廷遣軍征
之，復定其地，遂永爲藩屬。西藏舊分爲康、衛、藏、阿里四
部，自和碩特及准噶爾諸部倡亂西北，西藏迭爲所蹂躪，及準部
平定，西藏四部亦相率內屬。

　　清代底定蒙、藏之後，收其地爲藩屬，因其俗而治之；故各
藩之疆域制度，多不與內部諸省同。內蒙之地共分六盟：哲里
木、卓索圖、昭烏達、錫林郭勒爲東四盟，烏蘭察布、伊克昭爲
西二盟。盟又各分部，部復析爲旗，旗即其地最小之區劃也。

　　哲里木盟四部，其盟地在科爾沁右翼境內：

　　　　科爾沁部六旗，

　　　　札賚特部一旗，

　　　　杜爾伯特部一旗，

　　　　郭爾羅斯部二旗；

　　卓索圖盟二部，其盟地在土默特右翼境內：

　　　　喀剌沁部三旗，

　　　　土默特部二旗，附左翼一旗；

　　昭烏達盟八部，其盟地在翁牛特左翼境內：

　　　　敖漢部一旗，

　　　　奈曼部一旗，

　　　　巴林部二旗，

札魯特部二旗，

翁牛特部二旗，

阿魯克爾沁部一旗，

克什克騰部一旗，

喀爾喀左翼部一旗；

錫林郭勒盟五部，其盟地在阿克噶左翼、阿巴哈納爾左翼兩旗境内：

烏珠穆沁部二旗，

阿巴哈納爾部二旗，

浩齊特部二旗，

阿巴噶部二旗，

蘇尼特部二旗；

烏蘭察布盟四部，其盟地在四子部落旗内：

四子部落一旗，

茂明安部一旗，

烏喇特部三旗，

喀爾喀右翼部一旗；

伊克昭盟一部：

鄂爾多斯部七旗。

諸盟、部之外，別有宣化、大同邊外之察哈爾部八旗，八旗者：鑲黃旗察哈爾、正黃旗察哈爾、鑲紅旗察哈爾、正紅旗察哈爾、鑲白旗察哈爾、正白旗察哈爾、鑲藍旗察哈爾、正藍旗察哈爾。蓋清初察哈爾林丹汗既走死於青海附近，其裔東附，移處於義州；及康熙時，其酋又反，討平之後，移其部駐此，因有察哈爾部八旗之稱，與内蒙古諸部異矣。

外蒙諸部以喀爾喀爲最廣。清初喀爾喀分爲三汗部，即土謝圖汗部、車臣汗部、札薩克圖汗部。雍正九年，以固倫額駙策凌擊准噶爾有功，分土謝圖汗部爲賽音諾顔部以處之，於是喀爾喀有四部矣。然外蒙古除喀爾喀四部外，杜爾伯特、土爾扈特等部皆亦牧於其地，而諸族於蒙古之外，又散牧於今新疆、寧夏諸處，今並述於下：

喀爾喀後路土謝圖汗部二十旗，屬於汗阿林盟；

喀爾喀中路賽音諾顏部二十二旗，屬於齊齊爾里克盟；

喀爾喀東路車臣汗部二十三旗，屬於喀魯倫巴爾和屯盟；

喀爾喀西路札薩克圖汗部十九旗，屬於札克必拉色欽畢都哩雅諾爾盟；

阿拉善額魯特部一旗，不設盟，游牧於河套以西，寧夏甘州邊外，亦曰西套額魯特；

杜爾伯特部十六旗（左翼旗十一，右翼旗三，附輝特旗二），左右翼分爲二盟，皆名賽因濟雅哈圖盟，游牧於科布多金山以東，烏蘭固木地；

阿爾泰烏梁海七旗，游牧於烏里雅蘇台之西；

阿爾泰諾爾烏梁海部二旗，游牧於索果克喀倫之外；

南路舊土爾扈特部四旗，屬於烏訥恩素珠克圖盟南路，游牧於喀喇沙爾城北，天山之南，珠勒都斯地；

中路和碩特部三旗，屬於巴啟色特啟勒圖盟，與南路土爾扈特部同游牧於珠勒都斯地；

北路舊土爾扈特部三旗，屬於烏拉恩素珠克圖盟東路，游牧於庫爾喀喇烏蘇城西南，天山之北，濟爾噶朗河流域；

西路舊土爾扈特部一旗，屬於烏訥恩素珠克圖盟西路，游牧於伊犁河東，天山之北，晶河東岸；

額濟拉舊土爾扈特部一旗，不設盟長，游牧於阿拉善旗之西，甘肅甘州、肅州邊外；

新土爾扈特部二旗，屬於青色特啟勒圖盟，游牧於科布多城西南，布勒罕河流域；

新和碩特部一旗，不設盟，游牧於金山東南，哈弼察克地；

札哈沁部一旗，游牧於科布多城南；

科布多額魯特部一旗；

唐努烏梁海部。

青海爲額魯特蒙古牧地，共分五部：

　　青海和碩特部二十一旗；

　　青海綽羅斯部二旗；

　　青海土爾扈特部四旗；

　　青海輝特部一旗；

　　青海喀爾喀部一旗。

青海自昔爲西羌、吐蕃盤據之地，自額魯特人侵入，吐蕃遺族遂爲所役使，及羅卜藏丹津平後，乃分建土司四十以處之，藉分額魯特之勢，蒙人牧於北，藏族處於南，各據其地，遂得久安。

清代自順治入關，歷經康熙、雍正兩朝，迭破噶爾丹及羅卜藏丹津諸叛酋，乾隆繼之，國威遠鎮，既蕩平准噶爾，復戡定回部之亂，又因西追叛酋，遂耀武邊外，於是西域諸回部，若巴勒提痕、愛烏罕、拔達克山、布哈爾、博洛爾、塔什干、安集延、浩罕東西、布魯特左右、哈薩克及坎車提等皆來朝貢，比於藩屬；而南方諸國若安南、緬甸、暹羅及西藏邊外之廓爾喀、布魯克巴、錫金亦皆內附，即南洋之蘇祿等地咸遠渡重洋，貢獻不絕，清代之版圖至此極大矣。

第四節　清代地方行政制度

清代諸省既承明人布政使司之舊區，故其行政制度亦多祖前朝之遺制。明制省設左右承宣布政使以理行政，提刑按察使以轄刑名。其後每遇重地要區，復置督撫，督撫因時而設，事畢功竣，其額即停，故明季督撫雖多，究非定制。清代增其權力，逐漸爲一省之大員，最高之長官矣。大抵總督所轄或一省或二三省，視其地之繁簡而定。順治初，置天津、宣大、福建、兩江、浙江、湖廣、陝西、四川、廣東、雲貴諸總督；康熙、雍正時有增損，至乾隆時僅餘八總督。八總督者：直隸、兩江、閩浙、兩湖、陝甘、兩廣、雲貴、四川也。八總督中直隸、四川各兼其省之巡撫事，陝督亦兼甘撫。光緒時，奉天、吉、黑置省，因增設東三省總督，合爲九督。清初置順天、天津、正保、宣化、山東、登萊、山西、河南、江西、廬鳳、安徽、陝西、延綏、甘肅、寧夏、浙江、江西、鄖陽、南贛、湖廣、偏沅、廣東、廣西、雲南、貴州、福建等巡撫，乾隆時除直隸、四川、甘肅三省外，他省皆置巡撫一人，因成定制。光緒時諸新省建置，亦皆仿內地設立巡撫；後罷奉天巡撫，以東三省總督兼理，與甘肅同制度矣。

初，督、撫未建之時布政、按察二使實爲一省最高之官吏，及增設督撫，大權盡爲所奪，布政、按察漸淪爲其屬吏。清初循明制，省各設布政使二人（貴州一人，直隸不設），按察使一人；康熙六年每省各裁布政使一人，寖成定制，明制各省布、按二使下置分守、分巡道，分守司各地錢糧，以布政使司之參政參議副使僉事兼管，分巡則掌各地刑名，別以按察使司之屬吏轄之，故分守、分巡之道員必帶原銜，示爲二使司之屬吏。乾隆十八年裁其本銜，定其轄屬，分守、分巡各執其事，所治之地始有固定之範圍。

府置知府以轄一府之事，惟順天、奉天二府爲首都、陪都重地，則別置府尹，以示區別。州有直隸、散州之分，亦因明人舊制，惟散州不統縣，與前代稍異；不論其爲直隸、散州，皆置知州，以治其事。縣仍設知縣，無所改易。清代於府、州、縣外別創廳制，廳初設於邊省，後漸置於內地，亦有直隸、散廳之分，略與州同。廳之官制略與州、縣相同。

盛京、吉林、黑龍江諸處，略異內地。每處設將軍以掌鎮撫之事，而以副都統爲之貳。<u>盛京</u>副都統三人，分駐<u>盛京</u>、<u>錦州府</u>、<u>熊岳城</u>；<u>吉林</u>副都統五人，分駐<u>吉林</u>、<u>寧古塔</u>、<u>伯都訥</u>、<u>三姓</u>地方、<u>阿勒楚哈</u>；<u>黑龍江</u>副都統三人，分駐<u>齊齊哈爾</u>、<u>墨爾根</u>、<u>黑龍江</u>。自改省後遂易將軍爲督撫。<u>乾隆</u>時，平<u>準</u>、<u>回</u>二部，因其俗而治理之，故<u>回</u>部置各級伯克，<u>蒙</u>族部落則置札薩克，與内外蒙古同制；復以<u>伊犂</u>將軍總理<u>天山</u>南北路之軍政邊防諸務。改省之後，建置漸同内地。

內外<u>蒙古</u>諸旗各置札薩克以掌政令，聯諸旗而爲部盟，盟有盟長。札薩克爲世襲之職，盟長則由中央任命。中央別派大員駐扎各地以相控制，故<u>張家口</u>有<u>察哈爾</u>都統，<u>熱河</u>有<u>熱河</u>都統，<u>綏遠</u>有<u>綏遠</u>都統，<u>烏里雅蘇台</u>有定邊左副將軍、參贊大臣，<u>科布多</u>有參贊大臣及辦事大臣，<u>庫倫</u>有<u>庫倫</u>辦事大臣。<u>青海</u>雖爲<u>蒙古</u>部族，僅於諸旗置札薩克，不設盟長，其會盟事務則由<u>西寧</u>辦事大臣處理，與内外<u>蒙古</u>稍異矣。

<u>西藏</u>之政教則由達賴喇嘛及班禪喇嘛掌之，達賴掌全<u>藏</u>之政教，而班禪則僅轄後<u>藏</u>。其下有噶布倫四人以掌行政，仔俸三人以掌財政；宗教事務則由達賴、班禪屬下之僧侶司之；中央置駐<u>藏</u>大臣於<u>拉薩</u>，以總其成焉。

第五節　清代西南土司制度

我國西南各地，蠻夷雜處，其與<u>漢</u>族發生關係遠在<u>秦</u>、<u>漢</u>之時，<u>莊蹻</u>之入<u>滇</u>稱王，<u>漢武</u>之建<u>益州</u>郡縣，皆嘗從事於開發。顧其民族既雜，文化復低，嗜殺好鬭，小不如意，傾族相爭，政治設施稍有不良，即率其種族叛離，致使邊庭不安，而其間彼此之爭執尤易引起各民族相互殘殺，故自<u>漢</u>、<u>唐</u>以來，言西南邊事者，無不注意及此。不論其政策爲勦爲撫，率以<u>漢</u>、<u>夷</u>相安爲主。<u>唐</u>、<u>宋</u>於其地置羈縻州郡，<u>元</u>人復設宣慰、宣撫諸司，皆所以防其反側，安輯邊疆也。及有明之初，諸土司相率背元來歸，太祖嘉其向善心切，即以原職授之，使得襲其爵祿，保其名號，土官遂漸增多，而土司之制度亦漸完備矣。土官既繁，其中不逞之徒所在難免，故與政府之衝突，時有所聞；中葉而後，猖獗愈甚，播州、水西諸處邊亂如麻，驛報日急矣。

清代君臣頗思改絃更張，雖未完全解決土司之問題，然已較明時差強人意。明代最易引起糾紛者，厥為土司之承襲問題，土司為世襲之爵，固盡人而知之矣。彼中土司子若孫，固為承襲爵土之人，而女與壻亦可霑其餘惠，即族中之子姪，亦莫不有染指之念，故老土司逝世之後，大位之爭執，實為不可避免之事。明廷對此，雖亦有所規定，以防患於未然，惟疆吏每坐視其鬪爭，而後令其勢大者承位，故糾紛日多，輒有牽及大局，引起巨亂者。清廷洞知其積弊，故於承襲之則例，嚴加規定，鑒別其宗支親屬，預藏其屬籍於朝中，一旦起釁，執譜而索，則問題立決矣。然清代猶有逾於明人者，土司之諸子不論其為嫡為庶，皆使分其父之遺土，分土愈多，其勢愈弱，土分勢弱，其爭執與反側機會，自漸減少矣。

清代土司之官吏，雖沿明人舊制（明之土司長官有宣慰使、宣撫使、安撫使、詔討使，以及長官司之長官，與千夫長副千夫長），而完備過之，官吏有文武之分，文則轄於吏部，武則屬諸兵曹，武職有指揮使、指揮同知、宣慰使、指揮僉事、宣撫使、副宣撫使、安撫使、千戶長、副千戶、百戶、長官司、副長官司、土游擊、土都司、土守備、土千總、土把總之類，文職則有土知府、土同知、土通判、土經歷、土知事、土知州、土州同、土州判、土判官、土吏目、土知縣、土縣丞、土主簿、土典史、土巡檢之名，各因其族類大小與勢力強弱而分授之。其稱號雖有高低之差別，而互相隸屬之關係則不多見。諸土官不論其地位之高下，遇流官時即低一級，此制為清人所新創，其中實含有防制跋扈之至意也。

　　諸土司之區域自甘肅、青海以南至於四川、兩湖、雲貴、廣西諸省莫不有之，或據一鄉一寨，或轄一州一縣，小者有地數里，大者乃有至數千里，總諸省土司其數殆不下數百，實居西南諸省中之重要地位。土司不論其官爵之大小，轄土之廣狹，莫不自成一區域，於其領土之内執有莫大之威權，人民財産皆視爲私人之所有物，實一區域中之土皇帝也。土司之貪婪者，每役其人民若牛馬，任意宰割而不稍惜，土民受其荼毒，無術伸訴，宛轉承受殆若命運所豫定者然。土司轄地少而權力小者，雖暴虐其人民，其害猶不過一方而已；若土廣人衆，而其力又甚强，往往甘冒不韙，妄有所動作，或刼其鄰部，或舉兵内犯，以致釁起一方，邊庭不安，故裁制與處理，遂爲政府不可少之工作矣。

　　清代處理土司之策略，每因時因事而各有不同，其最著效者，則唯改土歸流之法耳。改土歸流者，即於歸化之土司區内廢除其土官，改建州縣，設官置吏，使之同於内地也。其法本明人舊制，清代不過因其策略稍覺澈底而已。改土歸流無異奪土司之實力，故其執行之時頗非易易，每遇專橫暴虐之輩，生性好亂之徒，輒勒其改流，若奉公守法者則仍得保其疆土，享其爵禄，亦非一概棄置也。改流之土司，以兩湖爲最多，湖北之散毛、施南、容美，湖南之永順、保寧、桑植及永綏、乾州、鳳凰諸地，皆以改流而爲郡縣，其境内之土司殆已絕跡。他如四川之建昌、松潘、天全、打箭爐，廣西之鎮安、泗城，雲南之開化、昭通、麗江、鎮沅、蒙化、威遠，貴州之威寧、郎岱、歸化、永豐等地，亦皆因時制宜，乘間改流。嘉、道之間，復將貴州等處之土千總、守備諸職盛加裁損。光、宣之際，又勒令若干土司停止世襲，若雲南之富州、鎮康，四川之裏塘、巴塘、德爾格忒，廣西之忠州、鎮遠等地，皆假此法而奪其土地。故至清末，兩湖之内廓清無餘，滇、蜀、黔、廣亦十存五六，僅甘肅一省仍如故耳。
土司改流之後，失其疆土，往往迫其部民叛亂，以遂其恢復爵土
之慾念，故政府對於此輩歸流後之土司，每多加賞賜，仍許襲其
舊號。然各省土司往往傳世至數百年之久，其勢力一時不能完全
剷除，故彼輩輒假其餘威，以支配其人民，歸流後之土地，每不
能與內地州、縣同等治理，蓋因此耳。

　　清代改土歸流之政策，多行於接近腹地之土司，若兩湖之間
是也。邊地則仍以保存固有之土司爲原則，蓋邊民知識固陋，統
治不易，反不若因其俗而治之爲便也。且邊境每易引起對外之糾
葛，輒有利用土司爲緩衝之必要，故雖得其土地，而土司不廢，
間亦有增置土司之舉，其初或圖苟安，往往貽後世以無窮之患
難，此殆清代處理土司之時所未能預料者也。迄於今日，土司問
題仍爲西南邊省政治上巨大之癥結，斯又待於執政者之努力，庶
可化夷、番爲吾民也。

本章重要參考書：

清史稿。

清通典、清通志、清通考。

大清一統志。

張穆：蒙古游牧記。

余貽澤：明代之土司制度（禹貢半月刊第四卷第十一期）。

余貽澤：清代之土司制度（禹貢半月刊第五卷第五期）。

第二十五章　鴉片戰後疆土之喪失

　　清自入關以來下至乾隆，其間諸帝皆一代令主，國勢日益強
盛；顧盛極而衰，清室之黃金時代漸隨諸帝而去，不可復挽救

矣。中國向視世界各國皆爲蠻、夷之族類，文化落後之國家，閉
關自守，不屑與之通禮，故乾隆時英使馬加特尼遠道來華，恭禮
卑辭，懇求通商而不可得。及至鴉片禍起，割地賠款，遂使外人
知我國家之柔弱，政府之無能，紛至沓來，皆挾其所欲而去，奪
我藩屬，割我良港，造成空前之恥辱，貽吾族以無窮之患難，吾
人述此期之情形，誠不禁心痛神愴也。

　　鴉片戰爭之結果，此老大之帝國一旦爲素所輕視之英夷所
敗，城下定盟，遂於道光二十二年共結江寧條約，此約除賠款之
外復開廣州、福州、廈門、寧波、上海五口爲通商口岸，而珠江
口外之香港亦隨此約为其侵占矣。咸豐時英、法聯軍之役後，與
英人結北京條約，而九龍司之地又爲英人侵占矣。然英人之野心
大慾固不因此而稍止。英屬印度東接我國藩屬之緬甸，北與西藏
隔喜馬拉亞山，故常垂涎此二地。英人既早有併緬之心，值法人
亦欲伸其勢力於該土，遂於光緒十一年遣兵侵緬，佔爲己有，次
年復迫我共結緬甸條約承認之，於是西南藩屬撤矣。英人既佔有
緬甸，復進而覬覦西藏，光緒十五年遂與藏人啟釁，興兵據哲孟
雄，而次年所訂之藏印條約，因承認哲孟雄爲英人之保護國矣。
我之藩屬既爲所攫，又復蠶食我之海港。甲午中、日戰後，我國
國勢益弱，外人租借港口之事紛紛並起，英人乘法議租廣州灣之
際，強以保護香港爲口實，租我九龍半島而去（光緒二十四年中
英展拓香港界址專約），尋又以俄租旅順、大連，復租我威海衛
（光緒二十四年威海衛租借條約，此地於民國十九年收回，惟海
口之劉公島尚爲英人保留十年），我國以積弱之下，空見良港爲
人奪去，亦無可如何，誠可哀也！

　　鴉片戰爭使吾國與英人結辱國之江寧條約，其時因受武力之
壓迫，誠不得已之事；不意法人乘間來請援例，清廷以新敗之
餘，談虎色變，遂與之結修好條約，任其取若干權利而去！英、
法聯軍之役，又爲進一步之要求，利權之喪失亦愈多。於是法人

見我國之屢弱，得寸進尺，復謀我之安南，光緒時，遂進兵侵佔，與我軍戰於諒山，法軍大敗，然清廷猶與法人簽訂條約（光緒十一年中法越南條約），卒承認安南爲法之保護國，外交之失策，一至於此！法既佔安南，復思租我廣州灣，會法傳教師在廣州灣附近被害，法遂派兵佔領强行租借，清廷不得已，因與訂廣州灣租借條約（光緒二十五年），爲事後之承認。

中、俄兩國之結約爲時甚早，康熙二十八年之尼布楚條約蓋已肇其端倪，其時俄國正思伸其勢力於東部西伯利亞，清廷欲阻其東進，與之共結尼布楚條約，此約嘗爲國人認爲光榮之舉，然額爾古訥河北地即於此時斷送，邊疆失地蓋已肇基於此矣。俄人東進之心雖略受挫折，然其開擴土地之志固未嘗稍息，故探險之隊時時出没於黑龍江外與鄂霍次克海一帶。咸豐時，我國與英、法起釁，俄人乘我力難東顧之時，與我黑龍江將軍弈山共訂愛琿條約，約中規定“黑龍江松花江左岸由額爾古訥河至松花江海口，作爲俄羅斯國所屬之地”，於是黑龍江外諸地盡失，彼俄人又强定烏蘇里河以東至海之間爲共管之地，遂伏日後北京條約失地之基，僅黑龍江左岸精奇里河以南六十四屯彈丸之地，仍歸我有。光緒拳匪之役，俄人乘機戮我諸屯居民，而佔有其地，事後雖允歸還，迄今猶未履行，蓋已成懸案矣。愛琿訂約後之二年，英、法聯軍入北京，文宗狩於熱河，俄使居間調停，罷戰議和，因藉口索酬，清廷不得已，復與之結北京條約，而烏蘇里河以東共管之地完全斷送矣。若黑龍江口外之庫頁島，則俄人於乾隆之時早已收爲己有，我國以其荒服島嶼素不注意，及黑龍江烏蘇里河劃界，庫頁島更不暇問聞，遂使大好土地失於不知不覺之中，可慨孰甚！俄人雖得志吾國東北，然西陲之侵蝕正方興未艾，咸豐北京條約中即涉及西陲各地，約中言由“雍正六年所立沙濱達巴哈之界牌末處起，往西直至齋桑淖爾湖，自此往西南，順天山之特穆爾圖淖爾南至浩罕邊界爲界”。故同治三年依此約與清廷訂勘分西北界約記議定中、俄邊界"自沙濱達巴哈界牌起……順薩彥山嶺……賽留格木山嶺……大阿勒台山嶺至齋桑淖爾北面之海留圖兩河中間之山，轉往西南，順此山直至齋桑淖爾北邊之察奇勒莫斯鄂拉，即轉往東南，沿喀喇額爾齊斯河岸至瑪呢圖噶圖勒幹卡倫"，自此再循塔爾巴哈台山嶺至阿勒坦特布什山嶺，復往西轉南循霍爾果斯河至伊犁河岸之齊欽卡倫，"過伊犁河往西南行至春濟卡倫，轉往東南……由特穆爾里克山頂行……至根格河源……（又）至特克斯河"，循天山至葱嶺靠浩罕爲界，此約訂後阿勒台山後之阿勒坦諾爾烏梁海部及山前齋桑淖爾以西諸地失去矣。及回亂起，俄人出兵侵入伊犁，清廷派崇厚往俄交涉，崇厚懦弱，損失利權過多，乃復使曾紀澤與之折衝，另訂新約（光緒七年中俄改訂條約），保持利權不少，然伊犁西邊地方卒未能璧還。新界順霍爾果斯河，南越伊犁河而至烏宗島山廓里札特村之東，以此地易崇厚所許之特克斯谷地。然明年勘界之時，使臣昏庸，竟爲俄人所愚，竟以特克斯河流域復界俄人！而科布多、喀爾噶什等處勘界亦喪失疆土不少。科布多勘界爲光緒九年事，新界自大阿勒泰山下阿克哈巴河源起，越喀喇額爾濟斯河而至賽哩烏蘭嶺，界西之地盡付於俄人。喀什噶爾之北有察提爾庫里湖，其周盡爲膏腴之地，曾使改約之時，俄人即欲得此，賴曾使峻拒，得以保全，而光緒十年勘界之時，反輕輕讓與；而西界且允至烏仔別里山豁，遂起英、俄互分帕米爾之念，光緒二十二年，二國私分其地，我國雖盡力交涉卒無效果，推其本原，此次勘界使臣實不能辭其咎也。自議界以來失地日多，乾隆時葱嶺以西諸藩，亦無術羈縻矣（巴達克山、愛烏罕屬英，布哈爾、浩罕、哈薩克、布魯特屬俄）。中、日戰後，我國思聯俄以報日，許以若干利益，俄復假口租我旅順、大連；及日、俄戰後，旅、大又由俄人轉讓於日本。在俄人雖失二港，然本爲取之他人，非割土可比，我則易餓狼爲暴虎，其害益無已時矣。

日本之奪我疆土，始自光緒初年之縣我琉球。是時日本初強，力謀向外發展，我國積弱外現，遂與日人以可乘之機。甲午戰後，我國大敗，日人因割我朝鮮、遼東半島、臺灣、澎湖列島而去；幸得俄、德、法三國之干涉，乃以遼東還我，而其他諸地淪歸異族矣。日以俄聯法、德干涉遼東事，憤恨不平，因有甲辰日、俄之戰，戰後，我之旅順、大連又由俄人轉租於日本，領土任人分剖，無權過問，誠可憐矣！

珠江口外之澳門島，明嘉靖時開爲葡萄牙通商口岸，葡人年納租金；鴉片戰後葡人遂不肯繳納。光緒十三年中、葡兩國訂約於葡京，遂以澳門爲葡國永久管轄之土地。

甲午中、日戰後，俄人以中俄密約得鉅大之利益，其他各國亦相繼在華獲得良港，而德人獨向隅，乃假曹州殺德傳教師案，強租我之膠州灣而去！歐戰而後，此地又爲日人奪去，幾經交涉，始得歸趙。失土雖復，然當時恥辱之情形吾人又豈敢忘之！

外人於奪我藩屬，割我土地，租我良港之外，復於各通商口岸劃地爲租界區域，在此等區域内，佔有者握有實際之政權，我國不得稍事過問，與外人之領土實相類似。如天津一地計有英、法、日、意、俄、德、比、奧八國租界（俄、德、奧、比四國租界已先後收回），漢口有俄、德、法、英、日五國租界（俄、德、英三國租界已收回），上海有公共租界及法租界，其他則英國於廈門、九江、鎮江、廣州、營口等地有之（廈門、九江、鎮江等英租界已收回），日本於蘇州、杭州、福州、沙市、重慶、廈門、瀋陽、營口、安東等處有之（南滿鐵路別有附屬地域，亦我國權力所不能及），法國亦別有廣州之租界，而煙臺、蕪湖、鼓浪嶼又別有公共租界。庚子拳匪亂後，各國爲保護駐華各使，乃劃北平城内之東交民巷爲外國公使管區域，一國都城而有此等情形，實開世界各國未有之特例！侮辱之甚，一至於此，曷勝痛心！

嗚呼！自鴉片戰爭之後，迄於今日，行將百年，此百年之中，國勢益弱，外患日多，藩屬被奪，領土日損，殊堪痛惜！更有失土於不知不覺之中如黑龍江口外之庫頁島及南洋之蘇祿群島，皆嘗收入版圖，清室中葉以後漫不問聞，任人爭奪，其時國人對於領土漠不關心之情形，曷勝浩歎！今也，邊圉不整，強寇壓境，虎視鷹瞵，直欲得我而甘心，求其致禍之由，豈能謂非百年來積弱之結果！吾人回顧漢、唐兩代光榮之歷史及廣大之疆域以及與今日求生不得之局面相較，洵不能同日而語！感念疇昔，能不悲傷！光復舊土，還我山河，是在吾人好自爲之，勿謂漢、唐盛業永不能再見於今日也！

本章重要參考書：

清史稿。

清總理衙門：中俄條約彙要。

錢恂：中俄界約斠注。

施紹常：中俄國際約注。

于能模等：中外條約彙編。

洪鈞：中俄交界圖。

第二十六章　民國成立後疆域區劃
及制度之改革

清代之疆域區劃，以省爲主，省內復爲若干府廳州縣，三百年間，其建置雖時有增損，而其制度則前後相因，無大變更；民國成立，始盛加改革，遂與舊日面目異矣。國初疆域制度之改革，以廢除府廳州制及建置特別區域二端爲最鉅。府廳州制之廢除，清末已肇其端倪，惟僅廣東一省而已。建國以後，各省踵事效行，湖北、安徽、江蘇、浙江、江西等省，亦紛紛改革；然是時國體初定，法令尚未統一，故省自爲政，遂至相互參差，至爲不齊，湖南、貴州、廣西等省且有陞縣爲廳、州者。民國二年，政府爲劃一國內制度計，乃令各省一律裁府與廳州，舊制遂完全廢除，而縣名亦多有所釐正，全國疆域區劃一時有新氣象矣。

國初建置特別區域有四，熱河、察哈爾、綏遠、川邊是也。其地居中國本部及蒙、藏二地方間，而熱、察、綏三區尤多爲內蒙古故地。四特區之建置以綏遠爲最早，而熱河、川邊、察哈爾三區繼之。民國二年十一月，以山西口北之歸化城、薩拉齊、清水河、豐鎮、托克托、寧遠、和林格爾、興和、陶林、武川、五原、東勝等直隸廳舊地，陝西、河套之地及內蒙伊克昭、烏蘭察布二盟諸旗牧地建綏遠特別區域。次年一月，復以直隸之承德、朝陽二府及赤峰直隸州舊地，及內蒙昭烏達、卓索圖二盟牧地設熱河特別區域。其年四月，又以川邊、滇邊毗鄰西藏等處，劃爲川邊特別區域。六月，又以直隸口北道之獨石、張北、多倫諸地與綏遠之豐鎮、興和、涼城、陶林四縣及錫林郭勒盟察哈爾八旗牧地建察哈爾特別區域。舊順天府則於民國二年改爲京兆地方，以其爲京師所在故耳。

國初既裁遜清之府、廳、州，而諸省之區域過大，轄縣數多，統治不易，因釐定道制，使居省、縣之間，每道轄縣多者三十以上，少者十餘，各因其人口疏密，政務之繁簡而別其隸屬，其名稱如下：

　　　直隸省　津海、保定、大名、口北四道；
　　　奉天省　遼瀋、東邊、洮昌三道；
　　　吉林省　吉長、濱江、延吉、依蘭四道；
　　　黑龍江省　龍江、黑河、綏蘭、海滿四道；
　　　山東省　濟南、濟寧、東臨、膠東四道；
　　　河南省　開封、河北、河洛、汝陽四道；
　　　山西省　冀寧、雁門、河東三道；

江蘇省　金陵、滬海、蘇常、淮陽、徐海五道；

安徽省　安慶、蕪湖、淮泗三道；

江西省　豫章、廬陵、贛南、潯陽四道；

福建省　閩海、廈門、汀漳、建安四道；

浙江省　錢塘、會稽、金華、甌海四道；

湖北省　江漢、襄陽、荊宜、施鶴四道；

湖南省　湘江、衡陽、辰沅三道；

陝西省　關中、漢中、榆林三道；

甘肅省　蘭山、渭川、涇原、甯夏、西寧、甘涼、安肅
　　　　七道；

新疆省　迪化、伊犁、塔城、阿山、阿克蘇、喀什噶
　　　　爾、焉耆、和闐八道；

四川省　西川、東川、建昌、永寧、嘉陵五道；

廣東省　粵海、嶺南、潮循、高雷、瓊崖、欽廉六道；

廣西省　南寧、蒼梧、桂林、柳江、田南、鎮南六道；

雲南省　滇中、蒙自、普洱、騰越四道；

貴州省　黔中、鎮遠、貴西三道；

川邊特別區域　邊東、邊西二道；

熱河特別區域　熱河道；

察哈爾特別區域　興和道；

綏遠特別區域　綏遠道。

國民政府成立之後，遷都南京，廢諸道，行省、縣二級之
制。熱河等特別區域皆改爲省，使全國政治區劃趨於簡單，遠近
一致。尋復建寧夏、青海二省，而直隸、奉天亦改爲河北、遼
寧。其建省改稱之時略如下表：

熱河省　舊熱河特別區域，民國十七年九月改省。

察哈爾省　舊察哈爾特別區域，民國十七年九月改省，
　　　　　劃河北（直隸）之宣化、赤城、萬全、龍關、

懷來、陽原、懷安、蔚、延慶、涿鹿十縣來屬，又以民國初年由綏遠割來之豐鎮等四縣還綏遠。

綏遠省　舊綏遠特別區域，民國十七年九月改省。

西康省　舊川邊特別區域，民國十七年九月改省。

寧夏省　舊甘肅之寧夏道及阿拉善額魯特額濟納舊土爾扈特二旗地，民國十七年十月改爲寧夏省。

青海省　舊甘肅之西寧道及青海地方，民國十七年十月改省。

河北省　舊直隸省及京兆地方，民國十七年六月併京兆入直隸，改直隸爲河北省。

遼寧省　舊奉天省，民國十八年二月改遼寧省。

首都及通商大埠或人口稠密之區，皆別設市，市有隸於省政府者，有直隸於行政院者。直隸於行政院之市有六。其名稱及建置之年代如下：

首都市　民國十六年六月，以南京城郊區域置市；

上海市　民國十六年七月，以上海縣及寶山、南匯、松江、青浦等縣之一部置市；

北平市　民國十七年六月以舊都城郊置市；

天津市　民國十七年六月以天津置市，十九年一月改隸於河北省，近復隸於行政院；

青島市　民國十八年四月置市；

西京市　民國二十二年二月，以陝西省城置市。

清末於新闢土地及改土歸流之區，往往斟酌當地之情形，建置設治局，以爲置縣之準備；入民國後，此類建置益多，而陞爲縣者亦非少數，邊地荒區皆可藉此開發。省、市、縣之外，別有行政區二處，威海衛及東省特別區是也。威海衛舊爲英人所租借，東省特別區原爲中東鐵路附屬地，其行政權久操於俄人，二地收回之後，以其情形特殊，故設特區以治理之。若外蒙、西藏二地方，則仍因舊制，無所改革也。

　　我國現行之省制，乃承元人行中書省之舊，區劃過大，動感不便，加以改行省、縣二級制度以後，統治指揮稍覺不靈。近年迭有倡縮小省區之議者，然茲事重大，關係甚鉅，非一時所能實現。政府年來就江蘇、安徽、浙江、江西、湖北、福建、河南、四川等省創設行政督察區，每區各轄若干縣，蓋以補救現行地方制度之不足，惟新制初建，尚未能普遍耳。

本章重要參考書：

內政部：中國最近政治區劃之變遷(地理雜誌四卷三期)。

最近關於行政區劃之變遷事項(水陸地圖審查委員會會刊二期、三期)。

內政部整理各省行政區劃之統計(同上三期)。

最近本年來關於行政區劃之變遷事項(同上一期)。

王念倫：中華民國地理沿革錄。

陸爲震：近年來我國政治地理之變遷(東方雜誌二十六卷二十二期)。

中華民國省道縣區域表(民國三年地學雜誌第七第八期)。

崑崙傳説與羌戎文化[*]

一　引言

　　要寫一部中國民族史是不容易的。中国的民族由許多大小種族混合而成，這是無疑的事；可是這許多原始的種族當初生長何地，移植何地，如何創造自己的文化，如何吸收他方的文化，又如何與遠近諸種族交通聯繫而建立一個大民族，歷史書上空白太多，或者除了一個種族名之外其他全是空白。我們對着這些空白只有嘆氣，恨古人不該這般不愛惜史料，讓他大量的澌滅。但歎氣是無用的，我們該得盡力尋覓。尋覓的方法有兩種：一是用考古學的方法到地底下去找；一是用歷史學的方法，從許多零斷的文字記載中，拼拼湊湊，來看出一點的跡象，試作系統的説明。這都是極辛苦的工作，我們爲了完成這重大的任務是不得不做的。

　　自從殷虛經過大規模的發掘，我們對於商代文化，即中國東部文化，已有了一個大體的認識。至於中國西部文化，也曾有瑞

*　第一至一〇章收入二十世紀中國史學名著之古史辨自序，河北教育出版社，2000 年 12 月。此前各章刊載情況分別注於各章之首。

典安特生(J. G. Andersson)在中國地質研究所工作時發現的仰韶型陶器，這遺址廣佈於甘肅青海境內。在我們的歷史裏，講西北諸種族的，史記有大宛傳，漢書有西域傳，後漢書有西羌傳，似乎也不難窺測其崖略；但這些書裏所記載的時代太近，或只説漢代，或兼數周、秦，總不過兩千多年，上距彩陶文化的時代還有邁長的一段路程。在這些史書之外，不是沒有材料，只是太零碎了，不容易聯串起來，有些也不容易看出抉出，因此也就沒有人下手鈎索。我們對於西北古代史的知識，真可説是非常的貧乏！

一九三四年，我們許多史學界的朋友在北平組織禹貢學會，研究中國民族史和疆域沿革史。我個人是研究古代史的，所以要在古代的民族和疆域的範圍裏理出一個頭緒來，山海經、禹貢、職方、王會、穆天子傳等書成爲集中注意的對象。當時曾在禹貢半月刊中發表九州之戎與戎禹一文，討論禹和西方民族的關係，把我在古史辨第一册中的禹爲南方民族傳説中的人物的説法自行打破。我覺得，中國正統文化中很多是接受戎文化的，所謂華夏之族也不少由戎族分出，不過其中進握中原政權的已自居爲華夏，不肯老實説出他們自己的前面一段歷史，而停留在原來地方的則仍稱爲戎，又苦於文化較低，沒有寫作的方便。在這樣躲躲閃閃的心理和狀態之中，使得我們的民族史部門損失了好多寶貴的資料。爲了使這問題的思想略成系統，所以我想進一步對於戎的文化作專題的研究。

一九三七年，日本軍隊佔據了北平，我被迫離開，悲痛地放下學術工作。那時政府派我到甘肅等省設計教育，我想爲幫助西北青年固然該去，爲了實現我研究戎文化的計劃也是該去，便欣快地接受了這個使命，在河、湟、洮、渭諸流域裏走了不少地方，幼年在書本上讀到的鳥鼠、積石、西傾諸名山也一一踏到了。那邊是蒙、回、藏、土、撒拉諸種人所居，而藏民尤多，藏民，俗稱爲番子，這個名稱是由吐蕃來的；依據史書所記，實即古代的羌族。他們的生產依然是畜牧；他們的政治組織依然是酋長制度。他們和古代羌人不同的地方，只是有了西藏佛教之後，他們的宗教組織是十分嚴密了。他們用宗教支配着一切生活，生活和宗教打成一片。我感到他們信仰的純潔誠摯，非常可愛；但也可惜他們太不注重歷史，使我們無從得着他們數千年來的人事記載。

我那時由蘭州向西南行，迤邐到了西傾山，走了幾個月，只有上坡路，沒有下坡路，越來越高，到超過了五千公尺時，呼吸也困難了。我纔恍然於禹本紀所謂"崑崙，其高二千五百里"這句話，正和山東人說的泰山高四十里一樣。泰山主峰海拔一五四五公尺，合起華里才三里多，而謂之四十里者，乃是把上坡的路程都算作了它的高度了。崑崙，我雖没有到，但它的高偉的氣象我已可藉了這回的旅行而領略。於是我想在研究戎文化之外再作一個崑崙的研究。不過一經注意，材料就苦於太多太亂，而且在抗戰期中，常常爲了逃避轟炸，生活過分不安寧，説不上幹研究工作，只成爲心頭許下的一個願望而已。

一九四八年，我又到了西北，在蘭州大學任教。因爲功課忙，沒有遠游。其時學校裏建造一所高大的房子，象徵着崑崙山，名爲崑崙堂。到了奠基的日子，囑我作一篇文字來紀念。我的文中，以爲漢武帝所定的崑崙，河源説既給現代地理學界推翻，于闐南山又不雄峻，所以這個崑崙不過發表他個人的意見，不能當作事實看。真正的崑崙，當定爲青海的巴顏喀喇山的主峰噶達素齊老，試看黃河蜓其東南，長江發其西南，柴達木河蟠其東北，舒嘎果勒河注其西北，形勢和山海經中的崑崙多麼相像；何況還有漢書地理志的證據，何況大河壩一带還出産玉石！但這只是一篇抒寫感想的短文，不能視爲考證的作品。去年到了上海，假寓法華鎮，承海光圖書館供給我一切的方便，地方又靜

謐，適合於構思和寫作。附近又有徐家匯天主堂藏書樓及合衆圖
書館，許多的材料等待我去尋取。在這樣的環境中，我再能不工
作嗎，於是我便回復了十餘年前的治學生涯，首先從事於崑崙的
研究，用一年的工夫完成了這一篇。尤其高興的，李得賢君來到
上海，幫助我搜集和整理材料，他是青海化隆人，記得那邊的歷
史、地理、語言和風俗特別多，給我以不少的啟發，使我不致冥
行迷路。還有李唐晏、胡厚宣、王善業、方詩銘、蔣孔陽、王煦
華諸君對於我這工作從各方面給以助力，使這文加速完成且達到
比較正確的地步。自從做了這回深入的研究之後，我才知道在崑
崙傳說裏即足以表現羌、戎文化，要研究羌、戎文化時崑崙即是
一個主要題材。我怎樣的舒暢，爲了得着許多朋友的合作，消釋
了十多年來頓在心頭的一團血塊！

　　時代的潮流是不可抗拒的，在什麼樣的時代裏各人就會不期
而然地感到什麼樣的問題。去年武漢大學教授蘇雪林女士到上海
來。她是楚辭研究的專家，積着多年的研究，新成崑崙之謎一
册，是屈賦新探中的一篇，她拿給我看。裏邊説崑崙不是中國的
山，這山該在阿拉伯半島的西北；崑崙所出的四水即是舊約創世
紀中伊甸園裏流出的四水，亦即巴比倫建國處的替格里斯、幼發
拉底斯諸河。她説：巴比倫遠古傳説即謂有一神山曰 khur-
sagkurkura，其意猶云大地唯一之山，爲諸神的聚居地，也即諸
神的誕生地。崑崙一名即是 kurkura 的音譯。這個神話分布極廣，
埃及、希臘、北歐、印度都有類似的説法，可以説全出於巴比倫
神話的演化。這個大膽的想像並不開始於她，可是她説的最詳
確。我的研究固然毅不上證明這假設，但我的論文中許多不能説
明的地方，得了這個啟發之後卻可以説明多少，使我非常的忻
幸。我覺得崑崙問題的根源必須有了這個假設方始放得妥貼。我
深信她的著作發表之後，得到西方專家的響應和探討，必可使這
個問題徹底解決。所以本篇結尾數章中很多採取她的説法，蘇女

士的書因印刷困難尚未出版，請恕我先在這裏引用了。

在這篇文字發表之後，我將再寫一篇九州四嶽説和羌、戎文化，九州和四嶽都是尚書、王制、周禮等書裏的問題，是十足的中國正統文化，但一經仔細研究，實在都從羌、戎區域裏發源，及至傳進了中原然後大大地擴展的。羌、戎的宗教性向來強烈，崑崙是他們的宗教中心，四嶽也是他們的宗教中心。這些宗教的儀式傳進了中原，於是有"封禪"的大典禮；這些宗教的故事傳進了中原，於是有整整齊齊的一大套中國古史。二十餘年前，我們研究古史，已知道古史人物即由神話人物轉變而來；但這些神話人物從哪裏來，終苦於摸索不到邊際。現在我們明白了，這是東方人接受的西方文化，也就是西方的宗教變成了東方的歷史。我欣喜我們的研究工作得到了一個結果了！

我敬致極度的感謝於法國巴黎大學漢學研究所，容許我在他們機關的刊物裏發表這篇文字，並替我作若干處的訂正。本文的插圖都由上海亞光輿地學社繪製，一併致謝。我相信，關於地理問題，從前人所以討論不清楚，就爲沒有正確的地圖可以作討論的憑藉。現在隨文插圖，没有一些疑滯，討論的是與不是，自然誰都能彀很快地判斷了。

二　三千多年來的羌戎*

中國是一個多民族的國家。在夏代以前，亞洲的東大陸上林立着不同種族、政治、社會組織和文化傳衍的或有關聯或無關聯

＊　原載社會科學戰綫 1980 年第一期，題從古籍中探索我國的西部民族——羌族。

的無數部落；經過了夏、商、周三個大朝的一、二千年來的陶鑄和經營，才把統一的"中國"逐步建立了起來，也把"華夏"的民族意識培養成功了。但那時"華夏"的固定疆域實在不大，就以處在晚期的周朝來説，黄河流域只有龍門以下的東邊一段歸屬於它，待黄河流到滎陽之後，中國文化區就接上了濟水流域，東到泰山和黄海而止；西邊呢，渭水流域大抵西面不度隴山；南面的伊、雒(洛)、淮、泗諸水，北面的汾水和桑乾河，也不過占得一半或一部分；至於淮水以南的江、漢流域，只不過在短時期内隸屬過。這可見，由很多的少數民族融合而爲一個大民族，實在是一個漫長的歷史發展過程，雖以黄河流域大平原之適宜於建立一個大帝國，也不是雄心勃勃和武力强盛的統治者可以憑着他的一古腦兒統治起來的大慾望所能統一起來的。

爲什麽古代的統一的事業會得這樣地緩慢呢？首先是由於當時生産力的低下，華夏族和周圍各個少數民族經濟、文化上的交往不太密切，其次則是由於各種政治、軍事上的干擾，民族融合過程也只能在曲折縈回的羊腸小道上慢慢地發展。各個民族都有她自己的文化，在民族的融合過程中，各民族的文化也隨着融合而爲一個民族的文化，那就成爲中國的正統文化，此後大家也就忘卻了追溯它的源頭了。這個追溯的責任，當然應由歷史學者擔負着，只是以前的歷史學者還想不到這件事，他們把這塊豐腴的園地留給我們了。我們現在明白了許多中國文化並不是發生於華夏族的，我們就得轉向其它民族中找去。

(一)古代所謂華夏族四周的少數民族

古代所謂華夏族四周的少數民族，部類名稱分別甚繁。就其犖犖大者而言，則東方爲夷，南方爲越，北方爲胡，西方爲羌。實際上，在每一個大名之下又決不是一個單純的種族。例如越，當時有東越、西甌、閩越、揚越、越裳、山越諸名，或姓爲芈，或姓爲騶，或託姓爲姒，自從長江流域的東頭，沿海直到印度支那半島，都包括在越的一名之下。因爲部類太多，又總稱爲百越。在沒有得着體質人類學家在得着地下的豐富物質材料裏作出研究的結論之前，我們決不能判定他們是一族或含有幾個種族，而只能在歷史材料裏盡力推尋其分合的跡象，以提供於人類學家，作爲他們研究時的參考。

戰國以下的人總喜歡把"夷、蠻、戎、狄"四名分配"東、南、西、北"四方。例如禮記王制裏說：

東方曰夷，被髮文身，有不火食者矣。南方曰蠻，雕題交趾，有不火食者矣。西方曰戎，被髮衣皮，有不粒食者矣。北方曰狄，衣羽毛穴居，有不粒食者矣。

又如大戴禮記的千乘說：

東辟之民曰夷，精以僥……。南辟之民曰蠻，信以朴……。西辟之民曰戎，勁以剛……。北狄之民曰狄，肥以戾……。

他們都是把一個名詞非常確定地分配固定的規律，好像絕對沒有疑義似的。不過從我們看來，這事卻大有磋商的餘地。例如詩大雅韓奕說：

溥彼韓城，燕師所完。以先祖受命，因時百蠻。王錫韓侯，其追其貊，奄受北國，因以其伯。

西周時的韓國，春秋時是晉的韓原。依江永考定，在今山西的河

津、萬泉兩縣間(見春秋地理考實)。當時周王命韓侯管領北國的
追、貊諸族，做他們的長官(伯)，而曰"因時百蠻"，可見北方的
異族也可稱蠻，蠻字決不能單屬於南方。又如大雅緜説：

> 柞棫拔矣，行道兌矣。混夷駾矣，維其喙矣。

這是説周家自在周原建國之後，木拔道通，混夷奔竄不遑，只得
輸誠降服。混夷，即孟子梁惠王下説的：

> 惟仁者爲能以大事小，是故……文王事昆夷。

鄭玄毛詩箋於小雅采薇也説：

> 昆夷，西戎也。

這明明是西方的人民，乃不稱爲"戎"而稱爲"夷"，可見這夷字也
不能單屬東方。又竹書紀年説：

> 武乙三十五年，周王季伐西落鬼戎，俘二十翟王。(後
> 漢書西羌傳李賢注引)

王季國於岐山，他所伐的戎當然是西戎，所以稱它爲西落鬼戎；
然而"翟"即"狄"，他伐西戎時所俘獲的王卻稱爲狄王，那麼這個
狄究竟在西呢，還是在北呢？所以拿夷、蠻、戎、狄四名分配到
四方，固也可以得其大齊，可是決不能看作有嚴密界限的稱謂。

（二）羌的由來及其在商代的活動

在西方，羌與戎都是大名，戎是西方諸族的通稱，爲表示其地望則曰“西戎”。羌自是某一族的專名，但因他們所占的地方太大，漸漸也成了通稱，例如范曄後漢書的西羌傳就是把西方各族都收了進去的，因此西方諸族也不妨稱爲“西羌”或“羌、戎”。又因西方諸族之中，氐亦甚大，所以往往連稱“氐、羌”。我們現在要作細密的分析，使得這一族不爲那一族所混淆，幾乎成爲不可想像的事。

羌是一個象形字。説文羊部：

> 羌，西戎牧羊人也。从人，从羊；羊亦聲。

應劭風俗通亦説：

> 羌，本西戎卑賤者也，主牧羊。故“羌”字从羊、人，因以爲號。（太平御覽卷七九四引。嚴可均輯入全後漢文風俗通義佚文）

從這些話裏，可見羌即“牧羊人”的意思，是以生產的職業爲其族號的。但新、舊唐書的吐蕃傳卻説：

> 其俗重鬼右巫，事羱羝为大神。

羱是大角的羊，羝是牡羊。吐蕃爲羌人所建之國，他們貴重大角的牡羊，尊爲大神，説不定他們是把羊作爲圖騰的。按甲骨文中有虎方、馬方諸國名，疑都是用了他們的圖騰稱呼他們的部落；

還有羊方，當然即是羌方了。在甲骨文中羌字寫作：

　　　　个(殷虛書契前編式、四一)。火(前式、四二)。芾(後上、二六)。个(日本林泰輔龜甲獸骨文字式、一四)

等樣。依照董作賓的甲骨文斷代研究例，這是武丁以前的寫法，到祖甲以後，變成了

　　　　芾(前式、四一)芾(前式、四二)芾(前式、三五)芾(鐵雲藏龜之餘七、一)

諸體。8是索子的象形。何以羌字上要加一條索子呢？羅振玉以爲是象羌人的以索牽羊，因爲羊行每居人先，所以這條索子在後而不在前(見殷虛書契考釋)。董作賓則以爲人的頸上加寫一條繩索，是表示羈縻的意思(見殷代的羌與蜀，説文月刊三卷七期)。我覺得商代俘虜羌人甚多，祭祀時每把他們作爲犧牲，可見平時也必把他們作爲奴隸。奴隸爲"奚"，甲骨文作"奚"(前式、四二)或奚(前式、三)，羅氏釋爲從手持索以拘罪人(書契考釋)。可是四川漢墓裏發見的土俑，奴隸結髮爲辮而上翹(見四川省立博物館所藏)，正和甲骨文的"奚"字相合。因此想到，羌人結辮，似即是羌字的來源。當時製成這字，一方面指出他們不和中國人一樣地束髮加冠，一方面又鄙視他們是奴隸。風俗通説的"羌，本西戎卑賤者也"，即是此意。只是奚的辮髮上翹而羌的辮髮下垂，有一點不同。如果這個猜想還有可疑，那末，這簡直是用了索子繫着被俘虜的羌人的象形。

　　羌和華夏發生關係，不知始於何時，夏、周兩大朝均由西方勃興，羌對華夏的歷史關係一定非常深切。就經典資料看，至少在商湯時已有往來。詩商頌殷武説：

　　昔有成湯，自彼氐、羌，莫敢不來享，莫敢不來王，曰
商是常。

因爲商湯滅夏之後成爲东方唯一的大國，所以西邊的氐、羌都不
敢不來臣服貢獻，承認商是他們的宗主國，依據一般記録的年代
來説，這已是三千六百餘年前的事情了。

　　自從甲骨文大量出土，關於羌人的記載發現了很多。研究的
結果，知道羌方是當時西方的一個大國，他們地廣人衆，和商朝
的爭奪關係最多。他們大致分爲兩個大部落，一個是北羌，如：

　　　　己酉，卜，㱿貞：王重（惟）北羌伐。（前四、三七、
　　　一）。

一個是馬羌，如：

　　　　□□，卜，宁貞：令多馬羌御方于□（續五、二五、
　　　九）。

爲什麼叫作馬羌，或者是爲了他們善於養馬的緣故；否則便是他
們以馬爲圖騰。後來的白馬羌疑即馬羌的苗裔。羌的疆域相當地
大，北面和鬼方、呂方爲鄰，東面有沚、吳、易、雀、犬、周許
多國，東南近缶和蜀，大致説來，他們占有了現今甘肅省大部和
陝西省西部。他們對於商朝是叛服不常的。在武丁時，卜辭説：

　　　　丁巳，卜，㱿貞：師獲羌，十二月。（後上、三〇、一
　　　四）

這樣的戰爭一定有大量的俘虜，所以武丁在祭祀時就常常用羌

人，如：

> 己未，俎田羍，羌田人，卯十牛，左。（前六、二、二）

"卯"是宰殺，商人宰了十頭牛祭羍，很明白他們同時也宰了十個羌人。又武乙時的卜辭説：

> 王其又（侑）于小乙，羌五人，王受又（佑）。（新獲卜辭寫本一九八）
> 甲辰，貞，來甲寅，又伐上甲羌五，卯牛。
> 甲辰，貞，又伐于上甲九羌，卯牛一。（均後上、二一、一三）

爲了商王要接受上天的福祐，所以在祭祀先王的時候要伐羌五人至九人。這"伐"字，董作賓以爲舞干戈而祭，和詩大雅皇矣的"是伐是肆"及禮記樂記的"天子夾振之而馹伐"同義，乃是商王命令羌人樂舞以助祭祀。但伐字甲骨文作戎（前弍、一八）或戈（前叁、二九）明明是把戈按在人的頭頸後面，所以普通都用作殺義。"伐羌"和"卯牛"文正相對，該是殺羌以祭的對。春秋時，宋襄公用鄫子于次睢之社（僖十九年左傳），可見殺人以祭本是商人的風俗，宋是商裔，因此就沿用了。若説是樂舞，則五人至九人未免太少。在生產方面，羌人爲商朝的服務，最重要的是牧畜。例如在武丁時，

> 甲辰，卜，亙貞：今三月光乎（呼）來。王固曰："其乎來，乞（迄）至，佳乙。"旬出（有）二日，乙卯，允出（有）來自光，氐羌芻五十。（金祖同殷契遺珠六二〇）

這是先卜這三月中王令光國來人，王又問說："叫他們來的，是繼續要到的，大概在乙日吧?"以下是史官亘的追記："在一旬又二日(自甲辰至乙卯得十二日)的乙卯那天，果然有人從光國來了，帶來了五十名羌芻。""氏"是帶來的意思，"芻"就是養牛羊的人，這是商朝對於羌人的徵發。其次是田獵：

　　　多羌獲鹿。(前四、四八、一)

鹿奔逃極快，中了箭也能飛馳，必待力竭而後可獲。武丁好田獵，在他田獵的時候一定有許多羌人相從，他們就替這位商王奔走，捉住了鹿了。又其次是種地。文丁時，

　　　貞：王令多羌坚田。(郭沫若殷契粹編一二二二)

這個田字寫作囲，甲骨文也作囲，正是代表着井田的遺制，乃是農田的田字的正寫。畜牧和田獵本是羌人的長技，耕種卻不是他們內行的事情，只是要使用他們的勞力罷了。

　　武丁的武功最盛，周易裏說他用了三年的力量克服鬼方，這真是古代的一回大戰事，因此在鬼方南面的羌方就被他壓得伏伏貼貼。可是以後就不能這樣了。康丁時，

　　　于父甲求弋(災)羌方。(董作賓殷虛文字甲編一九四六)

他祭祀祖甲時，請他的在天之靈降災於羌，可見羌人已不是對商朝服服貼貼的了。至武乙時：

　　　王□次令五族伐羌。(後下、四二、六)

"次"釋"母"，借作"毋"，即"勿"。當時伐羌曾擬用五族的武力，可見羌相當的强盛。到文丁時，

王于宗門逆羌。（甲八九六）

羌方又來賓時，王親自出迎了，商與羌已重歸於和好。然則羌方在商朝究竟處在什麼地位呢？按骨刻臼辭：

丙寅，羌衞示（致）一矛（包）岳。（王襄簠室殷契徵文典禮六、四七）

壬戌，羌衞示七矛。小臺。（遺四二六）

一頭牛，前面的肩胛骨有一對可用，矛字（𡴋）正像兩個骨臼包紮起來的形狀。一頭牛的一對胛骨，叫作"一包"；單個的叫作"一臼"或"一角"。這種胛骨和龜版一樣，都是王的婦子和各國諸侯進貢來的。羌人進貢胛骨時，史官岳和臺記錄這事，稱爲"羌衞"。董作賓疑羌衞是羌方君長的名字，按此説非是。尚書康誥、酒誥及康王之誥等篇或説"侯甸男衞"，或説"采衞"，向來不易解釋；周官的作者把它演作九服，更不合事實。自從矢令彝出土，發現了"眔（逮）者（諸）𢏔二田（甸）男"一语，才知道有國之君，諸侯是第一級，侯甸男是第二級，采衞是第三級。諸侯是大國，侯甸男爲侯的附庸，是小國，皆出於王朝所封。采衞是自己建立的國家（夷狄），或是前代遺存的部落，與當代的王室並無嚴格的主屬關係，只是游離的外圍分子。羌之與商，叛服不常，正是如此，所以把她稱作"羌衞"（以上所用董氏之説，均見其所作獲白麟解，安陽發掘報告第二期，及殷代的羌與蜀）。

（三）商末周初的羌參加了周
武王伐商的活動

到了商末周初，他們又參加了周武王的陣綫來打擊商朝了。尚書牧誓説：

> 時甲子昧爽，王朝至于商郊牧野，乃誓。……王曰：
> "嗟，我友邦冢君……及庸、蜀、羌、髳、微、盧、彭、濮人！……"

唐孔穎達正義云：

> 此八國皆西南夷也。文王國在於西，故西南夷先屬焉。

其實不但西南，也有西北的；也不但夷人，也有周室的姻親。後漢書西羌傳道：

> 西羌之本……姜姓之別也。

這句話説明了"羌"和"姜"本是一字：羌從人，作爲種族之名；姜從女，作爲羌族女子的姓。正如鬼方的"鬼"字從人，是族名；他們的女子便姓了"媿"（見包君鼎等器，今左傳誤作"隗"）。章炳麟檢論序種姓道：

> 羌者，姜也。晉世吐谷渾有先零，極乎白蘭，其子吐延爲羌酋姜聰所殺，以是知羌亦姜姓。

我們看，天水姜氏是大族，名人有姜維及姜儉等，可知姜姓本是在西方的。晉語四云：

> 昔少典娶于有蟜氏，生黃帝、炎帝。黃帝以姬水成，炎帝以姜水成，成而異德，故黃帝爲姬、炎帝爲姜。

姬水雖不知道在哪裏，而姜水則見於水經渭水注，云：

> 岐水……又屈逕周城南，又歷周原下，……水北即岐山矣。岐水又東，逕姜氏城南，爲姜水。

岐山是周家發跡的地方，而姜水即在岐山的東南，明姬、姜兩姓當時所居處的地方極近，恐怕這所謂"姬水"即是岐水也未可知？

周的始祖后稷，相傳是無父而生的。他的母親叫作姜嫄。詩大雅生民云：

> 厥初生民，時維姜嫄。生民如何？克禋克祀，以弗（祓）無子。履帝武敏歆，攸介攸止，載震載夙，載生載育，時維后稷。

又魯頌閟宮也說：

> 赫赫姜嫄，其德不回，上帝是依。無災，無害，彌月不遲，是生后稷。

把兩篇文字合看，可知生民的"帝"就是閟宮的"上帝"。她的胎是上帝所給予的，給予的方法就是"履帝武敏歆"，這句話不容易講，史記周本紀用今語譯了出來，云：

> 姜原出野，見巨人跡，心忻然説，欲踐之；踐之而身動，如孕者。

他以巨人釋"帝"，足跡釋"武"，身动釋"歆"，惟"敏"字未釋。鄭玄毛詩箋增補道：

> 敏，拇也。……時則有大神之跡，姜嫄履之，足不能滿，履其拇指之處，心體歆歆然，……如有人道感己者也。

照這二説，是她踏上了上帝的拇指所印之處，她的肚子就震動起來了。生出來的兒子是一位種植的專家，種什麽好什麽。生民又説：

> 即有邰家室。

有邰，毛傳釋爲"姜嫄之國"。因爲后稷無父，長於母家，所以他的家室也就在有邰。有邰所在，漢書地理志説：

> 右扶風斄：周后稷所封。

顏師古注道：

> 讀與邰同，音胎。（依南監本）

斄的故城在今陝西武功縣南。地當渭水之北，漆水之南，岐山之東南。那邊正和姜氏城遥遥相望。

由於姬、姜兩姓相處極近，所以常常結爲婚姻。詩大雅綿云：

　　緜緜瓜瓞：民之初生，自〔土〕（杜）〔沮〕（徂）漆。古公亶
父。陶復陶穴，未有家室。（依王引之經義述聞改）

　　古公亶父，來朝走馬，率西水滸，至于岐下。爰及姜
女，聿來胥宇。

　　周原膴膴，菫荼如飴。爰始爰謀，爰契我龜，曰止曰
時，築室于茲。……

這詩以"緜緜瓜瓞"發端，而終於"文王蹶厥生"，顯然是一篇周家
克商以前的原始要終的詩。首章言"民之初生"，與生民的"厥初
生民"一樣，可見其時代的早。下言公亶父而加上一個"古"字，
又見其時代的遠。自從孟子誤用古典，他對齊宣王說：

　　昔者大王好色，愛厥妃。詩云："古公亶父，來朝走
馬，……爰及姜女，聿來胥宇。"（梁惠王下）

於是戰國以來的人們常稱大王爲大王亶父（如穆天子傳及呂氏春
秋等書均有），把周的先公亶父和先王太王併作一人。其實太王
既已稱"王"，諡太，作詩的人就不應當再稱爲"公"；詩上明說
"民之初生"而即承以太王，時代先後也太不調和。再有一點沒法
講通的，看周本紀公劉爲太王九世祖，時代提前約三百年，大雅
公劉說他：

　　篤公劉，……乃陟南岡，乃覯于京。京師之野，于時處
處，于時廬旅。……篤公劉，于京斯依。蹌蹌濟濟，俾筵俾
几，既登乃依。……食之飲之，君之宗之。

他遷都到京，在那裏造了很多房屋，賓旅的人也有了廬舍；又立
宗廟，作盛大的祭祀：可見那時周族的文化已很高超。但在緜篇

裏，公亶父過的還是"陶復陶穴，未有家室"的窰洞生活，文化程
度何以竟如此地低落，比了九世祖時倒退了很多年呢？因此，我
敢斷說：公亶父一定在公劉之前。后稷本是農神，未必有這人。
公亶父乃是周家歷史時代的第一人，那時他從杜水流域遷到漆水
流域，杜水即在漦的東邊，漆水則發源於岐山之西而經其南，於
是他走到了周原，這是一塊極肥美的地方；占卜的結果，他就在
那邊築起宮室，享受高級的生活了。他的妻子姜女，是在岐山下
娶的，她是姜水邊上的人；這位姜女是第一位從姜族裏嫁給周家
的，所以後人稱爲"太姜"。周語中云：

> 齊、許、申、呂由太姜。

齊、許、申、呂諸國都是姜姓，其所以在周武王得天下之後受封
爲諸侯，就爲的是太姜母家人的緣故。又周語下云：

> 昔武王伐殷，歲在鶉火，月在天駟，日在析木之津，辰
> 在斗柄，星在天黿。星與日、辰之位皆在北維，顓頊之所建
> 也，帝嚳受之。我姬氏出自天黿。及析木者有建星及牽牛
> 焉，則我皇妣太姜之姪，伯陵之後，逢公之所憑神也。歲之
> 所在，則我有周之分野也。月之所在，辰馬，農祥也，我大
> 祖后稷之所經緯也。王欲合是五位三所而用之。

這是説武王伐殷所以勝利，全爲他出兵的日子揀選得好。他把
歲、月、日、星、辰五位全都顧到。歲星在鶉火，是周的分野；
月在天駟，是農祥，正合於周家老祖宗后稷的工作；日在析木則
是姜家老祖宗逢公的神靈所在；辰在斗柄是周的始祖帝嚳所受的
北維；星在天黿又是齊的分野，爲太姜之後姬氏子孫所自出。這
"五位"之中，周家占了三事，姜家占了二事，姜家對於周家的關

係是何等地密切！

　　其後太王娶的也是姜姓之女。詩大雅思齊云：

　　　　思齊太任，文王之母，思媚周姜，京室之婦。

文王是太王的孫子，他的母太任是太王的兒婦，所以她孝敬她的
婆婆周姜。因爲公劉之世遷國到京，所以稱爲“京室之婦”。其後
武王娶的也是姜姓之女，稱爲“邑姜”。左氏昭元年傳云：

　　　　當武王邑姜方震（娠）大叔，夢帝謂己：“余命而子曰虞，
　　將與之唐。……”

爲了周和姜姓有接叠不斷的婚姻，所以武王得了天下之後，除大
封同姓外，受封最多的要推姜姓了。齊太公尚父一向給戰國游士
説成東海上的隱士，渭水邊的釣徒，或朝歌市的屠户，其實乃是
周室的一位舅爺。一部左傳，周王對齊侯説話，總稱爲“伯舅”。
周與姜正同耶律氏的遼帝和蕭氏一樣，凡娶皇后必是蕭氏，怪不
得現在戲臺上演楊家將時儘看見“蕭太后”了。

　　申、呂、齊、許諸國是姜族裏最先進中原的，他們做了諸
侯，做了貴族，就把自己的出身忘了，也許故意忌諱了，不再説
出自己是羌人而説是華夏；至於留在原地方的呢，當然還是羌，
還是戎。左氏僖二十二年傳説：

　　　　秋，秦、晉遷陸渾之戎于伊川。

陸渾是戎人在西方的原居地，到這時，秦、晉兩國就合力把他們
遷到了伊水流域。這是逼近周都的，所以周王很不高興。左氏昭
九年傳中有下面一件事：

　　周甘人與晉閻嘉爭閻田。晉梁丙、張趯率陰戎伐潁，王使詹桓伯辭于晉曰："……先王居檮杌于四裔以禦魑魅，故允姓之奸居於瓜州。伯父惠公歸自秦，而誘以來，使偪我諸姬，入我郊甸，則戎焉取之！……"

遷戎於伊川是晉惠公在位之時，所以知道周王所指的即係此事。這條文字稱爲"陰戎"，因爲他們住在黄河之南，秦嶺山脈之北，山北曰"陰"，水南亦曰"陰"，故就他們所遷的地方別立"陰戎"一名。這一種戎是允姓，其原居地爲瓜州。又左氏襄十四年傳云：

　　將執戎子駒支。范宣子親數諸朝，曰："來，姜戎氏！昔秦人迫逐乃祖吾離于瓜州，万祖吾離被苦蓋，蒙荆棘，以來歸我先君。我先君惠公有不腆之田，與女剖分而食之。今諸侯之事我寡君不如昔者，蓋言語漏洩，則職女之由！……"

這是姜戎，當然姓姜，他們原先也住在瓜州，同樣爲晉惠公所遷。當時秦人逐戎，晉人便迎了進來。惠公安頓這瓜州的兩支戎人，命陸渾戎住在周的伊川，姜戎住在晉的南鄙。這個姜戎豈不很顯明地即是申、吕、齊、許的本家；但因爲他們住在老地方，没有接受華夏文化，改變他們的生活方式，所以便不能脱卸"戎"名。瓜州在今何地？杜預解云：

　　瓜州，今敦煌。

他爲什麽這樣説？因爲他看漢書地理志敦煌縣下記着：

　　杜林以爲古瓜州，地生美瓜。

所以他放心地襲用了。其後酈道元在水經禹貢山水澤地篇注中又把杜林的話鈔得更詳細一點：

　　　　杜林云：燉煌，古瓜州也。州之貢物，地出好瓜，民因氏之。瓜州之戎，并于月氏者也。

他的話說得這樣地確切肯定，可說是令人毫無懷疑的餘地。但是秦都於雍，即今陝西鳳翔縣，離敦煌三千餘里，真所謂“風牛馬不相及”，不知道秦人爲了哪種需要而興師動衆，攻打的這樣遠？而且鳳翔以西重重叠叠地住着戎人，秦國如果不先除掉這近處的戎，又哪能攻擊這遠道的戎？再說倘使秦穆公時已真能打到敦煌，那麽到了孝公以後國勢大盛，豈不能發展到天山南北，越過葱嶺，何以秦始皇造長城要把臨洮（今甘肅岷縣）作爲起點，沿着洮水而北行，等到洮水入了黃河，長城又沿了黃河而東行，竟慷慨地放棄了穆公所開發的河西一大片好地方？還有一點也是我們所萬不能解釋的，秦的大軍從鳳翔向西北開拔，迫逐住在敦煌的戎人，戎人正該沿了黨河向南逃到青海，或出猩猩峽向西北逃到哈密，或出陽關向西逃到樓蘭才是，但他們卻不然，偏偏對着秦軍迎頭趕上，反逃到了周和晉的地方呢？因爲這些理由，所以我們敢說：瓜州必不在今敦煌，它一定離鳳翔不遠，所以秦人可以把他們趕出去，晉人也可以把他們引進來（關於這一個問題，將來當另作四嶽九州說與羌戎文化一文來再加說明）。

　　當時秦人逐戎，晉惠公爲什麽偏要引他們進來呢？這說不定還是因了姻親的關係。左氏莊二十八年傳云：

　　　　晉獻公……娶二女於戎：大戎狐姬生重耳；小戎子生夷吾。

這位大戎狐姬的事，晉語四記道：

> 同姓不婚，惡不殖也。狐氏出自唐叔。狐姬，伯行之子
> 也，實生重耳，成而儁才。

唐叔爲武王之子，晉君是他的一系，而大戎狐氏也是唐叔子孫，
所以狐氏以姬爲姓。從這點看，我們可以説：周人本來也是戎的
一種，所以周王的子孫只要依舊生活於戎的文化裏，還是可以稱
爲戎的。至於小戎子，則杜預解云：

> 小戎，允姓之戎。子，女也。

小戎爲允姓，知道杜氏確是在世本上找到依據的，那麼，允姓之
戎本是晉惠公的舅家，無怪乎秦人在逐戎時，他要迎他們入伊川
了。這年左傳又説：

> 晉伐驪戎，驪戎男女以驪姬。

這驪戎也是姬姓，可見其和大戎一樣，是周的本家。驪戎所在，
漢書地理志云：

> 京兆尹，新豐：驪山在南，故驪戎國。秦曰驪邑。

漢新豐故城在今陝西臨潼縣東，那裏既有驪山，説爲驪戎所在，
似甚恰當，所以韋昭注國語、杜預注左傳就確鑿取用其説。可是
那時晉都於絳，西未滅耿，西南未滅魏，南未滅虞、虢，不知獻
公將由何道渡河轉渭來攻伐這個住在驪山的驪戎？而且自從平王
遷洛之後，秦的勢力即漸東展，秦本紀記武公十一年（公元前六

八七)"初縣杜、鄭",鄭即今陝西華縣,正在臨潼的東面,這事
在晉獻公(公元前六七六——前六五一)即位前十一年,不知道這
位獻公是怎樣地越過了秦的鄭縣而伐驪戎?所以這事正和秦伐敦
煌的戎是同樣地不可能。按驪戎當在今山西的南部。晉語四云:

> 襄王避昭叔之難,居於鄭地氾,使來告難。……子犯
> 曰:"……啟土安疆,於此乎在矣,君其務之!"公説,乃行
> 賂于草中之戎與麗土之狄以啟東道。二年春,公以二軍下次
> 於陽樊:右師取昭叔于溫,殺之于隰城;左師迎王于鄭,王
> 入于成周。

這草中之戎與麗土之狄所在的確實地點雖不可得而詳,但説"以
啟東道",則必在晉都的東面可知。晉都絳在今山西翼城縣,其
東即爲析城、王屋諸山,陽樊爲今河南修武縣,又在析城山東,
即此可知草中之戎與麗土之狄所居地必在析城、王屋一帶,所以
晉文公要從翼城到修武,必須向他們借道。麗土之狄即是驪戎。
古人字體或繁或簡,本無定式。即以驪山而論,史記始皇本紀二
十七年"自極廟道通酈山",字作"酈";三十五年乃"分作阿房宮
或作麗山",字又作"麗"。水經注裏,驪山字均作"麗"。再看驪
姬,左宣二年傳"初,麗姬之亂,詛無畜群公子",即作"麗";莊
子齊物論也説"麗之姬……晉國之始得之也,涕泣沾襟"。所以
"驪"和"麗"是一字。至於"戎"之與"狄",雖似二族,但古人並沒
有這般嚴格的分別。上引竹書紀年中西落鬼戎的王可以稱爲"翟
王"即是一證。詩小雅出車是一首伐玁狁的詩,玁狁明明是狄,
然而詩中卻説:"赫赫南仲,薄伐西戎",與不駬敦的上言"女以
我車宕伐厥允于高陵",下言"女及戎大臺戡",以"玁狁"與"戎"
作互文的正相同,這又是一證。史記匈奴列傳説:"隴西有翟、
�之戎",漢代因以立狄道縣,既叫作戎,又叫作狄,這更是戎

和狄通稱的一證。所以驪戎即是麗土之狄，可説絶無疑義。

　　從以上所引的諸證看來，晉、秦諸國的周圍都是戎、狄。這就是説在今山西、陝西兩省境内生活於戎、狄文化的，遠較生活於華夏文化的爲多。所以左氏昭十五年傳説：

　　　　晉居深山，戎、狄之與鄰，而遠於王室。王靈不及，拜戎不暇。

這是實在的情形。這些戎裏也有姬姓的，也有姜姓的，使我們知道姬、姜諸姓本出於戎；自從周武王克殷之後，其接受東方文化的已號爲華夏，其接受的程度緩慢的則還是戎、狄，甚至有已接受而復退出的，如唐叔子孫的一部分還是大戎。所以我們處理這些問題時，該得徹底地打消華、戎的成見。

　　西戎的名號，應以竹書紀年所記的爲最早。劉宋范曄作後漢書時，離竹書的發見不久，所以他在西羌傳中儘量採用了。唐李賢作注，又在注文裏引用了些。這些新發現的材料對於我們的研究有極大的用處。這篇裏説商代末年周王季與戎的關係，有以下五條。

　　　　武乙三十五年，周王季伐西落鬼戎，俘二十翟王。
　　　　大（文）丁二年，周人伐燕京之戎，周師大敗。
　　　　四年，周人伐余無之戎，克之。周王季命爲殷牧師。
　　　　七年，周人伐始乎之戎，克之。
　　　　十一年，周人伐翳徒之戎，捷其三大夫。

這五個戎名很難考索。鬼戎或即鬼方，故稱爲翟。燕京之戎，當因居燕京之山而得名。按淮南地形云：

　　　　汾出燕京。

漢高誘注：

　　　　燕京，山名也，在太原汾陽。

漢汾陽故城在今山西陽曲縣西北，那邊有燕京山，爲汾水發源
地。但山海經的北山經則云：

　　　　北次二經之首，在河之東，其首枕汾，其名曰管涔之
　　　山，……汾水出焉。

照這所説，又似乎汾水所出之山不名燕京而名管涔。清郝懿行山
海經箋疏説明其原因道：

　　　　太平寰宇記引郭注有"管音姦"三字，今本蓋脱去之。記
　　　文又云："土人云：'其山多菅'，或以爲名"，是經文"管"當
　　　爲"菅"矣。山在今山西靜樂縣北。

"燕"與"菅"是同音通假字，這也説明了燕京之戎在今山西的西北
角上。王季伐燕京之戎雖大敗，但兩年以後伐余無等三戎卻連獲
勝利。這三種戎的根據地雖不可知，當均在山西境。因爲王季在
山西境内先已擴大了他的勢力，所以到文王時就能斷虞、芮之訟
（見大雅緜。虞國今平陸縣，芮國今芮城縣，均在山西西南角），
又能戡黎（見尚書西伯戡黎。黎在今長治縣西南，山西東南角），
給商朝一個極大的威脅了。

（四）西周時對犬戎的幾次征伐

西周一代，史籍零落，幸而在西羌傳裏還保存了這一點。傳云：

> 武王克商、羌、髳率師會於牧野。至穆王時，戎、狄不貢，王乃西征犬戎，獲其五王；又得四白鹿、四白狼。王遂遷戎於太原。

穆王伐犬戎事見周語上，但只説得"四白狼、四白鹿以歸"。郭璞穆天子傳注：

> 紀年又曰："取其五王以東。"

可知西羌傳文實出自紀年。犬戎本在西方，穆王把他們東遷到太原，從此太原成了他們的根據地。然則這個太原在今何處呢？尚書禹貢道：

> 既載壺口，治梁及岐；既修太原，至于岳陽。

壺口即孟門山，在今山西吉縣西，俯臨黃河。梁山，水經河水注云：

> 大禹……疏決梁山，……即經所謂龍門矣。

可知梁即龍門的異稱。此二山皆在河上，則岐必在今滎河鎮、永濟縣間，決不是陝西的岐山。崔述唐虞考信錄云：

蓋此二山（梁、岐）皆當跨河，在雍、冀之界上，故能阻塞河流；而梁、岐又當在壺口之下。因其利害在冀而不在雍，故記之於冀。

這是對於禹貢的確解。岳是太岳，即霍太山，在今山西霍縣東。此文由西河説起，自西而東，以至霍山。太原在壺口、梁山之東，霍山之西，則必指今趙城鎮以南、冀城以西、永濟以東、平陸以北的一片盆地可知。又左氏昭元年傳云：

> 宣汾、洮，障大澤，以處太原。

洮水在今聞喜縣東南，即涑水的上游；大澤爲今運城縣鹽池。太原中有汾、洮二水及鹽池一澤，又可見其必在山西的西南境。穆天子傳説穆王出發時：

> 天子北征于犬戎；犬戎胡觴天子于當（“當”爲“雷”之誤字）水之陽。

又説在穆王回程時：

> 孟冬壬戌，至于雷首，犬戎胡觴天子于雷首之阿。

這二條一説雷水（即涑水的下游），一説雷首山，都在今山西永濟縣南，黃河的轉角上。可見當時犬戎的都城，憑依山水爲險：山名雷首，水名雷水，其都在山南水北，故穆王經過時，戎王都須在此招待。這和“遷戎於太原”之文合看，更可見太原的地位必不在秦、漢以來的太原（今陽曲縣一帶）。不過他們雖一時屈服於周的武力，終究是想反抗的。西羌傳續道：

> 夷王衰弱，荒服不朝，乃命虢公率六師伐太原之戎，至于俞泉，獲馬千匹。

李賢注："見竹書紀年"。犬戎遷到太原以後，就稱作"太原之戎"；他們挨至穆王的四世孫夷王之世，就不穩起來了。爲了發現並解釋了上列紀載，使我們讀懂了詩經裏的一首詩的歷史意義。小雅六月云：

> 六月棲棲，戎車既飭；四牡騤騤，載是常服。玁狁孔熾，我是用急。王于出征，以匡王國。……
>
> 玁狁匪茹，整居焦、穫，侵鎬及方，至于涇陽。織文鳥章，白旆央央；元戎十乘，以先啟行。戎車既安，如輊如軒；四牡既佶，既佶且閑。薄伐玁狁，至于太原。文武吉甫，萬邦爲憲。

這首詩固然很早就説爲周宣王時所作，但因犬戎居地向來説在鳳翔以西，所以篇中幾個地名就永遠弄不明白。現在我們看了上面的叙述，就可以確定地説玁狁即是犬戎，他們爲穆王所遷，居住在太原裏的焦、穫。所謂焦、穫者，水經沁水注云：

> （濩澤）水出濩澤城西白澗嶺下，……東逕濩澤。……得陽泉口水；……水歷嶕嶢山……，南注濩澤水。

知道"焦"即嶕嶢山，"穫"即濩澤水，都在今山西陽城縣西，正當析城山的北面。犬戎始居涑水流域，繼遷沁水流域，在那邊休養生息，等到實力充足之後，就侵略到周的畿内，鐵蹄縱橫，先闖入方京（今山西運城縣安邑鎮），再衝進鎬京（今陝西長安縣。所以先言鎬而後言方者，爲的是押韻的方便），又北掠到涇陽（今陝西涇陽縣），這是一回大規模的出軍進犯，所以周宣王只得不顧大熱天，整飭兵車，御駕親征，把他們打回了太原。（以上參考王國維鬼方昆夷獫狁考、周莠京考，錢穆周初地理考。）西羌傳又説：

> 厲王無道，戎、狄寇掠，乃入犬丘，殺秦仲之族。王命伐戎，不克。及宣王立四年（公元前八二四年），使秦仲伐戎，爲戎所殺。王乃召秦仲子莊公，與兵七千人伐戎，破之，由是少卻。後二十七年（宣三十一，前七九七），王遣兵伐太原戎，不克。後五年（宣三十六，前七九二），王伐條戎、奔戎，王師敗績。後二年（宣三十八，前七九〇），晉人敗北戎于汾、隰。戎人滅姜侯之邑。明年（宣三十九，前七八九），王征申戎，破之。後十年（幽三，前七七九），幽王命伯士伐六濟之戎，軍敗，伯士死焉。

李賢注："見竹書紀年。"這裏邊的事情我們知道的就少了。秦的始封，是周孝王封非子爲附庸而邑之秦，地在今甘肅天水縣的秦亭。秦本東夷族（説詳鄙著鳥夷考，尚未發表），在周公東征後西遷，只因那邊是戎族的大本營，不容許這新封的君主占有特殊的勢力，所以秦仲一族既被滅于先，秦仲自身又被殺于後，直到他的兒子莊公世裏，得到了宣王的援助才站得住。宣王伐太原戎恐即是詩六月這一役；這次出兵，六月詩裏雖很誇張，而史書裏竟説"未克"。伐條戎事見於左氏桓二年傳，云：

> 初，晉穆侯之夫人姜氏以條之役生太子，命之曰仇。

可見這次戰事宣王命晉穆侯出師，結果打了一個大敗仗，所以穆侯把他新生的兒子命名爲仇，來紀念他的慘敗。周語上還説了一件事：

> 宣王……三十九年，戰于千畝，王師敗績于姜氏之戎。

這就是左傳上連着記的：

> 其弟以千畝之戰生，命之曰成師。

這兩段記載一經對照，就顯出其不協調，究竟周師如周語所説的
"敗績"呢，還是如左傳所説的"成師"呢？或許這次戰事，周師雖
大敗，晉師尚得全師而退，所以晉穆侯生第二個兒子時就題名作
成師了。姜氏之戎即是姜戎，這事竹書紀年雖失載，可是與"王
征申戎"同在一年，申戎又是姜姓，是不是本爲一件事呢？照説，
與姜氏之戎戰是"敗績"，與申戎戰是"破之"，不像一件事情。然
而"成師"這名和"破之"似有關係，則又像是一件事。究竟如何，
只得待新材料的發現來解決了。申戎原即姜戎的一支而封國於申
的，其後幽王廢申后，兩親家吵架，申侯便聯合了犬戎攻周，殺
幽王于酈山下，這申侯無疑即申戎之君，所以和犬戎會有這般的
團結。我們即此可以知道秦穆公所以要把姜戎趕出來，也就爲了
他們在那邊有相當大的力量的緣故。

（五）東周時秦的伐滅西戎

周室東遷之後，西戎的侵略就爲秦國所獨當。史記秦本紀記
其事道：

> 莊公……，生子三人，其長男世父。世父曰："戎殺我大
> 父仲，我非殺戎王則不敢入邑。"遂將擊戎，讓其弟襄公。……

襄公元年（周幽王五，公元前七七七），以女弟繆嬴爲豐王妻。……周避犬戎難，東徙雒邑，襄公以兵送周平王。平王封襄公爲諸侯，賜之岐（此岐周之岐）以西之地，曰：“戎無道，侵奪我岐、豐之地。秦能攻逐戎，即有其地！”……十二年（周平王五，前七六六），伐戎而至岐，卒。生文公。……十六年（平二十一，前七五〇），文公以兵伐戎，戎敗走，於是文公遂收周餘民有之，地至岐。寧公二年（周桓王六，前七一四），公徙居平陽，遣兵伐蕩社。三年，與亳戰，亳王奔戎，遂滅蕩社。……武公元年（桓二十三，前六九七），伐彭戲氏，至于華山下。……十年（周莊王九，前六八八），伐邽、冀戎，初縣之。

司馬遷在六國年表序裏説：“秦既得意，燒……諸侯史記尤甚，爲其有所刺譏也。……獨有秦紀，又不載日月，其文略不具。”大概上面這段文字是取材於秦記的。平陽，正義引括地志説：

> 平陽故城在岐州岐山縣西四十六里，秦寧公徙都之處。

蕩社，索隱云：

> 西戎之君號曰“亳王”，蓋成湯之胤，其邑曰“蕩社”。徐廣云：“一作‘湯社’，言湯邑在杜縣之界，故曰湯社也。”

秦杜縣在今陝西長安縣東南。亳王本不居此，周東遷後，佔居周地，秦寧公把他趕回了老家。他的老家所在，正義説：

> 括地志云：“雍州三原縣有湯陵。又有湯臺，在始平縣西北八里。”按：其國蓋在三原、始平之界矣。

唐始平即今興平縣，知亳國在今渭北的三原、興平兩縣間。湯的子孫也有流落在西戎的，所以他們在西方仿建了湯的遺跡；如其不然，則是西戎打起了湯的旗號亦未可知。又彭戲氏，正義云：

> 戎號也，蓋同州彭衙故城是也。

彭衙故城在今白水縣東北。"邽、冀戎"，集解云：

> 地理志隴西有上邽縣，應劭曰："即邽戎邑也。"冀縣屬天水郡。

上邽故城在今甘肅天水縣南，冀縣故城在今甘谷縣南。在這段文字裏，使我們知道秦國在東周初年發展的經歷。自周幽王爲犬戎所滅，宗周的王畿已住滿了戎人，住在豐京的稱爲豐王（繆嬴嫁豐王其事在東遷前，這稱號諒據後來事言之），住在三原的稱爲亳王。秦文公收了周的遺民，疆域開始東展到岐山。寧公就遷居到岐山西面的平陽；同時他渡過了渭水，滅了終南山下的蕩社。武公再東進，又到了華山，離黃河已不遠；回頭更向西進，把郡縣設立到隴南。在短短的八十年中，這樣急速地開疆拓土，幾乎佔有了渭水流域的全部，於是秦人的國家基業就打穩固了。

此下秦本紀所記的事實便偏向到中原的國際方面，很少說到西戎。幸而匈奴列傳裏把西戎也附帶說了些，正好取來補足。文云：

> 晉文公攘戎、翟，居于河内圁、洛之間，號曰"赤翟"、"白翟"。秦穆公得由余，西戎八國服于秦。故自隴以西，有緜諸、緄戎、翟豲之戎；岐、梁山、涇、漆之北，有義渠、大荔、烏氏、〔朐〕（胊）衍之戎，……各分散居谿谷，自有君

長，往往而聚者百有餘戎，然莫能相一。（據王先謙漢書補注卷二十八下一改）

那時戎族所建的國總共有一百多個，失傳的實在太多了。戎有百餘而莫能相一，這是他們所以給秦人各個擊破的原因。圁水即今無定河，"圁、洛之間"爲陝北延安、子長一帶，所以"河西"二字，漢書匈奴傳改爲"西河"是對的。晉文公攘戎、狄事不見於左傳及國語，不知道司馬遷這句話有何根據。文公享國日短，恐怕還顧不到這事唎。秦穆公服西戎，見於左氏文三年傳：

> 秦伯伐晉，濟河焚舟，取王官及郊。……遂霸西戎，用孟明也。

史記秦本紀說此事較詳，道：

> 戎王使由余於秦。由余，其先晉人也，亡入戎。……於是繆公退而問內史廖曰："孤聞鄰國有聖人，敵國之憂也。今由余賢，寡人之害，將奈之何？"內史廖曰："戎王處辟匿，未聞中國之聲，君試遺其女樂以奪其志，爲由余請，以疏其間；留而莫遣，以失其期，戎王怪之，必疑由余，君臣有間，乃可虜也。……"繆公曰："善！"因與由余曲席而坐，傳器而食，問其地形與其兵勢盡瘁，而後令內史廖以女樂二八遺戎王，戎王受而說之，終年不還。於是秦乃歸由余。由余數諫，不聽。繆公又數使人間要由余，由余遂去降秦。繆公以客禮禮之，問伐戎之形。……三十七年（周襄王二十九，前六二三）秦用由余謀伐戎王，益國十二，開地千里，遂霸西戎。

這段文字是司馬遷從韓非子十過篇鈔來的。匈奴傳説："西戎八國服"，這裏説"益國十二"，不知道哪一説合于事實。至於未被秦穆公所吞併的，隴山之西有縣諸、翟、貘等，岐山之北有義渠、大荔、烏氏、朐衍等。縣諸，在今甘肅天水縣；漢縣有縣諸道，屬天水郡。翟，在今甘肅臨洮縣；漢縣有狄（翟）道，屬隴西郡。貘，在今甘肅隴西縣北；漢縣有貘道，屬天水郡。義渠國地方大（秦本紀正義引括地志云："寧、原、慶三州，秦北地郡，戰國及春秋時爲義渠戎國之地）其都城在今甘肅寧縣；漢縣爲義渠道，屬北地郡。大荔在今陝西大荔縣；漢縣爲臨晉，漢書地理志云："故大荔，秦滅之，更名"，屬左馮翊。烏氏，在今甘肅平涼縣西北；漢縣爲烏氏，屬安定郡。朐衍在今寧夏靈武縣東南；漢縣爲朐衍，屬北地郡。在這些戎國中，只有大荔在東面（史記説在岐北，誤），朐衍在北面，其它都在今甘肅境：計在隴東的有義渠、烏氏，在隴南的有縣諸，在隴西的有翟、貘。穆公之後，秦國必然繼續不斷地向西方進展，可惜傳下來的史書都沒有記載。直到戰國中期，秦本紀説：

孝公元年（周顯王八，前三六一）……下令國中曰："……賓客群臣有能出奇計彊秦者，吾且尊官，與之分土！"於是乃出兵，……西斬戎之貘王。

可見當孝公時，秦的勢力圈又擴張到隴西的貘國了。又秦本紀云：

惠文君十一年（顯王四十二，前三二七）縣義渠。……義渠君爲臣。……十四年，更爲元年。……十年（周慎靚王六，前三一五）……伐取義渠二十五城。

匈奴列傳説：

> 魏有河西、上郡，以與戎界邊。其後義渠之戎築城郭以自守，而秦稍蠶食。至於惠王，遂拔義渠二十五城。惠王擊魏，魏盡入西河及上郡於秦。秦昭王時，義渠戎王與宣太后亂，有二子；宣太后詐而殺義渠戎王於甘泉，遂起兵伐殘義渠。於是秦有隴西、北地、上郡，築長城以拒胡。

這裏所説的"秦稍蠶食"，即是本紀中"縣義渠"的事。杭世駿説：

> 此時義渠不得爲縣。犀首傳云："……義渠君起兵襲秦，大敗秦李伯之下。"若義渠已爲縣，秦必更置令長，何至十年之後反爲所敗。（清殿本史記卷五考證）

按此説似是而非。義渠國大，秦在惠文王初年把它蠶食了些，將所得的地立爲縣，這並不妨礙義渠國的存在。正如惠文後十三年攻楚漢中，取地六百里，置漢中郡，楚仍可立國，也仍可與秦作戰呢。秦新闢的三郡，上郡得自魏，北地得自義渠，隴西得自翟、貙；這裏説秦滅義渠而有三郡，措辭太含糊了。我們讀了這條，可知到了秦昭王時，甘肅一帶的戎國才給秦人消滅光了。從秦襄公伐戎起，到這時結束，共約經營了五百年，這真是一個艱鉅的工作！匈奴列傳中年代多脱略，幸六國年表中還有文可比勘。表云：

> 厲共公六年（周元王六，公元前四七〇）：義渠來賂，縣諸乞援。
> 又十二年（周定王十二，前四五七）：公將師與縣諸戰。
> 又三十三年（定二十五，前四四四）：伐義渠，虜其王。

躁公十三年（周考王十三，前四三〇）：義渠伐秦，侵至
渭陽。

惠公五年（周安王七，前三九五）：伐繇。

惠文王七年（周顯王三十八，前三三一）：義渠內亂，庶
長操將兵定之。

又十一年（顯四十二，前三二七）：義渠君爲臣。

又後五年（周慎靚王元，前三二〇）：王北游戎地，至
河上。

又後十一年（周赧王元，前三一四）：侵義渠，得二十
五城。

這裏所謂"繇諸"和"繇"很明白都是"繇諸"的誤文。在這一百五十
餘年中，秦和戎國的關係以義渠爲最繁，占了三分之二；其次則
繇諸。惠文王北游至河上，可見他是到過河套的，比較趙武靈王
從河套直南至秦，早了約二十年。得義渠二十五城，本紀爲惠文
王後十年，這表上卻遲了一年，不知道哪一個對。又後漢書西羌
傳對於這些事也有記載，文云：

是時（春秋），義渠、大荔最強，築城數十，皆自稱王。
至周貞王八年（秦厲共公十六，公元前四六一），秦厲公滅大
荔，取其地。趙亦滅代戎，即北戎也。韓、魏復共稍并伊、
洛、陰戎，滅之。其遺脫者皆逃走，西踰汧、隴。自是中國
無戎寇，唯餘義渠種焉。至貞王二十五年（秦厲共公三十三，
前四四四），秦伐義渠，虜其王。後十四年（周考王三十一，
秦躁公十三，前四三〇），義渠侵秦，至渭陰。後百許年（秦
惠文君七，前三三一），義渠敗秦師于洛。後四年（秦惠文君
十一，前三二七），義渠國亂，秦惠王遣庶長操將兵定之，
義渠遂臣於秦。後八年（惠文王後六年，前三一九），秦伐義

渠，取郁郅。後二年（惠文後八，前三一七），義渠敗秦師于李伯。明年（惠文後十，前三一五），秦伐義渠，取徒〔涇〕（經）二十五城。及昭王立，義渠王朝秦，遂與昭王母宣太后通，生二子。至王赧四十三年（秦昭王三十五，前二七二），宣太后誘殺義渠王於甘泉宮，因起兵滅之，始置隴西、北地、上郡焉。

在這段文字裏，年代和事蹟記的都很明白，似乎録自竹書紀年，但李賢注中卻未提及，不知范曄根據的資料是什麼。文中謂“義渠臣於秦”，合之秦本紀及六國表，知爲惠文君十一年事；又“取徒經二十五城”，則在秦本紀中爲惠文王後元十年事，六國表則爲後元十一年事，與義渠臣秦事前後相隔有十三年和十四年兩説。這裏説“後八年”、“後二年”及“明年”，只有十二年，不知史記與後漢書哪一個有誤。“渭陰”，六國表作“渭陽”，也不知道哪一個對。當惠文王之世，義渠曾經兩次敗秦，可見他們國力的不弱。秦所取義渠地，郁郅在漢北地郡，今甘肅慶陽縣，徒經在漢西河郡，今山西境，又可見其幅員的廣闊，伸入了河東。敗秦于李伯事，見史記張儀列傳附録的犀首傳，文云：

> 義渠君朝于魏。犀首（公孫衍）聞張儀復相秦，害之，犀首乃謂義渠君曰：“……中國無事，秦得燒掇焚杆君之國；有事，秦將輕使重幣，事君之國。”其後五國伐秦，會陳軫謂秦王曰：“義渠君者，蠻夷之賢君也，不如賂之以撫其志。”秦王曰：“善！”乃以文繡千純、婦女百人遺義渠君。義渠君致群臣而謀曰：“此公孫衍所謂耶！”乃起兵襲秦，大敗秦人李伯之下。

史記此文録自戰國秦策二。這可見秦力雖强，有時也亦頗爲義渠所窨。義渠爲西方大國，有如東方的中山。她和魏國發生外交關係，因爲魏和她接境的原因。義渠滅亡之年，史記中無可稽考；這裏確定爲昭王三十五年。按秦始皇本紀云："昭襄王生十九年而立"，是他滅義渠時年已五十三，其母宣太后至少亦近七十。看後漢書文，似昭王初立時她即用美人計與義渠王相通，故能生二子；他們交好了三十餘年，她突然在甘泉宮裏把他殺掉，秦就立刻起兵伐滅義渠，可謂處心積慮到了極點。這種陰謀，正和趙襄子的姊姊嫁給代王。襄子請代王赴宴，就命廚師把銅枓擊殺了他，興兵伐滅代國，遥遥相對，可算戰國時最辣手的兩件事。

以上所說，都是接近内地的戎人。他們在春秋和戰國五百餘年之中，逐漸同化於華夏，到秦、漢世已無跡可尋，可見同化力量的巨大。范曄在這裏所說的"韓、魏復共稍并伊、洛、陰戎，滅之；其遺脱者皆逃走，西踰汧、隴"，大有杜撰故實的嫌疑。按左氏昭十七年傳說：

> 晉侯使屠蒯如周，請有事於雒與三塗。萇弘謂劉子曰："客容猛，非祭也，其伐戎乎？陸渾氏甚睦於楚，必是故也。君其備之！"乃警戎備。九月丁卯，晉荀吳帥師涉自棘津，使祭史先用牲于雒。陸渾人弗知。師從之。庚午，遂滅陸渾，數之，以其貳於楚也。陸渾子奔楚，其衆奔甘鹿。周大獲。

這是周景王二十年（前五二五）的事。那時晉滅陸渾，其君奔楚，其民奔周（甘鹿，周地），陸渾就不存在了。陰戎即陸渾戎，自其原居的地方說，謂之陸渾戎，自其所遷的兩陰之地（水南、山北，叫作"兩陰"）說，謂之陰戎。陸渾既滅，即無陰戎，怎能等到秦厲公時，才爲韓、魏所并！而且陰戎在伊、洛間住了百餘年，早已華化，用不着逃；他們的老家本在陝西，就是逃也哪能西踰汧、隴，到了甘肅。所以從這些破綻看來，西羌傳的話是不可靠的。范曄誤認陸渾戎與陰戎爲二族，硬要替陰戎找出一結果，有此臆説，徒成笑柄。關於内地的戎人，我們講到這裏，暫時可以告一段落。

（六）秦漢時代的羌人

至於住得較遠的戎人，爲了山川阻塞，言語不通，和華夏的關係絶少，因而得保存其原來的種族和文化的，那就是秦、漢時代的羌人了。羌人的早期歷史，可惜他們自己既無記載，内地的史書裏也没有保存一些事實。現在能得到的一點材料，還是在後漢書西羌傳裏。傳中記載的無弋爰劍，便是在史書裏最早的居今青海境内的羌人領袖。傳云：

> 羌無弋爰劍者，秦厲公時爲秦所拘執，以爲奴隸，不知爰劍何戎之别也。後得亡歸，而秦人追之急，藏於巖穴中得免。羌人云："爰劍初藏穴中，秦人焚之，有景象如虎，爲其蔽火，得以不死。"既出，又與劓女遇于野，遂成夫婦。女恥其狀，被髮覆面，羌人因以爲俗，遂俱亡入三河間。諸羌見爰劍被焚不死，怪其神，共畏事之，推以爲豪。河、湟間少五穀，多禽獸，以射獵爲事。爰劍教之田畜，遂見敬信，廬落種人依之者日益衆。羌人謂"奴"爲"無弋"，以爰劍嘗爲奴隸，故因名之。

這是湟中羌人史的第一頁。爰劍當秦厲公時（前四七五——前四四三），可知他是前五世紀的人。他被秦人拘執，可知他本是居今甘肅境内的羌人。當時青海境内羌人的文化水準還低，他們過的是游獵生活，而甘肅境内的羌人則已進於半牧畜半農耕的生産，所以爰劍逃去之後，把這種進步的生産技術教給他們，就使他們對他發生了極大的信仰，歸附的人既多，勢力就雄厚了。傳中説他"亡入三河間"，李賢注道：

> 續漢書曰："遂俱亡入河、湟間。"今此言"三河"，即黄河、賜支河、湟河也。

其實這句話是不對的。西羌傳上文説："濱於賜支，至乎河首"，賜支即析支，爲禹貢所言西戎國之一，她的地方鄰近黄河的發源處，所以賜支的河就近河源，不是另有一條"賜支河"。而且賜支之地離湟水頗遠，爰劍的勢力不見得就能達到阿尼馬卿山。所以司馬彪續漢書作"河、湟"正合事實。若定要説"三河"，那麼應加上的乃是大通河（即浩亹水），這條河是入湟水的，該爲爰劍的勢力所及。至於被髮覆面本是羌人的風俗。左氏僖二十二年傳云：

> 初，平王之東遷也。辛有適伊川，見被髮而祭於野者，曰："不及百年，此其戎乎？其禮先亡矣！"秋，秦、晉遷陸渾之戎於伊川。

陸渾戎尚是近秦、晉的，而已應了伊川披髮的豫言，可見其風俗的大抵相同。至於青海方面，我曾見同仁縣北保安堡的女子現在尚是如此，何況當時。所以劓女披髮覆面的故事，一定是爰劍以後的羌人造出來的對於披髮的一個解釋，不足信。西羌傳續云：

> 其後世世爲豪，至爰劍曾孫忍時，秦獻公（前三八四——前三六二）初立，欲復穆公之跡，兵臨渭首，滅狄貘戎。忍季父卬畏秦之威，將其種人附落而南，出賜支、河曲西數千里，與衆羌絶遠，不復交通。其後子孫分別，各自爲種，任隨所之。或爲氂牛種，越嶲羌是也；或爲白馬種，廣

漢羌是也；或爲參狼種，武都羌是也。忍及弟舞獨留湟中，
並多娶妻婦：忍生九子，爲九種；舞生十七子，爲十七種。
羌之興盛從此起矣！及忍子研立，時秦孝公（前三六一——
前三三八）雄强，威服羌、戎，孝公使太子駟率戎、狄九十
二國朝周顯王。研至豪健，故羌中號其後爲研種。

這一段説爰劍以後湟中羌的發展。當秦獻公兵到渭水源頭，滅了
狄戎和獂戎（依秦本紀，滅獂的是孝公）。使羌人受了極大的威
脅。爰劍的孫卬因此帶了他的部族走向黄河源之西數千里，從此
同湟中羌斷絶了往來，這該在今青海的西界或西藏的東北角了。
爰劍的子孫支分派別，各尋新居：有的到了白龍江流域，名爲武
都羌；有的到了涪江、岷江流域，名爲廣漢羌；有的到了雅龍江
流域，名爲越巂羌。至於爰劍的嫡系則仍在湟中做酋豪，到他的
玄孫研而更强，傳又云：

  及秦始皇時，務并六國，以諸侯爲事，兵不西行，故種
人得以繁息。秦既兼天下，使蒙恬將兵略地，西逐諸戎，北
卻衆狄，築長城以界之，衆羌不復南度。

自從始皇築了長城，於是長城之内爲中國，長城之北爲匈奴，長
城之西爲羌人，有了明顯的區別。説"衆羌不復南度"，亦只限於
今甘肅境内而已；至於岷縣之南，更無長城，要到四川去是没有
遮闌的。到了漢朝，這長城又用不着了。傳云：

  至於漢興，匈奴冒頓兵强，破東胡，走月氏，威震百
蠻，臣服諸羌。景帝時，研種留何率種人求守隴西塞，於是
徙留何等於狄道、安故，至臨洮、氏道、羌道縣。及武帝征
伐四夷，開地廣境，北卻匈奴，西逐諸羌，乃度河、湟，築

令居塞。初開河西，列置四郡，通道玉門，隔絶羌、胡，使
南北不得交關，於是障塞亭燧出長城外數千里。

自冒頓起而匈奴大强，羌人做了他們的臣屬。其有不願依附匈奴
的，便請求漢朝開放長城，於是漢景帝容許留何等率族內遷。他
們內遷的地方，狄道今臨洮縣，安故今臨洮縣南境，臨洮今岷
縣，氐道今西和縣東北，羌道今岷縣東南，都在甘肅的西南部。
到武帝時，漢的武力又衝進湟中，在今永登縣西、大通河左岸築
了令居塞，又開闢了武威、張掖、酒泉、敦煌四郡。隔絶了匈奴
和羌的通道，建置了數千里的障塞亭燧。匈奴本來是聯絡了羌人
共同牽扯漢朝兵力的，到這時候他們的右臂卻被砍斷了。

武帝元鼎五年（前一一二），西羌衆十萬人反，和匈奴相應
合，匈奴入五原（今河套），西羌圍枹罕（今臨夏）。翌年，武帝命
將軍李息討羌，把羌人趕到青海和鹽池，逼他們讓出了湟水流
域，漢朝就在那裏立了許多縣，隸屬於隴西郡；又置護羌校尉，
駐臨羌縣，統領羌中事務。到昭帝始元六年（前八一），又從隴西
郡中分出金城郡。依今日的區域來說，這一個新立的金城郡的疆
域應當東自榆中，西至湟源，南至夏河，北抵永登。湟水流域水
草豐美，既宜於畜牧，又適於耕田，羌人雖一時離開，終究念念
不忘。到宣帝時，派義渠安國巡行諸羌，先零羌的酋長向他請
求，可否渡過湟水，到漢人沒有種田的地方去畜牧。安國剛把這
件事情奏聞朝廷，羌人就强渡湟水，官吏禁止不住。元康三年
（前六三），先零羌又會合了諸種羌的酋長二百餘人，解仇結盟，
交換人質。這是有一個大舉動的先兆，宣帝聽得了，問老將趙充
國，充國對道：

羌人所以易制者，以其種自有豪，數相攻擊，勢不一
也。往三十餘歲，西羌反時，亦先解仇合約，攻令居，與漢

相距，五六年迺定。至征和五年（前八八），先零豪封煎等通
使匈奴，匈奴使人至小月氏，傳告諸羌曰：“漢貳師將軍衆
十餘萬人降匈奴。羌人爲漢事苦！張掖、酒泉本我地，地肥
美，可共擊居之！”以此觀匈奴欲與羌合，非一世也。……疑
匈奴更遣使至羌中，道從沙陰地，出鹽澤，過長阬，入窮水
塞，南抵屬國，與先零相直。臣恐羌變未止此，且復結聯他
種，宜及未然爲之備！（漢書趙充國傳）

沙陰即流沙，亦即居延海。鹽澤即蒲昌海，今羅布淖爾。長阬即
長城之窟，城中的夾道。窮水塞是張掖北的窮石山，一名蘭門
山。屬國，是張掖屬國。這是説匈奴遣使到羌中，是由今甘肅的
居延海西南行，到新疆的羅布淖爾，回經長城，由窮石山轉歸原
地。那時河西四郡早開，而羌與胡仍可交通，想見隔絶兩族的不
易。在趙充國這一段話裏，可知羌人占地雖大，但政治組織太不
健全，不但全族似一盤散沙，而且常常自相攻擊，所以漢人無須
懼怕他們。只是匈奴常要和羌人結成聯合戰綫，共圖進取，在匈
奴的領導之下，羌人卻成了漢朝的大患，所以漢朝仍非制伏他們
不可。制伏的方法，除了嚴格地隔斷他們和匈奴的交通之外，還
要在羌人的肥沃之地設立郡縣，加强統制。所以趙充國要罷騎兵
萬人，留湟中屯田，作長期的監視了。

　　爰劍五世到研，研的武力最强，自後就把研名作爲種號。十
三世到燒當，又極豪健，元帝時結合了乡姐等七種羌寇隴西。他
的子孫又改用燒當作種號，燒當羌常作諸羌的領袖。王莽執政，
想誇耀自己的威德作篡奪漢家江山的準備，他就招誘諸種羌人，
教他們獻納土地，稱臣内屬，於是在湟水以西設立了西海郡。等
到王莽失敗，燒當的玄孫滇良立刻把西海郡地方完全搶了回去。
　　東漢初年，光武帝恢復護羌校尉，就招撫方面下功夫。可是
雙方的衝突到底不能避免，建武十一年（三五），先零羌劫掠金

城、隴西諸地，被隴西太守馬援擊破。當時就發生了兩個問題：第一問題是羌人的習性反覆，只要漢朝防範稍疏，他們就故態復萌，作起亂子，如今正當他們衰敗之時，應當怎樣處置才可以防止後患？第二問題是涼州在王莽以後，經過隗囂的割據，人民已難安居，再加上羌人的擾亂，多半逃亡到別處去了，這廣大的邊防又應當怎樣安集人民？當時朝中諸臣對於第二問題的解決方法倒很簡便，他們主張把接近羌人的地方索性棄掉，免得多事，獨馬援以爲不可，他説：

> 破羌（今青海樂都縣）以西，城多完牢，易可依固。其田土肥壤，灌漑流通。如令羌在湟中，則爲害不休，不可棄也！（後漢書馬援傳）

你退讓一步，他就逼進一步，這是千真萬確的事情，所以光武帝聽了他的話，下詔給武威太守，令他把金城郡逃出的人民送回來，一時歸家的有三千餘口。馬援又上奏，請爲置官長，繕城郭，起塢候，開導水田，勸他們耕牧，那裏就都可安居樂業了。他這個解決方法當然很好，可是他對於第一問題的解決竟給後人添了無窮的麻煩。光武本紀下云：

> 建武十一年（公元三五），隴西太守馬援擊破先零羌，徙致天水、隴西、扶風。

把羌人移徙於內地，就是馬援處置降羌的重要辦法，大概他以爲羌民難治，若把他們搬到內地來了，在各方監督之下，一定會得服服貼貼，不再鬧事。自此以後，一般高級官吏都傚效了他。明帝永平元年（公元五八），竇固、馬武擊破燒當羌豪滇吾，把降人七千餘口安置於三輔（即陝西的渭水流域一帶）。和帝永元十三年

（公元一〇一），侯霸徙降者六千餘人於漢陽（今甘肅天水一帶）、安定（今甘肅鎮原一帶）及隴西諸地。其他還有許多。這原是好意，想不到後來竟成了內地變亂的導火綫。

東漢一代的羌禍，以安帝時爲最烈，整個的朝野都爲了羌事而憂悶。這一次發動的地點不在邊外而在內地。本來徙羌的事是羌、漢間彼此溝通融洽的好機會，不幸主客既不易相容，官吏們又處置不善，只把他們當作剥削的目標，於是羌人的反抗心理越來越強。安帝永初元年（公元一〇七），詔發羌人援救西域，羌人不樂遠征，相率逃亡；其没有逃的，郡縣逼迫騷擾太甚，也個個相反。這時有一個燒當種人名麻奴的，原徙居在安定，乘機逃出塞外，號召種人侵擾邊境，內地的羌人也都聞風而起。不過這時他們的勢力究竟有限，而官吏都畏怯怕事，紛紛請把郡縣內遷，於是他們勢焰更盛，東渡黃河，侵入河東，再及河內。先零羌酋滇零自稱天子於北地。招集武都的參狼羌及上郡、西河的雜羌，斷了隴道，抄略三輔。這時不但西北的并、涼二州和西南的益州處在鋒鏑之中，連洛陽一帶司隸校尉所部也起了烽烟，即太行山以東的魏郡、趙國、常山、中山也都不遑將息，天天在繕築塢候。直到元初三年（公元一一六），征西校尉任尚破零昌（滇零子）於北地，獲其僭號文書，又遣人刺殺零昌，諸羌瓦解，才消滅了他們的中央政權。其後漢廷一方面用武力征討，一方面又用財貨招誘，諸種羌人慢慢分散或來降附，才得平靜下去。這一次的戰事，經歷了十四年，用錢二百四十億，帑藏爲之空虛，人民覆宗滅族的不計其數，真是東漢時的一回浩劫。順帝即位以後，又繼續鬧了七年，用去八十餘億，人民的元氣消耗光了。到桓帝延熹二年（公元一五九），隴西的燒當、燒何、當煎、勒姐諸羌又起來劫掠邊塞。那時統兵人員段熲進軍窮追，前後轉戰四十多天，出塞二千餘里，一直打到河首積石山前。他斬了燒何羌的大帥，俘虜了羌人數萬，得着一回大勝，西羌的勢力才算壓了下去。

那時的羌禍在關西一帶，真像野草一般，無地不生，結果，西羌雖説壓服，東羌又乘機起來。所謂“東羌”，原是東漢初年徙居於三輔、漢陽、安定、北地、上郡、西河一帶的西羌，也就是安、順二帝時擾亂關中的羌人；爲了別於金城和隴西塞外的羌人，所以稱作東羌。他們久居内地，一有動作，所有寄居的種族也就互相響應，把安、順時的舊事重新演出。這時擔負平靖東羌的責任的是皇甫規、張奂等，他們的政策偏重於招撫，可是羌人的習性很不容易羈縻，所以依然隨降隨叛。恰好段熲平了西羌，朝中就把他調回，辦理關中的羌事。他覺得一邊征討，一邊招撫，不是平羌的善策，就於建寧元年（公元一六八）上書靈帝請求作根本的解決。他説：

計東種所餘三萬餘落，居近塞内，路無險折，……而久亂并、涼，累侵三輔，西河、上郡已各内徙，安定、北地復至單危，自雲中、五原西至漢陽二千餘里，匈奴、種羌并擅其地，是爲癰疽伏疾，留滯脅下，如不加誅，轉就滋大。今若以騎五千，步萬人，車三千兩，三冬二夏足以破定，無慮用費爲錢五十四億。如此，則可令群羌破盡，匈奴長服，内徙郡縣得反本土。（後漢書皇甫張段列傳）

靈帝聽了他的話，一意委任他，果然没滿二年東羌又平在他的手裏。後漢書本傳記載這回成功是“百八十戰，斬三萬八千六百餘級，獲牛、馬、羊、騾、驢、駱駝四十二萬七千五百餘頭，費用四十四億”。經過這次大殺戮後，羌人勢力微弱，就不能再起大亂子了。（以上叙述，大體根據後漢書西羌傳，參以漢書趙充國傳、後漢書馬援傳、皇甫規張奂段熲傳等）

在兩漢的歷史裏，爰劍的子孫是羌人中最主要的一系。他的子孫的支派分得很多，西羌傳説：

> 自爰劍後，子孫支分凡百五十種：其九種在賜支、河首以西，及蜀、漢徼北，……唯參狼在武都；……其五十二種衰少，不能自立，分散爲附落，或絕滅無後，或引而遠去；共八十九種，唯鍾最強；……發羌、唐旄等絕遠，未嘗往來，氂牛、白馬羌在蜀、漢，其種名別號皆不可紀知也。

可見他的子孫在今青海境内的不過幾種，其他一百數十種，則或東遷甘肅，或東南徙四川，或跑到更遠的地方，大都無從查考了。在爰劍一系之外，見於史書的，有先零、罕、开、當煎、勒姐、牢姐、乡姐、累姐、封養、燒何、卑湳、离湳、狐奴、當闐、虔人、全無、沈氏、且凍、傅難、鳥吾、效功、莫須、鞏唐、鐘存諸名，不知道這些種的系統如何，關係如何。其中或有一名的異譯，如"勒姐"和"牢姐"聲音太相似了，恐只是一種。"罕、开"二名常常連舉，也很容易使人誤認爲一種。漢書趙充國傳顏師古注云：

> 罕、开，羌之別種也。此下言"遣开豪雕庫宣天子至德，罕、开之屬皆聞知明詔"，其下又云"河南大开、小开"，則罕羌、开羌，姓族殊矣。……地理志，天水有罕开縣，蓋以此二種羌來降，處之此地，因以名縣也。

他説的很對。後漢書西羌傳中也説：

> 罕種羌千餘寇北地。……漢安元年，以趙冲爲護羌校尉。冲招懷叛羌，罕衆乃率邑落五千餘户詣冲降。

羌中罕、开二種雖然關係較密，常作共同行動，但也有單獨行動的時候。這二族住在青海的海邊（見趙充國傳）。其他諸族原居何地，後遷何地，史書中殊難一一尋覓。茲就所記居地及其進攻之地，大概說來，住在隴西、金城二郡及其塞外的，有先零、勒姐、當煎、當闐、封養、牢姐、彡姐、卑湳、狐奴、離湳、鳥吾、種存、鞏唐、且凍、傅難諸族；在上郡的，有全無、沈氏、牢姐諸族，在西河郡的，有虔人、卑湳諸族；徙置安定郡的，有燒何族。此中有重複的，或是一族的居地先後有不同，或是一族分爲數部而居地遂不同的。爲了材料太少，一切問題無從解決。大致看來，在這些族裏，以先零爲最强，常在諸羌中取得領袖的地位。

以上所說的大都是住在今青海及甘肅西部的羌人。這部分羌人的遺裔，因爲在唐代屬於吐蕃，所以稱爲番民；又因接受西藏佛教和文化，和西藏沒有不同，所以稱爲藏民。此外，還有住在今四川境內的羌人。關於這方面，後漢書西羌傳也曾作一個約略的記載，云：

> 建武十三年（公元三七），廣漢塞外白馬羌豪樓登等率種人五千餘戶內屬，光武封樓登爲歸義君長。至和帝永元六年（公元九四），蜀郡徼外大牂夷種羌豪造頭等率種人五十餘萬口內屬，拜造頭爲邑君長，賜印綬。至安帝永初元年（公元一〇七），蜀郡徼外羌龍橋等六種萬七千二百八十口內屬。明年（公元一〇八）徼外羌薄申等八種三萬六千九百口復舉土內屬。冬，廣漢塞外參狼種羌二千四百口復來內屬。桓帝建和二年（公元一四八），白馬羌千餘人寇廣漢屬國，殺長吏，益州刺史率板楯蠻討破之。

這裏，我們又見到大牂夷、龍橋、薄申三個羌種名。這些羌人的後裔，大部分當已融化在漢人裏頭，其一部分則爲現今四川中部松潘、理茂、懋功、汶川等縣裏的羌人。這部分羌人因爲沒有接受佛教，所以還得保存古代的羌人文化。

　　此外，還有住在今甘肅西北部的羌人。這在西羌傳裏沒有材料，但在漢書地理志裏卻可以尋出一點痕跡來。文云：

　　　　張掖郡觻得：……羌谷水出羌中，東北至居延入海，過郡二，行二千一百里。

按羌谷水即桑欽所説的弱水，今上游稱黑河，下游稱額濟納河。水出酒泉祁連山下，地理志説"出羌中"，可見酒泉祁連山一帶是羌人的居地，所以地號羌中，水名羌谷水了。又：

　　　　酒泉郡祿福：呼蠶水出南羌中，東北至會水入羌谷。

呼蠶水今名洮賴河，出今玉門市南的祁連山，東北至高臺縣北合於羌谷水。從這一條上，知道玉門市南也是羌人所居。又：

　　　　敦煌郡冥安：南籍端水出南羌中，西北入其澤，溉民田。

南籍端水上游今名疏勒河，下游名布隆吉河；入於冥澤，今哈拉湖。這水的發源地離開呼蠶水不遠。和上條合看，知道漢代人喚這一帶爲"南羌中"，表示它離開北面所設的郡縣較遠，所以加上一個"南"字。漢代所立的河西四郡，武威爲故匈奴休屠王地，張掖爲故匈奴昆邪王地，都是平原美草，比較適於居住的地方；至於南面的山嶽地帶則留給羌人，匈奴是這樣，漢朝也這樣。

　　此外，還有住在今新疆天山南路的羌人。這有漢書西域傳的材料可以依據。傳云：

> 出陽關自近者始，曰婼羌。婼羌國王號去胡來王。去陽
> 關千八百里。去長安六千三百里。辟在西南，不當孔道。戶
> 四百五十，口千七百五十，勝兵者五百人。西與且末接。隨
> 畜逐水草，不田作；仰鄯善、且末穀。山有鐵，自作兵，兵
> 有弓、矛、服刀、劍、甲。西北至鄯善，乃當道云。

這一個羌國，人口只有一千多，地又不當孔道，似乎無足輕重，
然而漢朝人卻很看重他。如說文羊部：

> 羌，西婼羌戎牧羊人，從人牧羊。（依宋本太平御覽卷
> 七九二引補）

又漢書韋玄成傳記王舜、劉歆議宗廟制，說：

> 孝武皇帝愍中國罷勞，無安寧之時，……西伐大宛，併
> 三十六國，結烏孫，起敦煌、酒泉、張掖，以鬲婼羌，裂匈
> 奴之右臂。

似乎他們都把婼羌看作羌人的代表。爲什麼會這樣？我們推測起
來大概有兩個原因。第一，她是最先歸漢的一國，所以封爲去胡
來王。這個名詞，顏師古注道：

> 言去離胡戎，來附漢也。

又漢書趙充國傳載宣帝讓充國書敕云：

> 今詔……長水校尉富昌、酒泉侯奉世將婼、月氏兵四千
> 人……擊罕羌，入鮮水北句廉上。

這可見婼羌的領袖確是站在漢朝的一邊，所以肯自擊其同類的罕羌；封爲王爵，自因其忠順的緣故。第二，她的國境很大。西域傳中有以下的資料：

> 小宛國……東與婼羌接，辟南不當道。
> 戎盧國……東與小宛，南與婼羌，西與渠勒接，辟南不當道。
> 渠勒國……東與戎盧，西與婼羌，北與扜彌接。
> 于闐國……南與婼羌接，北與姑墨接。
> 難兜国……南與婼羌，北與休循，西與大月氏接。

這五個國都在天山南路：小宛最東，在今羅布泊之南；次則戎盧、渠勒，在今克里雅河流域；又次則于闐，在今和闐河流域；難兜最西，在今蘇聯土庫曼（Turkmen S. S. R）阿母河之南。而小宛之東，戎盧之南，渠勒之西，于闐之南，難兜之南都和婼羌相接，可見婼羌國境佔有今新疆境内的全部崑崙山脈，而且越過了蔥嶺，東西延袤約二千餘公里，實在是一個泱泱大國。西域傳所説的“户四百五十，口千七百五十，勝兵者五百人”，恐怕是專就她的國都中説的吧？這一國裏，雖度游牧生涯，沒有農業，卻有兵器工業，而且鑄的是鐵兵，不能不説他們的生產技術是很進步的。此外，西域傳又説：

> 西夜國，王號子合王，治呼犍谷，去長安萬二百五十里。户三百五十，口四千，勝兵千人。……西與蒲犁接，蒲犁及依耐、無雷國皆西夜類也。西夜與胡異，其種類羌、氐行國，隨畜逐水草往來。而子合土地出玉石。

這段文字據後漢書西域傳則爲：

西夜國，一名漂沙，去洛陽萬四千里。……子合國居呼
鞬谷，去疏勒千里。

故范曄云：

漢書中誤云西夜、子合是一國，今各自有王。

清徐松因之，他在所著西域傳補注中以爲"傳本脱爛"。按魏書西
域傳説：

悉居半國，故西夜國也，一名子合。其王號子，治
呼犍。

魏收作史在北齊時，是不是漢書的本子在那時已脱爛了呢？看
"其王號子"一語，實有脱爛的可能，但爲什麼又説"一名子合"
呢？這個國該在于闐南山的西面，雖未有羌名，然而他們的生産
則是羌人的方式。傳又説：

蒲犁國，王治蒲犁谷，去長安九千五百五十里。户六百
五十，口五千，勝兵二千人。……寄田莎車。種俗與子
合同。
依耐國……去長安萬一百五十里。户一百二十五。口六
百七十，勝兵三百五十人。……南與子合接，俗與相同。少
穀，寄田疏勒、莎車。
無雷國，王治盧城，去長安九千九百五十里。户千，口
七千，勝兵三千人。……衣服類烏孫，俗與子合同。

這三國都在于闐南山之西，葱嶺之東。他們的種和俗都和西夜

(子合)相同，不務農業，寄田他國，也都有爲羌族的可能。漢書西域傳的材料想係班超供給班固的，所以治所、道理、户口都記的很詳。在當時漢人的眼光裏，婼羌、西夜(子合)、蒲犁、依耐、無雷這五六個沿着葱嶺和南山(今稱崑崙山脈)的國家都屬於氐、羌行國一類的。這些羌人的遺裔不知道後來混合到哪個種族裏邊去了。

除此以外，魏明帝時魚豢所著的魏略裏又有關於西域的羌人的一段話，云：

> 燉煌西域之南山中，從婼羌西至葱嶺數千里，有月氏種葱茈羌、白馬、黄牛羌，各有酋豪；北與諸國接，不知其道里廣狹。傳聞黄牛羌各有種類，孕身六月生；南與白馬羌鄰。(三國志烏桓鮮卑東夷傳裴松之注引)

這三種羌是兩漢書裏所没有説到的，可見當時居今新疆南部的羌人種類之多。水經河水注云：

> 河水又東注於泑澤，即經所謂蒲昌海也，水積鄯善之東北，龍城之西南。龍城，故姜賴之虚，胡之大國也。蒲昌海溢，盪覆其國，城基尚存而至大，晨發西門，暮達東門。澮其崖岸，餘溜風吹，稍成龍形，西面向海，因名龍城。地廣千里，皆爲鹽而剛堅也。

按涼州異物志云：

> 姜賴之虚，今稱龍城。恒溪無道，以感天庭。上帝赫怒，海溢盪傾。剛鹵千里，蒺藜之形。其下有鹽，累碁而生。(御覽卷八六五引)

所詠的即是此事。這是新疆羌人的洪水說，也歸根於上帝的赫然震怒。他們指爲蒲昌海水溢，也正同秦、晉間人提到洪水便說是孟門、龍門水溢一樣。龍城遺址大得可以走一天，可見羌人實有很高的文化和很密的人口。巧的很，六十年前，英國派出的文化間諜斯坦因到新疆考古，得到了許多竹簡和紙片，其中有一封羌女的信，出於羅布泊北面的古城裏，大約是三國到前涼這個時期內（公元三、四世紀）所寫，文云：

> 羌女白：取別之後，便邇西邁，相見無緣，書問疏簡，每念茲對，不舍心懷，情用勞結。倉卒復致消息，不能別有書栽，因數字值信復表。馬羌。（流沙墜簡卷三）

這位羌女的漢文太文雅了，是出於她的親筆呢，還是請漢人代筆的？末了署“馬羌”，顯得她是屬於白馬羌的一族，正好和魏略裏所説的相印證。

自此以後，在魏書（傳八十九）裏又見兩種居今甘肅南境的羌名：

> 宕昌羌者，其先蓋三苗之胤。……其地東接中華，西通西域，南北數千里，姓別自爲部落，酋帥皆有地分，不相統攝，宕昌即其一也。……有梁懃者，世爲酋帥，得羌豪心，乃自稱王焉。懃孫彌忽，世祖初，遣子彌黃奉表求内附。世祖嘉之，遣使拜彌忽爲宕昌王，賜彌黃爵甘松侯。……其地自仇池以西，東西千里；廓水以南，南北八百里：地多山阜。人二萬餘落。世修職貢。……彌機立，……高祖遣鴻臚劉歸、謁者張察拜彌機征南大將軍、西戎校尉、梁、益二州牧、河南公、宕昌王。……

宕昌在今甘肅岷縣和臨潭縣的南部，廗水即今甘谷縣南的藉水，可見這個羌國佔有洮河及白龍江兩流域。魏書又云：

> 鄧至者，白水羌也。世爲羌豪。因地名號，自稱鄧至。其地自亭街以東，平武以西，汶嶺以北，宕昌以南。土風習俗亦與宕昌同。其王像舒治遣使内附，高祖拜龍驤將軍、鄧至王。遣貢不絶。鄧至之西有赫羊等二十國，時遣使朝貢，朝廷皆授以雜號將軍、子男渠帥之名。

這國在宕昌之南，從今甘肅文縣到四川松潘，佔有白水江、涪江、岷江流域各一部分。這恐怕就是後漢書裏所説的"廣漢羌"。在周書（傳四十一）裏，又見一種居今青海的羌名：

> 白蘭者，羌之別種也。其地東北接吐谷渾，西北至利模徒，南界郍（那）鄂。風俗物産與宕昌略同。保定元年（周武帝年號，公元五六一），遣使獻犀甲、鐵鎧。

這是今青海西南部的一種羌人，因住在白蘭山而得名。東晉後這一族屬於吐谷渾。在魏書（傳九十）裏又得一種新疆的羌名：

> 阿鈎羌國，在莎車西南，去代一萬三千里。國西有縣度山，其間四百里，中往往有棧道，下臨不測之淵，人行以繩索相持而度，因以名之。土有五穀諸果。市用錢爲貨；居止立宮室。有兵器。土出金珠。
> 波路國，在阿鈎羌西北，去代一萬三千九百里。其地濕熱。有蜀馬。土平。物産國俗與阿鈎羌同。

阿鈎羌當在今乾竺特，或阿富汗、印度間，疑即婼羌的後裔。波路國地平而濕熱，當在今蘇屬中亞細亞錫爾河流域；他們雖無羌名，可是國俗相同，當亦西夜、無雷之類。

（七）氐的來歷及其在秦漢時代的活動

羌的材料搜羅到這些，暫時可告一段落。現在再講氐。古人每把氐、羌兩族連稱，甚或看作一種。如山海經中海內經便說：

> 伯夷父生西岳；西岳生先龍；先龍是始生氐羌。氐羌，乞姓。

從此處看，氐羌好似一個人的名號；如是兩人，也該是同父的昆弟。逸周書王會云：

> 氐羌以鸞鳥。

孔晁注云：

> 氐羌，地。羌不同，故謂之氐羌；今謂之氐矣。

照孔氏的說法，羌是大名，氐是羌中的一種；因爲羌的種類很多，所以稱氐爲氐羌，正如稱婼羌、鍾羌、發羌一樣。不過既是氐小而羌大，那麼王會裏除氐羌外當還有某羌、某羌，何以篇中不再見相類的名號？因此，我以爲這還是平列的兩名。漢書賈捐之傳說：

> 成王……地西不過氐、羌。

説文鳥部：

> 鸞，赤色五采，鷄形，鳴中五音，頌聲作則至；周成王時，氏、羌獻鸞鳥。

爲什麼許慎要確定這事在成王時？只因王會開頭便寫了：

> 成周之會，……天子南面立，……唐叔、荀叔、周公在左，太公望在右。

成周是成王造的；在成周裏大會諸侯和四夷，而周公和太公望夾侍在天子的左右，那便非成王時不可。文中既説"氏、羌以鸞鳥"，所以説文就這樣講了。

古籍中單言氏的不多。山海經海內南經道：

> 氏人國在建木西，其爲人人面而魚身，無足。

這當然不能算作可靠的史料。又大荒西經云：

> 有互人之國，人面魚身。炎帝之孫名曰靈恝。靈恝生互人，是能上下于天。

郝懿行山海經箋疏道：

> 互人，即海內南經氏人國也。"氏"、"互"二字蓋以形近而譌，以俗"氏"正作"互"字也。

氏作互，是六朝、隋、唐時的別體，新發見的敦煌寫本書裏就不少。這條固然也和上條差不多相同，但它説氐人是炎帝的曾孫，卻和上面引的"炎帝，姜姓"及"羌人，姜姓"之説合拍，可見氐和羌都自認出於炎帝，二族同源而異派。周書異域傳云：

> 氐帥蓋鬧等相率作亂，……姜樊噲亂武階，……共推蓋鬧爲主。

又説：

> 氐酋姜多復率廚中氐、蜀，攻陷落叢郡。……宇文琦率兵入廚中。……斬姜多，……於是群氐並平。

似乎確可證明氐、羌同爲姜姓，即同出於炎帝。漢武帝元鼎六年（公元前一一一）平了西南夷，派司馬遷等前往考察設計。史記太史公自序説：

> 奉使西征巴、蜀以南，南略邛、筰、昆明。

他在邛、筰、昆明等剛滅亡了的國家裏走了一趟，所見所聞着實豐富，所以他做了一篇西南夷列傳，彷彿考察報告似的，這篇傳的開頭説：

> 西南夷君長以什數，夜郎最大。其西，靡莫之屬以什數，滇最大。自滇以北，君長以什數，邛都最大。此皆魋結，耕田，有邑聚。其外西自同師以東，北至楪榆，名爲嶲、昆明，皆編髮，隨畜遷徙，毋常處，毋君長，地方可數千里。自嶲以東北，君長以什數，徙、筰都最大；自筰以東北，君長以什數，冉駹最大。其俗或土著，或移徙，在蜀之

西。自冉駹以東北，君長以什數，白馬最大。皆氐類也。此皆巴、蜀西南外蠻夷也。

他從文化上着眼，分西南夷的幾十個國家爲三類。第一類是夜郎、滇、邛都等，他們把頭髮盤在頂上，種田，有城鎮的，這種國家是農業文化。第二類是嶲、昆明等，他們把頭髮編成辮子，牧畜，逐水草遷徙，没有君長，這種國家是游牧文化。再有第三類是徙、筰都、冉駹等，他們有君長，人民或定居，或移徙，這種國家是農牧兼營的文化。他在這段的結尾説：這都是氐類；這都是巴、蜀西南的蠻夷。所以陳奂詩毛氏傳疏説：

　　西南夷傳夜郎、滇、邛都、筰都、冉駹、白馬，皆氐類也。（殷武）

但因這"皆氐類也"四字寫在"白馬"之下，所以很容易使人覺到冉駹東北的許多國家是氐類，其他則不是。可是自魏書以下都説：

　　氐者，西夷之别種，號曰白馬。……秦、漢以來，世居岐、隴以南，漢川以西，自立豪帥。漢武帝遣中郎將郭昌、衛廣滅之，以其地爲武都郡。自汧、渭抵於巴、蜀，種類實繁。（魏書傳八十九；周書傳四十一，北史傳八十四並同。）

從陳奂説，凡西南夷都是氐，氐的區域是够大的。從魏收説，氐的區域只限於武都郡及巴、蜀一角，又嫌太小了。這個問題，不是文字材料所能解決。只恨司馬遷這篇報告寫的不仔細，我們推敲不出他的原意來。按氐所居地，從漢書地理志看來，隴西郡有氐道，廣漢郡有甸氐道和剛氐道，蜀郡有湔氐道，張掖郡有氐池，武都郡有氐道水，敦煌郡有氐置水，可見其佔有之地雖没有羌大，但也不算太小。何況後漢書西南夷傳明白説冉駹内有"九氏"，使我們知道史記所説的"氏類"決不限於冉駹東北的國家。更何況史記所説的嶲、昆明的編髮，隨畜遷徙，無君長，都和羌人風俗一致，氏、羌種俗大抵相同，從文化上看來，此種人可爲氏類，也正和西夜、無雷的可爲羌類是一樣的呢。

漢平西南夷，據史記西南夷列傳的贊語，是"卒爲七郡"。集解引徐廣注，這七郡是：

犍爲　牂柯　越嶲　益州　武都　沈黎　汶山

拿它們原來的國家和現今的地名説來，是：

武都，是原來的白馬國，在今甘肅南部及陝西的西南一角。

汶山，是原來的冉駹國，在今四川中北部。

犍爲，是原來的夜郎國及僰夷、巴夷，在今四川中南部、雲南東北部及貴州西北部。

越嶲，是原來的邛都國，沈黎，是原來的筰都國和徙國，這兩郡都在今四川西南部和雲南西北部。

牂柯，是原來的夜郎、牂柯、且蘭、鉤町諸國，在今貴州，兼有雲南東部。

益州，是原來的滇、嶲、昆明、勞深、靡莫諸國，在今雲南中、南部及西部。

後來武帝天漢中，把汶山併入蜀郡，故漢書地理志記載蜀郡的縣有汶江、縣虒、湔氐道；沈黎的一部分也併入蜀郡，故蜀郡有徙縣。到宣帝地節三年，沈黎又併了越嶲，故越嶲的縣有定筰、筰秦、大筰諸名（筰與筡通）。如果司馬遷的意思真以爲他們都是"氏類"，那麽我們可以知道氏在東而羌在西，兩族各作自北而南的縱貫式的發展了。

魚豢魏略中又有一大段關於西北方面的氐的記載：

> 西戎傳曰：氐人有王，所從來久矣。自漢開益州；置武
> 都郡，排其種人，分竄山谷間，或在禄福，或在汧、隴左
> 右。其種非一，稱槃瓠之後；或號青氐，或號白氐，或號蚺
> 氐，此蓋……即其服色而名之也。其自相號曰"盍稚"。各有
> 王侯，多受中國封拜。……其俗、語不與中國同，及羌、雜
> 胡同；各自有姓，姓如中國之姓矣。其衣服尚青絳。俗能織
> 布，善田種，畜養豕、牛、馬、驢、騾。其婦人嫁時著衽
> 露，其緣飾之制有似羌，衽露有似中國袍。皆編髮。多知中
> 國語，由與中國錯居故也；其自還種落間則自氐語。其嫁娶
> 有似於羌。此蓋乃昔所謂西戎在於街、冀、獂道者也。今雖
> 都統於郡國；然故自有王侯在其虛落間。又故武都地陰平街
> 左右，亦有萬餘落。（三國志烏丸鮮卑東夷傳裴松之注引）

他所引的西戎傳不知是誰做的，或即魏略的一部分。這一段文字
講得很好，使我們知道氐是介於華、羌之間的一種人。他們都有
中國姓，多能說中原話，其生産方式爲織布、種田、養豕，已完
全和漢人相同；惟衣服和結婚禮節則仍似羌。漢禄福縣即今甘肅
酒泉縣治。後漢書西南夷傳云：

> 白馬氐……數爲邊寇。……元封三年，氐人反叛，遣兵
> 破之，分徙酒泉郡。

這是他們住到禄福的由來。其稱"槃瓠之後"恐非事實，乃是
三國時人的一種想像(吳整三五歷年記講盤古事最早，即三國時
的作品)。這一族人因爲華化的深澈，所以他們的後裔已大都加
入漢人中了。

氐和羌固然可以分，而實際上卻很難分。後漢書西南夷傳説：

冉駹夷者，……其山有六夷、七羌、九氐，各有部落。

可知冉駹一地實有夷、羌、氐三種人，而這三種人中還可以分成二十二部。因此，其人爲羌爲氐常常鬧不清楚。例如唐魏王李泰所作的括地志就説：

筰州本西蜀徼外，曰猫羌巂。

蜀西徼外羌，茂州、冉州，本冉駹國地也。（均史記西南夷列傳正義引）

那麼對於筰都、冉駹的人種，司馬遷名之曰氐的，這裏又稱之曰羌了。所以這一問題要求分析清楚，徹底解決，至少現存的材料裏是没有希望的。

（八）五胡和南北朝的動亂中羌、胡和漢族的融合

自從漢朝與羌、胡連兵，每打一次勝仗，一定把俘虜移了進來，令和土著雜居，投降的亦然，而又没有適當的民族政策，一切聽其自然，他們對於官吏和豪紳，積怨既久，逢到一個機會就爆發了起來。而且羌、胡移進來的愈多，他們的力量也就愈大，在腹心之地作起大舉動，比了邊疆的變亂更難防禦。到了晉朝，這種形勢一天天緊張了，所以當時的有心人都作“徙戎”之論。武帝時，侍御史郭欽上疏，略云：

　　魏初人寡，西北諸郡皆爲戎居。今雖服從，若百年之後有風塵之警，胡騎自平陽、上黨，不三日而至孟津，北地、西河、太原、馮翊、安定、上郡盡爲狄庭矣。宜……漸徙平陽、弘農、魏郡、京兆、上黨雜胡，峻四夷出入之防，……萬世之長策也。（晉書匈奴傳）

這說的是匈奴。他以爲在現今山西、陝西、甘肅諸地住的匈奴人太多，倘有不測，三天裏便可以包圍着國都洛陽。但他這忠告，武帝没有接受。到惠帝時，山陰令江統又作長篇的徙戎論痛論其事，略云：

　　魏興之初，與蜀分隔，疆埸之戎，一彼一此。魏武皇帝令將軍夏侯妙才討叛氐阿貴、千萬等；後因拔棄漢中，遂徙武都之種於秦川，欲以弱寇強國，扞禦蜀虜。此蓋權宜之計，一時之勢，非所以爲萬世之利也。今者當之，已受其弊矣。夫關中土沃物豐，厥田上上，加以涇、渭之流溉其鳥鹵，鄭國、白渠灌浸相通，黍稷之饒，畝號一鍾，百姓謡詠其殷實，帝王之都，每以爲居。未聞戎、狄宜在此土也。……當今之宜，宜及兵威方盛，衆事未罷，徙馮翊、北地、新平、安定界内諸羌，著先零、罕、开、析支之地；徙扶風、始平、京兆之氐，出還隴右，著陰平、武都之界。……各附本種，反其舊土，使屬國、撫夷就安集之，戎、晉不雜，並得其所。（晉書江統傳）

這說的是氐、羌。在魏武帝時，討平叛氐，爲了氐地近蜀，怕他們爲劉先主所用，就把他們從武都遷到陝西中部，那裏正是涇、渭流域，上上的好地方，讓他們坐大了起來。江統以爲應當把陝（馮翊、新平）甘（北地、安定）境内的羌人遷回青海，把陝西境内

的氐人遷回武都，這樣可以免去將來的許多危險。但那時正值賈
后之亂，接上八王之亂，朝廷上哪裏顧得到這些事。到惠帝永興
元年(公元三○四)，離江統作論還未滿十年，居今山西離石的南
匈奴單于劉淵就自立爲漢王，繼稱皇帝，國號漢，從此各地的異
族紛紛稱王稱帝，演成了五胡十六國的局面，直亂了一百三十六
年方才平息，生靈的塗炭竟至不可數計。

　　所謂五胡，只就五個大種而言，其實還有些小種，又有本是
漢人所建之國而併算在十六國內的。這五個大種是匈奴、羯、鮮
卑、氐、羌。鮮卑佔地最大，自北匈奴入歐洲，南匈奴內遷之
後，匈奴原地都爲鮮卑所有。依照現今史學界的分類，匈奴是突
厥種，鮮卑是東胡種，這裏可以不提。羯種，據晉書云：

　　　　石勒……上黨武鄉羯人也，其先匈奴別部，羌渠之冑。
（載記四）

武鄉縣在今山西榆社縣北，因爲這裏説是“匈奴別部”，所以向來
也放在突厥族裏。但近人呂思勉説，羯人有火葬之俗，和氐、羌
同，疑是氐、羌與匈奴的混血種；其成分或且以氐、羌爲多。羯
室正以羯人居此得名，並非匈奴的一支，因住在羯室而稱羯（見
中國通史第三十三章）。這個説法，我看是對的。“羯”字從羊，
與“羌”正同，“羯”和“羌”又都是齒音，説不定即是一字的分化。
而且晉書上説羯是“羌渠之冑”，這句話的意義應是羌中渠帥的子
孫，那麼羯爲羌族尤爲有徵。

　　劉淵稱漢，到劉曜時改爲“趙”。晉元帝太興二年(公元三一
九)，其將羯人石勒自號趙王。後來他殺了劉曜，以成帝咸和五
年(三三○)即皇帝位，建都襄國(今河北邢臺縣)。他兵力強大，
今長城以南，長江以北差不多全歸了他。史家稱他爲後趙。可是
這一個大朝只傳了短短的二十五年，他的子孫和同族給冉閔殺

光了。

　　苻洪是略陽臨渭（今甘肅秦安縣東南）的氐人，世世做着酋長。他投靠劉曜，拜率義侯。後累有戰功，封西平郡公。冉閔之亂，西北人民都歸依他，他有眾十餘萬。晉穆帝永和六年（公元三五〇），他自稱大將軍、大單于、三秦王。其子健進據長安，稱天王、大單于，建元皇始，國號大秦；隔了一年（三五二），又即皇帝位。其子生嗣祚，他性情殘暴，爲苻堅所殺。堅立，改稱天王。晉帝奕太和五年（三七〇），他伐燕，克鄴，擒慕容暐，前燕亡。孝武帝寧康元年（三七三），他攻克晉漢中，取成都，西南諸夷悉來歸附。太元元年（三七六）滅代（拓跋氏），又滅涼（張氏），又平西域諸國。疆域之廣，爲十六國中第一。他又注意內政，振興學校，修驛亭，樹槐柳，百姓得過豐樂的日子。太元八年（三八三）他大舉伐晉，戎卒六十餘萬，騎二十七萬，千里間旗鼓相望。可是這回他太輕敵了，給謝玄大破於淝水之上，他也給羌酋姚萇所殺，前秦由是遂亡。

　　漢時，燒當羌的子孫有請求內附的，漢朝把他們放到南安（今甘肅隴西縣）的赤亭。到三國，酋長柯迴幫助魏將平蜀，得任鎮西將軍、西羌都督。他的兒子姚弋仲英猛果毅，劉曜封他爲平襄公。永和七年（三五一），後趙衰亂，弋仲降了晉朝，受最高級的職位。他的兒子姚萇降了苻堅，官龍驤將軍；後來叛了，自稱萬年秦王。苻堅淝水之敗，奔回五將山（在今陝西岐山縣）給他捉住，逼他交出傳國璽。堅瞋目叱道：

　　　　小羌，乃敢于逼天子！豈以傳國璽授汝羌也！圖緯符命，何所依據？五胡次序，無汝羌名！違天不祥，其能久乎！（晉書載記苻堅下）

似乎羌於五胡中最爲卑賤，決無作天子的福分的。想來五胡之中，別種早已華化，惟羌進步最遲，故有此説。看姚弋仲戒諸子説：

> 今石氏已滅，中原無主。自古以來，未有戎狄作天子者。我死，汝便歸晉，當竭盡臣節，無爲不義之事！（晉書載記姚弋仲）

也是出於這種自卑的心理。可是他的兒子姚萇卻非過皇帝癮不可，終於在晉孝武帝太元十一年（三八六）即皇帝位於長安，改元建初，國號大秦。打破了小羌不能做天子的迷信。傳了兩代，到晉安帝義熙十三年（四一七）爲劉裕所滅。這是史家所稱的"後秦"。

此外還有兩個苻家的同鄉所建的小帝國。一個是呂家。呂婆樓，略陽的氐人，在苻堅處做到太尉。他的兒子呂光，做苻堅的驃騎將軍。堅既平定了東方，士馬強盛，就想進圖西域，任光爲都督西討諸軍事，總兵七萬，鐵騎五千，穿過沙漠，到了焉耆，其王泥流率領旁國請降。只是龜兹不服，又把她打敗，降的三十餘國。龜兹宮室壯麗，珍寶充牣，光用了駱駝二萬餘頭把珍寶載了回來。那時苻堅已失敗，光遂入姑臧（今甘肅武威縣），自署涼州牧，這是晉孝武帝太元十年（三八五）。明年，又稱酒泉公，再進位三河王。到太元二十一年（三九六），更進號天王，年號龍飛，國號曰涼。他死後，傳了兩代，爲後秦所滅。這就是史上的後涼。

還有一個是李家。他們本是巴西宕渠（今四川渠縣）的賨民，爲了信從張魯的道教，遷到漢中楊車坂，稱爲楊車巴。魏武帝克漢中，李家帶領了五百家歸他，拜爲將軍，遷到略陽，北方人又稱他們爲巴氐。晉惠帝元康六年（二九六），氐人齊萬年反，關西擾亂，又逢大饑荒，百姓流移就穀，南到蜀中。那時李家傳到李特，仍是領袖，他掌握了流民數萬家，分散在漢中和成都平原。益州刺史趙廞謀叛，李特的弟庠和氐人苻成、隗伯等歸了他。趙廞怕李庠不易制，借端殺了，李特就集合七千人打進成都。朝廷因他平亂有功，拜爲宣威將軍，封長樂鄉侯。那時諸流人聚在蜀中的已逾十萬，性情剽悍，蜀人軟弱，主客不相制，朝中防其爲患，令流人一齊還鄉；於是他們推李特作主，和當地官吏廝拼起來。官吏出賞格緝拿他們，他們把賞格改了，只見上面寫的是：

　　　　能送六郡之豪李、任、閻、趙、楊、上官及氏、犂侯王一首，賞百匹。（晉書載記李特）

於是跟從他們造反的益多。晉惠帝太安元年（三〇二）李特自稱益州牧，都督梁、益二州諸軍事，改元建初。但第二年他就爲晉師所殺。後來他的兒子李雄立，據有全蜀，永興元年（三〇四）自稱成都王，國號大成。隔了兩年，又稱帝。傳了四代，到晉穆帝永和三年（三四七）爲桓溫所滅。史家稱爲前蜀。又過了五十八年，到晉安帝義熙元年（四〇五），安西府參軍譙縱受命率領諸縣氐兵東下，爲諸將所逼，入成都，自稱成都王，做後秦的藩屬；不過九年功夫，就爲晉將所滅。史家稱爲後蜀。這兩個蜀雖不是氐人所建，可是和氐都有關係，或者可以稱爲半氐族的國家。（以上諸節均據晉書載記）

　　以上是十六國裏的氐、羌國家，都是在短短時期中消滅的。還有一個氐國，一個羌國，因爲地點較爲偏僻，所以傳衍甚久。

　　武都本是白馬氐的大本營，那邊有一座大山，在今甘肅成縣的西面。這山四面斗絕，形若覆壺，上有平地，方二十餘里，上下羊腸盤道三十六轉，惟有東西二門可以出入。爲了這座山上有田百頃，故名百頃山；又因上有大池，可以煮鹽，亦名仇池山。這是氐人的形勢險要之地，每有軍事，就據了自守。漢獻帝建安

（一九六——二一九）中，氐帥楊駒徙居到這裏，漢朝封他爲百頃氐王。楊駒的後人千萬和興國（在今甘肅秦安縣東北）的氐王阿貴各有部落萬餘。到建安十六年（二一一），他們跟了馬超在隴西起兵，曹操派夏侯淵前往擊滅。千萬逃向蜀中；其部落不能走的，留居在天水和南安境内；爲了裏邊有些不穩分子，又内遷到扶風的美陽縣（今陝西武功縣西南）。到千萬的孫子飛龍，又漸强盛，住在略陽；他無子，撫外甥令狐茂搜爲子。晉惠帝元康六年（二九六），關中氐、羌變亂，楊茂搜領了部落回到百頃，自號輔國將軍、右賢王；群氐推爲領袖，據有武都。到他兒子難敵時，仇池曾給前趙佔了，但難敵終於奪回。晉簡文帝咸安元年（三七一），又給前秦攻下，把那邊的氐人搬到關中，在百頃置南秦州。這是前仇池國，凡歷七十六年。待至前秦滅亡，難敵的曾孫楊定又收集舊眾，徙治歷城（在今成縣北），自號隴西王。他的後人難當，自號大秦王，繼又降稱武都王。至宋文帝元嘉十九年（四四二），又爲宋將所克，難當逃魏。這是後仇池國，凡歷五十八年。過了幾年，楊文德據葭蘆（在今武都縣東南），攻克陰平（在今文縣西北）和平武（今四川平武縣），是爲武都國；傳了兩代，歷三十二年（四四七——四七八），爲魏所滅。此後國分爲二：楊文弘爲白水太守，屯武興（在今陝西略陽縣），是爲武興國；共歷五代，八十四年（四七〇——五五三），爲魏所滅，其中楊紹先一代曾經稱帝。南齊任楊廣香爲西秦州刺史，居陰平，是爲陰平國；共歷七代，一百〇三年（四七九——五八一），爲隋文帝所滅。這五個先後建立的國家，斷斷續續地傳衍了二百八十六年，若從楊駒算起便近四百年，與動蕩的中原政局相終始，真可説是長命的了。（本節據北史列傳八十四及張維仇池國志，一九四九年出版。）

　　這一個氐國，漢化已深，姓和名都是漢式的，和中央政府發生的隸屬關係也深。同時還有一個羌國，她的統治者則是鮮卑人，他們似乎沒有漢化，對於中朝的來往也比較稀少。

慕容氏本是遼西的鮮卑渠帥。至涉歸，受晉封爲鮮卑單于。他有一個庶出的長子，名吐谷渾；又有一個嫡出的兒子，名弈洛瓖，這就是前燕的宣帝慕容廆。涉歸把部落七百家分給吐谷渾。他死後，廆繼位，弟兄因小事爭論，吐谷渾就率部西去陰山（今內蒙古呼和浩特市大青山）。值永嘉之亂（三〇九——三一二），他又度過隴山，止於枹罕（今甘肅臨夏縣東北）。北史説他佔有的地方，是：

> 自枹罕暨甘松，南界昂城、龍涸，從〔淝〕（洮）水西，南極白蘭，數千里中。（卷八十四吐谷渾傳）

按：甘松山在今四川松潘縣西南。龍涸爲北周所置郡，治所在今松潘；魏書穆亮傳作“龍鵠”，華陽國志作“龍鶴”，並一音之轉。吐谷渾度隴以後的疆域，東南包有今四川西北隅地，東面佔着今甘肅西部的洮、岷及臨夏、永靖諸縣地，已無待考。只是白蘭一地，紀載闕略，史家迄不能確指。按北史有白蘭傳，云：

> 白蘭者，羌之別種也。（卷九十六）

是白蘭本群羌部族的一支。惟這一支起得不早。杜佑通典云：

> 白蘭，羌之別種，周時興焉。（卷一百九十，邊防六）

這“周”是指宇文周而言，可見他們興起的時候已屆南北朝之末，故其名不見於以前諸書。白蘭這國名，得於境內的白蘭山（見隋書吐谷渾傳）。清顧祖禹讀史方輿紀要云：

> 白蘭山，在吐谷渾西南。慕容廆庶兄吐谷渾國於洮水之
> 西，南極白蘭。其後每被侵伐，輒保白蘭以自固。又西南即
> 伏羅川。劉宋元嘉二十九年，吐谷渾王拾寅始居伏羅川，蓋
> 未離白蘭之險也。（卷六十五，陝西十五）

這雖舉出了些事實，依然没有能指定實在的地方。按北史白蘭傳
又云：

> 其地東北接吐谷渾，西北利模徒，南界郍鄂。

通典、通志引用此文都作"西至叱利模徒"，"北"與"叱"形似，當
以涉上"東北"而誤。叱利模徒和郍鄂兩地當時既未説明，後人自
難懸猜。今按北史附國傳云：

> 附國者，蜀郡西北二千餘里，即漢之西南夷也。有嘉良
> 夷，……土俗與附國同。……嘉良有水闊六七十丈，附國有
> 水闊百餘丈，並南流，用皮爲舟而濟。附國……西有女國，
> 其東北連山綿亘數千里，接於党項，往往有羌：大小左封、
> 昔衛、葛延、白狗、向人、望族、林臺、春桑（隋書附國傳
> 作"春桑"）、利豆、迷桑、婢藥、大硤、白蘭、北利模徒、
> 郍鄂、當迷、渠步、桑悟、千碉，並在深山窮谷，無大君
> 長。其風俗略同於党項，或役屬吐谷渾，或附國。

在這一段裏，見到了二十個羌國名，都在附國的東北。附國所
在，從"嘉良有水闊六七十丈，附國有水闊百餘丈，並南流"的話
看來，知道必是流經四川西部及雲南境内的横斷山脈的大水，附
國既去蜀郡西北二千餘里，可見這二水必爲雅龍江與金沙江，都
是長江的上源。由此可知，附國應在邛崍山之西，寧靜山之東，

巴顏喀喇山之南。附國所在既定，則叱利模徒與郍鄂均在其東北，一定是現在青、川兩省交界的俄洛（或作果洛、郭洛）或玉樹等地。根據這一點，可知白蘭疆域在今青海、四川間，離甘肅的西南部也不遠，故北史、通典等書都説：

> 其風俗與宕昌略同（白蘭傳）。

宕昌羌所居在今甘肅臨潭、岷縣的南部，當西頃山之東，那麼白蘭當在西傾山之西。按青海境内大山，一爲祁連山，在省境西北，北史吐谷渾傳已明書爲“南山”，其非白蘭山可知；一爲巴顏喀喇山，在省境西南，適當白蘭及吐谷渾活動中心。北史吐谷渾傳云：

> 白蘭山西北，又有可蘭國，風俗亦同。目不識五色，耳不聞五聲，是夷蠻戎狄之中醜類也。

可蘭今無考，而音與“喀喇”極似，疑即在今巴顏喀喇山西脈巴顏喀喇得里本山一帶。吐谷渾傳又云：

> 白蘭西南二千五百里，隔大嶺，又度四十里海，有女王國。

這女王國即附國傳中的女國，當指今藏中。所説的“大嶺”當爲今唐古喇山脈。據此推求，可見所謂白蘭山必即巴顏喀喇山。“巴顏”的縮音爲“白”，“喀喇”的縮音爲“蘭”，爲求簡煉起見，當時的人們就寫作“白蘭”了。

吐谷渾立國於青海，除去王族及分得的部落（北史作七百家，晉書作一千七百家）外，全是羌人。所以他的兒子吐延爲羌酋姜聰所刺，臨終時諄囑他的將絰拔尼道：

> 豎子刺吾，吾之過也，上負先公，下愧士女。所以控制
> 諸羌者，以吾故也。吾死之後，善相葉延，速保白蘭。（晉
> 書吐谷渾傳）

可見"控制諸羌"是吐谷渾立國的原則。葉延即位後，他説中國古代，男子稱氏，大都把王父（祖父）的字做氏名，因此建吐谷渾爲國號。到第五世視連時，他通聘於西秦武王乞伏乾歸，受封爲白蘭王。到他的兒子視羆即位，乾歸又遣使拜新王爲使持節都督龍涸已（以）西諸軍事、沙州牧、白蘭王。可見視羆是一個英雄勃勃的君主，他不肯接受，出言不遜。乾歸進兵攻擊，視羆大敗，退保白蘭。他的兒子樹洛干嗣位，奔歸莫何川（據通鑑胡三省注，在西傾東北，則當今甘肅臨潭縣西），自稱大都督、車騎大將軍、大單于、吐谷渾王。他很有政治才，衆庶樂業，號爲戊寅可汗，沙、漒諸部族歸附的益多。乞伏乾歸忌他，率騎二萬進攻，戰於赤水，樹洛干大敗，不得已降了乾歸，乾歸拜他爲平狄將軍、赤水都護。其後他又南保白蘭，慚憤發病而死。其弟阿豺拓土到龍涸、平康（今四川松潘縣西南）。宋少帝景平元年（四二三）詔封阿豺爲澆河公。按澆河郡爲後涼呂光所置，北周時改爲洮河郡，故城在今青海貴德縣。段國沙州記云：

> 澆河郡西南一百七十里有黃沙，南北一百二十里，東西
> 七十里，西極大楊川，望之若人委糒糠於地，不生草木，蕩
> 然黃沙，周回数百里。（通鑑晉記三十六，胡三省注引段國
> 説，吳士鑑晉書斠注以爲沙州記文，今從之。）

讀此，知道乞伏乾歸任視羆爲沙州牧，原來是這裏的沙州，這沙

州因這片黃沙地得名。那時西秦設立的沙州轄有西平、河湟、三河三郡，都在今青海省東部，也即吐谷渾的疆地。沙州記又説：

> 洮水出彊臺山，東北徑吐谷渾中。自洮、彊南北三百里中，地草皆龍鬚而無樵柴，謂之彊川。（同上）

按彊臺山即西傾山；洮水出彊臺，故亦有彊川之名。晉書説"沙、彊雜種"歸附樹洛干，沙即沙州，彊即彊川。此字或"山"旁，或"水"旁，因地而施。北史稱"西强山"，知又可不用偏旁標出意義。其實這就是"羌"字。晉書前秦載記記苻洪的母爲姜氏，其妻爲羌氏，苻健的妻爲强氏，實亦一字的異寫，都是羌女而已。西傾山和洮水流域是吐谷渾的勢力中心，所以沙州牧、澆河公封個不了。阿豺死，慕璝繼立，他爲魏討夏，擒了赫連定，魏太武帝拜他爲大將軍、西秦王，統有秦、涼、河、沙四州。他又通宋，宋封爲隴西王。弟慕利延立，也學他這一套，於是魏封爲西平王，宋封爲河南王。但因他們國內自己鬧糾紛，魏人進兵，慕利延走向白蘭。魏又追到白蘭，慕利延只得竄至于闐國，又南征罽賓（今阿富汁境），在今新疆境內開闢了些地方。隔了七年，又回到舊土。其後拾寅立，都於伏羅川。到夸呂即位，遷居伏俟城（在青海西十五里）。當時吐谷渾的幅員，東西三千里，南北千餘里。周明帝武成元年（五五九），周人攻拔了洮陽、洪和二城，置洮州。周武帝天和元年（五六六），龍涸王莫昌率户內附，又置扶州（今松潘縣治）。至隋文帝開皇元年（五八一），遣步騎數萬擊之，夸呂遠遁，名王十三人率了部落迎降，封其高寧王移兹裒爲河南王，統領降衆。十一年（五九一），夸呂死，子世伏立，隋文帝把光化公主嫁與。其弟伏允繼位，煬帝令鐵勒（居今蒙古）進擊，破之；伏允東走，保西平境（今西寧一帶）。煬帝復令觀德王雄出澆河，許公宇文述出西平掩襲，大破其衆；伏允逃入山谷。

其原有的地方，自西平臨羌城以西，且末以東，祁連山以南，雪
山以北，盡爲隋有，置立了鄯善、且末、西海、河源四郡。這是
大業五年(六〇九)的事。伏允没法生活，寄居在党項。到大業末
(六一六)，天下大亂，他又回到原地，收拾殘餘，重新建國。唐
太宗貞觀八年(六三四)吐蕃贊普奉表求婚，太宗未許，那時適值
吐谷渾王入朝，吐蕃疑是他的離間，於是北擊吐谷渾。吐谷渾不
能支，逃到青海邊上，人畜並給吐蕃掠走。吐蕃乘勝打到党項和
白蘭。唐高宗時，兩國又失了和，吐蕃大敗吐谷渾，河源王慕容
諾曷鉢走投涼州，遣使告急。咸亨元年(六七〇)，令薛仁貴率衆
十餘萬討吐蕃；軍至大非川，爲吐蕃所敗，吐谷渾全國盡没。諾
曷鉢及其親信數千帳來内屬，徙居靈州。這一國自從吐谷渾度隴
起，直到這時被吐蕃所滅，延續了三百六十三年，比了仇池國還
要長久。(本節據北史、晉書、隋書的吐谷渾傳和兩唐書吐蕃傳)

　　現在青海的民和、樂都、互助、大通、亹源等縣和甘肅的臨
夏、永靖等縣都有"土人"，一般人謂即青海土著，或疑爲土司的
部民。按這種土人並無族名，其自稱則爲"土谷家的"(谷，讀如
故)或"土户家的"。"土谷"、"土户"實均爲"吐谷渾"一音之轉。
其實"某家"則與今黃河南番族的習慣相同。例如番族稱前青海軍
閥馬麒家族及其部下爲"馬麒倉"，"倉"的意義就是"家"。浩亹河
和湟水流域，以前都是吐谷渾建都所在，所以語言上還有這一點
留遺。至於他們在青海的大部分人民，則以滅於吐蕃的緣故，其
子孫已全爲吐蕃及西藏所同化，那就是現今的西番和南番(南番
在積石山南，即俄洛族)。土人分布零星稀落，除在亹源、互助
的差可成部落之外，其他都和漢、回雜居，染了漢化，婦女們穿
紅裙、掛佩巾，而且以前還裹小腳，根本和番女不同。他們的説
話另是一種，非蒙、非藏、非漢，説不定還保存着若干古代的羌
語，這是要請語言學家進一步研究的。又吐谷渾族最後遷到靈州
和河東的，自稱爲"退渾"，而唐以後的吐谷渾，記載多稱爲"吐

渾”，同是省音，恰好和“土谷”、“土户”相似，這也是現今青海的土人爲吐谷渾遺裔的一個旁證。

　　五胡和南北朝的動亂，當時人民的痛苦不言可知，但那時既付出了這極大的代價，自該有很大的收獲，這就是許多的種族都混合了起來，把中華民族的基礎擴大了。隋、唐的大一統，就是這許多種族在共同結合的中華民族之下努力合作的結果。這單從氐、羌看也是很明白的。當時江統主張把他們徙歸原地，晉朝不能實行，不久這些酋長就自稱尊號，成爲煊赫一時的統治階級，他們始終没有遷回原地，但他們的子孫到了哪裏去了？不是都成爲漢人了嗎？所以“漢人”這個名詞，是無以名之的强爲之名，實際應當説：漢人和少數民族化爲一個民族了。

（九）唐、宋時期吐蕃和西夏的興起及其衰落

　　地點接近的少數民族和内地人民混合之後，遠的少數民族又追蹤而至，於是羌人再在西陲建立了一個大國，那就是吐蕃。舊唐書吐蕃傳道：

　　吐蕃，在長安之西八千里，本漢西羌之地也。其種落莫知所出也，或云南涼禿髮利鹿孤之後也。利鹿孤有子曰樊尼。及利鹿孤卒，樊尼尚幼，弟傉檀嗣位，以樊尼爲安西將軍。後魏神瑞元年，傉檀爲西秦乞佛熾盤所滅，樊尼招集餘衆，以投沮渠蒙遜，蒙遜以爲臨松太守。及臨遜滅，樊尼乃率衆西奔，濟黄河，逾積石，於羌中建國，開地千里。樊尼威惠夙著，爲群羌所懷，皆撫以恩信，歸之如市，遂改姓爲窣勃野，以“禿髮”爲國號，語訛謂之“吐蕃”。其後子孫繁昌，又侵伐不息，土宇漸廣。歷周及隋，猶隔諸羌，未通於

中國。其國人號其王爲"贊普"。……貞觀八年，其贊普棄宗弄讚始遣使朝貢。

在這段記載裏，説吐蕃爲西羌之地，又説樊尼爲群羌所懷，可見其地其民本來都是屬於羌的；但統治者則爲南涼的後人樊尼，他是住在河西的鮮卑族，正同吐谷渾一樣。因爲樊尼姓禿髮，所以用"禿髮"作了國號，音訛而轉爲"吐蕃"，這是一種説法。新唐書的吐蕃傳卻另有一種説法：

> 吐蕃本西羌屬，蓋百有五十種，散處河、湟、江、岷間，有發羌、唐旄等，然未始與中國通。居析支水西。祖曰鶻提勃悉野，健武多智，稍并諸羌，據其地。"蕃"、"發"聲近，故其子孫曰吐蕃而姓勃窣野。

這是説吐蕃一名的來源由於"發羌"而不由於禿髮；勃窣野爲其祖名，亦不由於樊尼的改姓。按發羌一名，始見於後漢書西羌傳，云："絶遠，未嘗往來"，與舊唐書所説的"未通於中國"合。又云"迷唐遂弱，其衆不滿千人，遠踰賜支河首，依發羌居"，可見當東漢和帝時，發羌尚居於黄河源頭，是一個相當大的部落，故能爲失敗者所依附。近人姚薇元同志作藏族考源，論之曰：

> 新唐書吐蕃傳謂發羌并諸羌，據其地。"蕃"、"發"聲近，故其子孫曰"吐蕃"。按"發"、"蕃"雙聲字，古可通轉。今藏人自稱其族爲"博特"(Bod)。古無輕脣音，凡輕脣之音，古讀皆爲重脣。發，古讀爲撥。詩："鱣鮪發發"，釋文："發，補末反。""一之曰觱發"，説文作"滭冹"，故發羌之"發"，古音讀"撥"，正 Bod 之對音也。至吐蕃之"吐"，藏語讀 teu，含有崇高之義，實即漢語"大"字；今滬語猶讀"大"

如"吐"。唐書所謂"吐蕃"，即"大發"(Gteat Bod)之異譯也。蓋此族在漢僅爲諸羌中之一部落，故以發羌之名聞於中國。至唐時，已統一諸羌而建一大國，聲勢之盛不在唐下，唐對之稱"大唐"，彼對唐亦自尊爲"大發"。唐人書作"吐蕃"，亦猶漢稱葷粥爲"匈奴"，魏呼柔然爲"蠕蠕"之意耳。唐穆宗長慶元年(公元八二一)與吐蕃所立會盟碑文，稱吐蕃正作"大蕃"，可爲明證。

　　要言之，今之藏族即古之羌人，部落繁多。約當東晉時，其中一部名"發"羌者統一諸部建立大國，諸羌因皆號"發"族，而對異族則稱"大發"(Teu Bod)。唐書之"吐蕃"，蒙古語之土伯特，阿拉伯語之 Tubbot，英語之 Tibet，皆"大發"(古讀"杜撥")一名之譯音或轉呼也。(邊政公論第三卷第一期，一九四四年一月出版)

這是一個最近情理也最合事實的解釋。西藏自從接受佛教文化以來，對於其自己種族的起源，照西藏王統記所説，乃是觀音菩薩派遣一個受了戒律的獼猴到西藏雪國一巖洞中修法，有一羅刹女魔愛它，請成夫婦，獼猴到觀音前請示，得其許可，從此傳下種來。對於其統治階層，則説印度釋迦族中阿育王的後裔有孿生子二人，一名瑪甲巴，一名結丁。因政見不睦，瑪甲巴太子依神授記，喬作女裝，逃到藏土；行經雪山，被牧人所見，驚爲天降，就把他揹回部中，擁他爲王，號爲仰賜贊普，這是西藏有王的開頭(據王沂暖譯本兼及藏族考原所引的西藏紀年史)。這種説法都是印度化和神話化的歷史，定係佛教輸入藏中之後，藏人造了這個神話以自誇爲其佛種的。至於以獼猴爲始祖，則是羌中本有的傳説。北史党項傳説：

　　党項羌，……其種有宕昌、白狼，皆自稱獼猴種。

可見這一説起得很早，自從佛教傳入而發生了變化。我們對於這些，只能把它看作真的想像，而決不能看作真的史實。現在既知道西藏人即是爰劍子孫百五十種裏的發羌，印度化的説法自然可以一下子推翻了。吐蕃一名，姚同志解釋最好，我還想加上一點：唐人所以不稱爲發，而稱爲蕃的原因，乃由周官大行人“九州之外謂之蕃國”一語而來。“蕃”即“藩”，是把她看作藩屬，正是漢人用“奴”譯“鬻”，把匈奴看成了奴隸，一樣是民族自大狂的表現。

吐蕃吞併諸羌，成爲大國。自從唐太宗貞觀八年（六三四）始通於唐，其王棄宗弄讚就遣使求婚。太宗不許，吐蕃疑是吐谷渾右面的離間，即發兵攻擊，已見前文。唐朝看他們力量強大，便將文成公主嫁去，許多中國文化（如音樂、絲織、釀酒、造紙等）隨着這位公主進去了。到高宗時，封棄宗弄讚爲西海郡王。咸亨元年（六七〇），吐谷渾地盡没於吐蕃。從此今青海境内的羌地和羌人差不多都爲吐蕃所統一。中國方面，洮河一帶和河西的甘、涼、川中的松、茂等州全成了國防要塞。不但這樣，他們又向西北進展，攻陷了龜兹、于闐、疏勒、碎葉四鎮，北和突厥相接，地方萬餘里，成爲破天荒的羌人第一大國，和唐朝成了敵體的國家。武后長壽元年（六九三）唐將王孝傑大破吐蕃，克復四鎮，乃於龜兹置安西都護府，發兵鎮守。中宗神龍元年（七〇五），又請婚，唐把金城公主配給贊普棄隸蹜贊。睿宗景雲元年（七一〇），吐蕃厚賂鄯州都督楊矩，請把河西九曲之地爲金城公主的湯沐邑，矩遂奏准給他。吐蕃既得九曲之地，其土肥沃，可以頓兵，又與唐境接近，開了一條入寇的路綫，於是臨洮、渭州、蘭州等地連年不得安靜。安禄山、史思明亂中，他們大量擴充地盤，西北數十州相繼淪没。到代宗廣德元年（七六三），上都長安竟被他們攻陷，代宗逃到陝州，不久爲郭子儀所收復。德宗建中四年（七八三），唐、蕃盟於清水，商定疆界。其盟文云：

今國家所守界：涇州西至彈箏峽西口，隴州西至清水
縣，鳳州西至同谷縣，暨劍南西山大渡河東，爲漢界，蕃國
守鎮在蘭、渭、原、會，西至臨洮，東至成州，抵劍南西界
磨些諸蠻，大渡河西南，爲蕃界。……其黃河以北，從故新
泉軍，直北至大磧，直南至賀蘭山駱駝嶺爲界，中間悉爲閑
田。（舊唐書吐蕃傳下）

彈箏峽在今甘肅涇川縣，同谷縣在今成縣，唐朝境界縮到了這
裏，蘭州今皋蘭縣，渭州今隴西縣，原州今固原縣，會州今會寧
縣，蕃境伸到了那兒。新泉軍今靖遠縣，直到賀蘭山，爲緩衝
區，兩不設防。這除把今青海省及四川西部地全都屬了吐蕃之
外，寧夏只留出東邊靈武、鹽池一角，甘肅也只留出東邊一小部
份，從東經七五度至一〇五度，北緯二八度至四〇度，中國原有
的地方一概放棄，這個羌人的國家真够大了！但會盟劃界是無用
的，他們依然連年用兵。穆宗長慶元年（八二一），又盟于長安王
會寺。盟詞很典雅，略云：

中夏見管，維唐是君。西裔一方，大蕃爲主。自今而
後，屏去兵革；……襟帶要害，謹守如故。……塞山崇崇，
河水湯湯，日吉辰良，奠其兩疆：西爲大蕃，東實巨唐。……
（舊唐書吐蕃傳下）

但另有會盟碑，則因漢、蕃文對照的原因便很質直，略云：

大唐文武孝德皇帝與大蕃聖神贊普舅甥二主……結立大
和盟約，永無渝替。……今蕃、漢二國所守見管本界，……
蕃、漢並於將軍谷交焉；其綏戎栅以東，大唐祗應；清水縣
以西，大蕃供應。……

這塊碑今仍保存於西藏拉薩大招寺的大門右，惜文已殘泐不全。綏戎柵，據姚薇元同志考證，在今陝西隴縣隴山上；將軍谷爲隴坻中的一個谷名。蕃守在清水，唐守在隴山，比較德宗時的舊界，推進還不算多，所以盟詞上說“襟帶要害，謹守如故”。兩文中屢稱“大蕃”，又稱“蕃”，並無“吐蕃”之稱，可見兩國交涉，蕃對唐本稱大蕃，盟時無可諱飾，只得實書；可是史官不願意把這個美稱給與敵人，改“大”爲“吐”，這就使得後人誤會他們的族號本是吐蕃了。（見姚氏所著唐蕃會盟碑跋，燕京學報第十五期，又藏族考源。）

　　吐蕃的勢力這時到達了最高峰；此後爲有内亂，漸漸衰頹下去。宣宗大中三年（八四九），唐朝收復了清水、安樂、秦、原等州。四年，又克成、維、扶三州。五年，他們的沙州刺史張義潮又獻還瓜、沙、伊、肅等十一州。吐蕃族衆分散，大的數千家，小的百十家，又回復了以前的樣子，政治上不再有高級的組織。於是他們的人民，内屬的叫作“熟户”，沒有内屬的叫作“生户”。元朝在陝西行省裏設置吐蕃宣慰司，統治河、洮、岷、鐵、貴德（以上今甘肅、青海境）和戎、雅、黎（以上今四川境）等州的吐蕃人民。這就是現在的番民或西番的來源。“番”字或有認作惡意的，其實不然，這即是“蕃”字，也即是“發”字，本沒有褒貶的意義在内。

　　吐蕃消沉了之後，不久就有另一個羌族起來建國，這即是党項，後來喚作西夏的。新五代史説：

　　　党項，西羌之遺種，其國在禹貢析支之地，東至松州，西接葉護，南界春桑，北鄰吐渾，有地三千餘里。無城邑而有室屋，以毛罽覆之。……其大姓有細封氏、費聽氏、折氏、野利氏、拓拔氏爲最強。唐德宗時，党項諸部相率内附，居慶州者號東山部落，居夏州者號平夏部落。部有大姓而無君長，不相統一，散處邠、寧、鄜、延、靈武、河西、東至麟、府之間。自同光（後唐莊宗年號，公元九二三——九二五）以後，大姓之強者各自來朝貢。明宗時（九二六——九三三），詔沿邊置場市馬，諸夷皆入市中國，而回鶻、党項馬最多。……党項利其所得，來不可止。其在靈、慶之間者數犯邊爲盜。……周太祖……廣順三年（九五三），慶州刺史郭彥欽，貪其羊馬，侵擾諸部；獨野雞族強，不可近，乃誣其族犯邊。太祖遣使招慰之。野雞族苦彥欽，不肯聽命。太祖遣邠州析從阮……等討之，……擊野雞族，殺數百人；而喜玉、折思、殺牛三族……共擊之，軍投崖谷，死傷甚衆。太祖……選良吏爲慶州刺史以招撫之。其它諸族散處沿邊界上者甚衆，然其無國地、君長，故莫得而紀次云。（卷七十四四夷附録第三）

松州故治即今四川松潘縣。葉護在西突厥。春桑見北史附國傳，在今青海及四川西境。從“東至松州”這句話看來，知道党項原居之地在巴顏喀喇山之東，即今積石山一帶。這一族的地點和他們“無君長，不相統一”的政治狀態，都和後漢書西羌傳所説的相合，知道他們確是羌的一種。其後他們遷至今陝西、甘肅、寧夏等省，而住在今陝西橫山（夏州）、甘肅慶陽（慶州）和寧夏靈武（靈州）的尤爲強悍。他們的大姓裏有拓拔氏，恐是依附北魏的國姓。觀趙元昊上宋仁宗表云：

　　臣祖宗本出帝冑，當東晉之末運，創後魏之初基。（宋史夏國傳）

可知他確是這樣想的。倘使這是事實，那麼他們是北魏的後裔到党項羌裏作領袖，同吐谷渾和吐蕃的情形一樣，可見鮮卑人統馭羌人的本領着實不小。到了唐的中葉，拓拔氏就大大興盛了起來。宋史夏國傳説：

> 李彝興，夏州人也，本姓拓拔氏。唐貞觀（六二七——六四九）初，有拓跋赤辭者歸唐，太宗賜姓李，置靜邊等州以處之。其後析居夏州者號平夏部。唐末拓跋思恭鎮夏州，統銀、夏、綏、宥、靜五州地，討黃巢有功，復賜李姓。思恭卒，弟思諫代爲定難軍節度使。思諫卒，思恭孫彝昌嗣。梁開平中（九〇七——九一〇），彝昌遇害，將士立其族子蕃部指揮仁福。仁福卒，子彝興嗣。……顯德（周世宗年號，公元九五四——九五九）初，封西平王。……宋初，加太尉。乾德五年（九六七）卒，……追封夏王。

靜邊州在今陝西米脂縣西。定難軍領的五州，在今陝西的北部和寧夏的東南部。因爲他們在那邊握有軍政實權二百餘年，所以造成了很大的封建勢力。待到彝興的孫繼捧立，率了族人入都觀見，宋太宗賜姓趙氏，更名保忠。但是他的弟繼遷卻喜歡同宋朝搗亂，勢力日漸高漲。遼國爲要聯合他攻宋，册封他爲夏國王，把義成公主嫁給他。他得到這外援，更加猖獗起來。宋真宗無可奈何，只得把定難軍地方讓給他管。但是他仍攻陷靈州（在今寧夏靈武縣西南），改名西平府，建都在那裏。從此以後，河西一帶陸續爲他們所拔取。待到他的孫元昊立，擁有夏、銀、綏、宥、靜、靈、鹽、會、勝、甘、涼、瓜、沙、肅、洪、定、威、龍十八個州，佔今陝西、寧夏、内蒙古和甘肅的大部，遂於宋仁宗寶元元年（一〇三八）即皇帝位，國號大夏，年號天授禮法延祚。又自制文字，形體方整，筆畫繁複，就是現代叫作“西夏文”的。於是宋朝的大敵，遼以外又多出了一個夏。元昊以後，稱帝十世，於宋理宗寶慶三年（一二二七）為蒙古成吉思汗所滅。自繼遷爲夏王，到這時共歷二百三十八年。若從思恭做夏州刺史算起，便有三百餘年了。

(十)元、明以後羌、戎向西南的發展

自十四世紀以來，羌、戎裏没有一族再建大朝的。元時稱他們爲"吐番"或"吐蕃"，或"西番"，又稱爲"烏斯藏"，"番"即"蕃"，"藏"乃"羌"音的轉變。清代稱爲"西藏"，"西"又即"烏斯"的縮音。元代在那些地方除設宣慰使外，又賞功授地，設置土司。明代因仍其制。清雍正初年，把西南苗、番部改土歸流，但改流的大部分都是今貴州、雲南的苗、瑶，至於隸屬四川的三宣撫司(邛都、裏塘、巴塘)，廿一個安撫司，廿六個長官司，一個副長官司都没有改流。這些没有改流的番部便是今四川和青海南部的各番族。其散處川、青二省交界間的番民，計有南稱、巴彥等七十九族，這些番民在元、明時曾做蒙古的蕃屬，到清雍正九年(一七一三)平定羅卜藏丹津以後，才漸次招撫，歸西藏達賴喇嘛管轄。清末曾一度要把他們改土歸流，但不久清帝退位，没有實現。到一九二六年北伐成功，國民黨政府方按照他們所在的地域分隸於川、青、康(西康)三省；其中西藏東部的納克書等三十九族則仍屬於西藏政府。至於在甘肅境内的番民土司，名義上已全部取消，設立流官統治，實際上則大的土司(如卓尼楊氏)改任爲保安司令，小的土司給以區長或聯保主任，依然世襲下去。

當蒙古族强盛到混一歐、亞的期間，西蕃的武力已一蹶不振。明中葉後，他們又養精蓄鋭，重新興起，使得和他們雜處的蒙古人畏懼起來。到清代初年，這些番部便在各自爲政的狀態之下，時時與清政府爲敵。西藏、青海兩金川(今四川小金、金川及丹巴等縣一帶的大、小金川流域)以及藏族別部廓爾喀(今尼泊爾)和蒙古族的准噶爾、厄魯特等部，相互呼應，此伏彼起，使

清政府應付得手忙腳亂。歷康、雍、乾三朝，清帝席全盛之勢，用盡了力量，才把他們壓服。其中如大、小金川，地方不過千里，在清朝的版圖中實可說是蕞爾彈丸之地，但他們起來反抗清廷，前後幾達四十年。從乾隆十四年（一七四九）初受大金川投降到四十一年（一七七六）兩金川再度平定，計清政府用兵的時間達五年之久。以前他們平定准噶爾和新疆回部，拓土二萬餘里，總計也不過用五年功夫，軍費三千餘萬兩。拿兩金川來比，這地方尚不及準、回的十分之一二，而用兵的時間卻相等，軍費更多到七千萬兩，可見西蕃組織的堅固和他們作戰的銳勇了。其後魏源作聖武記，分析他們所以致此的原因，歸納爲（一）天時的多雨和久雪，（二）地勢的險固易守，（三）人心的誓死團結三點。上兩點不說，單就第三點說來，他們以少數的人力物力敢和全盛時代的清軍作殊死的鬥爭，經過了這樣的長時間才告力竭，真不愧爲羌、戎的後勁。設使當時各蕃部有了統一的組織，恐怕又成了一個唐朝的吐蕃呢！

　　元、明而後，羌、戎後裔的西蕃雖說沒有能建立一個有組織的大王朝，但自元世祖封西蕃高僧八思巴爲“大寶法王、大元帝師”以統領其地僧尼之後，後嗣世襲其號，西藏遂成爲一個佛教國。到元順帝時，西寧湟水邊上龍本族裏產生了一個極聰明的小孩羅桑札巴，人家稱他爲宗喀巴，他到西藏勤苦修習了一生，創立黃教，把藏中原有的黑教壓了下去。佛法經他的整肅，更大行於番部。除土伯特四部（前藏、後藏、阿里及川西）、青海二十九旗、厄魯特蒙古各王旗及甘、川、滇各邊番土司等區域都奉行黃教外，連內、外蒙古全部也唯西藏黃教活佛的馬首是瞻。因爲西藏以宗教的法王兼政治的領袖，拿宗教來維繫政治的組織，一切的軍事、政治、法律、教育、文化等等都集中在寺院的喇嘛手裏，因此西藏佛教的區域早已超過了當年吐蕃最盛時代的政治疆域，其組織的嚴密也超過了當年的吐蕃。藏人稱甘肅西南部、青海、川西和雲南北部爲“安多區”，這一區和前、後藏因宗教的統一而發生民族的團結，可以説吐蕃雖亡而實際上還是存在。

　　羌、戎住在山岳地帶，交通困難，文化的落後是當然的；但他們有强壯的身體，虔誠的信仰和勇敢的性格，很能和外族鬥爭以求發展。他們所以不向北方去，爲的是那邊先有匈奴和鮮卑，繼有柔然、突厥和回紇，其强悍的程度不在羌、戎之下，把他們的路綫擋住了。他們很早就向東面走，但到了那邊就自然地同化在漢文化裏，三四千年來，消融在這大洪爐裏的已不知有多少人，既已同化就分別不出來了。如其他們要求在保存自己的文化裏發展，那只有向南方去的一條路，因爲那邊的許多部族都是比較弱小的，他們可以獲得很大的前程。説到這裏，可以附記一個猜測。暹羅的族名爲泰（Thai），到一九三九年，他們就用族名改了國號，這事使我們聯想到氐（Ti）。氐族可以擴展到雲南，豈不能再向南走而入印度支那半島。如果這個聯想是對的，那麽羌人南遷而爲西藏，氐人南遷而爲泰國，他們在無數崇山峻嶺和豐草長林裏一步一步的推進，忍耐了數千年的辛苦，開發了許多荒僻的地方，他們對於人類的貢獻可説是够偉大的了！

（十一）需要説明的五個問題

　　這篇文章寫的已不少，可是還有些材料没經收進；爲免讀者誤會起見，特在這裏説明一下：

　　其一是三苗。後漢書西羌傳説：“西羌之本，出自三苗，姜姓之別也。”似乎説到羌人必當從三苗開頭。一部尚書才二十八篇，而稱説“三苗”或“苗民”的已有堯典、皋陶謨、禹貢、吕刑四篇，又似乎這是古代史上的一件大事，不容不講。我所以竟没有講，爲的是我們所見到的三苗故事只有神話的價值而没有歷史的證明。記三苗的神話的有吕刑和山海經，我已寫在另一篇論山海經的文章裏了。至於堯典、皋陶謨、禹貢三篇，乃是戰國、秦、漢間人把神話加以歷史化的作品，我們不該再信。范曄的話，也只承着這幾篇而來，並無確當的根據。如果古代真有三苗，那麼他們和羌人有何關係，和現代的苗民又有何關係，也不是現代的書本材料所能解決，所以我們仍以存疑態度對付了它。

其二是鬼方。甲骨文中，西方諸國有羌方、鬼方、土方、昌方：羌方在西，鬼、昌在西北；土在正北。鬼方又見於詩、易及金文，殷高宗伐之三年乃克，無疑是一個大國。近百年來，東、西洋歷史學者研究中國民族史，每分配邊疆各族到幾個大族裏去，這當然是該做的工作；可是爲了材料的稀少，許多問題沒法論定。例如匈奴，有人放在突厥族，有人放在蒙古族，而以突厥爲多，可是沒有人放在西藏族的。葷粥、獯鬻和玁狁的字音和匈奴極相像，當然跟匈奴可以歸在一類。鬼方和混夷亦復如是。“鬼”之爲“混”，音韻上是陰陽對轉。“混”與“葷”、“獯”非獨同部，亦是同母，所以王國維鬼方昆夷玁狁考説這些名詞都是一語之變，亦即一族之稱。照這樣説，鬼方該是突厥族。可是吕思勉的中國民族史以爲鬼方的區域即是羌、戎的區域。鬼方的“鬼”即是左傳裏九州之戎的“九”；九州之戎即陸渾戎，陸渾戎允姓，這允字即從“玁狁”來。山海經説“氐羌，乞姓”，乞即允字之譌。照這樣説，鬼方又該是西藏族。王説固有據，吕説亦殊不弱，在這問題還沒有討論出結果時，我就怯於下筆了。現在王説尚未被推翻，我寫此文時雖沒有提到鬼方，但西羌傳所舉的太原戎、犬戎、九州戎等，凡王氏以爲即是鬼方的，我都收了進去。這是無可奈何中的一個辦法。

其三是東部的戎。詩、書裏有“徐戎”，春秋裏有“山戎”、“北戎”、“茅戎”，這些戎也許是西邊移過來的。但因沒有得到證據，而且在本篇的討論範圍中也只限於西部，所以就不提及了。

其四是巴、蜀、庸諸國。庸和蜀是尚書牧誓中和羌並稱的，巴和蜀的地方又鄰接着氐、羌之地，也許溯到源頭應該再歸一系，所以梁啟超作中國歷史上民族之研究，就把他們放在氐、羌組裏。可是在未得到確實證據的時候我們還是慢一步集納的好，所以也暫時擱起。

其五是大月氏、小月氏。月氏本居敦煌、祁連間，自爲匈奴所破，西遷到大夏。其一部分留在張掖、酒泉地方的，進入南山地區後，依了羌人，共爲婚姻。霍去病破匈奴，取河西地，他們來降，和漢人雜居，號爲"義從胡"。月氏原住的地方極近羌人，後來小月氏更與羌人無別，自可列在羌、戎裏。可是這裏既稱他們爲義從胡，分明在漢人的眼光裏，他們近於胡而不近於羌，近來外國學者的研究，或以大月氏爲突厥族，或以爲蒙古族，或以爲西藏族，或以爲伊蘭族，或以爲日爾曼族的格特人（Geth），或哥特人（Goth），尚没有到決定的階段。爲了減少些錯誤，所以在這篇文章裏也就不放進去了。

三　山海經中的崑崙區 *

本章頭緒較繁，特作提綱，以醒眉目：

（甲）崑崙區東部

1. 崇吾之山（夸父逐日故事）

2. 長沙之山

3. 不周之山（共工觸不周山及振滔洪水故事、禹殺相柳及布土故事）

4. 峚山（黃帝食玉投玉故事、稷與叔均作耕故事、魃除

---

* 原載中國社會科學 1982 年第 1 期。

蚩尤故事）

5. 鍾山（鼓與欽䲹殺葆江故事、燭龍燭九陰故事、流沙外諸國）

6. 泰器之山

7. 槐江之山（建木、若木故事、恒山與有窮鬼、瑶水）

(乙)崑崙區本部

1. 西次山經之崑崙之丘（四水）

2. 海内西經之崑崙之虛（羿殺鑿齒、窫窳等故事、六水與東淵、巫彭等活窫窳故事）

3. 大荒西經之崑崙之丘（弱水之淵、炎火之山）

4. 淮南地形之崑崙虛（洪水淵藪、增城、疏圃、崑崙三級、太帝之居、四水）

(丙)崑崙區西部

1. 樂游之山

2. 流沙及羸母之山

3. 玉山（西王母與三青鳥故事、姮娥竊藥故事）

4. 軒轅之丘（黃帝娶嫘祖故事、軒轅國）

5. 積石之山（禹積石故事、夸父棄杖爲鄧林故事）

6. 長留之山

7. 章莪之山

8. 陰山

9. 符惕之山

10. 三危之山（竄三苗于三危故事）

11. 騩山（老童、祝融、重黎的故事）

12. 天山（湯谷、帝江、帝鴻與渾沌故事）

13. 泑山

14. 翼望之山

中國的古書在西漢時作過一回大整理。自從漢武帝提倡儒術以後，儒家和陰陽家的思想成了正統派。他們要統一思想，所以就改竄古書，即使不改竄本文，也用他們的思想注釋，以使後來的讀者受他們的啟示而走到正統的路上。因此，我們今天要用客觀的方法整理中國古代歷史和古代思想時非常困難，處處是荆棘和葛藤，想一一清除不知要歷多少年代。然而，有一部很重要的古書卻幸免於改竄，或改竄得很少，使我們得以認識古代正統派以外的真面目，這就是山海經，這是我們所能看到的地理書中最早的一部。所謂地理，只是説它記載的是在當時人的觀念中看作地理的現象而已，或真或不真都未可知。不過我得鄭重地聲明一句：就是不真的事實也必定是真的想像和傳説。只要是真的想像和傳説，就可以反映當時的民族文化和社會意識，在研究上有極大的價值。但是，還須指出，這部書雖是没有（或少有）經過正統派的改竄和曲解，要讀通它還是够困難的。

我以爲，讀這部書時應注意如下三點：

第一，這是一部巫術性的地理書。在神權時代，知識界的權威者是巫，他們能和天神交通，能決定人類社會的行動，能醫治人們的疾病，能講述古今中外的故事。他們上天下地無所不通，口含天憲無所不言，所以會有離開真實很遠的假想。但因他們在那時究竟是智識最豐富的人物，所以他們對於歷史、地理、生物、礦物確也有些真實的認識。在他們的頭腦裏，真中有幻，幻中有真，所以由他們寫出的山海經也是撲朔迷離，真幻莫辨；要做分析真幻的工作幾乎是不可能。我們現在讀它，必須隨順着它的巫術性，而不要處處用事實的眼光去看，才可顯出它的真價值來。

第二，這部書本來是圖畫和文字並載的，而圖畫更早於文字。在海經裏最可看出這種情形。例如：

> 長臂國……捕魚水中，兩手各操一魚。（海外南經）

捕魚所得或多或少，決不會次次“兩手各操一魚”，這顯得圖上如此，文字就依照圖畫寫了。又如：

> 窫窳，龍首，居弱水中，在狌狌知人名之西。（海內南經）

這一定是圖上畫了個猩猩，旁寫“狌狌知人名”五字，在它右面有一個龍首的窫窳，所以作經的人又記了這條。又如：

> 犬戎國，狀如犬。有一女子方跪進杯食。（海內北經）

這當然是圖中有些犬形的人據了上坐，下面跪了一個進食的女子，標題爲“犬戎國”，因爲他們正在吃飯，所以寫了一個“方”字。我想，山海圖正像過去流行的推背圖一樣，或多或少，或先或後，隨了畫手和裝手而有不同，作經的人又喜歡加入些主觀想像的成分，以致弄得愈來愈混亂。如果舊圖還在，我們自可集合起來對勘整理；今則圖已無存，只好從文字中摸索，這就使我們不能不多倚賴郭璞注，因爲郭氏著書時是參考山海圖的，他可以給我們一點引導。

　　第三，這部書的作者雖然不是一人，但其內容卻是連貫的。當時必是山經有一總圖，而作經者割爲南、西、北、東、中五部，又各以分量的多少割分爲數篇，總計得二十六篇；每篇有始有終，合起來成一整體。海經也有一個總圖，而另一個作經者就其遠近，割爲海外、海內兩部，再各分爲南、西、北、東四篇；可是作者沒有用心，多鈔圖畫，毫無貫串，成了一部低手的著作。還有一人也爲海圖作經，割爲大荒、海內兩部，海內沒有再分，大荒則再分爲東、南、西、北四篇；這位作者比上面一個高出一籌，叙述較詳。所以，海經實在是兩部同一對象的書的合編；其中再有“一曰”的附錄，則是劉秀（即劉歆）的校記，證明他在編集的時候曾見很多本子，而他收入的則是異同特甚的兩本。山與海既兩圖，又是兩經，海經又分爲海外和海內兩部，猛一看來，好像當時就遠近次第畫作三圈：山經講的是本國地理，海內經是本洲地理，海外經是世界地理。細細比較，方知并無這等嚴格的區別。不但海外和海內沒有清楚的界綫，即山經與海經也像犬牙一般的交錯。即如我們現今討論崑崙問題，這座大山在山經裏有，在海內經裏有，在海外和大荒經裏也有。許多人不瞭解山海經有整體性，受了它分篇的名詞的朦蔽，以爲在圖和經裏，這幾個崑崙山不在一處，便説“海內崑崙”怎樣，“海外崑崙”怎樣，這是大誤。再進一步説，不但遠近的分界要打通，連東南西北的方向也要打通，因爲作經的人所據的圖本不同，各種圖本的畫手不同，經中的方向是很容易錯誤的。因此，我們現在讀它，應當時時注意它的整體性，把各篇打通了研究。

明白了這三點之後，我們對於山海經在保存神話傳説和認識實際地理兩方面的功績可以接受，它的混亂錯誤之處也可以諒解。用清代學者的術語來説，這就是“以山海經還山海經”，而不是要在它裏邊找取科學性的地理知識，也不是想用我們今天的科學知識來對它作評判。

崑崙，在中國許多古書裏，山海經是最先的記載。它在山海經中是一個有特殊地位的神話中心，也是一個民族的宗教的中心，在宗教史上有它的永恒的價值。崑崙的地點是偏西的，所以在山經裏列在西次三經，在海經裏列在海內西經和大荒西經。它的方位既在西，我們就不難猜測它是哪一族的神話和宗教之所萃了。

海經所記的崑崙雜亂得很，山經則叙述甚有次序，可以看出它和附近諸山川的關係。我們現在從這書中整理崑崙材料，就以西次三經爲主，——因爲這一經是以崑崙爲中心的，可以稱爲"崑崙區"；——並略加解釋，而把本書別篇及他書的材料補充在各條之下，使得讀者容易看出它的整體性來。因爲材料較多，我們劃分三部分來講：

（甲）　崑崙區東部

西次三經之首曰崇吾之山，在河之南，北望冢遂，南望搖之澤，西望帝之搏獸之丘，東望螞淵。……有獸焉，其狀如禺而文臂，豹虎（？）而善投，名曰舉父。……

這一經是從東向西的，可是不知道它的東頭在何處。這條所引的地名，除河以外都不可知。既説"在河之南"，想來當在皋蘭以上，因爲如在河套之南即當列入北山經了。山海經裏的帝都是上帝，丘名"帝之搏獸"，即爲上帝狩獵之山。"舉父"，郭璞注："或作'夸父'。"夸父一名，經中常見。大荒北經説：

夸父不量力，欲追日景，逮之于禺谷，將飲河而不足也；將走大澤，未至，死于此。

禺谷，郭注："禺淵，日所入也。今作'虞'。"是夸父逐日已快到日落之處，又道渴飲河，可能與崇吾山近。

西北三百里曰長沙之山。泚水出焉，北流注于泑水，無草木，多青雄黄。

按此山見穆天子傳。穆王自重黝氏東行，經過這裏；自此以後，到文山取采石，恐即所謂"青雄黄"。畢注以爲青是一物，雄黄又是一物（見中次四經），或然。

> 　　又西北三百七十里曰不周之山。北望諸彼之山，臨彼嶽崇之山。東望泑澤，河水所潛也，其原渾渾泡泡。爰有嘉果，其實如桃，其葉如棗，黄華而赤拊，食之不勞。

大荒西經也説：

> 　　西北海之外，大荒之隅，有山而不合，名曰不周負子。有兩黄獸守之。

爲什麼這座山合不攏呢？這有一個大故事在裏頭。相傳古代有一回大洪水，把大地都淹了。洪水的起因，就爲共工在這不周山上闖了一次空前絶後的大禍。淮南原道説：

> 　　昔共工之力，觸不周之山，使地東南傾，與高辛爭爲帝，遂潛于淵，宗族殘滅，繼嗣絶祀。

淮南天文又説：

> 　　天受日月星辰；地受水潦塵埃。昔者共工與顓頊爭爲帝，怒而觸不周之山，天柱折，地維絶。天傾西北，故日月星辰移焉。地不滿東南，故水潦塵埃歸焉。

天和地本來是很平正的，不幸共工爲了和顓頊（或高辛）爭做上帝，他生氣了，碰了一下不周山，那知他力氣太大，頓使天地失掉了平衡，於是天崩了西北角，地塌了東南角，洪水就大發了。

淮南本經又説：

> 舜之時，共工振滔洪水以薄空桑。龍門未開，呂梁未發，江、淮通流，四海溟涬；民皆上丘陵，赴樹木。舜乃使禹……平通溝陸，流注東海。鴻水漏，九州乾，萬民皆寧其性。

共工這個罪魁禍首，他闖的禍真不小，所以禹受命平水，第一件事就是打掉這共工。大荒西經云：

> 有禹攻共工國山。

這一座山以“禹攻共工國”爲名，顯見他們必有一場惡戰，可惜山海經的作者沒有記下這次戰爭。不過共工雖失記，而他的臣子被禹所殺的卻有兩段記載。海外北經道：

> 共工之臣曰相柳氏，九首，以食于九山。相柳之所抵，厥爲澤谿。禹殺相柳，其血腥，不可以樹五穀種。禹厥之，三仞三沮，乃以爲衆帝之臺，在崑崙之北，柔利之東。相柳者，九首，人面，蛇身而青；不敢北射，畏共工之臺，臺在其東。臺四方，隅有一蛇，虎色，首衝南方。

大荒北經同樣記這件事而稍異其文：

> 共工臣名曰相繇，九首，蛇身，自環，食于九土。其所歍所尼即爲原澤，不辛乃苦，百獸莫能處。禹湮洪水，殺相繇，其血腥臭，不可生穀。其地多水，不可居。禹湮之，三仞三沮，乃以爲池。群帝是因以爲臺，在崑崙之北。……有

共工之臺，射者不敢北鄉。

共工的力氣大得可使天崩地塌，他的臣子雖然不及他，但也能在地下一碰馬上成一個澤谿。可是這澤谿裏的水，因爲他是蛇身，所以是腥臭的，五穀也不能種，百獸也不能居。無可奈何，只得堆起土來，替許多上帝築臺，如海内北經説：

> 帝堯臺、帝嚳臺、帝丹朱臺、帝舜臺，各二臺，臺四方。在崑崙東北。

上述幾位，在山海經裏都是上帝，但在中國的古史裏則都成了人王。這些臺在柔利東，柔利是海外北經裏的一個國。凡相柳所碰觸的地方都成了澤谿，其地在崑崙之北，如果崑崙在青海境，那些澤谿似乎即是柴達木沮洳地了。

禹打倒共工之後，第二件大事就是平治洪水，他的平治方法是在水上鋪起土來。海内經説：

> 洪水滔天。鯀竊帝之息壤以湮洪水，不待帝命。帝令祝融殺鯀于羽郊。鯀復生禹。帝乃命禹卒布土以定九州。

什麽叫"息壤"呢？郭注説：息壤者，言土自長息無限，故可以塞洪水也。息是生長的意思。息壤是一點土苗，丟在洪水裏，它就能自生長，無限的擴大，所以會把洪水區域完全填平了。這就是所謂"布土"。詩商頌長發説：

> 洪水芒芒，禹敷下土方；……帝立子生商。

"敷"，就是布。這是説在洪水茫茫的時候，禹從天上降下來布好了的土地，上帝就命自己的兒子到地上建了商國。禹的布土，不但用息壤，還有"息石"。開筮（即歸藏啟筮）説：

> 滔滔洪水，無所止極，伯鯀乃以息石息壤以填洪水。
> （海內經郭注引）

想來息壤是生長泥土，息石是生長石塊的，這是平地與山陵的區別。在滔天的洪水裏，將自生自長的息石息壤投下，把災區填高，這個方式本沒有錯，只是鯀太性急，等不到上帝發命令，就自己去偷竊行使，雖是救災心切，畢竟手續不合，所以上帝殺了他，叫他的兒子禹再去布土，洪水就完全平息了。

淮南地形記崑崙上"北門開以內不周之風"，可是不周山在崑崙的北面。在不周山上可以望見河水所潛的渤澤，從張騫的話看來很像是鹽澤（新疆的羅布淖爾）。不過我很疑心，這是不是漢人因爲張騫的話而加進去的呢？如果不是，那麼，這渤澤會不會是星宿海呢？這裏所出的桃類的果子特別好，漢武故事裏所説的"王母種桃，一千歲一着子"的故事，是不是緣此而生的呢？這都是可以研究的問題。

> 又西北四百二十里曰峚山，……丹水出焉，西流注于稷澤。其中多白玉，是有玉膏，其源沸沸湯湯，黃帝是食是饗。是生玄玉，玉膏所出以灌丹木，丹木五歲，五色乃清，五味乃馨。黃帝乃取峚山之玉榮而投之鍾山之陽。瑾瑜之玉爲良，堅〔粟〕（栗）精密，濁澤而有光，五色發作以和柔剛，天地鬼神是食是饗。君子服之以禦不祥。

這一段是絕好的韻文，把玉的品性和它的效用都描寫了出來。我們從這裏可以知道，玉是可以種的（黃帝投之鍾山），可以開花的

（玉榮），它的德性可和柔剛，顏色能發五彩，在源頭時熱氣蒸騰，湧出來就成爲膏而可食，掛在身上也可禦不祥，澆到樹上又成了最好的肥料（灌丹木），正像人參湯一般，成爲萬應的靈藥。玉是崑崙區的特産，所以在峚山一條裏説得這般詳盡。峚，音密，所以穆天子傳郭璞注和文選南都賦李善注均引作"密山"。爾雅釋地："西北之美者有崑崙虛之璆琳琅玕焉"，郝懿行的義疏道：

> 姚元之曰："和闐之西南曰密爾岱者，其山縣亘不知其終。其山産玉，鑿之不竭，是曰玉山。山恒云，回民挾大釘巨繩以上，鑿得玉，繫以巨繩鎚下。其玉色青。今密爾岱即古崑崙虛矣。"

余按此玉青色，即璆琳也。按密爾岱山在今新疆莎車縣南，離漢武帝所定的崑崙不遠，這和峚山非常巧合，但是不是呢？

稷澤，郭注道："后稷神所憑，因名云。"按海内西經説：

> 后稷之葬，山水環之，在氐國西。

又海内經也説：

> 西南黑水之間有都廣之野，后稷葬焉。……爰有膏菽、膏稻、膏黍、膏稷，百穀自生；……靈壽寶華，草木所聚。

這可見后稷葬地偏在西陲，爲當時人所注重；而且美穀自生，草木自聚，成爲崑崙區中的聖地。這因后稷本是種植穀類的神，有了他才可使人民有正常的飯食，自當特爲敬重。大荒西經説：

> 有西周之國，姬姓，食穀。有人方耕，名曰叔均。帝俊生后稷，稷降以百穀。稷之弟曰臺璽，生叔均；叔均是代其父。及稷播百穀，始作耕。

又海内經云：

> 后稷是播百穀。稷之孫曰叔均，是始作牛耕。

叔均是后稷的好幫手，他又有始作牛耕的大功，無論他的輩分怎樣，他總是后稷的一族。可是，爲了稷葬在崑崙區，弄得西周國也移到了西荒中。

提到叔均，山海經裏還有一個他的重要的故事。大荒北經説：

> 有人衣青衣，名曰"黃帝女魃"。蚩尤作兵伐黃帝，黃帝乃令應龍攻之冀州之野。應龍蓄水，蚩尤請風伯、雨師，縱大風雨。黃帝乃下天女曰魃，雨止，遂殺蚩尤。魃不得復上，所居不雨。叔均言之帝，後置之赤水之北。叔均乃爲田祖。魃時亡之。所欲逐之者令曰"神北行"。先除水道，決通溝瀆。

又同經：

> 有鍾山者，有女子衣青衣，名曰"赤水女子〔獻〕（魃）"。

這是説蚩尤作亂，黃帝和他鬥法。先派應龍去打，可是蚩尤有風伯、雨師相助，把應龍所蓄的水一齊散爲大雨，應龍失了他的武器，抵抗不住。黃帝又派天女魃去，她是旱神，雨停了，蚩尤被殺了。可是黄帝雖然勝利，而魃不再能上天，地下也經常大旱。這位始作牛耕的叔均着急得很，請於黄帝，把她遠遠安置在赤水之北，中原才有收成，叔均做了田祖。赤水之北是哪裏呢？我猜想，不是河西，便是新疆，那邊的雨量是最少的，一年不過一百公釐左右，所以該是這位旱神的住處了。旱了必求雨，下雨的事仍是應龍管的。大荒東經道：

> 大荒東北隅中，有山名曰凶犁土丘。應龍處南極，殺蚩尤與夸父，不得復上，故下數旱。旱而爲應龍之狀，乃得大雨。

又大荒北經道：

> 應龍已殺蚩尤，又殺夸父，乃去南方處之，故南方多雨。

奇怪得很，殺了蚩尤之後，旱神也不得上天，雨神也不得上天，弄得西北常旱，南方常雨，氣候這樣的不平均！這次戰事雖在冀州之野，但發動則在崑崙區，後來魃所常住的地方（赤水和鍾山）也在崑崙區，所以仍是崑崙區中的故事。

又大荒南經道：

> 有宋山者……有木生山上，名曰楓木。楓木，蚩尤所棄其桎梏。

郭注："蚩尤爲黄帝所得，械而殺之；已摘棄其械，化而爲樹也。"在這一條上，我們可以知道，蚩尤沒有死在戰場，他是爲黄帝所生得而處死的。

> 自峚山至于鍾山，四百六十里，其間盡澤也。是多奇
> 鳥、怪獸、奇魚，皆異物焉。

這句話很可注意，在這崑崙區的東部盡是湖泊（澤），這引誘我們聯想到青海省的東部的特徵，有青海、鹽池及都蘭、柴達木、哈拉、托索諸湖，情況恰好相合。這是不是呢？從峚山到鍾山，這裏寫"四百六十里"，下文寫"四百二十里"，必有一誤。

> 又西北四百二十里曰鍾山。其子曰鼓，其狀如人面而龍
> 身，是與欽䲹殺葆江于崑崙之陽，帝乃戮之鍾山之東曰瑶
> 崖。欽䲹化爲大鶚，其狀如鵰而黑文、白首、赤喙而虎爪，
> 其音如晨鵠，見則有大兵。鼓亦化爲鵕鳥，其狀如鴟，赤足
> 而直喙，黄文而白首，其音如鵠，見即其邑大旱。

鍾山的神鼓和另一種欽䲹不知爲了什麽寃仇，在崑崙附近殺了葆江（或作"祖江"），上帝罰這兩神，把他們殺了，他們的靈魂變作兩頭大鳥，誰看見了她們，就要犯兵災和旱災。這個故事可惜書上不曾有詳細的記載，別的書裏也沒有提到，竟使崑崙神話無法恢復，怪可惜的。莊子大宗師説："堪坏得之以襲崑崙。"經清人考證，即是欽䲹，可見欽䲹在崑崙區的地位的重要（説見本篇第四章）。

鍾山這個名字，海外北經也説及：

> 鍾山之神名曰燭陰，視爲晝，暝爲夜，吹爲冬，呼爲
> 夏；不飲，不食，不息，息爲風。身長千里。……其爲物：
> 人面，蛇身，赤色，居鍾山下。

大荒北經中也有類似的一條，云：

> 西北海之外，赤水之北，有章尾山。有神人面，蛇身而赤，直目正乘，其瞑乃晦，其視乃明；不食，不寢，不息，風雨是謁，是燭九陰，是爲燭龍。

這兩事極相像，"鍾"和"章"又是雙聲，當然是一座山；燭陰和燭龍也當然是一個神。這個神開眼即天亮，閉眼即天陰，一透氣即起風，簡直就是造物主。

海內西經又説：

> 流沙出鍾山，西南又南行崑崙之虛，西南入海黑水之山。

這雖没有述説故事，而地點相合，又使我們知道流沙的起點在這裏。鍾山所在，畢、郝兩家注都據淮南子地形所説：

> 燭龍在雁門北，蔽于委羽之山，不見日。其神人面龍身而無足。

推定爲五原北面的陰山，亦名大青山。可是陰山之東有什麽産玉的峚山呢？"頭齊腳不齊"，這部山海經真没法擺佈！海內東經道：

> 國在流沙中者，埻端璽㴉，在崑崙虛東南。（一曰海內之郡不爲郡縣，在流沙中。）

這"埻端璽㴉"四字，向來注家都解作兩國名。日本小川琢治作山海經考，以爲"璽"乃"皇"字傳訛，這四字原來當作"埻（端）皇（㴉）"，"埻皇"爲地名，即敦煌，"端、㴉"爲注音。劉秀所校一本作"不爲郡縣"，則海内四經當爲漢武帝置河西四郡以前所記（見支那歷史地理研究）。其説甚是。海内東經又説：

> 國在流沙外者，大夏、豎沙、居繇、月支之國。
> 西胡白玉山在大夏東，蒼梧在白玉山西南，皆在流沙西，崑崙虛東南。崑崙山在西胡西，皆在西北。

王國維作西胡考，以爲海内經這一篇中多漢郡縣名，是漢人所附益，這個崑崙山即今喀喇崑崙，正是西漢人稱葱嶺以東之國爲西胡的方式。他又説，覩貨邏即大夏的對音，大夏本居中國的正北，後乃移至嫣水流域。希臘地理學家斯德拉僕（Strabo）所著書，記公元前百五十年時，覩貨邏等四蠻族侵入希臘人所建的拔底延王國，這樣看來，大夏的西移僅比大月氏早二十年。所以這裏所説"崑崙山在西胡西"，"西胡白玉山在大夏東"，以及"敦煌在崑崙虛東南"，一定是漢通西域以後所增加，我們可以不管。現在繼續把西次三經讀下去。

> 又西百八十里曰泰器之山。觀水出焉，西流注于流沙。是多文鰩魚，狀如鯉魚，魚身而鳥翼，……常行西海，游于東海，……見則天下大穰。

呂氏春秋本味云：

> 魚之美者，……雚水之魚，名曰鰩，其狀若鯉而有翼，常從西海夜飛，游于東海。

這位作者該是從這裏鈔過去的。

又西三百二十里曰槐江之山，丘時之水出焉，而北流注
于泑水。其中多蠃母。其上多青雄黃，多藏琅玕、黃金、
玉。其陽多丹粟。其陰多采黃金、銀。實惟帝之平圃，神英
招司之，其狀馬身而人面，虎文而鳥翼，徇于四海，其音如
榴。南望崑崙，其光熊熊，其氣魂魂。西望大澤，后稷所潛
也，其中多玉。其陰多榣，木之有若。北望諸毗，槐鬼離侖
居之，鷹鸇之所宅也。東望恒山四成，有窮鬼居之，各在一
搏。爰有淫水，其清洛洛。有天神焉，其狀如牛而八足，二
首，馬尾，其音如勃皇，見則其邑有兵。

這也是一篇韻文，槐江山是上帝（黃帝）的園囿，喚作平圃（平圃，
陶潛所見本作"玄圃"，故其詩云："迢遞槐江嶺，是謂玄圃
丘。"），山上山下，山陰山陽，産物極多。因爲它是上帝的天下，
所以派一個專神管理。在山上，東面可望恒山，南面可望崑崙，
西面望稷澤，北面望諸毗。這諸毗還是不周山上望見的，一路綿
延不斷，可見其大。崑崙是上帝的下都，所以熊熊的神光照耀達
四百里外。

稷澤之中有若木。郭注云："大木之奇靈者爲若，見尸子。"
按海内經云：

南海之内，黑水、青水之間，有木，名曰若木。

淮南地形也説：

建木在都廣，衆帝所自上下。……若木在建木西，末有
十日，其華照下地。

可見建木、若木都是最高大的樹木，所以許多上帝升天降地時要

從建木上下，而每個運行到西極的太陽都要掛在若木的上面。海內經既說"都廣之野，后稷葬焉"，那麼，稷澤的大樹應當是建木而不是若木，恐兩處中必有一處錯誤。

恒山，不是現在河北曲陽縣的恒山。按淮南時則：

> 中央之極，自崑崙東絶兩恒山，……龍門河、濟相貫以息壤堙洪水之州，……黃帝、后土之所司者萬二千里。

可見崑崙之東有兩個恒山，遠的在太行，近的在槐江。呂氏春秋本味云：

> 果之美者，沙棠之實。常山之北，投淵之上，有百果焉，群帝所食。

本味所舉的食物多出山海經，"沙棠之實"見崑崙丘條。這常山的百果爲"群帝所食"，正與大荒南經所謂"雲雨之山，有木名曰欒，……黃本、赤枝、青葉，群帝焉取藥"相同，亦當出山海經，今本缺。"常山"字當作"恒山"，後人因避漢文帝諱而改爲"常"，地點即在這裏。諸毗山爲槐鬼離侖所居，恒山爲有窮鬼所居，可見在神的階級之下還有鬼的階級。我們記得左傳襄公四年說到"有窮后羿"，知道羿爲有窮之君，那麼這些有窮鬼必是羿的部下了。

"滛水"，畢注云：

> 當爲"瑤水"。……史記云："禹本紀言崑崙有醴泉、瑤池"，穆天子傳云："西王母觴天子于瑤池"，呂氏春秋本味篇云："伊尹曰：'水之美者，崑崙之井，沮江之丘，名曰搖水'"，皆此也。

又從陶潛讀山海經詩"落落清瑤流"看來，知道本條文字"滛"當作
"瑤"，而"洛"當作"落"。

以上崑崙區的東部，計有崇吾、長沙、不周、峚、鍾、泰
器、槐江七山，途長二千零一十里。方向是先朝西北，後向
正西。

（乙）　崑崙區本部

西次三經裏叙了上面七個山之後，講到崑崙丘的本身。這是
我們這篇文字的中心，該得細細地推敲。

> 西南四百里曰崑崙之丘。是實惟帝之下都，神陸吾司
> 之，其神狀虎身而九尾，人面而虎爪。是神也，司天之九部
> 及帝之囿時。有獸焉，其狀如羊而四角，名曰土螻，是食
> 人。有鳥焉，其狀如蠭，大如鴛鴦，名曰欽原，蠚鳥獸則
> 死，蠚木則枯。有鳥焉，其名曰鶉鳥，是司帝之百服。有木
> 焉，其狀如棠，黃華赤實，其味如李而無核，名曰沙棠，可
> 以禦水，食之使人不溺。有草焉，名曰薲草，其狀如葵，其
> 味如葱，食之已勞。河水出焉，而南流東注于無達。赤水出
> 焉，而東南流注于汜天之水。洋水出焉，而西南流注于醜塗
> 之水。黑水出焉，而西流于大杅。是多怪鳥獸。

這是上帝設在地上的都城，所以名爲"帝之下都"，可惜作者疏
忽，僅僅提到了一個神，五種奇怪的草木鳥獸和四條大水，而没
有叙及下都的排場，似乎不够味兒。爾雅釋丘云：

> 丘一成爲"敦丘"；再成爲"陶丘"；再成鋭上爲"融丘"；
> 三成爲"崑崙丘"。

郭璞注："成，猶重也。周禮曰：'爲壇三成。'"現在說的"層"，
也就是"成"的音轉。西北高原的居民往往因其層數分爲頭道原、
二道原、三道原，也即是崑崙三成之意。海經裏又説"崑崙之
虛"，"虛"爲"丘"的繁文，正如"吳"字也可寫作"虞"。天有九野，
見吕氏春秋有始覽，所以説陸吾"司天之九部"。"時"，郝疏疑當
讀爲"時"。史記封禪書："自古以雍州積高，神明之隩，故立時
郊上帝。"可見時是上帝的神宫。上帝的都城雖好，但也有食人的
土螻，螫死動植物的大蜂。楚辭招魂云：

> 魂兮歸來，君無上天些！虎豹九關，啄害下人些。……
> 豺狼從（縱）目，往來侁侁些。懸人以娭，投之深淵些。

這是説，上帝所在，不可隨便讓人闖進，所以守衛的兇猛動物特
多。吕氏春秋本味又説："菜之美者，崑崙之蘋"，"蘋"即"蘋"。
河水東注的"無達"即左傳僖公四年的"無棣"（"達""棣"雙聲），是
齊的北境。赤水注於氾天之水，大荒南經云：

> 南海之中有氾天之山，赤水窮焉。赤水之東有蒼梧之
> 野，舜與叔均之所葬焉。

氾水之山雖不可知，而蒼梧之野則可知，在今湖南寧遠縣，然則
氾天之水當在今廣西境，赤水很有爲今長江之可能。洋水即禹貢
的漾，漾爲漢水的上游，出今陝西寧羌縣北的蟠冢山，和崑崙是
聯不起來的。大荒南經云：

> 大荒之中，有山名歹塗之山，青水窮焉。

"歹塗"當即"醜塗"，那麼"青水"似即"洋水"。至於黑水，則是一

個謎。

爲了山經的崑崙不够熱鬧，所以海經起來補足這缺陷。海內西經説：

> 海內崑崙之虚在西北，帝之下都。崑崙之虚方八百里，高萬仞。上有木禾，長五尋，大五圍。面有九井，以玉爲檻。面有九門，門有開明獸守之。百神之所在，在八隅之巖，赤水之際；非仁羿莫能上岡之巖。

在這段裏，把崑崙的面積和高度都確定了。仞，有的説四尺，有的説七尺，有的説八尺。即以八尺計，萬仞是八千丈。一百八十丈爲一里，計得四十四里半。西山經説太華之山五千仞，崑崙比它高出了一倍。尋，是八尺。木禾五尋，即是四丈。這都城每面有九口井，井水最美（見呂氏春秋）；因爲産玉多，所以井闌也是玉製的。城的每一面是九座門，第一門有人面九頭的開明獸守着。百神都在裏邊，所以別人不能去，只有仁羿才容許上岡。“仁羿”，孫詒讓札逐卷三云：

> “仁”，當作“㠯”，其讀當爲“夷”。説文人部：仁，古文作㠯，從尸。邱光庭兼明書引尚書古文，“嵎夷”“島夷”字皆作“㠯”，今文皆作“夷”，是“仁”“夷”兩字古文正同，故傳寫易誤。

照這説法，是本爲“夷羿”而後來轉變作“仁羿”的。但此説未必然，詳下文。

提到羿，我們在崑崙區中必得講講他的故事。按海外南經説：

> 歧舌國……崑崙虛在其東，虛四方。羿與鑿齒戰于壽華之野，羿射殺之，在崑崙虛東。羿持弓矢，鑿齒持盾。

可見這事是發生在崑崙區的。吕氏春秋本味云："菜之美者，……壽木之華。"高注："壽木，崑崙山上木也。華，實也。食其實者不死，故曰壽木。"恐"壽華之野"一名即由此而來。海内經説稷葬"靈壽實華"，亦即此義。大荒南經也把這個故事簡略地提及：

> 有人曰鑿齒，羿殺之。

這是怎麼一回事呢？淮南本經中説的詳細：

> 逮至堯之時，十日並出，焦禾稼，殺草木，而民無所食。猰貐、鑿齒、九嬰、大風、封豨、脩蛇皆爲民害。堯乃使羿誅鑿齒于疇華之野，殺九嬰于凶水之上，繳大風于青丘之澤，上射十日而下殺猰貐，斷脩蛇于洞庭，禽封豨于桑林。萬民皆喜，置堯以爲天子。於是天下廣狹、險易、遠近始有道里。

可見古代是一個最可怕的時代，那時不知有多少鷙禽猛獸毒害人民。高注道：

> 猰貐，獸名也，狀若龍首。或曰：似貍，善走而食人，在西方。鑿齒，獸名，齒長三尺，其長如鑿，下徹頷下，而持戈盾。九嬰，水火之怪，爲人害。大風，風伯也，能壞人屋舍。封豨，大豕，楚人謂豕爲豨也。脩蛇，大蛇，吞象三年而出其骨。

高誘此文當是據了山海圖作解，使我們知道鑿齒是齒長三尺的怪物。猰貐，即山海经的窫窳，海内經云：

> 窫窳龍首，是食人。

又海内南經云：

> 巴蛇食象，三歲而出其骨。

這都是高注所本。他説大風爲風伯，恐未必然。古"風""鳳"同字，大風當爲大鳳，正如大鵬之類，飛得低時就會撞壞人家的屋舍。羿把它們都射殺了。因爲他有這樣的大功，所以淮南氾論説：

> 羿除天下之害而死爲宗布。

這"宗布"之神的專職當是替人民除害。我想："仁羿"一名恐即由此而來，"仁"原是形容詞，正如稱禹爲"神禹"。後來則因相同的字體而改爲"夷羿"，就讀作"夷"了。

海内西經又説：

> 赤水出東南隅以行其東北，西南注南海，厭火東。河水出東北隅以行其北，西南又入渤海，又出海外，即西而北，入禹所導積石。洋水、黑水出西北隅以東，東行，又東北，南入海，羽民南。弱水、青水出西南隅以東，又北，又西南，過畢方鳥東。崑崙東淵深三百仞。

這是講崑崙四隅的水道。山經裏只説河、赤、洋、黑四水，這裏除增加弱、青二水外，又多出一個東淵。按海内北經云：

> 從極之淵深三百仞，維冰夷恒都焉。……（一曰“中極之淵”）。

這個淵和東淵一樣深，又是河伯冰夷所都，東淵在東，也正是河水流出的方向，所以我們可以斷説東淵的正名應爲從極之淵。又這裏所叙諸川的流向也和山經不同。山經裏，河水南流東注，赤水東南流，洋水西南流，黑水西流。到了這經，卻是河水北行又西南流，赤水東北流又西南流，洋水和黑水都是東行又東北流而南：方向恰恰相反。是不是作者把這幅圖畫顛倒看了呢？這是一個該注意的問題。又海外西經這條，説赤水“注南海，厭火東”，洋水、黑水“南入海，羽民南”，弱水、青水，“過畢方鳥東”，那是因爲海外南經裏有羽民國、厭火國、畢方鳥，爲了表示這五條水都流向南海，所以這樣説。

海内西經續道：

> 開明獸身大類虎而九首，皆人面，東向立崑崙上。開明西有鳳凰、鸞鳥，皆戴蛇，踐蛇，膺有赤蛇。開明北有視肉、珠樹、文玉樹、玗琪樹、不死樹；鳳凰鸞鳥皆戴瞂；又有離朱、木禾、柏樹、甘水、聖水、曼兑。開明東有巫彭、巫抵、巫陽、巫履、巫凡、巫相，夾窫窳之尸，皆操不死之藥以距之，——窫窳者，蛇身，人面，貳負臣所殺也；服常樹，其上有三頭人，司琅玕樹。開明南有樹鳥、六首蛟、蝮蛇、蜼豹、鳥秩樹、於表池樹木、誦鳥、鶹、視肉。

這崑崙城門外的東西怎麽多呀！珠、文玉、玗琪、琅玕都是樹上生出來的。有不死樹，只要吃到這果子的就可以不死。視肉，郭

注：“聚肉形如牛肝，有兩目也；食之無盡，尋復更生如故。”離朱，郭注誤與下文的“木”字連讀，然云“今圖作赤鳥”，可知是鳥名。木禾，是高大的禾，見淮南地形。蜼豹，郭注：“獼猴類。”鶬，郭注：“雕也。”甘水，郭注：“即醴泉也。”按史記大宛列傳：

禹本紀言河出崑崙，……其上有醴泉、瑤池。

禹本紀是和山海經性質相同的讀物，今已亡佚。它所説的瑤池已見山海經的槐江山，醴泉又見於此，可見這兩書的密合。

至於巫的集團，此處提了六人，大荒西經又提十人：

大荒之中，有山名豐沮玉門，日月所入。有靈山，巫咸、巫即、巫盼、巫彭、巫姑、巫真、巫禮、巫抵、巫謝、巫羅，十巫從此升降。

拿來比較，巫彭、巫抵兩經俱有，巫禮疑即巫履，不同名的有十三人。這裏面最重要的是咸、彭、陽三巫。淮南地形云：

軒轅丘在西方。巫咸在其北方，立登保之山。

海外西經云：

巫咸國，……右手操青蛇，左手操赤蛇，在登葆山，群巫所從上下也。

可見巫咸是巫中的領袖，所以能自成爲一國。呂氏春秋勿躬云：

巫彭作醫。巫咸作筮。

醫和筮是巫的基本工作而爲這兩人所創作，這便是他們獲得最高的社會地位的緣故。秦惠文王詛楚文云：

> 有秦嗣王敢用吉玉瑄璧……告于丕顯大神巫咸，以匜楚王熊相之多罪。昔我君穆公親即丕顯大神巫咸而質焉。今楚王熊相庸回無道，……不畏皇天上帝及丕顯大神巫咸之光烈威神，而兼倍十八世之詛盟，率諸侯之兵以臨加我。……

爲了楚王伐秦，秦王在大神面前禱告，而所舉的大神只有兩個，一個是皇天上帝，一個是巫咸，這更可見那時巫咸地位的崇高。又楚辭招魂云：

> 帝告巫陽曰：“有人在下，我欲輔之。魂魄離散，汝筮予之!”巫陽……乃下招。

這又可見巫陽本領的偉大，可以“生死人而肉白骨”。這些材料使我們知道，凡是病人要醫，死人要招魂，作事要卜筮，國家要保護，全是巫的職司。崑崙上既有不死樹，可以製造不死藥，所以他們施行復活的手術是不難的了，像窫窳正是一例。窫窳在淮南裏是羿所殺的惡獸，但在這裏則是給貳負臣所殺。海內西經又有一條：

> 貳負之臣曰危危，與貳負殺窫窳。帝乃梏之疏屬之山，桎其右足，反縛兩手與髮，繫之山上木，在開題西北。

這和欽䲹等殺葆江的故事一般，全是報私仇，所以同樣受到上帝的責罰。上帝的國裏也常常起內亂呢!

海內西經的崑崙部分已疏釋完畢，我們再看大荒西經的崑崙：

> 西海之南，流沙之濱，赤水之後，黑水之前，有大山名曰崑崙之丘。有神人面，虎身，有文，有尾皆白，處之。其下有弱水之淵環之。其外有炎火之山，投物輒然。有人戴勝，虎齒，有豹尾，穴處，名曰西王母。此山萬物盡有。

這文中所説的人面虎身的神，即是山經裏的陸吾。弱水在海內西經裏本是崑崙西南的大川，到這裏變爲環繞崑崙的淵了。這個淵同海內西經裏的"崑崙東淵"有没有關係呢？炎火之山，以前未見。槐江山上"南望崑崙，其光熊熊，其氣魂魂"，是不是因此而説崑崙外有炎火山呢？崑崙之西，長留山上的神䰠氏是主反景的，渤山的神紅光是司日入的，夕陽的顏色火一般紅，又是不是因此而説崑崙外有炎火山呢？在山經裏，西王母在崑崙丘西一千一百餘里，到了這經，似乎西王母就住在崑崙丘了。對於這個問題，郭璞注道："王母亦自有離宮別館，不專住一山也。"陶潛詩云："靈化無窮已，館宇非一山"，即因郭説。

　　山海經中的崑崙材料盡在於此，然而還嫌不够，因爲我們讀楚辭，增城呢，閬風呢，白水呢，這些崑崙上的地名全未看見，可見還有應當補足之處。恰好淮南子裏有一篇地形，也是依據了山海圖而寫的，正好彌補這個缺漏。淮南王劉安即位於漢文帝十六年（公元前一六四年），死於武帝元狩元年（公元前一二二年），在位四十三年。他的時代上距戰國不遠，漢代的學術正統尚未造成，所以他的書裏會保存許多正統學術以外的材料。地形裏説：

> 凡鴻水淵藪，自三〔百〕仞以上，二億三萬三千五百五十〔里〕有九〔淵〕。禹乃以息土填洪水以爲名山，掘崑崙虛以下〔地〕（池）。

這段文字本極難解。王念孫讀書雜志依據廣雅，刪去“百”、
“里”、“淵”三字，然後可通。那時的傳説，當洪水泛濫的時候，
大地上積水的淵藪，淺的不算，自三仞以上的共有二億三萬餘處
之多。禹用息土去填塞，結果，不但平了洪水，而且日益加高，
崛起了很多名山。末了一個“地”字，高注：“‘地’一作‘池’”，分
明即是相柳的故事。

地形接着説：

> 　　中有增城九重，其高萬一千里，百一十四步二尺六寸。
> 上有木禾，其修五尋。珠樹、玉樹、琁樹、不死樹在其西。
> 沙棠、琅玕在其東。絳樹在其南。碧樹、瑤樹在其北。旁有
> 四百四十門，門間四里。〔里間〕（門）九純，純丈五尺。旁有
> 九井。玉横（受不死藥），維其西北之隅。北門開以内不周
> 之風。

這一段所講的崑崙城闕，和海内西經大致相似，但亦很有不同之
點。第一，那書説“高萬仞”，這裏説“高萬一千里”，相差至二百
四十七倍。第二，那書説“面有九門”，四面爲三十六門，這裏説
有“四百四十門”，又放大了十二倍。似乎淮南後出，更爲誇大。
但這誇大的責任也不該由淮南獨負。例如禹本紀上説“崑崙，其
高二千五百餘里”，比海内西經已擴展到五十六倍。“百一十四步
二尺六寸”，俞樾諸子評議以爲是城的厚度。“里間九純”一語，
俞樾也指出其誤，云：

> 　　“門間四里”，言每門相距之數也。“里間九純”，義不可
> 通。疑本作“門九純”，言門之廣也。“門”誤爲“間”，後人遂
> 妄加“里”字耳。

據淮南，一純爲一丈五尺，每門廣九純即十三丈五尺。門與門間
相距四里，共有四百四十門，即是這個城的周圍有一千七百六十
里，面積爲十九萬三千六百方里，真是古今中外絶無僅有的大
城。"玉橫"下，劉文典集解云：

> 御覽七五六引作"旁有九井，玉橫受不死藥"，又引注
> 曰："橫，或作彭，器名也。"今高注亦云："彭，受不死藥器
> 也。"疑"玉橫"下舊有"受不死藥"四字，而今本脱之。

崑崙中的不死意味真濃重，恐怕在他們的意想中，黄帝和衆帝衆
神所以能長生久視，還是全靠這不死藥哩！

地形又説：

> 傾宫、旋室、縣圃、涼風、樊桐在崑崙閶闔之中，是其
> 疏圃。疏圃之池，浸之黄水。黄水三周復其原，是爲〔丹〕
> （白）水，飲之不死。……崑崙之丘，或上倍之，是爲涼風之
> 山，登之而不死。或上倍之，是謂縣圃，登之乃靈能使風
> 雨。或上倍之，乃維上天，登之乃神，是謂太帝之居。

這些都是崑崙城中的大建築。淮南原道云：

> 昔者馮夷、大丙之御也，乘〔雲〕〔雷〕車，入雲蜺，……
> 蹈騰崑崙，排閶闔，淪天門。

高注："閶闔，始升天之門也。"進了天門就見疏圃，疏圃裏有一
個池塘浸着黄水，黄水轉了三次，變了顔色，喝着就可不死。
"丹水"，王念孫讀書雜志九之四説：

　　“丹水”，本作“白水”，此後人妄改也。……離騷：“朝
吾將濟於白水兮”，王注曰：“淮南言白水出崑崙之原，飲之
不死。”御覽地部二十四亦云：“淮南子曰：‘白水出崑崙之
原，飲之不死。’”則舊本皆作“白水”明矣。

白水，即黃河（見本文第八章）。崑崙中樹有不死，藥有不死，水
亦有不死，不死的方法真太多了！縣圃和涼風，前雖平列，後面
便分了高低。水經注卷一引崑崙說云：

　　崑崙之山三級：下曰樊桐，一名板桐；二曰玄圃，一名
閬風；上曰層城，一名天庭，是為太帝之居。

“玄圃”即“懸圃”，“閬風”即“涼風”，“層城”即“增城”。地形的涼
風作懸圃上，這裏卻歸在一級。“或上倍之”，高注云：“假令高
萬里，倍之二萬里。”孫詒讓以為不然，他說：

　　“倍”之為言乘也，登也。“或”者，又也。“或上倍之”，
謂又登其上也。莊子逍遙游云：“故九萬里則風斯在下矣，
而後乃今培風。”此“倍”與莊子之“培”義正同。（札迻卷七）

崑崙凡三層：走上第一層的可以不死，走上第二層的便有呼風喚
雨的神通，等到走上第三層時馬上就成神了，這多麼痛快！崑崙
的山分為三級，往來崑崙的人也分為三級，又是多麼有秩序！只
要一個人不怕艱苦，不給守衛的猛獸吃掉，盡力向上層攀躋，他
就能直接由人變神和太帝住在一塊。太帝是誰，我以為就是黃
帝。史記封禪書記漢武帝令公卿們議郊祀樂，他們答道：

　　泰帝使素女鼓五十弦瑟，悲。帝禁不止，故破其瑟為二

十五弦。

這件事在世本上則爲：

> 庖羲氏作五十弦；黄帝使素女鼓瑟，悲不自勝，乃損爲
> 二十五弦。（爾雅釋樂疏引）

王嘉拾遺記也説：

> 黄帝使素女鼓庖羲之瑟，滿席悲不能已；後破爲七尺二
> 寸，二十五弦。

因爲黄帝在許多上帝中處於領袖的地位，所以稱爲泰帝。"泰"與
"太"是一字。莊子和穆天子傳都説崑崙上有"黄帝之宫"，所以增
城的最高處爲"太帝之居"。

地形又説：

> 河水出崑崙東北陬，貫渤海，入禹所導積石山。赤水出
> 其東南陬，西南注南海丹澤之東。〔赤水之東〕弱水出〔自窮
> 石，至于合黎，餘波入于流沙〕（其西南陬），絶流沙南至南
> 海。洋水出其西北陬，入于南海羽民之南。凡四水者，帝之
> 神泉，以和百藥，以潤萬物。

山經説的崑崙四水是河、赤、洋、黑；這裏也是四水，但去了黑
水而加進弱水。可是弱水數句有誤文。讀書雜志九之四録王引之
説云：

> 崑崙四隅爲四水所出，説本海内西經。上文言"東北

隅”、“東南隅”，下文又言“西北隅”，無獨缺“西南隅”之理。此處原文當作“弱水出其西南隅，絕流沙南至南海”。其“弱水出窮石，入于流沙”當在下文“江出岷山”諸條間。……蓋弱水本出窮石，而海内西經言出崑崙西南隅，故兩存其説。（此文言“河出崑崙東北隅”，下文又言“河出積石”，亦是兩存其説。）後人病其不合，則從而合併之，於是取下文之“弱水出窮石，入于流沙”……移置於此處，而删去“弱水出其西南隅”七字，又妄加“赤水之東”四字，“至于合黎，餘波”六字，而淮南原文遂錯亂不可復識矣。

自從有了這個考訂之後，知地形的作者原把這四條川嚴格地分配在崑崙四隅，與海内西經大致相同。這四條川的水都是可以和藥的，崑崙的全部事物籠罩在“不死”觀念的下面。

地形是崑崙記載中最有組織的一篇。它先説崑崙與洪水的關係，繼説四條大川四周的景物，次説增城裏面的宮廷和苑囿，又次説四條大川的方向及其作用。這樣的條理遠在山海經之上，淮南王的一班賓客畢竟有高才！

山海經和淮南子裏有關崑崙的記載叙述完了，我們試來綜合一下：

在中國的西面，有一座極高極大的神山，叫做崑崙，這是上帝的地面上的都城，遠遠望去有耀眼的光焰。走到跟前，有四條至六條大川濚洄盤繞，浩瀚奔騰，向四方流去。山上有好多位上帝和神，其中最尊貴的是黄帝，他住在崑崙的最高層。這個城叫做增城，城裏有傾宮、旋室等最精美的建築，城牆上開着很多門，城外又浚了很多井。每一個城門都有人面九頭的開明獸守着，還有猛鷙的鳥獸蟲豸，因此能上去的人是不多的，指得出來的只有羿和群巫。山上萬物盡有，尤其多的是玉，處處的樹上結着，許多器物都是用玉製的。又有好多奇怪的動植物：動物像三個頭的琅玕樹神，六個頭的蛟，九個頭的開明；植物像四丈高的木禾，吃了不溺死的沙棠，以及結珠玉、結絳碧、結不死果的樹木。不死，是崑崙上最大的要求，他們採集神奇的草木，用了疏圃的池水和四大川的神泉，製成不死的藥劑。凡是有不當死而死的人，就令群巫用藥把他救活。這真是一個雄偉的、美麗的、生活上最能滿足的所在，哪能不使人心嚮往之！

（丙）　崑崙區西部

由崑崙往西，西次三經續説：

> 又西三百七十里曰樂游之山。桃水出焉。西流于稷澤。是多白玉。……
> 西水行四百里曰流沙。二百里，至于蠃母之山。神長乘司之，是天之九德也，其神狀如人而豹尾。其上多玉；其下多青石而無水。

這裏説到流沙，海內西經有一段材料可以比勘：

> 流沙出鍾山，西行又南行崑崙之虚，西南入海黑水之山。

可見自鍾山起，經過崑崙，西至蠃母山，都是沙漠區域。西北的沙漠太多了，該是哪裏呢？自此到了西王母所在：

> 又西三百五十里曰玉山，是西王母所居也。西王母其狀如人，豹尾虎齒而善嘯，蓬髮、戴勝，是司天之厲及五殘。……

取此文和大荒西經所説西王母的形狀和生活一比較，這裏多了
"司天之厲及五殘"，那邊多了"穴居"。郭注："主知災厲及五刑
殘殺之氣"，可見這是一個兇神。郝疏説：

> 厲及五殘皆星名也。……月令云："季春之月……命國
> 儺"，鄭注云："此月之中，日行歷昴，昴有大陵積屍之氣，
> 氣佚則厲鬼隨而出行。"是大陵主厲鬼，昴爲西方宿，故西王
> 母司之也。五殘者，史記天官書云："五殘星出正東，東方
> 之野，其星狀類辰星，去地可六七丈。"正義云："五殘一名
> 五鋒，……見則五穀毀敗之徵，大臣誅亡之象。"西王母主刑
> 殺，故又司此也。

趨吉避凶是巫的專職，西王母的深入人心無疑是出於巫的宣傳。
海内北經又説：

> 西王母梯几而戴勝，杖。其南有三青鳥，爲西王母取
> 食。在崑崙虛北。

郭注："梯，謂馮也。"西王母憑了几，拄了杖，該是年老了。三
青鳥，照海内北經説，是爲西王母取食的，但到了山經裏，則西
王母所在的玉山和三青鳥所在的三危山相去一千七百八十里，要
它們給使供食真不便哩！陶潛讀山海經詩云：

> 翩翩三青鳥，毛色奇可憐；朝爲王母使，暮歸三危山。

似已見到了這一點。又大荒西經道：

> 西有王母之山。有沃之國，沃民是處沃之野。……有三

青鳥，赤首黑目，一名曰大鵹，一名曰少鵹，一名曰青鳥。

這是把三頭鳥的個別名稱都寫出來了，而三鳥所處則在沃國之野。這是又一種説法。

關於西王母的故事還有一個。淮南覽冥云：

譬若羿請不死之藥于西王母，姮娥竊以奔月，悵然有喪，無以續之。何則？不知不死之藥所由生也。

高注："姮娥，羿妻。羿請不死之藥於西王母，未及服之；姮娥盜食之，奔入月中爲月精也。"想不到這位特許上崑崙的仁羿想請些不死之藥，乃不向黃帝而向西王母；待到他的太太偷服之後，他就再也得不到這種藥了！於是我們可以知道，在傳説中，這不死之藥不單崑崙有，西王母處也有。

從玉山再向西去，又到了黃帝所在。西次三經説：

又西四百八十里曰軒轅之丘。洵水出焉，南流注于黑水。其中多丹粟，多青雄黃。

這軒轅丘是黃帝居家所在。大戴禮記帝繫道：

黃帝居軒轅之丘，娶于西陵氏之子，謂之螺祖氏。

由是他傳子生孫了。帝繫道：

黃帝產昌意。昌意產高陽，是爲帝顓頊。

可是海内經中多出一代，它道：

> 黃帝娶雷祖，生昌意。昌意降處若水，生韓流。韓流擢
> 首，謹耳，人面，豕喙，麟角，渠股，豚止；取淖子曰阿
> 女，生帝顓頊。

"雷祖"即"螺祖"，"淖"即"蜀"，俱同音通假。若水今名鴉龍江，
在蜀，故帝繫又道："昌意娶于蜀山氏。"又淮南天文道："軒轅
者，帝妃之舍也。"這雖講的軒轅星，然而說是"帝妃之舍"，意義
也正與軒轅丘合。因為黃帝家居軒轅丘，所以後人就稱他為軒
轅。大戴五帝德道：

> 黃帝，少典氏之子也，曰軒轅。

崑崙東首的峚山是黃帝取玉榮的地方，崑崙上是黃帝的宮，這西
邊的軒轅丘又是他的帝妃之舍，黃帝與崑崙區的關係多麼密切
呀！為有這種情形，所以我敢說：黃帝是這一區的主神。

關於軒轅丘，海外西經又有兩條：

> 軒轅之國在此窮山之際，其不壽者八百歲，……人面蛇
> 身，尾交首上。
> 窮山在其北，不敢西射，畏軒轅之丘。在軒轅國北。其
> 丘方，四蛇相繞。

所謂窮山，即是槐江山上望見的有窮鬼所居的恒山。又大荒西經
也有類似的兩條：

> 有軒轅之臺。射罘不敢西嚮射，畏軒轅之臺。
> 有軒轅之國，江山之南棲為吉，不壽者乃八百歲。

軒轅國的人所以這般的長壽，想來是爲取到不死藥的方便吧？

> 又西三百里曰積石之山。其下有石門，河水冒以西流。是山也，萬物無不有焉。

積石山，看這字面就知道是用石塊堆起來的。誰堆的？是禹。所以海外北經有一條：

> 禹所積石之山在其東，河水所入。

大荒北經也有一條：

> 大荒之中，有山名曰先檻大逢之山，河、濟所入，海北注焉。其西有山，名曰禹所積石。

這兩條都稱山名爲“禹所積石”，可見這是禹治水時的大工程之一。河水發源崑崙而流經積石，在山海經裏該是無疑的事。

郭注（畢沅以爲後人所附）云：

> 水經引山海經云：積石山在鄧林山東，河水所入也。（西次三經）

這句話來得突兀，現在山海經既無此文，即水經亦無此文，可見注文的錯誤。但邢子才說：“誤書思之，亦是一適”，我憑了這一句話竟想通了一件事。海外北經云：

> 夸父與日逐，走入日，渴欲得飲，飲于河、渭；河、渭不足，北飲大澤。未至，道渴而死；棄其杖，化爲鄧林。

這鄧林一名很怪。淮南兵略："昔者楚人……垣之以鄧林。"高誘注："鄧林，汜水上險。"因爲今河南西南部原有鄧國，後滅於楚，所以鄧林應當是楚地。畢注："鄧林，即桃林也，'鄧''桃'音相近。"這説也很合理，桃林在函谷關一帶，離河、渭均近。中次六經説：

> 夸父之山……其北有林焉，名曰桃林，是廣員三百里，其中多馬。湖水出焉，而北流注于河。

這更説明了夸父與桃林的關係。據水經注，其地在今河南靈寶縣，原可無疑。但既得了這條郭注，想起海内北經裏有一條，説：

> 崑崙虛南所有氾林，方三百里。（海内南經同，惟無"崑崙虛南所有"六字。）

海外北經裏也有一條，説：

> 范林方三百里，在三桑東，州環其下。

恐怕"范林"在先，"桃林"和"鄧林"在後，是崑崙故事東向發展的結果。積石在崑崙西，氾林在崑崙南，他渴得把黄河水喝乾，當然走到崑崙的河源了；還不够，想北飲大澤。大澤在哪裏？海内西經云：

> 大澤方百里，群鳥所生及所解，在雁門北。

這裏雖放在雁門北，可是穆天子傳把"群鳥解羽"的大曠原放在最西北，比西王母還遠。夸父没有跑到大澤就死了，所以把氾林安置在崑崙的西面實在最對。有了這一發見，才知道夸父的故事也是出於崑崙區的。

> 又西二百里曰長留之山。其神白帝，少昊居之。其獸皆文尾，其鳥皆文首，是多文玉石。實惟員神魂氏之宮。是神也，主司反景。

這是快到西方盡頭處了，所以有神司反景。郭注："月西入則景反東照，主司察之。"所以稱他爲員神，正爲太陽是圓的。至于"白帝、少昊"及下文的"蓐收"，恐是漢人根據了那時五行説的正統排列法插進去的；如爲固有，想總要描寫幾句，不該如此的寂寞。

> 又西二百八十里曰章莪之山。無草木，多瑶碧。……
> 又西三百里曰陰山。濁浴之水出焉，而南流注于蕃澤。其中多文貝。……
> 又西二百里曰符惕之山。其上多椶枏，下多金玉。神江疑居之。是山也，多怪雨，風雲之所出也。
> 又西二百二十里曰三危之山。三青鳥居之。是山也，廣員百里。

三危山至此才見，已遠在崑崙的西邊，而鄭玄注尚書乃説：

> 河圖及地説云："三危山在鳥鼠西，南與〔岐〕(岷)山相連。(史記夏本紀集解引)

這一移移到了甘肅渭源縣，又覺得太近了。爲什麼這樣？我猜想：當時所謂西方邊境，有中國的西邊，有塞外的西邊。中國的西邊應以秦長城爲界限。秦城起自臨洮（今岷縣），經鳥鼠山，所以鳥鼠也可以看作極邊。試看西次四經：

　　……鳥鼠同穴之山……渭水出焉，而東流注于河。……西南三百六十里曰崦嵫之山。……

崦嵫在傳說中是太陽没落的地方，然而只離鳥鼠三百六十里，豈非把鳥鼠看得太遠，推到了極西頭！這當然是用内地人的眼光去看的。畫圖作經的人，他們的地理知識本極有限，中國西邊和塞外西邊雜在一起，分辨不清，所以原來在鳥鼠西的三危山會忽地遠移到崑崙西了。

　　三危山上有一個大故事，而不曾見於山海經的，是竄放三苗在那裏。尚書堯典説：

　　流共工于幽州，放驩兜于崇山，竄三苗于三危，殛鯀于羽山：四罪而天下咸服。

禹貢的雍州章也説：

　　三危既宅，三苗丕叙。

足見三苗本不住在三危，因爲犯了罪，强迫遷過去的。他們犯罪的原因，尚書呂刑裏説的詳細：

　　若古有訓：蚩尤惟始作亂，延及于平民，罔不寇賊，鴟義姦宄，奪攘矯虔。苗民弗用靈，制以刑，惟作五虐之刑曰法，殺戮無辜，爰始淫爲劓、刵、椓、黥。……虐威庶戮方

告無辜于上，上帝監民罔有馨香德，刑發聞惟腥。皇帝哀矜
庶戮之不辜，報虐以威，遏絕苗民，無世在下。

這一段故事是講自從蚩尤創造兵器作亂之後，苗民也感染了他的
亂殺亂斫的作風，造出刑法，稱爲“五虐之刑”，最重要的是死刑
（殺戮），其次是割鼻子（劓）、割耳朵（刵）、割生殖器（椓）、刺字
（黥）四種肉刑。人民受害而死的都到上帝那邊去告狀，上帝（皇
帝）看苗民這般血腥氣，又哀憐死的人無罪，於是就消滅苗民的
生命，使他們不能再統治這世界。所謂“遏絕苗民”，恐即指苗民
裏的執政者而言；其餘的幫兇分子便如堯典、禹貢所説，充發到
三危山去了。山海經裏説三苗的有海外南經一條：

　　三苗國在赤水東，其爲人相隨（一曰三毛國）。

説苗民的有大荒北經一條：

　　西北海外，黑水之北，有人有翼，名曰苗民。顓頊生驩
頭；驩頭生苗民。苗民，釐姓，食肉。

這一在“海外南”，一在“大荒北”，隔得太遠了，不知道是不是在
南的爲其故居，在北的乃其新遷的地方？不過這所謂南北并不太
一定，海外南經是由西而東的，三苗國的東面卻是崑崙虛，可見
三苗在崑崙西，正與三危一樣。大荒經説苗民是顓頊的孫子，驩
頭的兒子。這驩頭恐即堯典裏放於崇山的驩兜。山海經中説到讙
頭的很有幾條。海外南經説：

　　讙頭國……其爲人人面，有翼，鳥喙，方捕魚（或曰：
　“讙朱國”）。

"朱"與"頭"同屬舌頭音，故可通假。讙頭有翼，故其子苗民亦有翼。郭注云：

> 讙兜，堯臣，有罪，自投南海而死。帝憐之，使其子居南海而祠之。畫亦似仙人也。

這話不知他根據的什麼書。所謂"畫"，即指山海圖。又大荒南經道：

> 大荒之中，有人名曰讙頭。鯀妻士敬，士敬子曰炎融，生驩頭。驩頭人面，鳥喙，有翼，食海中魚，杖翼而行，惟宜芑、苣、穋、楊是食。有驩頭之國。

他雖有翅膀而不能飛，只幫助他爬行。芑、苣、穋都是黍類。他吃的是魚和黍，不像苗民專吃肉。同是大荒經，北經說讙頭爲顓頊子，南經說讙頭爲炎融子，令人摸不清他們的世系。如果他們真是顓頊的子孫，那麼，黃帝是顓頊之祖，我們據了北經說，則他遏絶苗民是自殺其四世孫了；如據南經說，驩頭爲鯀孫，而鯀據帝擊爲顓頊子，是黃帝自殺其六世孫了。（呂刑的"皇帝"，即黃帝。楊寬中國上古史導論云："'黃''皇'古本通用，如晉語'苗棼黃'，左傳作'苗賁皇'；王會'吉黃之乘'，說文作'吉皇之乘'，是其證。）這可見堯典的"四罪"和呂刑的"遏絶"即是從崑崙區的神話轉過去的，惟其在那邊已有這很活躍的神話人物，所以一瞬眼就成了中國的古史人物。其實在那邊，這種故事也不過同欽䲹殺葆江一樣；只因中國的古史學家或取或捨，遂判別了熱鬧與寂寞而已。

> 又西一百九十里曰騩山。其上多玉而無石。神耆童居

之，其音常如鐘磬。

郭注：

> 耆童，老童，顓頊之子。

按説文老部：“耆，老也，從老省，旨聲。”這字老義而旨聲，故去掉聲符即是老字。郭璞以爲即老童，按大荒西經云：

> 有搖山，其上有人，號曰太子長琴。顓頊生老童；老童生祝融；祝融生太子長琴，是處搖山，始作樂風。

老童的孫太子長琴是“始作樂風”的，這裏騩山的神耆童也是“其音常如鐘磬”，可見這一家是音樂世家。晉嵇康琴賦用了這個故事入文，説：

> 情舒放而遠覽，接軒轅之遺音。慕老童於騩隅，欽泰容之高吟。（文選卷十八）

他就直稱騩山之神爲老童了。提到老童和祝融還有更重大的事。大荒西經道：

> 大荒之中，有山名曰日月山，天樞也。⋯⋯顓頊生老童；老童生重及黎。帝令重獻上天，令黎邛下地。下地是生噎，處於西極，以行日月星辰之行次。

顓頊爲黃帝孫，則照這裏所説，重和黎爲黃帝四世孫，噎爲五世孫。自從共工與顓頊爭爲帝，碰折了天柱，日月星辰都移到西北，經重、黎上天下地，把宇宙重新整理了一下；黎子噎又住在西極，使日月星辰運行的度數次舍上了軌道；這豈非天上人間最偉大的工作。但海內經裏有一段，與此頗有異同，文云：

炎帝之妻——赤水之子聽訞——生炎居。炎居生節並。節並生戲器。戲器生祝融。祝融降處于江水，生共工。共工生術器，術器首方顛，是復土壤，以處江水，生共工。共工生后土。后土生噎鳴。噎鳴生歲十有二。

這位噎鳴無疑即是噎，不但名噎相同，而且日月星辰的運行爲的是成歲，這裏也說他生了十二個歲。歲星（即木星）十二年一周天，爾雅釋天記出它所在十二次的名字：

太歲在寅曰攝提格，在卯曰單閼，在辰曰執徐，在巳曰大荒落，在午曰敦牂，在未曰協洽，在申曰涒灘，在酉曰作噩，在戌曰閹茂，在亥曰大淵獻，在子曰困敦，在丑曰赤奮若。

淮南天文及史記天官書說的也都同。可見噎鳴生十二歲，與羲和生十日，常儀生十二月一樣，都是定出一個自然界的秩序來。不過在大荒西經裏，祝融和噎均歸入黃帝一系，而到了海內經，祝融竟變成炎帝的四世孫，噎鳴也成了炎帝的七世孫。這家譜的改變，恐怕含有不同種族的搶奪祖先的要求吧？又大荒西經云：

有互人之國，人面，魚身。炎帝之孫名曰靈恝。靈恝生互人，是能上下于天。（“互”即“氐”，見前章。）

這事和重上天黎下地有些相像，又同爲炎帝子孫，不知道是不是一件事。

　　祝融和重、黎，經典的材料很多，早成爲經學裏的一個重大問題。這文中不便細説，只粗略地介紹一下。先談他們的世系。大戴帝繫云：

　　　　顓頊娶于滕隍氏，滕隍氏奔之子謂之女禄氏，産老童。老童娶于竭水氏，竭水氏之子謂之高綱氏，産重、黎及吳回。吳回氏産陸終。陸終氏娶于鬼方氏，鬼方氏之妹謂之女隤氏，産六子，孕而不粥，三年啟其左脇，六人出焉。

這六子即是彭、鄶、邾、楚等國的祖先。史記楚世家説：

　　　　楚之先祖出自帝顓頊高陽。……高陽生稱。稱生卷章。卷章生重黎。重黎爲帝嚳高辛居火正，甚有功，能光融天下，帝嚳命曰“祝融”。共工氏作亂，帝嚳使重黎誅之而不盡，帝乃以庚寅日誅重黎，而以其弟吳回爲重黎後，復居火居爲祝融。吳回生陸終。陸終有子六人，坼剖而産焉。

拿這段文字比較帝繫及山海經，就可以看出不同的幾點：（1）卷章這人，據集解引譙周説，即是老童的形訛，這説很對。帝繫説顓頊生老童，和大荒西經一樣，而楚世家則顓頊、老童之間別有稱的一代，不知其何自來。（2）大荒西經和海内經都以祝融爲人名，楚世家則以“祝融”爲火正一官的徽號。（3）大荒西經以重、黎爲兩人，帝繫中是一是二不可知，楚世家則定爲一人。又帝繫和楚世家都説重黎之弟爲吳回，吳回這人亦見于大荒西經，云：

　　　　有人名曰吳回，奇左。〔是無右臂〕。（畢校，此四字爲“奇左”的解釋，非本文。）

再談他們的事業。尚書呂刑道：

> 皇帝哀矜庶戮之不辜，報虐以威，遏絕苗民，無世在下。乃命重、黎絕地天通，罔有降格。

關於這個故事，國語楚語下解釋云：

> 九黎亂德，民神雜糅，不可方物；夫人作享，家爲巫史。……烝享無度，民神同位。……顓頊受之，乃命南正重司天以屬神，命火正黎司地以屬民，使復舊常，無相侵瀆，是謂"絕地天通"。

本來神有神職，民有人事，各應守其本分；後來下界人民受了過度求福心理的支配，家家設祭請神，刻刻作非分的要求，弄得神和人狎成一體，不可分別，所以上帝作一次斷然的處置，命重、黎遏絕地和天的交通，回復原來的法度。南正、火正兩名，王先謙漢書補注引郭嵩燾說，講得最好：

> 太陽者南方……南正者主明之義也。……天用莫如日；人用莫如火。司天屬神者主日；司地屬民者主火。南正向明以測日；火正順時以改火。（司馬遷傳）

重、黎慣于上天下地，所以能絕地天通；楚語所說已是把神話變做歷史以後的解釋，但這解釋還是比較早的。鄭語也說：

> 夫黎爲高辛氏火正，以淳耀敦大，天明地德，光照四海，故命之曰"祝融"，其功大矣！……惟荊實有昭德，若周衰其必興矣！

楚祖祝融，祝融有絕地天通和昭顯天地光明的大功，所以子孫發達。作這個預言的人還在秦未強盛的當兒，那時楚國最強，所以他斷説楚必代周，想不到結果竟落了空。我們在這一節裏，可以知道，楚國的祖先都是山海經裏的西部人物，他們都具有其神話的背景。

> 又西三百五十里曰天山。多金玉，有青雄黃。英水出焉，而西南流注于湯谷。有神鳥，其狀如黃囊，赤如丹火，六足四翼，渾敦無面目，是識歌舞，實惟帝江也。

天山之名見於漢書武帝紀，云：

> （天漢二年）貳師將軍三萬騎出酒泉，與右賢王戰於天山。

顏師古注：

> 即祁連山也。匈奴謂天爲祁連。

可見祁連山是譯音，天山是譯義，都是一地。湯谷本是傳説中太陽出來的地方，古籍中常見。如海外東經云：

> 黑齒國……下有湯谷。湯谷上有扶桑，十日所浴。

大荒東經也説：

> 大荒之中……有谷曰溫源谷。湯谷上有扶木，一日方至，一日方出，皆戴於烏。

楚辭天問説：

> 出自湯谷，次于蒙氾，自明及晦，所行幾里？

又大招説：

> 魂乎無東，湯谷寂寥只！

淮南天文也道：

> 日出于湯谷，浴于咸池，拂于扶桑，是謂“晨明”。（見
> 史記五帝本紀索隱。今本作“暘谷”，乃唐以後人依尚書堯典
> 文改，實則堯典文本亦作“湯谷”。

因爲太陽是最熱的，所以它所出的谷，取“沸沸湯湯”之義，稱爲
湯谷。它落入的谷，堯典稱爲“昧谷”（一本作“柳谷”，柳從卯聲，
卯與昧同紐通假），淮南天文稱爲“蒙谷”，這是因光綫的昏暗而
名的。其實落下的太陽本身還是滾燙，所以仍不妨稱爲湯谷。這
裏説“英水……西南流注于湯谷”，即是表明這條河已接近日落處
了。虧得這裏一見，使我們知道日出及日入之處都可以叫作湯
谷的。

　　天山上有一個重要的故事，即是帝江。他稱爲帝，當然是上
帝之一。他的樣子是六足四翼的鳥，可見崑崙區中的上帝不必具
備人形的。畢注云：

> 江，讀如鴻。

這就看出左傳文公十八年一段話的由來：

昔帝鴻氏有不才子，掩義隱賊，好行兇德，醜類惡物，頑囂不友，是與比周，天下之民謂之渾敦。

這個"渾敦無面目"而"識歌舞"的帝江，分明即是"天下之民謂之渾敦"的帝鴻氏之不才子。這是很清楚的從神話變成的歷史。賈逵、杜預都説："帝鴻，黃帝。"實在，這帝江既住在黃帝的區域裏，盡有可能是黃帝的一族。又莊子應帝王云：

南海之帝爲儵，北海之帝爲忽，中央之帝爲渾沌。儵與忽時相遇於渾沌之地，渾沌待之甚善。儵與忽謀報渾沌之德，曰："人皆有七竅以視聽食息，此獨無有，嘗試鑿之！"日鑿一竅。七日而渾沌死。

"渾沌"即"渾敦"。黃帝在五行學説上，因爲土德黃，土居中央，所以爲中央之帝。（見禮記月令及史記封禪書等）渾沌與黃帝一族，所以莊子也説他是"中央之帝"。山經只説他"無面目"而已，莊子則進一步説他沒有"七竅"。可見"鳧頸雖短，續之則憂"，他就犧牲在儵與忽的鑿子下面了！

又西二百九十里曰泑山。神蓐收居之。其上多嬰短之玉，其陽多瑾瑜之玉，其陰多青雄黃。是山也，西望日之所入，其氣員，神紅光之所司也。

西水行百里，至于翼望之山，無草木，多金玉。……

以上崑崙區的西部，計有樂游、嬴母、玉、軒轅、積石、長留、章莪、陰、符惕、三危、騩、天、泑、翼望十四山，途長四千二百三十里，比崑崙東部伸展了一倍多。方向一直是正西。故事較東部爲少。

凡西次三經之首，崇吾之山至于翼望之山，凡二十三山，六千七百四十四里。其神狀皆羊身人面。其祠之禮，用一吉玉瘞，糈用稷米。

"首"即篇。作者説這一篇裏有"二十三山"，實際只有二十二山，大概他把樂游、嬴母間的流沙也誤算進去了。他説"六千七百四十四里"，實際只有六千六百四十里，如果不是他算錯，也許多出的一百零四里是穿過崑崙山座的行程。海内西經説："崑崙之虛方八百里"，即是説它一面長二百里。山經作者也許想得没有這麽大，所以多算進百餘里也就够了。"其神狀皆羊身人面"，或者即是牧羊的氐、羌的象徵。篇中的神不作這樣，乃是舉出幾個特殊的。古時祭山或曰"旅"，或曰"望"，或曰"封"，每一國都有固定的祀典。"吉玉"，郭注："玉加采色者也。"那時祭祀用璧，或沉于水，或埋于地。"糈"，畢注："當爲'金'。"説文云："金，祭具也。"這也可見山海經本是一部巫師的書，所以它對於祭祀這般注重。

山海經中的崑崙區業已叙述完畢，其中的故事確實恢奇可喜，宮闕園囿更是極其偉大，但崑崙究竟在什麽地方，那可不容易斷説。西次三經中所見地名已有五十，加上他文所連及的便要近百，我們從這些地名裏可以得出什麽結果呢？女魃居于赤水的北面，使得那邊雨量稀少，所以説崑崙在西北是不錯的。但它究竟坐落在西北哪裏，甘肅呢，青海呢，新疆呢？説甘肅也像，因爲東北有伊克昭盟的沙漠，正北有阿拉善旗的沙漠，這正是山海經裏的流沙。而且河水所經，也好作河伯冰夷的都城。張掖有弱水，玉門有黑水，豈不使祁連穩做了崑崙。説青海也像，因爲黄河、長江現在都證明發源在那邊，而長江可能就是赤水。柴達木的一大片沮洳地區正可作"自崯山至于鍾山，其間盡澤"的解釋。

至於積石一山，從來又都説在甘、青交界間的。説新疆也像，没有地方比新疆出玉再多的了，而崑崙區中二十二山，寫明出玉的已有峚山等十二山，尚有未寫明的，例如鍾山，穆傳和淮南都説它是有名的出玉之地，甚至稷澤裏也出，崑崙的樹上也生。沙漠又不少，白龍堆咧，塔里木大戈壁咧，都可以指作流沙。所以拿現在的地理記載來看這崑崙區，甘肅、青海、新疆三省都有些像，但都不能完全像。這真是古人傳給我们的難題，教我們怎樣去解答？在這無可答覆中我們勉强作的答覆，便是崑崙區的地理和人物都是從西北傳進來的，這些人物是西北民族的想像力所構成，其地理則確實含有西北的實際背景。神話傳説永遠在變化和發展中，從遠西北傳到近西北時已起了很多變化，從近西北傳到內地時，近西北的材料又加了進去了。山海經的作者只是把傳到面前的神話傳説作一次寫定而已，至於材料的來源及其變化的次序他是不問的。

四　莊子和楚辭中的崑崙[*]

中國古代留傳下來的神話中，有兩個很重要的大系統：一個是崑崙神話系統；一個是蓬萊神話系統。崑崙的神話發源於西部高原地區，它那神奇瑰麗的故事，流傳到東方以後，又跟蒼莽窈冥的大海這一自然條件結合起來，在燕、吳、齊、越沿海地區形成了蓬萊神話系統。此後，這兩大神話系統各自在流傳中發展，到了戰國中後期，在新的歷史條件下，又被人結合起來，形成一

---

[*]　原載中華文史論叢 1979 年第 2 輯，題莊子和楚辭中的崑崙和蓬萊兩個神話系統的融合。

個新的統一的神話世界。這個神話世界的故事和人物，在它的流傳過程中，有的又逐步轉化爲人的世界中的歷史事件和人物。因此，探索崑崙與蓬萊這兩個神話系統的流傳與融合，對揭示層累地造成的古史系統，回復古史的原來面貌有極其重要的意義。

崑崙的神話什麼時候開始流衍到中原雖不可知，但由於尚書的禹貢裏已有了一點，而左傳和國語裏則逐漸增多了。因此可以説在兩周時就已經零星地傳了進來。至於有系統地介紹，怕須待至戰國之世，否則在發抒情感的詩經裏爲什麼找不出多大的證據（只有很少的一點，如"旱魃"），而一到戰國諸子的詩文裏就大規模地採用了呢？

崑崙的神話所以在戰國時期大量地流傳到中原：一是由於秦國向西拓地與羌、戎的接觸日益密切，從而流傳了進來；一是由於這時的楚國疆域，已發展到古代盛産黃金的四川麗水地區，和羌、戎的接觸也很頻繁，並在雲南的楚雄、四川的滎經先後設置官吏，經管黃金的開採和東運（據徐中舒同志的試論岷山莊王與滇王莊蹻的關係，思想戰綫一九七七年第四期），因而崑崙的神話也隨着黃金的不斷運往郢都而在楚國廣泛傳播。

在現存的中國古書裏，最先有系統地記載這些神話的是山海經。在山海經中，崑崙是一個有特殊地位的神話中心，很多古代的神話，如夸父逐日、共工觸不周山及振滔洪水、禹殺相柳及布土、黃帝食玉投玉、稷與叔均作耕、魃除蚩尤、鼓與欽鴀殺葆江、燭龍燭九陰、建木與若木、恒山與有窮鬼、羿殺鑿齒與窫窳、巫彭等活窫窳、西王母與三青鳥、恒娥竊藥、黃帝娶螺祖、竄三苗于三危等故事，都來源于崑崙。山上還有壯麗的宮闕，精美的園囿和各種奇花異木、珍禽怪獸。而保持長生不死，更是崑崙上最大的要求，他們採集神奇的草木，用了疏圃的池水和四大川的神泉，製成不死的藥劑。凡是有不當死而死的人，就令群巫用藥把他救活。這真是一個雄偉的、美麗的、生活上最能滿足的所在，哪能不使人嚮往這一神話世界呢！

在戰國時代裏，莊子是最高的哲學表現（其正確性是另一問題，這裏不談），楚辭是最高的文學表現。這兩部書中常常提到崑崙，山海經中的人名和地名收羅得很不少，可見山海經一類的書必然爲當時的作家們所見到或熟讀。中原人的思想本來非常平實。章炳麟說：“國民常性，所察在政事日用，所務在工商耕稼，志盡於有生，語絕於無驗”（駁建立孔教議）。我們從幾部經書看來，很容易發生這樣的感想。崑崙神話中的那種神奇俶詭的故事和那麼美麗的遠景閃爍映現在人們的眼前，驟然開闢了一個新天地，平添了許多有趣味的想像，這多麼使人精神振奮！

同時，海洋的交通也萌芽了。孟子梁惠王下說：

> 昔者齊景公問於晏子曰：“吾欲觀於轉附朝儛，遵海而南，放於琅邪，吾何修而可以比於先王觀也？”

“轉附”，即之罘，今山東煙臺市北的芝罘島。“朝儛”，據清焦循孟子正義，即秦始皇所登的成山，今山東文登縣東的召石山。“琅邪”，今山東日照縣東北的琅琊臺。齊景公在位是公元前五四七至前四九〇年，可知在前六世紀，齊國的海上交通已極暢利，所以齊君也不感覺波濤的危險而想繞山東半島航行一周了。又莊子山木云：

> 市南宜僚見魯侯，魯侯有憂色。……市南子曰：“夫豐狐、文豹棲於山林，伏於巖穴，……然且不免於罔羅機辟之患。是何罪之有哉？其皮爲之災也。今魯國獨非君之皮耶！吾願君刳形去皮，洒心去欲，而游於無人之野。南越有邑焉，名爲建德之國，其民愚而朴，……吾願君去國捐俗，與道相輔而行！……君其涉於江而浮於海，望之而不見其崖，

愈往而愈不知其所窮，送君者皆自崖而反，君自此遠矣！”

這固然是一篇寓言，然而一定要有了海上交通，作者乃得這般地誇夸其談。文中説“南越”，指今廣東和越南一帶；説“涉於江而浮於海”，可見當時由中原到南越的人是由長江入海的。爲了那時南方的海道暢通，所以古書裏説到南方的少數民族就常常提起“交趾”，可見航綫已擴展到南海的東京灣了。海內經提起“天毒”，即印度，可見更擴展到印度洋了。莊子逍遥游裏説“北冥”的鯤化而爲鵬時：

> 鵬之背不知其幾千里也，怒而飛，其翼若垂天之雲。是鳥也，海運則將徙於南冥。南冥者，天池也。齊諧者，志怪者也，諧之言曰：鵬之徙於南冥也，水擊三千里，搏扶摇而上者九萬里，去以六月息者也。

這般闊大無邊的想像，一定是親歷海洋生活的人在窈冥無極之中所寄託的玄想。燕、齊、吳、越等國由於沿着海岸，常有人到海裏去做探尋新地的冒險工作；就是没做這工作的人也常常會看到樣子特别的外國人，聽到許多海洋景物的描述，於是就有了齊諧一類的志怪之書；再加上巫師們傳來的西方崑崙區的神奇故事和不死觀念，於是激起了他們“海上三神仙”的傳説和求仙的慾望，而有了“方仙道”。史記封禪書説：

> 宋毋忌、正伯僑、〔充尚〕（元谷）、羨門〔子〕高、〔最後〕（聚穀）皆燕人，爲方仙道，形解銷化，依於鬼神之事。

這些人都是燕國人常常稱道的“仙人”。“充尚”，漢書郊祀志作“元尚”，而列仙傳中有“元俗”，所以沈濤説：“‘谷’，‘俗’之渻。

篆書‘谷’字與‘尚’字相近，訛而爲‘尚’”（銅熨斗齋隨筆）。“最後”，王念孫以爲即是文選高唐賦裏的“聚穀”，他説：“‘聚’與‘最’古字通，‘穀’有‘㲉’音，‘㲉’與‘後’聲相近”（讀書雜志三之二）。什麽是“形解銷化”呢？集解引：

> 服虔曰：“尸解也。”張晏曰：“人老如解去故骨則變化也。今山中有龍骨，世人謂之龍解骨化去。”

可知他們修煉的目的是要由人變而爲仙，而變仙的方法則是把靈魂從軀體裏解放出去。一經成了仙，就得着永生了。做了仙人該住在哪裏呢？封禪書説：

> 自威、宣、燕昭使人入海求蓬萊、方丈、瀛洲，此三神山者其傳在勃海中，去人不遠。患且至，則船風引而去。蓋嘗有至者，諸仙人及不死之藥皆在焉。其物禽獸盡白，而黃金銀爲宮闕。未至，望之如雲；及到，三神山反居水下；臨之，風輒引去，終莫能至云。世主莫不甘心焉。

這是説齊威王、齊宣王、燕昭王的時代已經派了許多探險家到海裏去尋求“仙山”了。依據今日的考定，威王在位爲公元前三五七至前三二〇年，宣王爲前三一九至前三〇一年，昭王爲前三〇一至前二七九年，這時代是前四世紀的前半至前三世紀的後半，蓬萊等三神山，傳説是在勃海中，那邊住着一批仙人，同崑崙一樣，有壯麗的宮闕，珍異的禽獸，還有最貴重的“不死之藥”。但是沒有脱胎換骨的凡人是去不了的，他們雖然已在船上望見了燦爛如雲的美景，可是到了那裏，三神山就潛伏到海底去了，風又把船吹走了，這豈不同崑崙一樣地“可望而不可即”。不過凡人固然到不了，可是這“不死之藥”的引誘力實在太大，所以國王們還是派人去尋找。這尋找三神山的活動延續了二百餘年，直到秦始皇、漢武帝時還有更亟劇的進展。

我們在細細讀了山海經之後再來看這些話，可以說西方的崑崙說傳到了東方，東方人就擷取了這中心意義，加上了自己的地理環境，創造出這一套說法。西方人說人可成神，他們的神有黃帝、西王母、禹、羿、帝江等等，是住在崑崙等山的。東方人說人可成仙，他們的仙有宋毋忌、正伯僑、羨門高等等，是住在蓬萊等島的。西方人說神之所以能長生久視，是由於"食玉膏、飲神泉"，另外還有不死樹和不死之藥；東方人說仙之所以能永生，是由於"餐六氣、飲沆瀣、漱正陽、含朝霞"，另外還有"形解銷化"，並藏着不死之藥，所以"神"和"仙"的名詞雖異，而他們的"長生不老"和"自由自在"的兩個中心觀念則沒有什麼兩樣。所以這東方的仙島本由西方的神國脫化而出，及其各自發展之後，兩種傳說又被人結合起來，更活潑了戰國人的腦筋，想在現實世界之外更找一個神仙世界。莊周和屈原都是最敏感的人，莊周居於宋，偏近東方，把這兩種說法都接到了。屈原居於楚，在郢都可以聽到大量關於崑崙的神話，所以他的書裏多說崑崙；至於東方的傳說則因他受了地理環境的限制，沒有海和島可以接觸，這故事不易傳入，就不提了。這是他們兩人的作品中很不同的一點。

莊周的生卒年都不可考，只有一件事情約略可以決定他的時代。他和魏相惠施是好朋友。依據魏策，魏惠王在馬陵大敗之後，屈節事齊，是出於惠施的主意；馬陵之戰在魏惠王二十八年，即公元前三四二年，齊、魏會徐州互致王位，在魏惠王後元元年，即公元前三三四年。惠施仕魏的時間定了，莊周的年代也就可推定，他是前四世紀的人。屈原的事蹟也很茫昧，清代人根據了離騷的"攝提貞於孟陬兮，惟庚寅吾以降"這句話，考定他生於楚宣王二十七年，即公元前三四三年。又據楚世家，懷王十八年屈原使於齊，回國時他勸懷王殺張儀，這是公元前三一一年。

從這上面，可見他和莊周是同時代的，都是前四世紀前半葉的人。

這兩部書裏，少數是由他們親自動筆的，多數則是些思想和文藝傾向差不多相同的人寫了而夾雜在他們著作裏的。我們現在極該做些分析作者的工作，可是一時還做不好。大概說來，這是前四世紀前半到前二世紀後半約莫二百年中的哲學和文學作品的匯合。在這時期中，"崑崙"和"蓬萊"的神話正風靡着一世。

莊子裏最多說到黃帝，而黃帝不離乎崑崙。外篇至樂說：

> 支離叔與滑介叔觀于冥伯之丘、崑崙之虛，黃帝之所休。

唐時陸德明經典釋文引晉時李頤莊子集解云：

> "支離"，忘形；"滑介"，忘智：言二子乃識化也。"冥伯之丘"，喻杳冥也。（卷二十七）

這條有三個人名而作者造了兩個，有兩個地名而造了一個，寓言的成分夠重了，但是崑崙和黃帝是變不了的故事的核心，他不能杜造。又内篇大宗師說：

> 夫道，有情有信，無爲無形，……堪坏得之以襲崑崙，馮夷得之以游大川，肩吾得之以處大山，黃帝得之以登雲天，顓頊得之以處玄宮，禺强得之立乎北極，西王母得之坐乎少廣，莫知其始，莫知其終。

他把得道的人說了一大串，而這些人都是出于山經的"西山"和"北山"、海經的"西荒"和"北荒"的；換句話說，即都是些崑崙區的神人。陸氏釋文引晉時司馬彪的莊子注說：

"堪坏"，神名，人面獸形。淮南作"欽負"。(卷二十六)

清時莊逵吉淮南子校本引錢坫説：

> 古"丕"與"負"通，故尚書"丕子之責"，史記作"負子"。丕與負通，因之從丕之字亦與負通也。(齊俗)

"欽"與"堪"皆齒音，"丕"與"負"皆脣音，故得相通。這位堪坏即是西次三經鍾山條中的欽鵐。因爲鍾山離崑崙不遠，所以説他"以襲崑崙"。肩吾，即陸吾，司崑崙的神。郭璞山海經注：

> (神陸吾司之)即肩吾也，莊周曰："肩吾得之以處大山"也。

西王母所居的"少廣"，它書未見。釋文云：

> 司馬云："穴名"。崔(晉崔譔)云："山名"。或云："西方空界之名。"

究不知哪一處説得對頭，按海内經云：

> 西南黑水之間，有"都廣之野"，……蓋天下之中，素女所出也。

這少廣一名恐即是都廣的分化。都廣爲素女所出，少廣爲西王母所居，同爲女性，故有如此相似的地名，亦未可知。其餘幾位，則馮夷是河伯，見海内北經；顓頊是北方之帝，見淮南天文和禮記月令；禺强是北海之神，見大荒北經。

又外篇天地説：

> 黄帝游乎赤水之北，登乎崑崙之丘而南望。還歸，遺其玄珠。使"知"索之而不得，使"離朱"索之而不得，使"喫詬"索之而不得也，乃使"象罔"。象罔得之。黄帝曰："異哉，象罔乃可以得之乎！"

這是莊子的哲學。他作一個比喻，以爲要想得到真的道（玄珠），知識（知）是靠不住的，聰明（離朱）是靠不住的，力量（喫詬，司馬彪曰："多力也"）也是靠不住的；只有那不用心的人（象罔）才會抓得住。這即是養生主所説的"官知止而神欲行"，故能"依乎天理，因其固然"，什麽事情都不是勉强可以做到的。"知"和"象罔"是莊子或其信徒們造出來的人名，象徵它一有知，一無知。"離朱"，則是山海經上的動物，給莊子或其信徒借用了。海外南經云：

> 狄山，帝堯葬于陽，帝嚳葬于陰。爰有熊羆、文虎、蜼豹、離朱、視肉、吁咽。

郭注釋"離朱"道：

> 木名也，見莊子。今圖作赤鳥。

他是看了圖而作注的，圖上的離朱分明是一頭赤鳥，他爲什麽要解作木名？原來海内西經説崑崙虛時，有

> 開明北……有離朱木禾柏樹。

一句話，他讀作"離朱木"與"禾柏樹"二物，"離朱"下既有"木"字，所以他解作木名。其實上文已有"木禾長五尋"的話，可知"離朱、木禾、柏樹"是三件東西，離朱還應當從圖而作赤鳥。在海經的許多動物裏，離朱可説是最交運的一個。第一個説到它的是孟子：

> 離婁之明，公輸子之巧，不以規矩，不能成方員。（離婁上）

它在那時已由赤鳥而化爲人了，所以漢趙岐注道：

> "離婁"，古之明目者，黃帝時人也。黃帝亡其玄珠，使離朱索之。"離朱"，即"離婁"也，能視於百步之外，見秋毫之末。

因爲他是跟着黃帝從崑崙區來的，所以便稱爲"黃帝時人"。"朱"和"婁"都是舌頭音，故得相通。大荒南經和北經並作"離俞"，也是這個緣故。此外，莊子駢拇也説：

> 是故駢於明者，亂五色，淫文章，青黃黼黻之煌煌非乎，而離朱是已。

淮南原道也説：

> 離朱之明，察箴（針）末於百步之外。

列子湯問也説：

江、浦之間生麼蟲，其名爲"焦螟"，群飛而集於蚊睫，弗相觸也；栖宿去來，蚊弗覺也。離朱、子羽方晝拭眥，揚眉而望之，弗見其形。

有了這許多處的宣傳，於是他真成了"黃帝臣，明目人"了。這明目的故事想來是原有的，因爲鳥類的眼睛最明，也看得最遠，一隻鷹盤旋在高空裏即能望見地上的一頭小雞而予以搏攫，想來離朱必有更超越的眼力。"喫詬"，疑即山海經裏的"窫窳"。"喫"與"窫"，"詬"與"窳"，聲並相近。如果這個猜測不錯，那麼，窫窳本是"龍首、食人"的動物，也被莊子拉作了最有力氣的人了。

因爲莊子造出一個名"知"的人，所以外篇裏還有一篇知北游，說：

"知"北游於玄水之上，登隱弅之丘而適遭"無爲謂"焉。知謂無爲謂曰："予欲有問乎若：何思何慮則知道？何處何服則安道？何從何道則得道？"三問而無爲謂不答也；非不答，不知答也。知不得問，反於白水之南，登狐闋之上而睹狂屈焉。知以之言也問乎狂屈，狂屈曰："唉，予知之，將語若，中欲言而忘其所欲言！"知不得問，反於帝宮，見黃帝而問焉。黃帝曰："無思無慮始知道。無處無服始安道。無從無道始得道。"知問黃帝曰："我與若知之，彼與彼不知也，其孰是耶？"黃帝曰："彼無爲謂真是也，狂屈似之；我與汝終不近也！"

這個寓言是老子的"知者不言，言者不知"的演義。除了知外，這裏又造出"無爲謂"、"狂屈"兩個人名和"隱弅之丘"、"狐闋"兩個地名，使得寓言更具體化。但是崑崙的背景依然可以看出。"玄水"，即黑水，不必說。至於"白水"，離騷說：

朝吾將濟於白水兮，登閬風而緤馬。

閬風是崑崙的一部分，所以白水也即在崑崙。淮南云：

> 白水出崑崙之原，飲之不死。（御覽地部二十四引，與今本異）

崑崙上面有黃、赤、黑、青、白五種水，所以河圖括地象說：

> 崑崙山……出五色雲氣，五色流水。

五色的水，這篇提了兩個，也是千變萬化不離其宗的一個證據。在這個寓言裏，黃帝不是神而是哲學家，正像在穆天子傳裏，西王母不是神而是好女子了。把神奇的故事人情化，這是戰國時人的聰敏的改造。但無論如何改造，總洗不掉崑崙區的色彩，供我們批根發伏。

屈原是楚國的貴族，在懷王朝做大夫，忠心耿耿，想貢獻他的全部力量給國家，把這祖國搞得好好的。沒奈何讒佞當道，儘量說他的壞話；懷王是個庸主，耳朵根軟，漸漸地對他疏遠了。他氣得發瘋似的，欲留既不可，欲行又不忍，在十分苦悶之中寫下了一篇離騷，成爲世界上不朽的文學作品。在一部楚辭裏，也只有這一篇我們可以確實相信是屈原作的。

離騷篇中，說他得不到女嬃（傳說是他的姊）的諒解和同情，被她罵了一頓之後，他爲了要接受帝舜的指導，就濟沅、湘而南征，到了蒼梧，這是楚國人把它認作舜葬所在地，正同把洞庭湖中的君山認作舜二妃墓所在一樣。海內南經說：

> 蒼梧之山，帝舜葬於陽。

又海内經説：

> 南方蒼梧之丘、蒼梧之淵，其中有九嶷山，舜之所葬。

他到了舜的陵前，把滿腹牢騷向舜吐了，在還没有得着舜的回答時，他自覺心中已洞豁，不待解説了，那時埃風忽起，他就乘龍駕鳳，在天空裏飛行起來：

> 朝發軔於蒼梧兮，夕余至乎縣圃，
> 欲少留此靈瑣兮，日忽忽其將暮。
> 吾令羲和弭節兮，望崦嵫而勿迫，
> 路曼曼其脩遠兮，吾將上下而求索。
> 飲余馬於咸池兮，總余轡乎扶桑，
> 折若木以拂日兮，聊逍遥以相羊。
> 前望舒使先驅兮，後飛廉使奔屬，
> 鸞皇爲余先戒兮，雷師告余以未具。
> 吾令鳳鳥飛騰兮，繼之以日夜，
> 飄風屯其相離兮，帥雲霓而來御。
> 紛總總其離合兮，班陸離其上下，
> 吾令帝閽開關兮，倚閶闔而望予。

天空中的游行多麽痛快，早晨從蒼梧動身，由西南向西北，傍晚便到了縣圃，已是崑崙的中層了！他這次旅行的目的原是爲找同心的朋友的，可是在這段漫長的行程裏竟没有找着一個，而已迫近落日的崦嵫山了，所以他命令御車的羲和按住鞭子，慢慢地走着。“羲和”在山海經裏是太陽的母親。大荒南經道：

> 東南海之外，甘水之間，有羲和之國。有女子名曰羲

和，方〔日浴〕（浴日）于甘淵。羲和者，帝俊之妻，生十日。
（據後漢書王符傳李注改）

“帝俊”是上帝之一，所以他的妻羲和能生十日。爲什麼説“東南海之外”？因爲太陽是每天從東南方出來的。爲什麼説“十日”？因爲古人紀日用十干，那時的人認爲“甲”日的太陽是一個，“乙”日的太陽又是一個，……因而産生出這個神話。爲什麼説“浴日”？因爲太陽初升，從水裏冒出來，好像洗了一個澡似的。淮南天文云：

日出于〔暘〕（湯）谷，浴于咸池，拂于扶桑，是謂晨明。
（據史記五帝本紀索隱改）

即是説的這件事。又因太陽天天東升西落，所以發生了羲和爲日御車之説，離騷所言即由此來。待至這個故事傳進了儒家，羲和又變爲堯、舜時的占候之官，而且一拆拆成了四位。堯典説：

乃命羲、和欽若昊天，歷象日、月、星辰，敬授民時。
分命羲仲：宅嵎夷，曰暘谷，寅賓出日，平秩東作；日中，星鳥，以殷仲春；厥民析，鳥獸孳尾。
申命羲叔：宅南交，平秩南訛，敬致；日永，星火，以正仲夏；厥民因，鳥獸希革。
分命和仲：宅西，曰昧谷，寅餞納日，平秩西成；宵中，星虛，以殷仲秋；厥民夷，鳥獸毛毨。
申命和叔：宅朔方，曰幽都，平在朔易；日短，星昴，以正仲冬；厥民隩，鳥獸氄毛。
帝曰：“咨，汝羲暨和：期，三百有六旬有六日，以閏月定四時成歲；允釐百工，庶績咸熙！”

帝堯因爲耕稼之事是民生最基本的工作，知道必須定出一個最正確的"農歷"來才可使人民的生活有一定的軌道，所以他就按照東、南、西、北四方，把羲、和四弟兄派到極邊，測候日影，定出二分、二至，正了四時，又以日和月的差數定出閏月，規定了一切工作的標準。從此羲和脱離了山海經的神話生涯而成爲研究太陽運行的天文歷法家了！這一變真變得屬害。再説，堯典這段文字不但"羲和"一名來自山海經，即所謂"厥民析"等話也來自山海經。大荒東經道：

> 大荒之中，有山名曰鞠陵于天，……日月所出，（有神）名曰折丹。東方曰折，來風曰俊，處東極以出入風。（據郝懿行山海經箋疏改。"東方曰折"郭注"單呼之"，吁通呼，謂神名"折丹"，以單字呼之則曰"折"。）

這個"折"即是"厥民析"的"析"的異體，原來是東方的神名，管東極的風的，所以堯典裏就把他變作了農業方式，放在東方羲仲那邊，説是人民到了春天就該分散開來，從事耕種了。又大荒南經道：

> 南海渚中，……有神名曰因因乎。南方曰因乎，〔夸〕（來）風曰乎民，處南極以出入風。

南方的神名"因因乎"，他管南極的風，所以堯典裏把"厥民因"交與南方羲叔，説是到了夏天，農事愈忙，老弱的人也該幫着壯年人一起工作；因者，就也，就是説老弱的人們跟了下田了。又大荒西經道：

> 有人名曰石夷，來風曰韋，處西北隅以司日月之長短。

西方的神名"石夷"，他不但管西極的風，並且管日月的長短，這又是"日中"、"日永"、"宵中"、"日短"的由來。堯典裏把"厥民夷"託給西方和仲，說秋天收成之後人民該安靜了，夷者安也。又大荒東經道：

> 有"女和月母之國"，有人名曰"鵷"，來〔之〕風曰狻，是處東極隅以止日月，使無相相間出没，司其短長。（據郝懿行山海經訂訛引洪頤煊說改）

北方的神名鵷，他兼處東極司日月的短長，所以堯典裏就改用了一個同聲字而曰"厥民隩"，吩咐北方和叔，說冬天來了，人民應當聚居室中，避免風寒；"隩"者，奥也，"奥"者，室中西南隅也。堯典中口口聲聲所說的"厥民"，一考它的根源乃是山海經中的四方風神名，這叫人看了怎不奇怪。我們在這裏可以知道：儒家利用了流行的神話，改造爲民生日用的經典，他們的改頭換面的手段是這般使用的。這就是所謂"舊瓶裝新酒"，把新意義輸入了舊名詞。其後四方之風擴大爲八方之風，就成了吕氏春秋有始覽及淮南地形的一套，全用了理智的名詞重新安排過。（把山海經的四方之風合於甲骨文及堯典的四方之風，見胡厚宣同志的四方風名考，收入齊魯大學出版的甲骨學商史論叢。）

以上一段拉的遠了，現在回過頭來再看離騷。羲和替屈原駕了一天的車，終究沒有給他找到一位同心的朋友，所以第二天的清早，屈原就在太陽出來的地方飲了馬，折下一條"若木"當作鞭子，打着這輛太陽車又走了。他這回多帶了兩神，前導的是月御"望舒"，後擁的是風伯"飛廉"，不論白天晚上都走得。來迎迓的飄風和雲霓，乍離乍合，忽高忽低，何等好看。可惜旅行雖順利，而一到上帝的"閶闔"天門又碰上了閽人一個釘子，這人倚在門口愛理不理地把他擋住。屈原既不能排闥直入，就只得失望地離開了。在這段文字裏，"縣圃"、"閶闔"、"咸池"都是見於淮南的，"扶桑"、"若木"、"崦嵫"都見於山海經的。不過把"扶桑"和"若木"放在一處卻是他記錯了，"扶桑"原是東極的大樹，"若木"則是西極的大樹。

他飽受了帝閽的奚落之後，轉念一想：去找一個異性的伴侶吧！於是他先追求"虙妃"：

> 朝吾將濟於白水兮，登閬風而緤馬，
> 忽反顧以流涕兮，哀高丘之無女。
> 溘吾游此春宮兮，折瓊枝以繼佩，
> 及榮華之未落兮，相下女之可詒。
> 吾令豐隆乘雲兮，求虙妃之所在，
> 解佩纕以結言兮，吾令蹇脩以為理。
> 紛總總其離合兮，忽緯繣其難遷，
> 夕歸次於窮石兮，朝濯髮於洧盤。

他登上了崑崙的高丘，向遠處一望，忽然流涕了：為什麼這裏沒有好女子呢？他在黃帝宮裏折下玉樹一枝，結在帶上，心裏想着：趁這美麗的花朵還未落的時候把它送給下界的美女吧！他就命令雷師豐隆去尋求虙妃；解下帶子，又叫蹇脩去做媒人。說到這裏，就得先講虙妃的故事。天問說：

> 帝降夷羿，革孽夏民，胡躲夫河伯而妻彼雒嬪？

漢王逸注：

> "雒嬪"，水神，謂宓妃也。傳曰："河伯化為白龍，游於水旁，羿見射之，眇其左目。……羿又夢與雒水神宓妃交

接也。”

這裏所謂“傳”，現在還不知道是哪一部書。虙（宓）妃爲雒水之神，依天問説，她是羿的妻，依王逸説則羿不過夢中和她交接過。這就是曹植洛神賦的由來（“洛”，本作“雒”，魏文帝改，見三國志文帝紀注引魏略）。這個故事的詳細情形現在已不可知了，但因爲是羿的事，所以下文就説“夕歸次于窮石”。左氏襄四年傳：

>后羿自鉏遷于窮石，因夏民以代夏政。

此説窮石是羿的都城，所以稱爲“有窮后羿”。淮南地形云：

>弱水出自窮石。

既爲弱水所出，這故事又該流衍自崑崙區了。洧盤，王逸注引禹大傳云：

>洧盤之水出崦嵫山。

禹大傳不知何書，是不是即禹本紀？古書亡佚太多，現在查不清了。屈原本想奪取羿妻，但他終因讒人的毁謗，被她拒絶了。於是他又想到有娀氏之女，可是有高辛在，也不方便；又想到有虞氏之二姚，但也有少康在。他不得已，到靈氛（巫名）那裏去占卜。靈氛勸他還是快些到遠處去走走才好，於是他又上車，作第三度的旅行：

>爲余駕飛龍兮，雜瑶象以爲車，

何離心之可同兮，吾將遠逝以自疏。

遭吾道夫崑崙兮，路脩遠以周流，

揚雲霓之晻藹兮，鳴玉鸞之啾啾。

朝發軔於天津兮，夕余至乎西極，

鳳凰翼其承旂兮，高翱翔之翼翼。

忽吾行此流沙兮，遵赤水而容與，

麾蛟龍以梁津兮，詔西皇使涉予。

路脩遠以多艱兮，騰眾車使徑待，

路不周以左轉兮，指西海以爲期。

屯余車其千乘兮，齊玉軑而並馳，

駕八龍之蜿蜿兮，載雲旗之委蛇。

抑志而弭節兮，神高馳之邈邈，

奏九歌而舞韶兮，聊假日以媮樂。

他這回更闊氣了，八條龍拉了一架象牙車，從天河裏起程，雲旗飄飄，一轉眼就到了崑崙，在流沙、赤水之間舒舒服服地行走；他叫隨從的一千輛玉輅車先到西海旁等着，自己停了下來，奏着九歌，舞着九韶，且以忘憂。這九歌和九韶的典故也出在山海經上。海外西經道：

大樂之野，夏后啟于此儛九代。

郭注：

"九代"，馬名。"儛"，謂盤作之令舞也。

這一定是據圖作解的。但郝懿行箋疏據淮南齊俗說："夏后氏……其樂夏籥九成"，疑"九代"本作"九成"，以形近而譌變。又大荒西經云：

> 西南海之外，赤水之南，流沙之西，有人珥兩青蛇，乘
> 兩龍，名曰夏后開。開上三嬪于天，得九辯與九歌以下。此
> 大穆之野高二千仞，開焉得始歌九招。

郭注：

> "嬪"，婦也，言獻美女於天帝。"九辯、九歌"，皆天帝
> 樂名也，開登天而竊以下用之也。

他爲什麼說"竊以下"呢？因爲歸藏是這樣講的。郭注道：

> 開筮曰："昔彼九冥，是與帝辯。同宮之序，是爲九
> 歌。"又曰："不可竊辯與九歌以國於下。"義具見歸藏也。

歸藏已佚，這段文字頗不好懂，但其由偷竊而得則義甚明。夏后
啟（漢人避景帝諱改"開"）獻了三個美女給上帝，卻從天上偷了九
辯和九歌兩大套樂譜下來，就在大穆之野裏儘量享受，連駿馬也
訓練得會跳舞了。九招，即九韶。這件事載在海外和大荒的西
經，也該是崑崙區的故事。這一區的故事真收拾不盡呀！在戰
國，這故事成了當時盛傳的音樂史上的大事。墨子非樂道：

> 於武觀曰："啟乃淫溢康樂，野于飲食，〔將將銘莧磬以
> 力〕（應作"鏘鏘鍠鍠，筦磬以方"），湛濁于酒，渝食于野，
> 萬舞翼翼。章聞于〔大〕（天），天用弗式。"（據孫詒讓墨子閒
> 詁說改）

古本竹書紀年道：

> 啟登后九年，舞九韶。（路史後紀十三引）

離騷在屈原告舜的話裏也説：

> 啟九辯與九歌兮，夏康娛以自縱，
> 不顧難以圖後兮，五子用〔失乎家巷〕（夫家閧）。（據讀
> 書雜志餘編王引之説改。）

又天問説：

> 啟〔棘〕（夢）賓〔商〕（天），九辯、九歌，何勤子屠母而死
> 分竟地？（依朱熹楚辭集注説改）

可見這必定是兩套極好聽的樂曲，所以夏后啟要從天上偷下來
（“夏”通“下”，公、穀僖二年春秋“虞師、晉師滅夏陽”，左氏經
作“下陽”，可證）。之後就儘量地放縱娛樂，弄得到他死後，兒
子們會在家裏鬧了起來，害得母親一氣成病（劉永濟説：“‘屠’乃
‘瘏’之譌；瘏，病也。”），疆土也被人分割了。這真像是唐玄宗
霓裳羽衣曲的前身！這時屈原雖然在“黃連樹底下操琴”，苦中取
了一回樂，然而他在崑崙高頭望見了舊鄉，他心中又空虛了，覺
得享樂不是一個歸宿，所以他結尾説：

> 已矣哉，國無人兮，莫我知兮，又何懷乎故都！
> 既莫足與爲美政兮，吾將從彭、咸之所居！

他就決心離開了人間。“彭咸”，以前的注家都説是商的賢大夫，

氏彭名咸，諫君不聽而投水以死的。其實不然，這就是山海經裏的"巫彭、巫咸"，是孔丘、墨翟以前的聖人。

　　離騷説到的崑崙大略如此。其次再論九歌，它本是楚國祀神的樂曲，因爲楚國的神靈大抵在南方，所以用不着把崑崙作爲文章的背景。只有河伯一章説：

　　　與女（汝）游兮九河，衝風起兮橫波。
　　　乘水車兮荷蓋，駕兩龍兮驂螭。
　　　登崑崙兮四望，心飛揚兮浩蕩。

黄河發源崑崙而入海，將入海時分作九道，名爲九河，所以作者窮源竟委，把這兩個地名都寫了進去。海内北經道：

　　　從極之淵深三百仞，維冰夷恒都焉。冰夷，人面，乘兩龍。

冰夷爲河伯，也寫作"馮夷"，他乘的是兩龍，所以九歌裏也就説他"駕兩龍"。

　　天問是一首對故事發問的歌，一共提出了一百七十二個問題。因爲它開始問的是天，所以稱爲天問。按近代民間歌謡裏有一種叫做"對山歌"的，兩人對唱，一問一答，看來天問該是這類體裁，所以柳宗元便根據它所提出的問題作了一篇天對。可惜古代的故事失傳的太多，其中許多問題我們已没法懂得，柳氏所答的也許答非所問。大體説來，這篇文字的前半問的是神話，後半問的是歷史。這神話部分大都即是崑崙區的故事。文中先問洪水，説：

　　　不任汨鴻，師何以尚之？

僉曰何憂，何不課而行之？

這幾句即是尚書堯典裏説的：

> 帝曰："咨，四岳：湯湯洪水方割，蕩蕩懷山襄陵，浩
> 浩滔天，下民其咨，有能俾乂？"僉曰："於，鯀哉！"帝曰：
> "吁，咈哉，方命圮族！"岳曰："異哉，試可乃已！"帝曰：
> "往欽哉！"九載，績用弗成。

他問鯀既不能當治（汩）洪水（鴻）的大任，爲什麼許多人（師）把他
推舉（尚）出來？既經堯反對用鯀，而大家還説不妨讓他試一試，
堯爲什麼不先小試（課）他一下，竟把全部責任交給了他呢？
次説：

> 鴟龜曳銜，鯀何聽焉？順欲成功，帝何刑焉？
> 永遏在羽山，夫何三年不施？伯禹腹鯀，夫何以變化？

鴟龜曳銜的故事現已没法弄清楚。劉永濟王逸楚辭章句識誤云：

> "聽"乃"聖"之通假字。問意，蓋謂鯀之治水有鴟龜曳銜
> 相助之祥異，果何聖德所致邪？言外有反質鯀能致此祥異，
> 何以卒被帝刑也。（武漢大學文哲季刊二卷三號）

這是一個可能的想法。"順欲成功"，似即指"竊帝之息壤以湮洪
水"，這原是鯀得意的手筆，所以問道：他既已順了自己的主意
而成功了，何以上帝還要加刑于他呢？堯典中説舜：

> 殛鯀于羽山。

就是"永遏"。而又云"三年三施",施是什麼,看左氏昭十四年傳:

> 晉邢侯與雍子爭鄐田。……叔魚蔽罪邢侯。邢侯怒,殺叔魚與雍子於朝。……叔向曰:"三人同罪,施生戮死可也。……"乃施邢侯而尸雍子與叔魚於市。

杜注以"施"爲"行罪",則此問似是説爲什麼三年不殺,與海内經所説的"帝令祝融殺鯀于羽郊"不同。至於"伯禹腹鯀"當是禹爲鯀所腹。詩小雅蓼莪云:

> 父兮生我,母兮鞠我,……顧我復我,出入腹我。

"腹"是懷抱的意思。這問的是禹既是鯀子,父子間所行的治水方法本没有什麼基本上的差别,何以成敗竟會這樣不同(變化)了呢? 因此再問:

> 纂就前緒,遂成考功,何續初繼業而厥謀不同?
> 洪泉極深,何以窴之? 地方九則,何以墳之?
> 應龍何畫? 河海何歷?
> 鯀何所營? 禹何所成?
> 康回憑怒,墜(地)何故以東南傾?

這是問禹治水的事。禹繼續父功,用的還是把息壤填洪水的老方法,所以説"洪泉極深,何以窴之"? "窴"即填。淮南地形説:

> 凡鴻水淵藪,自三仞以上,二億三萬三千五百五十有九。禹乃以息土填洪水以爲名山。

這就是對於天問這條的最適當的回答。因爲息土是自生自長之土，長之不已，不但有了平地，而且還擁出了許多名山。他問："地方九則，何以墳之?"　"則"，區畫也，墳，高起也，即是説九州裏山陵和高原是怎樣來的。"應龍"見大荒東經和北經，都説他殺蚩尤與夸父事，卻無"畫"字。王注云：

> "歷"，過也。言河海所出至遠，應龍過歷游之而無所不窮也。或曰："禹治洪水時有神龍以尾畫地，導水所徑當決者，因而治之也。"

洪興祖補注道：

> 山海經圖云：犁丘山有應龍者，龍之有翼也。……夏禹治水，有應龍以尾畫地，即水泉流通。

這句話倘果出在山海經圖裏，大足補今本山海經的缺佚。"康回"一事即指共工。按堯典云：

> 帝曰："疇咨若予采?"驩兜曰："都，共工方鳩僝功!"帝曰："吁，靜言庸違，象恭滔天!"

又左氏文十八年傳云：

> 少皥氏有不才子，毀信廢忠，崇飾惡言，靖譖庸回，服讒蒐慝，以誣盛德，天下之民謂之窮奇。

杜注謂"窮奇"即"共工"。按堯典的"靜言庸違"當然是左傳的"靖譖庸回"的異寫，都是説他處靜則造言生事，致用則回邪亂政。

天問的“康回”又是“庸回”的訛文，這是把共工的品性解做了他的名號了；但也説不定先有了“庸回”一名，再意義化了而説他有“靖譖庸回”的品性。天問這事該列上文而卻放在此地者，大約爲了凑“成”和“傾”的韻脚。下又問：

> 化爲黄熊，巫何活焉？
> 咸播秬黍，莆藋是營，何由并投而鯀疾修盈？

化爲黄熊是鯀的故事。左氏昭七年傳：

> 鄭子産聘于晉。……韓宣子逆客，私焉，曰：“寡君寢疾，……夢黄熊入于寢門，其何厲鬼也?”對曰：“……昔堯殛鯀于羽山，其神化爲黄熊以入于羽淵，實爲夏郊，三代祀之。……”韓子祀夏郊，晉侯有間。

“黄熊”一作“黄能”。經典釋文云：

> “能”，如字；一音奴來反。亦作“熊”，音雄，獸名。能，三足鼈也。解者云：“獸非入水之物，故是鼈也。”一曰：“既爲神，何妨是獸。”案説文及字林皆云：“能，熊屬，足似鹿。”然則能既熊屬，又爲鼈類，今本作“能”者勝也。東海人祭禹廟，不用熊白及鼈爲膳，斯豈鯀化爲二物乎？（卷十九）

照這裏所説，這“熊”字可作三種讀法：（1）熊；（2）熊屬的能；（3）三足鼈的能（奴來反），前二種是陸棲，後一種是水棲。看“入于羽淵”的話，似乎後一説對。天問説“巫何活焉”，見得鯀死後給群巫救活，好像崑崙門外的窫窳一樣。下句説鯀疾，因爲這故事没有傳下來，所以没法講，只知道“莆藋”即是“萑苻”，是澤中的草。此事就文字看，似乎鯀當病時，把秬黍和莆藋一併吃了，使得他的病延長了下來。劉永濟説：

> 蓋嘆堯欲遍種秬黍，乃惑於莆藋，何以屏棄鯀於遐方，致其功用不成，而反惡名長滿，蓋亦深惜之之詞也。"秬黍"，"莆藋"，皆喻言，非實事。（王逸楚辭章句識誤）

這也是可能的解釋。劉氏説屈原對於鯀的婞直亡身最表同情，引以與自己的遭讒遠放同樣感慨，所以有這一説。

於是問到了崑崙的本身。文云：

> 崑崙、縣圃，其尻安在？
> 增城九重，其高幾里？
> 四方之門，其誰從焉？
> 西北闢啟，何氣通焉？

這些發問和淮南地形文字是契合的。我們只須根據地形而回答，説：縣圃在閶闔之中，增城高萬一千里。至於"四方之門"，不知是指崑崙的四方呢，還是天下的四方？若是崑崙的四方，則地形説：

> 旁有四百四十門，門間四里；門九純，純丈五尺。

若是天下的四方，則地形説是：

> 八極：自東北方曰"方土之山"，曰"蒼門"；東方曰"東極之山"，曰"開明之門"；東南方曰"波母之山"，曰"陽門"；南方曰"南極之山"，曰"暑門"；西南方曰"編駒之山"，曰

“白門”；西方曰“西極之山”，曰“閶闔之門”；西北方曰“不周之山”，曰“幽都之門”；北方曰“北極之山”，曰“寒門”。凡八極之雲，是雨天下；八門之風，是節寒暑。

這八門之風，地形也説：

東北曰“炎風”。東方曰“條風”。東南曰“景風”。南方曰“巨風”。西南曰“涼風”。西方曰“飂風”。西北曰“麗風”。北方曰“寒風”。

然而在崑崙裏卻只説了：

北門，開以內“不周之風”。

似乎八門八風可就遠近而分成兩套。可是在八極裏，“西北方曰不周之山”，在崑崙裏也是“北方開以內不周之風”，又似乎只是一事，這可以看出他們思想中的迷離惝恍的狀態。然而天問所問的西北所通之氣必爲“不周之風”無疑。下面又説：

日安不到？燭龍何照？
羲和之未揚，若華何光？

“燭龍”見大荒北經，它是“燭九陰”的。郭注引詩緯含神霧云：

天不足西北，無有陰陽消息，故有龍銜精以往，照天門中。

這可見日所不到的地方是西北隅。“若木”亦見大荒北經，云：

　　　　大荒之中，有衡石山、九陰山。灰野之山，上有赤樹，
青葉赤華，名曰"若木"。

淮南地形又加以補充，説：

　　　　"若木"在建木西，末有十日，其華照下地。

我們把天問的話看若木，知道在太陽未出時，是由若木的花所發
出來的赤光照着下地。它的花何以會有赤光？乃因處於西極，爲
落日所止，那裏既掛了十個太陽，所以樹也照赤了，花也照赤
了。這和燭龍的光同樣可做太陽的輔助。若木附近有"九陰山"，
也和燭龍的"燭九陰"有關。又問：

　　　　黑水、玄趾、三危安在？
　　　　延年不死，壽何所止？

"玄趾"是"交趾"的誤文。交趾即交脛，見海外南經。其西不死
民，經謂"壽不死"。海外西經又有軒轅國，"不壽者八百歲"。不
知作者問的是哪一處？黑水的發源地離三危不遠，據禹貢説，它
流入于南海，則是離交趾也不遠，三個地方一起問，就爲着這個
緣故。
　　天問此下大抵順了夏、商、周的歷史故事設問，其提及羿的
有下列諸句：

　　　　羿焉彃日？烏焉解羽？……
　　　　帝降夷羿革孽夏民，胡躲夫河伯而妻彼雒嬪？
　　　　馮珧利決，封狶是躲，何獻蒸肉之膏而后帝不若？
　　　　浞娶純狐，眩妻爰謀，何羿之躲革而交吞揆之？

阻窮西征，巖何越焉？……

安得夫良藥，不能固臧？

羿的“彈日”和“射封豨”，俱見淮南本經。傳説日中有烏，淮南精神説：

日中有踆烏而月中有蟾蜍。

高注：

“踆”，猶“蹲”也，謂三足烏。

春秋緯元命苞也説：

陽數起於一，成於三，故日中有三足烏。（文選蜀都賦注引）

他射下九個太陽，即是殺死九頭烏，故問這些烏跌斃在哪裏。羿以天神的身份爲天下除害，故這裏説他“革孽夏民”，“夏”通“下”，即是爲下民革掉憂患。“射河伯”等事已見本章上文。“獻蒸肉膏”事不見他書，從這段文字看來，可以知道他後來失歡於上帝，所以雖獻蒸肉之膏而上帝仍不樂意他。浞殺羿見左氏襄四年傳：

后羿……因夏民以代夏政，恃其射也，不修民事而淫于原獸。……寒浞，伯明氏之讒子弟也，……夷羿收之，信而使之，以爲己相。浞行媚于内而施賂于外，……外内咸服。羿猶不悛，將歸自田，家衆殺而亨（烹）之。

這裏說"浞娶純狐，眩妻爰謀"，可見奪國的事是他們夫妻的合謀。"交吞揆之"，洪氏補注說：

> 羿之射藝如此，唯不恤國事，故其衆交合而吞滅之，且揆度其必可取也。

"阻窮西征"，"阻"讀爲"徂"，往也。他到西方去，先到他的窮邑。看下文"安得良藥不能固臧（藏）"，知即淮南覽冥所謂"羿請不死之藥於西王母，姮娥竊以奔月"的事，則"阻窮西征"當即到西王母處請藥。"巖何越焉"，即海内西經所謂"崑崙之虛……非仁羿莫能上岡之巖"，言羿越崑崙之巖以至西王母處。（本段參考童書業天問阻窮西征解，古史辨第七册下編）

天問中和崑崙有關的話大略如此。在這些話裏，可知山海經所記的崑崙的神話傳說實在不够，須用天問作補充的正多。可惜天問的文辭太簡，我們對於這些字句還不容易讀懂咧！

一部楚辭，以離騷、九歌、天問三篇爲最早；九歌和天問未必出於屈原，或尚在離騷之前。在這三篇裏，我們可以看出：崑崙傳說是早傳到楚國了，楚國人的構思和作文已很自然地使用這傳說了。可是處於燕、齊間的方仙道卻還沒有傳去，所以這裏沒有一點兒仙人和蓬萊的成分存在。這是很重要的一點，使我們知道蓬萊傳說的發生遠在崑崙傳說之後。

但屈原以後，這個分野就沒有延長下去。從楚頃襄王二十一年（前二七八），秦白起拔郢，楚遷於陳之後，到考烈王二十二年（前二四一）又徙壽春，從此楚辭成爲東方的正宗文學，當然接受了東方的神仙思想。試舉遠游爲例。它說：

> 風伯爲余先驅兮，氛埃辟而清涼，
> 鳳凰翼其承旂兮，遇蓐收乎西皇，

好像也同屈原一樣，上了崑崙。可是又説：

> 春秋忽其不淹兮，奚久留此故居！
> 軒轅不可攀援兮，吾將從王喬而娛戲。
> 餐六氣而飲沆瀣兮，漱正陽而含朝霞，
> 保神明之清澄兮，精氣入而粗穢除，
> 順凱風以從游兮，至南巢而壹息，
> 見王子而宿之兮，審壹氣之和德。

軒轅是西方的神人，王喬是東方的仙人，這位作者因爲攀不到軒轅就想同王喬娛戲了。在崑崙區裏希望不死，是要"食玉膏、飲神泉"的，可是在蓬萊區裏卻變作了"餐六氣、飲沆瀣、漱正陽、含朝霞"了。這是一個極大的轉變！什麽叫做"六氣"？王逸注引陵陽子明經道：

> 春食朝霞，朝霞者日始欲出赤黃氣也。秋食淪陰，淪陰者日没以後赤黃氣也。冬飲沆瀣，沆瀣者北方夜半氣也。夏食正陽，正陽者南方日中氣也。并天地玄黃之氣，是爲六氣也。（文句依楚辭補注所録）

這是把季候、朝晚和呼吸的空氣作一個嚴密的分配。要能常呼吸這六種氣，就可修到仙人的境界。莊子刻意也説：

> 吹呴呼吸，吐故納新，熊經鳥伸，爲壽而已矣，此道引之士、養形之人，彭祖壽考者之所好也。

他們要對着太陽光和雲霞（淪陰）行深呼吸，又飲露水或水氣（沆瀣）來"吐故納新"，同時還做柔軟體操，像熊的攀樹引氣（熊經）

和鳥的噸呻(鳥申)來幫助呼吸的運用，這就叫作"導引"，可以保持神明的清澄，可以延長人類的壽命。莊子大宗師説：

> 真人之息以踵；衆人之息以喉。

真人是得道的人，他們的呼吸是從腳跟上起的，可見其用力的深澈。又逍遥游説：

> 藐菇射之山有神人居焉，肌膚若冰雪，淖約若處子，不食五穀，吸風飲露，乘雲氣，御飛龍游乎四海之外。

這位神人所以能永遠保持着美少年的丰度，就因爲他"不食五穀"和"吸風飲露"。不食五穀是除穢穢；吸風飲露是入精氣。這和崑崙山上還種着高大的"木禾"，意義恰好相反。遠游作者心目中的標準人物是王喬，又稱爲王子，他大概是春秋時周靈王的太子名爲晉的。這人早慧而不壽，有仙去的傳説。逸周書裏有一篇太子晉，説：

> 晉平公使叔譽于周，見太子晉而與之言，五稱而三窮。……歸告公曰："太子晉行年十五而臣弗能與言，請歸聲、就，復與田。……"平公將歸之，師曠不可，曰："請使瞑臣往與之言！……"師曠見太子。……王子曰："……吾聞汝知人年之長短，告吾！"師曠對曰："汝聲清汗，汝色赤白；火色不壽。"王子曰："然，吾後三年將上賓于帝所。汝慎無言，殃將及汝！"師曠歸，未及三年，告死者至。

他只活了十七歲，而早知自己的死期，可見其具有神性。又因他的地位優越，所以被民衆捧作了仙人。列仙傳説：

　　王子喬者，周靈王太子晉也，吹笙，作鳳凰鳴。道士浮
丘公接以上嵩山。後喬于山見桓良曰：“告我家，七月七日
待我于緱山頭！”果乘白鶴駐山頂，望之不到，舉手謝時人，
數日而去。

這直是肉身成仙，白日飛昇。比較上文，逸周書説他死去，豈不
是唐突了他。然則遠游是誰作的呢？按文中説：

　　奇傅説之托辰星兮，羨韓衆之得一。

我們看史紀秦始皇本紀：

　　三十二年，始皇之碣石，使燕人盧生求羨門、高
誓，……使韓終、侯公、石生求仙人不死之藥。……
　　三十五年……侯生、盧生相與謀曰：始皇爲人天性剛戾
自用，……未可爲求仙藥！”於是乃亡去。始皇聞亡，乃大怒
曰：“吾……召文學方術士甚衆，……方士欲練以求奇藥。
今聞韓衆去不報；徐市等費以巨萬計，終不得藥。……盧生
等吾尊賜之甚厚，今乃誹謗我！……”於是使御史悉案問諸
生，……除犯禁者四百六十餘人，皆阬之咸陽。

上文三十二年稱“韓終”，三十五年稱“韓衆”，知道即是一名，因
同音而異寫。他是秦始皇時的方士，騙了始皇的錢，一去不還，
後人就説他仙去了，結果卻成了坑儒的原因之一。遠游裏羨慕韓
衆，分明作者已是秦以後人。又文中説：

　　朝發軔於太儀兮，夕始臨乎於微閭。

"太儀"是天帝之庭，"於微閭"即醫無閭山，在今遼寧省的阜新、北鎮兩縣間。照這句話看來，恐怕還是出於燕國人的手筆呢。

從此楚辭家抒寫情懷，總把崑崙、蓬萊兩區的文化合併在腕下。例如莊忌的哀時命：

> 願至崑崙之懸圃兮，采鍾山之玉英，
> 擥瑤木之橝枝兮，望閬風之板桐。
> 弱水汩其爲難兮，路中斷而不通。

這是崑崙區的景物。下文云：

> 下垂釣於谿谷兮，上要求於仙者，
> 與赤松而結友兮，比工僑而爲耦。
> ……
> 浮雲霧而入冥兮，騎白鹿而容與。（王逸本楚辭卷十四）

這卻是蓬萊區的生活了。在那時替蓬萊區宣傳的方士人數多，說話巧，討人家的喜歡，而宣傳崑崙區的巫師就漸漸地落了伍。喜新厭舊，人之常情，這有什麼辦法！試看司馬相如的大人賦：

> 西望崑崙之軋沕洸忽兮，直徑馳乎三危，
> 排閶闔而入帝宮兮，載美女而與之歸。
> 舒閬風而搖集兮，亢烏騰而一止，
> 低回陰山翔以紆曲兮，吾乃今目睹西王母，
> 曤然白首載（戴）勝而穴處兮，亦幸有三足烏爲之使。
> 必長生若此而不死兮，雖濟萬世不足以喜！
> 回車朅來兮絕道不周，會食幽都。
> 呼吸沆瀣，餐朝霞兮，噍咀芝英兮嘰瓊華。（史記司馬

相如列傳）

他到崑崙的帝宫裏所要取得的只是玉女，供他這位色情狂的玩弄。當他看見了西王母的曬然白首和穴處就起了反感，笑她既無伴侶，又不美好，僅有三足烏供驅使也不舒服，心想：這樣的長生算做什麽，不是成了"老厭物"嗎！於是他東歸之後，只是呼吸沆瀣而餐朝霞，走蓬萊區裏的路綫了。（西王母所使的本是三青鳥，這裏説了太陽裏的三足烏，是相如記錯了。）

在這樣的情形下，崑崙的失勢是命定的。那些巧妙的方士索性把黄帝和西王母也請來作了仙人，在蓬萊區裏安置了他們的宫殿，崑崙區就更寂寞了。這是後話，暫且不提。

五　穆天子傳和竹書紀年中的崑崙 *

在我國歷史上，第一次古文籍的大發現是晉太康二年（公元二八一）在汲縣魏襄王冢發得的數十車竹簡。經那時一班學者整理的結果，選取了比較完整的，寫定爲七十五篇。可惜這些東西受了歷代戰亂的摧殘，逐漸亡佚了。到現在，完全留存的只有一部穆天子傳，想來是它講的故事太有趣味，當作文學的資料看，因而没有散失。再有一部竹書紀年，虧得晉、唐間多被人引據，所以雖然亡掉，近人還可以輯録起來，讓我們看一個大概。

周穆王的喜歡旅行，是戰國人所常提起的。例如左傳昭十二年：

---

* 原載文史哲第一卷第二期，1951 年 7 月 1 日，題穆天子傳及其著作時代。

　　　昔穆王欲肆其心，周行天下，將皆必有車轍馬跡焉。祭
公謀父作祈招之詩以止王心，王是以獲没於祇宫。

這位君主何等勇氣，要使天下的道路都印上他的車轍和馬跡！他
的好奇心使他不滿足於王畿的游觀而要擴張到很遠的地方。又楚
辭天問也説：

　　　穆王巧挴，夫何爲周流？環理天下，夫何索求？

方言："挴，貪也。"這是説他爲了貪求寶物，所以要周游尋索，
這是他的佔有慾發達的表現，和左傳説的意義有些不同。
　　司馬遷作周本紀，在穆王這一代只有根據國語，記上他將征
犬戎，祭公謀父進諫不聽，結果"得四白狼、四白鹿以歸，自是
荒服者不至"，再没有提到他遠游的故事。可是他在秦本紀裏
卻説：

　　　造父以善御幸於周繆王，得驥、温（盜）驪、驊騮、金耳
之駟，西巡狩，樂而忘歸。徐偃王作亂，造父爲繆王御，長
驅歸周，一日千里，以救亂。

又趙世家裏也説：

　　　趙氏之先與秦共祖。……造父取驥之乘匹與桃林盜驪、
驊騮、金耳，獻之繆王。繆王使造父御，西巡狩，見西王
母，樂之，忘歸。而徐偃王反；繆王日馳千里馬，攻徐偃
王，大破之。

這兩段話大致相同，只是趙世家裏多出了"見西王母"一語，更可

見其行踪之遠。他乘了許多駿馬，一日馳千里，作西方的大巡狩，是何等的痛快。穆天子傳這部書不著録於漢書藝文志，司馬遷未必能見，而這兩篇裏竟有上列的紀載，猜想起來，或是他從秦史裏找到，或當時有如此的傳説（例如現在民間傳説的“正德皇帝下江南”）而他聽到的。他所以不寫在周本紀裏，是表示他不信其爲確然的事實；他所以還寫在秦本紀和趙世家裏，則是表示他猶信其爲或然的事實。

　　穆天子傳這部書埋在墳墓裏近六百年，竹簡易爛，所以晉人寫録下來時已頗有殘缺；他們把古文寫爲今文，再經傳鈔傳刻，當然又有些錯字。我現在只把書中最重要的和最明白的地方鈔出，讓讀者認識一个大概。

　　書裏説穆王作一次西北方的大旅行，他的旅行目標似乎有兩個：一是看崑崙山的寶玉，一是訪問西王母這位女王。他的出發點是洛陽，書上所謂“宗周”；但晉朝人的本子已經脱去了首頁，只從現今山西省的東部説起。書上説：

　　　　戊寅，天子北征，乃絶漳水。庚辰……至于鈃山之下。癸未，雨雪，天子獵于鈃山之西阿，于是得絶鈃山之隊，北循虖沱之陽。

漳水和虖沱都是發源山西而流向河北的。鈃山，北堂書鈔引作“陘山”。案爾雅釋山：“山絶，陘。”這是説：凡山形連緜，中忽斷絶的，叫做陘。這陘便是天然的道路。太行山自南至北有八個陘：第五個陘名井陘，在今河北獲鹿縣；第六個名飛狐陘，在今察哈爾蔚縣；蔚縣西南又有平型關，“型”亦即“鈃”的異體。這裏所謂鈃山，在虖沱之南，自即井陘。“隊”即“隧”，爲谷中險隘的道路。此後：

天子北伐犬戎，犬戎胡觴天子于當（雷）水之陽。……甲子，天子西征，乃絕隃之關陘。

國語説：“穆王將征犬戎。”征是征伐，這裏説的“北征犬戎”，乃是征行的意義，否則犬戎決不會立即杯酒聯歡的。“犬戎胡”各本均作“犬戎□胡”，似“胡”上有闕文；但看穆王回程時，“至于雷首，犬戎胡觴天子于雷水之阿”，可知胡爲犬戎君名，並無脱字。隃，爾雅釋地：“北陵，西隃雁門是也”，知即今雁門關。下面就到了河套：

辛丑，天子西征，至于郐人。河宗之子孫郐柏（伯）絮且逆天子，……先豹皮十，良馬二六。……甲辰，天子獵于滲澤，於是得白狐玄狢焉以祭於河宗。戊寅，天子西征，鶩行至于陽紆之山，河伯無夷之所都居，是惟河宗氏。河宗伯夭逆天子燕然之山。……吉日戊午，天子大服冕褘、帗帶、搢曶、夾佩，奉璧，南面立于寒下。……天子授河宗璧。河宗伯夭受璧西向，沈璧于河，再拜稽首。祝沈牛、馬、豕、羊。河宗曰：“命于皇天子！”河伯號之：“帝曰：‘穆滿，女當永致用岂（官）事！’”南向再拜。河宗又號之：“帝曰：‘穆滿，示女春山之瑤（寶），……乃至于崑崙之丘以觀春山之瑤！賜語晦！’”天子受命，南向再拜。

以上記穆王到河宗國祭河宗的事。海内北經説：“從極之淵深三百仞，維冰夷恒都焉”，莊子大宗師説：“馮夷得之以游大川”，淮南齊俗説：“馮夷得道以潛大川”，冰讀 pjiəŋ，馮讀 bjiəŋ，故可通用；這裏作“無夷”，無讀 mjiu、發音部位亦在雙脣，和冰與馮是陰陽對轉。郐是河宗氏分封之國，穆王先到郐，次到河宗本國。河宗的先祖是馮夷，今君是伯夭。河伯都于陽紆之山，海内

北經説："陽汗之山，河出其中"，就"絶隃關隥"以至河宗的道路
看來，似乎即是現在的大青山。穆王到了那裏，揀了一个吉日，
行祭河宗的禮。因爲河宗的都城在黄河北面，所以他"南向再
拜"。在把璧和牲畜沉入河水之後，上帝（皇天子、帝）降臨了，
河伯大聲傳下天語，直呼穆王的名，教他從今不要忘記祭享的
事，教他到崑崙春山去看寶貝，又説上帝的賜語不可洩漏。這事
大可見出河宗國的神權。下文説：

> 己未，天子大朝于黄之山，乃披圖視典，用觀天子之琚
> 器。曰："天子之琚，玉果、璿珠、燭銀、黄金之膏。天子
> 之琚萬金。……天子之馬走千里，勝人猛獸。天子之狗走百
> 里，執虎豹。……烏鳶、鶤雞飛八百里。……狻猊、野馬走
> 五百里。……"伯夭皆致河典，乃乘渠黄之乘爲天子先，以
> 極西土。

在到崑崙之前須作個預備，就是先把河圖和河典請穆王看一遍；
河圖是圖，河典是説明書。在這兩部書裏，可以看到有像果子一
般的美玉，有光輝如燭的銀子，還有明珠金膏等好東西，還有許
多特別而且有用的禽獸。瀏覽既訖，伯夭就乘了駿馬渠黄作穆王
的嚮導了。下文説：

> 乙丑，天子西濟于河□，爰有温谷、樂都，河宗氏之所
> 游居。丙寅，天子屬官效器，……用伸□八駿之乘以飲于枝
> 洔之中，積石之南河。天子之駿：赤驥、盗驪、白義、踰
> 輪、山子、渠黄、華騮、綠耳；狗：重工、徹止、雚猳、□
> 黄、南□、來白。天子之御：造父、三百、耿翛、芍及。

"西濟于河"之下脱一字，丁謙疑爲"原"字，然而那裏還不是河

源，恐怕是脫了一句別的話。他們從河宗國走了兩天即到積石，足見積石即在河套，又在崑崙之東，和山海經西山經說在崑崙西的不同。穆王在那裏會集了官司（屬官）簡閱所得的器物（效器），名馬有八，名狗有六，御車的好手有四，這次的長征和畋獵是一定順利的了。此下看後面所記里數，當經西夏、珠余氏、河首、寰山等地，可惜這記載在出土時業已散失。於是：

　　戊午……遂宿于崑崙之阿，赤水之陽。……吉日辛酉，天子升于崑崙之丘以觀黃帝之宮而封豐隆之葬以詔後世。癸亥，天子具蠲齊牲全以禋于崑崙之丘。甲子，天子北征，舍于珠澤。……季夏丁卯，天子北升于舂山之上以望四野，曰：「舂山，是唯天下之高山也。」……舂山之澤，清水出泉，溫和無風，飛鳥百獸之所飲食，先王所謂縣圃。天子於是得玉榮枝斯之英。曰：「舂山，百獸之所聚，飛鳥之所棲也。」爰有□獸，食虎豹如麋。……爰有赤豹、白虎、熊羆、豺狼、野馬、野牛、山羊、野豕。爰有白鳥、青鵰，執犬羊，食豕鹿。天子五日觀于舂山之上，乃爲銘跡於縣圃之上以詔後世。

這一段說的是崑崙和舂山之游，離開到積石南河時已經五十多天了。他們從東邊來，先到赤水之北，再上崑崙丘。西山經說赤水出崑崙而東南流，與此正合。其後北行，走了四天，到舂山，即縣圃所在。從淮南子看來，縣圃是崑崙的第二層，而此書則在舂山而不在崑崙，這是特異的一點。西山經說：「黃帝乃取峚山之玉榮而投之鍾山之陽。」此書說穆王在舂山上得着玉榮，「鍾」和「舂」音亦相近，似乎舂山即是鍾山；但西山經的鍾山在崑崙東九百里，和此書說的北行又不同。穆王到崑崙見了黃帝的宮和豐隆的墓，到舂山又見了許多奇禽異獸，並沒有像山海經上說的衆帝

眾神，這個區域實在算不得神祕。離騷："吾令豐隆乘雲兮求宓
妃之所在"，讀了穆傳，方知豐隆本是崑崙上的人物。於是他又
西去：

　　壬申，天子西征。甲戌，至于赤烏（赤烏）之人丌獻酒千
斛于天子。……天子……曰："赤烏氏先出自周宗。太王亶
父之始作西土，封其元子吳太伯于東吳，詔以金刃之刑，賄
用周室之璧；封其璧臣長季綽于舂山之虱（疑當作原），妻以
元女，詔以玉石之刑，以爲周室主。"天子乃賜赤烏之人……
墨乘四，黃金四十鎰，貝帶五十，朱三百裹。丌乃膜拜而
受，曰："□山，是唯天下之良山也，寶玉之所在，嘉穀生
之，草木碩美。"天子於是取嘉禾以歸，樹于中國。……己
卯，天子北征。……庚辰，濟于洋水。……壬午，天子北征
東還。甲申，至于黑水，西膜所謂"鴻鷺"。……辛卯，天子
北征東遷，乃循黑水。癸巳，至于群玉之山，容成氏之所
守。……天子於是取玉三乘，玉器服物，於是載玉萬隻。……
孟秋丁酉，天子北征，□之人潛時觴天子于羽陵之上，乃獻
良馬牛羊，天子以其邦之攻玉石也，不受其牢。戊戌，天子
西征。辛丑，至于剞閭氏，天子乃命剞閭氏供食六師之人于
鐵山之下。壬寅，天子登于鐵山，……已祭而行，乃遂西
征。丙午，至于鄪韓氏，爰有樂野溫和，稑麥之所草，犬馬
牛羊之所昌，寶玉之所□。丁未，天子大朝于平衍之中。……
庚戌，天子西征，至于玄池。天子三日休于玄池之上，乃奏
廣樂，三日而終，是曰樂池。

這是離開舂山以後到達西王母邦以前的一段行程，這條路程綫全
向西北走，中間經過的國家是赤烏氏、容成氏、剞閭氏、鄪韓
氏，經過的大水是洋水、黑水。西山經上的四條大川，到這時全

經過了。赤烏氏之先季綽是周太王所封，他是太王的璧臣長，又是太王的女婿，穆王在那裏取得了嘉禾種。容成氏境內有群玉之山，穆王在那裏取得了一萬塊玉石，裝滿三輛車。這證實了天問所謂"巧挴"和"索求"，穆王的佔有慾果然是這般高的！剖闔氏境內有鐵山。鄄韓氏境內有大平原，動植鑛物一概多，又有大套的音樂，可見這是一個殷富康樂的國家。西膜，當是種族之名。華和戎語言不同，中國叫做黑水，西膜叫做鴻鷺，本書作者把音譯和義譯的名詞都寫出了。這一段路程，穆傳作者說是三千里，崑崙山和西王母當然分家了！

> 癸亥，至于西王母之邦。吉日甲子，天子賓于西王母，乃執白圭玄璧以見西王母，好獻錦組百純。……乙丑，天子觴西王母于瑶池之上。西王母爲天子謠曰："白雲在天，山陵自出。道里悠遠，山川間之。將子無死，尚能復來！"天子答之曰："予歸東土，和治諸夏，萬民平均，吾顧見汝。比及三年，將復而野！"……天子遂驅，升于弇山，乃紀丌（其）跡于弇山之石而樹之槐，眉曰"西王母之山"。

這西王母太華化了，竟能同穆王唱和，所作的四言詩大有詩經的氣息，比了西山經裏說的"西王母其狀如人，豹尾虎齒而善嘯"，差的太遠了！弇山，郭璞注："弇茲山，日入所也"，是西土的盡頭處了。又西山經裏說西王母住的是玉山，這裏說是弇山，又不曾說其土產玉，這是不同之處。再從這裏看，"瑶池"在西王母境內，而禹本紀（史記大宛傳贊引）說在崑崙山上，也算是不同的一點。

> 丁未，天子飲于溫山。……己酉，天子飲于滸水之上。……爰有陵衍平陸，碩鳥解羽。六師之人畢至于曠原，

天子三月舍於曠原。……六師之人翔畋于曠原，得獲無疆，鳥獸絶群。六師之人大畋九日……收皮效物，債車受載。天子於是載羽百車。

這是在極西處的一回大狩獵。在三個月的休息和九天的大包圍之下，打盡了那邊的鳥獸，以致借了車輛來裝載，又作一次巧掠的索求。自此以後，穆王志滿意足地回國了。史記所説的徐偃王作亂，趕回來討伐，在這部書裏毫無踪影。

　　己亥，天子東歸。……癸未，至于……智氏之所處。……乙酉，天子南征東還。己丑，至于獻水，乃遂東征。……己亥，至于瓜纑之山，三周若城，闕氏胡氏之所保。天子乃遂東征，南絶沙衍。辛丑，天子渴于沙衍，求飲未至。七萃之士高奔戎刺其左驂之頸，取其青血以飲天子。……天子乃遂南征。甲辰，至于積山……壽余之人命懷獻酒于天子。……庚辰，至于滔水，濁繇氏之所食。……癸未，至于蘇谷，骨飦氏之所衣被。……丙戌，至于長淡，重氒氏之西疆。庚寅，至于重氒氏黑水之阿。……丁酉，天子升于采石之山，於是取采石焉，天子使重氒氏之民鑄以成器于黑水之上。……乙丑，天子東征，……至于長沙之山。……柏夭曰：“重氒氏之先，三苗氏之□處。”……丙寅，天子東征南還。己巳，至于文山……於是取采石。……癸酉，天子命駕八駿之乘，……東南翔行，馳驅千里，至于巨蒐……癸丑，天子東征。柏夭送天子至于郲人。……戊午，天子東征，顧命柏夭歸于其邦。……孟冬壬戌，至于雷首，犬戎胡觴天子于雷水之阿。……癸亥，天子南征，升于髭之隥。丙寅，天子至于鈃山之隊。……癸酉……南征翔行，逕絶翟道，升于太行，南濟于河，馳驅千里，遂入于宗周。……

這是歸路的記載。他經過的國家是智氏、閼氏、胡氏、壽余、濁
繇氏、骨飦氏、重氐氏、巨蒐，另走了一條路綫。但重氐氏那邊
也有黑水，見得和赤烏氏是同一流域而南北分居的。在沙衍裏，
水竭了，穆王只得飲馬血解渴，這的確是沙漠旅行所可能遭遇的
事實。從柏夭的話裏知道重氐氏的地方原先是三苗住的。這國中
的長沙之山亦見西山經，在不周山東。這些國裏，玉是没有的，
卻有兩處有采石。西山經："騩山……多采石、黄金。"郭注："采
石，石有采色者，今雌黄，空青、木緑碧之屬。"這是天然的顏
料，而穆王令重氐氏之民鑄以成器，那就是燒料的琉璃了。自巨
蒐以下，回到老路，經過鄐和犬戎。回到鈃山，"逕絕翟道"，只
一天功夫，就從太行趕到了洛陽（宗周），這可以看出八駿的無比
的速率。

　　於是穆王把來去兩程的里數算一下：

　　　庚辰，天子大朝于宗周之廟，乃里西土之數，曰：自宗
　　周瀍水以西，至于河宗之邦，陽紆之山，三千有四百里。自
　　陽紆西至于西夏氏，二千有五百里。自西夏至于珠余氏及河
　　首，千有五百里。自河首襄山以西，南至于舂山、珠澤、崑
　　崙之丘，七百里。自舂山以西至于赤烏氏舂山，三百里。東
　　北還至于群玉之山，截舂山以北，自群玉之山以西至于西王
　　母之邦，三千里。自西王母之邦北至于曠原之野，飛鳥之所
　　解其羽，千有九百里。自宗周至于西北大曠原，萬四千里。
　　乃還，東南復至陽紆，七千里。遂歸于周，三千里。各行兼
　　數，三萬有五千里。

他去的時候走一萬四千里，回來時只走一萬里，大概去路多迴
旋，歸路則徑直的緣故。崑崙的東北有"河首"，這名見於後漢書
西羌傳，而也合於淮南子的"河水出東北隅"。那時從河套西南行

四千里，未到崑崙，已至河首，足見河源所在是本無問題的。到張騫以後放向遠處一猜，纔猜出問題來的。

這部古書固然多斷爛，傳鈔亦多誤訛，然而它記日子，記方向，記里數，扣得很緊，似乎竟可認爲一種科學性的著作。它究竟是什麼時候出現的？什麼地方著作的？著作這書的背景爲何？書裏所寫的是否都爲事實？這是我們所亟要研究的。現在且寫出我的意見。

我以爲穆王西巡的故事是秦、趙二國人所傳播的。秦、趙同祖，前已説到，這一族究竟從哪裏來的？試看他們自説。史記秦本紀道：

> 秦之先，帝顓頊之苗裔孫曰女修。女修織，玄鳥隕卵，女修吞之，生子大業。大業取少典之子曰女華。女華生大費，與禹平水土，……帝舜……乃妻之姚姓之玉女，大費拜受；佐舜調訓鳥獸，鳥獸多馴服；是爲柏翳，舜賜姓嬴氏。
>
> 大費生子二人：一曰大廉，實鳥俗氏；二曰若木，實費氏。其玄孫曰費昌，子孫或在中國，或在夷狄。費昌當夏桀之時，去夏歸商，爲湯御，以敗桀於鳴條。
>
> 大廉玄孫曰孟戲、中衍，鳥身人言；帝太戊聞而卜之使御，吉，遂使御而妻之。自太戊以下，中衍之後遂世有功，以佐殷國，故嬴姓多顯，遂爲諸侯。其玄孫曰中潏，在西戎，保西垂；生蜚廉。蜚廉生惡來。惡來有力，蜚廉善走，父子俱以材力事殷紂。周武王之伐紂，并殺惡來。……蜚廉復有子曰季勝。季勝生孟增。孟增幸於周成王，是爲宅皋狼。皋狼生衡父。衡父生造父。造父以善御幸於周繆王……繆王以趙城封造父，造父族由此爲趙氏。自蜚廉生季勝，已下五世至造父，別居趙，趙衰其後也。
>
> 惡來……有子曰女防。女防生旁皋。旁皋生太几。太几

生大駱。大駱生非子。以造父之寵，皆蒙趙城姓趙氏。非子
居犬丘，好馬及畜，善養息之。犬丘之人言之周孝王，孝王
召使主馬於汧渭之間，馬大蕃息。孝王欲以爲大駱適嗣。申
侯之女爲大駱妻，生子成爲適。申侯乃言孝王曰："昔我先
酈山之女爲戎胥軒妻，生中潏，以親故歸周，保西垂；西垂
以其故和睦。今我復與大駱妻，生適子成。申駱重婚，西戎
皆服，所以爲王，王其圖之！"於是孝王曰："昔柏翳爲舜主
畜，畜多息，故有土，賜姓嬴。今其後世亦爲朕息馬，朕其
分土爲附庸，邑之秦，使復續嬴氏祀，號曰秦嬴。"亦不廢申
侯之女子爲駱適者以和西戎。

照這樣說，秦爲非子之後，趙爲造父之後，而兩系同出於蜚
廉。試列表以明之：

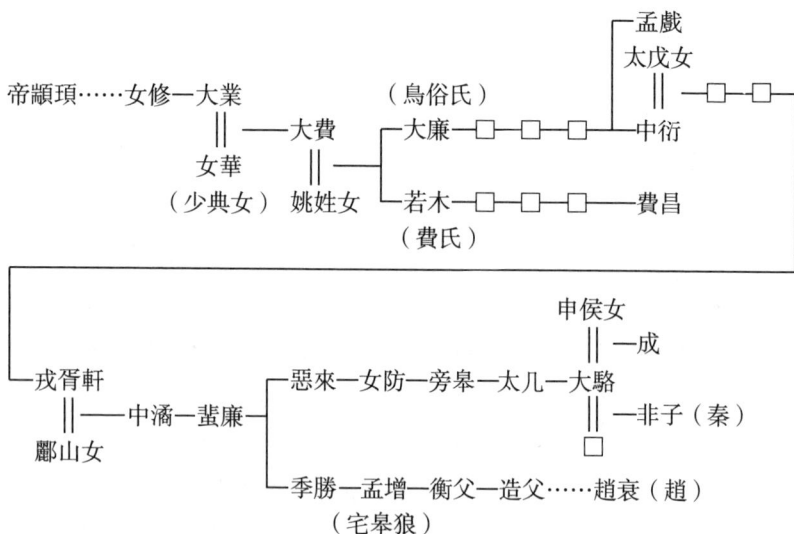

從這些材料看，可以提出兩點：

1. 秦、趙是戎族：這看費昌的子孫"或在夷狄"；中潏"在西
戎，保西垂"；其父名"戎胥軒"；申、駱重婚則"西戎皆服"；不

廢成爲駱適則可"和西戎"等話可知。造父居的趙城在今山西西南，霍山之西。孟增住的皋狼在今山西離石縣東北，近呂梁山。非子住的犬丘在今甘肅天水縣西南。這些地方本是羌戎的區域。近來有人説秦爲嬴姓，嬴姓如徐、江、葛、穀、黄都在江淮流域，因而説秦也是東方民族。然而東方民族可以西遷，西方民族又何嘗不能東遷？申、呂、齊、許諸國本居陝西西部而陸續移至河南、山東，就是西方民族東遷的一證。又後漢書西羌傳説周宣王"征申戎，破之"，知申侯亦戎，故其女爲大駱妻，生子成，就要請孝王不廢他嫡子的地位以和西戎；而後來幽王廢了申后，申侯便聯絡了犬戎寇周，把幽王殺了。國語鄭語説："申、繒西戎方强，王室騷。"從這些地方看來，申無疑是戎族而接近諸夏的。秦、趙之族當和他們是一類。

　　2. 秦、趙祖先以畜牧及御車著名：這看大業"佐舜調馴鳥獸"；費昌"歸商爲湯御"；中衍爲太戊御；造父爲周穆王御；非子"好馬及畜，善養息之"及爲周孝王主馬等事可見。這一族所以特別善養馬，善御馬，爲歷代王室所喜用，實在就因爲他們是戎族，有遺傳和環境兩方面的培育的緣故。例如現在中國最善於騎馬的是馬鬃山裏的哈薩克族，就因爲他們不曾接受華化，可以保存其馳驟曠野的能力，我們要養馬時就該邀請他們來幹了。秦、趙人既有御馬和養馬的能力，所以發生了八駿的傳説，而歸之於造父所御；造父是周穆王的御者，所以穆王就乘了八駿，大出風頭，長驅直入西王母之邦，又一日千里馳歸救亂了。這是穆王遠游的傳説的起因。

　　至於穆天子傳這部書的出現，我以爲在趙國。戰國初，趙氏雄主襄子一繼位，即向北開拓，吞併了代國，及三家分晉，趙氏所分到的又是北部之地，正是左昭四年傳所謂"冀之北土，馬之所生"。相傳有霍山的天使送給襄子一封天書，趙世家記其事道：

襄子齊三日，親自剖竹，有朱書曰："趙母邮！余，霍
泰山山陽侯天使也。……余將賜女林胡之地。至于後世，且
有亢王，亦黑龍面而鳥噣，鬢麋髭頹，大膺大胸，脩下而
馮，左衽界乘，奄有河宗，至于休溷諸貉，北滅黑姑。"

這個豫言後來竟實現在趙武靈王的身上。他胡服騎射，北略中
山，西略胡地至榆中（今内蒙古河套東北岸地），開闢了代、雁
門、雲中三郡。因爲他的疆域已到河套，所以這封天書裏説他
"奄有河宗"。這"河宗"一名，除了這裏和穆天子傳，它處從未見
過，這是最可注意的一點。

　　其後他傳位於王子何（惠文王），想自己帶兵更向西北發展。
趙世家道：

　　　武靈王自號爲主父。主父欲令子主治國，而身胡服將士
大夫西北略胡地，而欲從雲中九原直南襲秦，於是詐自爲使
者入秦。秦昭王不知，已而怪其狀甚偉，非人臣之度，使人
逐之，而主父馳已脱關矣。審問之，乃主父也，秦人大驚。
主父所以入秦者，欲自略地形，因觀秦王之爲人也。

這種來去飄忽的樣子很像駕了八駿馳驅天下的周穆王，而他主要
的工作是"西北略胡地"。趙世家又説：

　　　惠文王二年（公元前二九七），主父行新地，遂出代，西
遇樓煩王於西河而致其兵。三年，滅中山，遷其王於膚施。
起靈壽，北地方從，代道大通。還歸，行賞，大赦。

他喜歡"行新地"，所以從常山（靈壽）起，西北的道路大通，這條
幹路稱爲"代道"。如果没有兩子爭立的事起了内亂，逼他餓死在

沙丘宮，他一定可以像穆王一樣，走盡了西北的地方。

　　他不辭旅行的辛苦，不厭地域的荒寒，要行新地，略胡地，在這種號召之下，造父御穆王的故事更活躍了，更有向西北推進的必要了。在那時，無論是河圖和河典，或是山海圖和山海經，就起了更大的效用，大家要依據它來說話了。這輩宣傳的人們或者希望武靈王以穆王爲軌範而走到西北的盡頭，或者要把武靈王的工作理想化而託之於穆王，或者要使趙國人諒解武靈王的舉動而"託古改制"地表示穆王的前型，都未可知，反正在此種時代需要之下出了這部穆天子傳。所以，我敢決然說：穆天子傳的著作背景即是趙武靈王的西北略地。

　　再有很重要的兩點可以從穆傳本書上直接看出是後人假託的。第一，西周東都洛邑，西都鎬京，竹書紀年又說"穆王元年，築祇宮于南鄭"（穆傳郭注引）。這三處無論從哪一處出發到西北去，總當沿着渭水或涇水走。何以到了穆天子傳，他竟不經行陝西而偏走山西，會把他的旅行綫定在太行和鉶山？就說他去程爲要先到犬戎國，順着這綫方便，那麼回來時何以還走這條路？又旅行的終點在南鄭，即今陝西華縣，如由鳥鼠山東行，從甘肅還陝西，豈不省事，何以要這般遠兜遠轉，而從山西還陝西？依我看來，這無非因爲武靈王開闢了"代道"的緣故。這條代道從靈壽起，靈壽就在滹沱河的邊上，所以穆王要"北循滹沱之陽"了。這條代道就是穆傳裏的"翟道"。趙世家說："翟犬者，代之先也"，可見"代"和"翟"是通稱。這二字又雙聲，更容易通假。郭璞注穆傳"翟道"說"翟道在隴西"，這是把漢朝的狄道縣作解的。但穆傳裏的"逕絕翟道，升于太行"，是癸酉一天的事，如爲隴西的狄道，試問一天裏能從狄道到太行嗎？再說，他如到了狄道，即已近渭水源頭了，何以不在那裏翻過鳥鼠山，順了渭水東行而至南鄭？所以反覆推勘，郭注是絕對錯誤的。想來自從武靈王開闢了這條西北幹綫之後，在趙國人的心目中以爲要到西北，便非走此路不可，因而硬派穆王這般走去；至於陝西通西北的路綫原不在趙國人的計議中呵！

　　第二，西周時稱西都鎬京爲“宗周”，東都洛邑爲“成周”，有很明白的分別。詩經裏説：“赫赫宗周，褒姒威之”（小雅正月），又説：“宗周既滅，靡所止戾”（小雅雨無正，今本作“周宗”，兹據左昭十六年傳引），這是西都稱爲宗周的確據。春秋經説：“成周宣榭災”（宣十六），又説：“天王入於成周”（昭二十六），這是東都稱爲成周的確據。西都所以稱爲宗周，爲的那邊有周家的宗廟在；東都所以稱爲成周，爲的是作爲革命成功的紀念。自從犬戎滅了西周，周的宗廟遷到東都來了，成周也該稱宗周才是，可是爲它已經成了定名，没有改變。至於穆王之世，正是西周的全盛時代，周的宗廟好好地建在鎬京，爲什麽穆天子傳裏竟稱東都爲“宗周”？司馬遷作周本紀贊，説：“學者皆稱周伐紂，居洛邑。綜其實不然。武王營之，成王使召公卜居，居九鼎焉，而周復都豐鎬。至犬戎敗幽王，周乃東徙于洛邑。”這本是極普通的常識，然而漢朝的“學者”們已經弄不清楚了，説成王克商後即定都於洛邑的。看來穆天子傳的作者也是這樣的一位“學者”吧？

　　其他小地方的時代錯誤也多有。如“太王亶父”不是西周人的稱謂，太王和公亶父合爲一個人是戰國時的事。又如“黃金五十鎰”是戰國時的貨幣。“閼氏胡氏”恐怕不是兩個國名而是匈奴單于后的傳訛。

　　趙國本有造父御穆王的故事，經武靈王開雁門、雲中、九原的刺戟，加以山海經中崑崙丘和西王母的神奇的鼓吹，於是趙國的學者們把事實、想像、神話結合在一塊，替穆王做出一部排日的游記來。——這是我對於穆天子傳成書的時間和地點問題的結論。現在我再來審查裏邊的地理材料。

　　自從漳水直到河宗氏，都是趙國人直接的見聞，當然都有其實際性。河宗是武靈王勢力所及，他能從九原直南入秦，當然到過那邊；對於河宗及那邊的上帝的祭祀，他也許行過這些典禮。那邊都是畜牧的部落，見了趙王，獻上豹皮牛馬，自是本色；其藏有河圖及記載出產的典册，亦極可能；其神道設教，更無足異。自從到了"積石南河"，作者就開始採用山海經的名詞，加上自己的想像了。所謂"南河"，當爲自今内蒙臨河縣以下直到甘肅皋蘭縣，傍着賀蘭山南行的黄河。他把積石放在臨河附近，移的太近了。自此以後，山海經裏的大批名詞——崑崙丘、舂山（鍾山）、赤水、洋水、黑水、群玉山（玉山）、西王母、弇山（崦嵫山）、群鳥解羽（見海内西經及大荒北經）、長沙山——就一一出現在這裏。他必然以山海經爲底本，而硬性地規定了路程和日期，以致許多地方和山海經合不攏來。他作得和山海經不同的一點，就是他不取神話：黄帝之宫雖到了而黄帝的神靈則没有見，西王母不是一個可怕的屬神而是一個富於文學修養的婉孌女子。（西山經郭注引穆傳，西王母又爲天子吟，中有一語曰"我惟帝女"，是爲女性的確證。但此"女"字爲今本穆傳所脱。）他把一切現實化了，使得這一個神祕區域變成了很平常的鳥獸荒原，這無疑是戰國時代理性發達的結果。至於他説的特異的野獸飛禽以及沙漠裏口渴的苦痛，亦必確有所聞。趙國的政治勢力没有達到河套之西，那邊的真實情形雖不易知，然而只要有商旅往來，總可以傳到一點塞外風光。作者能注意搜羅這些，我們自該表示敬意。

這部書本來只作文人的詞藻用的。自從清末中西交通大開，一八九四年，法國拉克伯里（Terrien de la comperie）著了支那太古文化西元論（Western Origin of the Early Chinese Civiligation）引起了我國某些人的錯覺，錯誤地認爲不但中國文化是西來，即中國人種也是越葱嶺而來的，穆王西行是歸視其故土，一意憑着這本穆天子傳，考證他所到的地方，於是丁謙穆天子傳考證説西王母之邦是亞西里亞（Assyria），顧實穆天子西征今地考及西行講疏説在今波斯，拉着穆王走到張騫所不曾到的地方。劉師培穆天子傳補釋説崐崙丘即佛經上的須彌，又拉了穆王登喜馬拉耶山的絕頂而南望印度。其實本書作者自己説，從宗周（洛陽）到陽紆（河套）三千四百里，從陽紆到西北的終點才七千里，算起來至多只有到新疆哈密呢！

穆天子傳是趙國人作了流傳到魏國去的。竹書紀年則是魏國的史官所作，它是一部編年的通史。可是，要做通史便不得不講古史，而既講古史則只得接受許多神話傳説，所以其中好多處是可以和山海經、楚辭、穆天子傳溝通的。如今只選鈔其中和崐崙有關係的幾條：

> 穆王北征，行流沙千里，積羽千里。（大荒北經郭注）
> 十三年，西征，至丁青鳥之所憩。（藝文類聚九十一）
> 十七年，西征崐崙丘，見西王母。西王母止之曰：“有鳥䳿人。”（穆天子傳郭注）
> 穆王五十七年，西王母來見，賓于昭宮。（西次三經郭注、穆天子傳郭注）
> 穆王西征，還里天下，億有九萬里。（穆天子傳郭注，又開元占經四略同）。

這都是穆王事，顯見和穆傳又有不同。穆傳“各行兼數”才“三萬有五千里”，而紀年説“億有九萬里”，竟加上了五倍多。穆傳自崐崙丘至西王母之邦三千三百里，分明不在一處，而紀年説“西征崐崙丘，見西王母”，似乎西王母就住在崐崙。穆傳的西征只一次，而紀年卻有十三年、十七年兩次（一次但言“至于青鳥之所憩”，按海內北經“三青鳥爲西王母取食”，是見青鳥即見西王母），這或者是由穆王“比及三年，將復而野”的踐約吧？穆傳只穆王西征，紀年又有西王母東征，是穆王一生見西王母凡三次。

這種種異同，可以證明穆王西行的故事爲了秦、趙人的宣傳而傳播太廣了，所以會得生出許多參差的説法來。

　　崑崙是穆王游行故事的中心，也是古史裏的最神祕的地域。現在讀了這兩部書，對於崑崙問題的解決仍没有得着什麽益處。我們只能説：穆傳作者把河宗放在今包頭或五原；自從西向渡河之後到了積石，在他意想中，積石是河套西北角的一座山；從積石以下就是南河，他大概要穆王沿了賀蘭山南行；穆王走了五十餘天到了崑崙丘，崑崙分明在積石的西南，很像現在青海的巴顔喀喇山；從此以後往北往西，到了西王母之邦，這一條路似乎是順着祁連山走的，祁連山出玉，所以有群玉山。這是最平常的講法，爲一般好奇者所不樂於接受的。但我們須知，這個最平常的講法在作者的腦中還是一片模糊的印象。在他的印象中，有山海經和圖的書本知識，有商隊所目覩的事實和傳聞的神話；雖然這些知識也必有從很遠地方間接又間接地傳過來的，但在他的腦中已經不能想得這麽遠，因爲現在我們所覺得不遠的地方在他看來已經是極遥遠的了。

六　禹貢中的崑崙[*]

　　禹貢，是中國科學性的地理記載的第一部書，它把山海經淨化了。這兩部書相傳都是禹做的，然而實際上卻出現于兩個時代。山海經文字的寫定可以較遲，但它的傳説和圖畫必是很早的。左傳宣公三年：

---

[*] 原載歷史地理創刊號，1981 年 11 月。

昔夏之方有德也，遠方圖物，……百物而爲之備，使民知神姦。故民入川澤山林，不逢不若（依郭璞爾雅注引應作“禁禦不若”），螭魅罔兩莫能逢之，用能協于上下以承天休。

這種對於自然界的傷害的恐怖就是山海經出現的背景。這時間固不必在夏，但總是夠早的；其創作或傳播者則爲巫。至於禹貢，其時代必在戰國越滅吳（那以淮水爲北界的揚州即是越州，“揚”和“越”是雙聲，越占有淮水流域在滅吳後）和秦滅蜀（梁州入了中國的版圖）之後，其創作者爲地理學家。那時全中國都已開發，對於自然界的恐怖業已消除，而且水利工程十分發達，或引水溉田，或灌水作戰，或溝通數川以利交通，他們有了正確的科學智識，想具體地把各處的山川、土壤、田賦、物産、交通都寫出來。不過那時是“託古改制”的時代，什麼事情總喜歡推在古人身上，要使古人作今人的指導，所以他們想起傳説中的治水祖宗禹，名義上替他做成禹貢這篇書，實際上則是發表各專家們的學問。書裏説禹怎樣分畫土地，又怎樣治理山川，又怎樣規定人民的貢賦。除去禹的故事部分仍不免留些神話色彩（如“禹敷土”、“禹錫玄圭”）外，其餘可以説十分之九是實際收集來的地理智識。還留着十分之一，因爲道路遠，交通不便，不得親去，只得沿襲舊説，而舊説是實在靠不住的，所以他不自覺地留下了一些錯誤在這可寶貴的經典上了。

禹貢作者分天下爲九州，西北方因爲秦都於雍，稱爲雍州。這作者好像是雍州人（這一點和山經的作者相同），所以那邊的山川名和種族名記得比別的州多，這章的最後一句是：

織皮：崑崙、析支、渠搜，西戎即叙。

關於這一句，西漢以上的解釋我們找不到了。我們所能見到的最早的解釋是東漢馬融作的尚書注，他道：

> 昆侖在臨羌西。析支在河關西。（經典釋文卷三引）

這是根據漢書及某一書（這書即爲後來范曄作的後漢書西羌傳所採用）的，可是於渠搜無解釋。鄭玄的尚書注則説：

> 衣皮之民，居此昆侖、析支、渠搜三山之野者，皆西戎也。昆侖，謂別有昆侖之山，非河所出者也。（尚書正義卷六及史記夏本紀索隱引）

他以爲這是三個山名。但他爲什麼説"別有昆侖之山，非河所出者"？因爲到他的時代，崑崙早已移到塞外很遠的地方，不能包括在雍州裏了（詳後）。崑崙既不能在雍州而禹貢雍州明有崑崙，所以他説：雍州裏的崑崙是西戎所居，此外還有一個崑崙則是河水所出。到三國，王肅作注，除沿襲馬融注外，還説了一句：

> 西戎，西域也。（尚書正義卷六引）

我們知道，漢以玉門陽關以西爲"西域"，他這樣説，是有意把雍州的西界推到蔥嶺去。換一句話説，因爲崑崙山已移到西域，所以西戎也跟着移去，雍州也跟着放寬了。王肅自身，或同時的人，或稍後的人（這是一個尚未徹底解決的問題），替西漢的孔安國作了一部古文尚書孔氏傳，説：

> 織皮毛布。有此四國在荒服之外，流沙之內，羌髳之屬皆就次叙，美禹之功及戎狄也。

鄭玄釋爲“三山”，他卻注爲“四國”，爲什麼？唐孔穎達尚書正義
爲他解釋道：

> 言織皮毛布有此四國：崑崙也，析支也，渠也，搜也，
> 四國皆是戎狄也。……或亦以“渠搜”爲一，通“西戎”爲
> 四也。

織皮，是用皮毛織成的布，現在西藏的氆氌即是。這幾個國家都
以織皮爲衣，見得和中原的文化不同。僞孔釋的四國，正義解爲
有兩個可能：一是把“渠搜”分爲兩國，一是把“西戎”加進去。究
竟哪一説對？由我們看來，這都不可通。“西戎”是戎的通稱，如
何可爲一國所獨有，這是很明白的事。“渠搜”，見大戴禮記五帝
德，云：

> 帝舜……南撫交趾、大教，〔西〕鮮支、渠庾、氐、羌，
> 北山戎、發、息慎，東長〔夷〕、鳥夷、羽民。

這是説舜德及於四方夷人，故以“撫”字總括下文。“鮮支、渠
庾”，史記五帝本紀引作“析支、渠廋”，“廋”“搜”同音通假。逸
周書王會作“渠叟”，穆天子傳作“巨蒐”，也並是同音通假。“渠
搜”二字，古籍中凡有所見，總是連文，沒有單稱過“渠”或“搜”
的，實在見不出該分爲兩國。所以僞孔傳四國的説法是講不
通的。
　　再問馬融爲什麼只釋昆侖、析支所在而不釋渠搜？這有一個
緣故在。漢的朔方郡裏有一個渠搜縣，朔方郡爲今内蒙古河套
地，渠搜縣爲今杭錦旗地，居於正北，如果依據漢志而説“渠搜
在朔方”，分明與下文“西戎即叙”相妨，所以他不提。其實朔方
爲漢武所立郡，他是最提倡經學的，對於新立的郡縣最高興用古

典名詞，例如“朔方”即出於詩經小雅出車的“城彼朔方”。可是玁狁所侵的是方，詩中説“侵鎬及方”，可見方與鎬極近。鎬是鎬京，方在鎬京的北面，所以稱爲朔方。這朔方之地原離周都不遠，必不在今河套；給武帝這樣一用，就使後人陷于迷惘中了。“渠搜”一名也不過他從尚書裏鈔去而已，那地並没有實際的渠搜國存在。渠搜何在？苦無實證。拿穆天子傳看，穆王東還，先到巨蒐，又走三十七天方到河套裏的䣙國，這見得巨蒐遠在河套的西南，好像在祁連山之南。如果這樣，那麼這國還是近於析支、崑崙。

崑崙、析支、渠搜是三個西戎的國家，因爲在雍州塞外，所以禹貢作者記在雍州章裏，他絲毫没有把崑崙塗上神祕的色彩。

禹貢裏還有幾個地名是和本文有關係的。第一是“積石”，書上説：

> 浮于積石，至于龍門西河，會于渭汭。（雍州章）
> 導河積石，至于龍門，南至于華陰，……入于海。（導水章）

上一句説的是入貢的路綫，從最西頭的積石起，經過河套，到今陝西韓城縣的龍門（這相傳是禹所鑿開的），再會合在渭水的北面。因爲在傳説裏，堯都平陽，舜都蒲坂，都在山西的西南角上，所以雍州的貢品只要順着黄河走就可運到帝都。下一句是説禹的治水，從源竟委，所以治黄河得由積石起，於是依次施工，到龍門，到華陰，……直到入了海爲止。河出崑崙，自山海經以來本是確定的了，何以在這一篇裏，禹不導河於崑崙而但從積石導起？從西山經看，河是由崑崙到積石的，經云：“積石之山，其下有石門，河水冒以西流”，見得積石是河水所經的山。漢書地理志：

　　　金城郡河關縣：積石山在西南羌中。河水行塞外，東北入塞内。

河水是東北經積石山而入河關縣境内的，和西山經所說的"西流"方向恰恰相反，這當然是山經的誤文。禹貢作者何以不說"導河崑崙"，竟放棄了這源頭？想來必是他嫌崑崙富于神祕性，所以但把這名列在西戎，其它就跳開不談了。

　　第二是弱水，書上説：

　　　弱水既西。（雍州章）
　　　導弱水，至于合黎，餘波入于流沙。（導水章）

按漢書地理志：

　　　張掖郡刪丹縣：桑欽以爲導弱水自此，西至酒泉合黎。
　　　又居延縣：居延澤在東北，古文以爲流沙。

可見這是河西的一條水，起刪丹至酒泉而入居延的。居延海在沙漠中，所以也有流沙之名。鄭玄依據了這説，也注道：

　　　衆水皆東，此獨西流，故記其西下也。（尚書正義卷六及史記夏本紀集解引）
　　　地理志：弱水出張掖。凡言"導"者，發源于上，未成流。……合黎，山名。地説云："合黎山在酒泉會水縣東北。"地理志：流沙在居延西北，名居延澤。地記曰："弱水西流入合黎山腹，餘波入于流沙，通于南海。"（尚書正義卷六及史記夏本紀集解索隱引）

這也是山海經裏崑崙下的一條水，而禹貢作者據了現實性的水道來作解釋，經桑欽考定爲現今的額濟納河。可是這條河除臨澤高臺間一小段西流外，大部分是北流的，是不是它的被定爲弱水是出於桑欽一人的意見呢？

第三是黑水，書上説：

> 華陽黑水惟梁州。（梁州章）
> 黑水西河惟雍州。（雍州章）
> 導黑水，至于三危，入于南海。（導水章）

這幾句話真難死了人！黑水可以做雍、梁二州的西界，又是入于南海的，一定是一條西方極大的川流，縱貫西北和西南的，但這究竟是現在的哪一川呢？三危，河圖以爲在鳥鼠西，杜林以爲在敦煌（均見後），這兩説雖差得頗遠，總可因三危而定黑水爲發源甘肅西部直南到暹羅灣入海的。但是這樣一條大川，固然地圖上找不到，也更爲實際的地形所不許可。可是以前沒有作過地形的實測，許多學者想不到這一點，於是他們的解釋就紛歧了。第一派是敷衍經文，如僞孔傳説：

> 黑水自北而南，經三危，過梁州，入南海。

這樣解釋太敷衍了，見得毫無辦法，所以孔穎達正義就替它矯正道：

> 傳之此言，順經文耳。案酈元水經："黑水出張掖雞山，南流至燉煌，過三危山，南流入于南海。"然張掖、燉煌並在河北，所以黑水得越河入南海者，河自積石以西皆多伏流，故黑水得越而南也。

水經注頗有散逸，此文爲今本所無。拿了此文比較僞孔傳，不過多出了"張掖雞山"數字。孔疏鈔進了還覺得不妥，因爲黃河自西而東，黑水自北而南，必然相會，爲什麼禹貢裏竟没有"會于河"的記載？他又解釋道：因爲積石以西河多伏流，所以黑水南流可以不牽涉黃河。關於這一點，趙一清駁得好：

> 夫崑崙爲地軸，其山根連延起頓，包河南，接秦隴，直達長安，爲南山。黑水自燉煌而南，縱可越大河之伏流，其不能越河以南之南山也明矣！（水經注釋卷四十）

這個地形上的困難問題原不是在筆頭上轉幾下所能解決的，所以僞孔、酈、孔三人的説話等於没有説。第二派是存而不論。鄭玄説：

> 地理志益州滇池有黑水祠，而不記此山水所在，今中國無也。（史記夏本紀集解索隱引）

杜佑也説：

> 按酈道元注水經，鋭意尋討，亦不能知黑水所經之處。顧野王撰輿地志，以爲至僰道入江，其言與禹貢不同，未爲實録。至于孔、鄭通儒莫知其所，或是年代久遠，遂至埋没無以詳焉。（通典卷一七五古梁州條）

這雖不是究竟辦法，然而問題既經這般的無可奈何，也只得推出知識圈以外，置之不理，讓古人自己去負責。第三派是比較科學性的，他們要把事實和經典對勘，既尊重經典，又不抹殺事實。這工作的結果是把一條水分成幾條水，説它們在禹貢裏是同名而異實的。胡渭禹貢錐指説：

> 黑水、三危並見雍州。梁之黑水別是一川，非界雍之西
> 者。黑水自三危以北，杜氏（杜佑）謂今已堙涸，自三危以
> 南，則水行徼外，不可得詳，亦莫知其從何處入南海也。

照這樣説，雍州的黑水和導水的黑水是一條水，這水的前一半已
堙涸，後一半也不可考；梁州的黑水另是一條水，依胡渭説即金
沙江，古名瀘水。又蔣廷錫的尚書地理今釋則分黑水爲三條：

> （1）雍州黑水——出陝西甘肅塞外（按是時甘肅尚未從陝
> 西分出，青海也包在裏面，故如是説），南流至河州入積石
> 河，今俗名大通河是也。
> （2）梁州黑水——即今雲南之金沙江。其源發於西番諾
> 莫渾五巴什山分支之東，曰阿克達母必拉；南流至塔城關，
> 入雲南麗江府境，亦曰麗水。……又東逕叙州府南入岷（岷
> 江）。
> （3）導川黑水——即今雲南瀾滄江，其源發於西番諾莫
> 渾五巴什山分支之西，曰阿克必拉，南流至儞那山入雲南
> 界。……南流至阿瓦國入南海。（按瀾滄江流至印度支那半
> 島爲湄公河，入海。）

大通河做雍州的分界水，金沙江做梁州的分界水，瀾滄江做入南
海的川，這樣一講似乎也過得去。可是導水章裏分明説"至於三
危"而"入于南海"，三危必在雍州境裏，試問瀾滄江如何可和三
危發生關係？所以他苦心分析的結果也終於不可通。

討論到這樣，我們是不是把這個問題放棄了呢？我説不然，
這個問題還是可以解決的，而解決的關鍵則在徹查禹貢和水經注

所説的出典。

　　禹貢作者無疑是一個極爲成功的地理學家，他處處剔去了神話而遵循着事實；但一個人必不能免於時代和環境的朦蔽，他的時代正是山海經佔有地理權威的寶座的時代，他鼓起勇氣，樹立了反抗的旗幟，首先把崑崙山流出六條大水的説法打破，他不信有所謂赤水和青水，他把漾水歸到嶓冢，河水歸到積石。這實在是了不起的革命。可是“智者千慮，必有一失”，他竟信了黑水！我們看，海内西經説：

　　　　黑水出（昆侖）西北隅以東，東行，又東北，南入海，羽民南。

海内經説：

　　　　南海之南，黑水青水之間，……若水出焉。

這是不是他寫黑水“入于南海”的由來？大荒北經説：

　　　　西北海外，黑水之北，有人有翼，名曰苗民。

苗民即三苗，在傳説裏是遷于三危的，而在黑水之北，這是不是他寫“至于三危”的由來？既已北至三危，南至南海，這條黑水當然是縱貫中國西境的大川了，所以他要取它作爲雍、梁二州的界水。雖説他看到的山海經未必即是今本，但山海圖及類似今本的記載他必然看到，他脱不了這影響。這原不是他偏重了書本和傳説以致受了欺騙，而是這條冥漠中的黑水離開那時的“中國”太遠了，他到不了，別的地理學者也到不了，他得不到這方面的實際知識。

至於酈道元所説，則出於南次三經。經文云：

> 又東五百里曰雞山，其上多金，其下多丹雘，黑水出
> 焉，而南流注于海。

他把這條經文和禹貢的文字合併起來，再加上"張掖"、"燉煌"等
字樣，就成了"黑水出張掖雞山，南流至燉煌，過三危山，南流
入于南海"這一條。可是雞山在張掖何處，南山經在山海圖裏佔
何部位，他全未考慮。照我看來，張掖並沒有雞山，只因自杜林
以來把三危放到敦煌，而禹貢言"至于三危"，可見黑水不發源於
燉煌，而張掖在燉煌之東，弱水既可西流，黑水何獨不能，因此
他就斷説發源於張掖了。至於南山經的部位是在南方，經文叙述
自西而東，所以第一個招搖之山就是"臨于西海之上"。南次三經
裏的水如洈水、丹水、氾水、佐水都南流入海，這在圖裏一定離
南海很近。這裏的黑水該是偏處西南的，説不定和益州滇池的黑
水祠倒有些淵源，卻無從見出和崑崙有關。所以雞山也決不該放
到北方的張掖。後人作張掖記，看到水經此條，以爲黑水可和張
掖發生關係，當然是第一等的材料了，就大書道：

> 黑水出縣界雞山，亦名玄圃。昔娀氏女簡狄浴於玄丘之
> 水，即黑水也。（太平御覽卷六十五引）

於是張掖就真有了雞山和黑水！

第四是三危，禹貢説：

> 三危既宅，三苗丕叙。（雍州章）
> 導黑水，至于三危，入于南海。（導水章）

三危究在何處，有兩個說法。第一個說法是在敦煌。漢書地理志說：

> 敦煌郡敦煌縣：杜林以爲古瓜州，地生美瓜。

尚書正義闡述之曰：

> 左傳稱"舜去四凶，投入四裔"，舜典云："竄三苗于三危"，是三危爲西裔之山也。其山必是西裔，未知山之所在。地理志，杜林以爲燉煌郡即古瓜州也。昭九年左傳云："先王居檮杌於西裔，故允姓之姦居於瓜州。"杜預云："允姓之祖與三苗俱放於三危。瓜州，今燉煌也。"（卷六）

杜林是東漢初年的古文經學家，他讀了左傳，記得姜戎與允姓之戎居於瓜州，而經師們均未詳瓜州之地，適因避亂到敦煌，見地生美瓜，所以他就大膽地說，這裏是古瓜州。此說爲班固所採用，錄入漢書，後人又就奉爲金科玉律。杜預作春秋左氏經傳集解，既採進了，而又加上一句"允姓之祖與三苗俱放於三危"，見得敦煌即是三危山所在，於是敦煌又真有了三危。以後陳陳相因，大家都信從不疑。可是鄭玄的注卻說：

> 河圖及地記書云："三危之山在鳥鼠之西，南當岷山。"（尚書正義卷六引）

續漢書郡國志說：

> 隴西郡首陽縣：有鳥鼠同穴山，渭水所出。

劉昭注道：

> 地道記曰：“有三危，三苗所處。”

那麼，河圖、地記和晉書地道記以及鄭玄和劉昭都相信三危山是在首陽的，就是現今甘肅渭源縣。這和杜林、杜預之説差的太遠了！

這兩處一在祁連山之北，一在西傾山之東，那個對呢？酈道元也弄不清，所以水經注附錄的禹貢山水澤地所在説：

> 〔經〕三危，山，在燉煌縣南。〔注〕山海經曰：“三危之山，三青鳥居之。是山也，廣員百里。”在鳥鼠山西，即尚書所謂“竄三苗于三危”也。

既言在敦煌南，又説在鳥鼠西，昏亂到這樣，叫人怎麼辦？

以上這四個地方——積石、弱水、黑水、三危——都和考崑崙有關係，所以叙出一個大概。凡事牽涉到經學，問題就多，材料又繁，上面所寫只是極粗略的一瞥而已。

總合這些材料和考證看來，禹貢作者提到“崑崙”只當它是一個西戎國名看，它的地位和析支、渠搜相等，没有什麼獨特的高超；他提到河源，又只説一個積石，跳過了這神祕區域不談。這在古人裏是少有的勇氣！至於弱水、黑水、三危也都是山海經裏的地名，只因神話色彩比較淡薄，一般人的稱説又盛，他就從寬採用了。採用的結果，除了弱水可能有現實性外，黑水便不免出了顯著的漏洞，三危也使後來人無法實定。我們對於這些，應當原諒他在那個時代、那個環境和那個條件之下作成的小小錯誤！

七　崑崙和河源的實定 *

在山海經和淮南子裏，崑崙是一個神祕的區域；黄河的源頭跟隨着它，也成了不可捉摸的地方。穆傳和禹貢的作者確然有意删汰神話，留存真實，然而這兩個地方究在何處，還有謎一般的待人猜索。直等到漢武帝之世，方始爲了他開發西疆而有實際的決定。

大月氏國本居敦煌、祁連間。當漢武初年，匈奴老上單于攻破了月支，把月氏王的頭做了結盟時的酒杯。月氏人把匈奴怨的了不得，他們逃到葱嶺以西，征服大夏，另建了一個國家。武帝想聯合了他們夾擊匈奴，拓募出使的人，張騫仗着他的勇氣和好奇心應募。他剛出國境，就被匈奴人截留。後來得間逃出，輾轉到了月氏，但月氏人住在嬀水（今阿母河）流域肥饒的地方，生活安定，已失去了雪恥之心。張騫得不着要領，就想沿了南山（即今新疆南界的山）從羌中歸國。不幸又給匈奴捉住，再住了一年多。適值匈奴內亂，他才得逃歸。去時帶了一百多人，回來時只賸兩個人了。他留居西域一共經歷十三年之久，到達了大宛、康居、月支、大夏諸國。在漢人裏，向來沒有走過這條路的，所以那時人稱他的冒險工作爲"鑿空"。怎麼叫作鑿空呢？顏師古注：

　　空，孔也，猶言始鑿其孔穴也。故此下言"當空道"，而西域傳謂"孔道"也。（漢書張騫傳）

---

* 原載歷史地理第三輯，1983 年 11 月。

這是表示這條中西交通的路由他硬生生地鑿開了的，真比得上哥倫布發見美洲的榮譽。自此以後，這條路就成爲亞洲交通的大幹綫，而漢朝也設置管理西域的官，叫作都護，把國境西展到葱嶺。

張騫未出使前本任郎職，是一個書生，山海經、禹本紀等書諒必讀過，加上他自己是漢中人，接近西北，所以他必然注意到西北的地理問題。回國之後，他把這些新知識報告給武帝。史記大宛列傳説：

> 具爲天子言之，曰："……于寘之西，則水皆西流注西海；其東，水東流注鹽澤。鹽澤潛行地下，其南則河源出焉，多玉石。河注中國。而樓蘭、姑師邑有城郭，臨鹽澤。鹽澤去長安可五千里。匈奴右方居鹽澤以東，至隴西長城南接羌，鬲（隔）漢道焉。"

這裏所謂西海，當是指的裏海和黑海；鹽澤，就是現在新疆的羅布淖爾。他説：黄河的源不在青海而在新疆的于闐，因爲于闐東邊的水全東流到鹽澤，到了鹽澤之後渟蓄了起來，地面上没有一條河從鹽澤流出的，只有地下的水潛流向南，流到了青海境再出現在地面。于闐的玉是最多的，這也合於山經和穆傳上的崑崙的名産。我們看山海經，北山經原説：

> 敦薨之山，……敦薨之水出焉，而西流注于泑澤，出於昆侖之東北隅，實惟河原。

西次三經也説：

> 不周之山，……東望泑澤，河水所潛也，其原渾渾

泡泡。

山經的文如不是經過後人的竄改，可見古代本自有這河源問題。他們説"原"，説"潛"，都有不滿足於直接看見的現象而有別去找尋的欲求。張騫也許想："如果把鹽澤定作渤澤，南山定作崑崙，加上大量産玉的條件，豈不是被我尋到了河的真源了呢！黃河從青海境内流出，而青海境内都是住的羌人，漢人是尋不到源頭的，哪想得到，在我的冒險旅行之下竟親眼看到了更遠的河源！這真是一個絕大的發現！"但他心裏接着又起了一個疑竇，怕崑崙還在西頭，曾把這意思對武帝説：

> 條枝，在安息西數千里，臨西海。……安息長老傳聞條枝有弱水、西王母而未嘗見。

照山海經説，弱水是環流在崑崙下面的，西王母是住在崑崙西邊的，而傳聞遠在波斯灣的條枝都有，條枝西邊就是黑海和地中海，這可見崑崙該在那邊才是。所以河源問題他雖有了把握，而崑崙問題還是茫然。這西北地理上兩個重要地方合不到一起，張騫的心中該够苦悶的。

武帝聽了這種瀛海奇聞，當然特別高興；但由於這條路上有強悍的匈奴障礙着，他也無法接近。到元狩元年(前一二二)，驃騎將軍霍去病打破匈奴數萬人，兵至祁連山。明年，渾邪王率衆降漢。從此匈奴的右臂斷了，而漢卻張開了一條膀子，河西走廊既打通，直到鹽澤再没有匈奴的阻隔。武帝於是大派使者到西域各國，送他們黃金幣帛，聯絡情感。這些使者回來，又把經過情形報告天子。大宛傳説：

> 漢使窮河源，河源出于寘。其山多玉石，采來。天子案

古圖書，名河所出山曰崑崙云。

張騫説于闐是河源，別的使者也這樣説，河源是確定了。何況又多采來的玉石，足以證明西次三經的峚山、槐江山、玉山、騩山等的出玉爲不誤。於是武帝就不理會條支的弱水、西王母，不學張騫的遲疑，很爽快地實定于闐的南山爲崑崙。他所案的古圖書，無疑是山海經和禹本紀。他這一實定的影響是深遠的，直到現在二千多年不曾變過，試看現在新疆和西藏分界的山脈，哪一張地圖上不寫上"崑崙山脈"！

卻不料這一下子卻激起了一個近臣的反對。太史令司馬遷偷偷地在史記大宛列傳的末尾寫上幾句：

> 太史公曰：禹本紀言"河出崑崙，崑崙其高二千五百餘里，日月所相隱避爲光明也，其上有醴泉、瑶池"。今自張騫使大夏之後也，窮河源，惡覩本紀所謂崑崙者乎！故言九州山川，尚書近之矣。至禹本紀、山海經所有怪物，余不敢言之也！

想不到被後人目爲"好奇"的子長變得這樣拘謹，久久相傳的兩部奇書竟給他用了尚書的大帽子一齊壓倒！實在，世界上哪有高到二千五百餘里的高山！現在，張騫親自找到的河源，他不反對，可是于闐南山卻够不上這高峻美麗的條件，那麼漢武帝所實定的崑崙山就不是禹本紀的崑崙山，而離開了禹本紀和山海經卻也無所謂崑崙，又何從實定！所以，他只願接受尚書的指導。尚書上説："導河積石"，可見同黄河發生關係的山是積石，所以，我們只該問積石在哪裏，不該問崑崙在哪裏。這態度是何等的斬截！其後東漢末鄧展作漢書注，便發揮司馬遷的見解道：

漢已（已）窮河原，於何見昆侖乎！尚書曰：“導河積石”，是謂河源出於積石。積石在金城河關，不言出昆侖也。（漢書張騫傳顔注引）

這是極端屏棄崑崙的説法。但我們須知道，如果没有崑崙的説法，也就不會發生河源的問題了。

漢書是史記的延續和補正。史記本是一部通史，但秦、漢以前時代久了，材料缺乏，考證又没有達到精密的階段，在司馬遷的時代實在没法做好。自秦始皇到漢武帝，這一百五十年中，是中國史上的大時代，一切的政治、疆域、文化莫不有劇烈的改變而成爲此後二千年的規矩法度；對於這個時代，司馬遷和他的父親談卻有極超越的整理和極優秀的寫史的貢獻。到了東漢之初，史學家班彪因爲史記止於武帝太初之間，離當前的時代空着一段，他就探集史事，作成後傳數十篇。到了他的兒子班固手裏，又精思二十餘年，繼承他的工作，作成漢書百篇，於是從秦末到西漢末二百餘年中的事實悉得有適當的安排和正確的記載。

班固的胞弟班超留在西域三十一年，走遍了天山，越過了葱嶺，對於那邊的事情知道的太多了。班固雖没有到過西域，而由於他弟弟的關係，對於那邊的智識也很豐富，所以漢書裏便把史記大宛傳分做張騫、李廣利兩傳，而另做一篇西域傳，把那邊的大小各國和她們的人口、物産、山川、道里一一記了。他承受張騫的河源説，且加以進一步的叙述，説：

西域……南北有大山，中央有河。……其南山東出金城，與漢南山屬焉。其河有兩原，一出葱嶺山，一出于闐。于闐在南山下，其河北流，與葱嶺河合，東注蒲昌海。蒲昌海一名鹽澤者也，去玉門陽關三百餘里，廣袤三百里。其水亭居，冬夏不增減，皆以爲潛行地下，南出於積石爲中國河云。

在這一段話裏，我們可以看出他的西域的地理觀念和張騫、司馬遷的異同：

　　1. 于闐南山他仍叫南山，絶口不提漢武帝的"崑崙"兩字，這可見他完全接受司馬遷的見解。

　　2. 他説鹽澤水潛行地下，南出於積石爲中國河，當然接受了張騫的見解。但他和張騫有一點不同，張騫但言"河注中國"，而他説"南出於積石"，這大概是受的禹貢的影響，想避免崑崙問題的牽纏。

　　3. 張騫説河源出鹽澤之南，其他的漢使也但説河源出于闐，他則説河有兩源，一出葱嶺，一出于闐，這是很不同的一點。

第一、二點只是對於古書的信任問題，爲了不信禹本紀所以不提崑崙，爲了信任禹貢所以特提積石，這沒有什麼大關係。惟第三點説及實際的地理，關係殊大。何以西漢時只説于闐河爲黃河的上游，而到東漢時便加上了一條葱嶺河？這無疑是漢朝人在這二百年中對於西域的地理知識的進步。其實葱嶺河不止一源。清代地理學家徐松流戍新疆，親歷許多山川，放歸後作漢書西域傳補注，他説：

　　"河有兩原"者，特據兩地言之，其實河有三源也。河出葱嶺者二：一曰葱嶺南河，其河東源爲聽雜阿布河，西源爲雜普勒善河，合爲葉爾羌河。一曰葱嶺北河，其河西源爲雅璃雅爾河，東源爲烏蘭烏蘇河，合爲喀什噶爾河。河出于闐者一：于闐即今和闐，其河東源爲玉隴哈什河，西源爲哈喇哈什河，合流爲和闐河。

和闐河東北流四百餘里，到噶巴克阿克集地方，葱嶺北河和南河都自西來會，叫作塔里木河。由此往東，行一千四百餘里，到羅布淖爾。這都是實際的水道，毫無疑問。

至於"南出于積石爲中國河"一語則顯有可商。班固在漢書地理志裏說：

> 金城郡河關：積石山在西南羌中。

續漢郡國志也說：

> 隴西郡河關：故屬金城；積石山在西南，河水出。

漢河關縣故城在今甘肅臨夏縣西。今永靖縣（從臨夏分出的）西有積石關，臨積石山，峽中兩岸石壁森立，相去甚迫促，黃河經過那裏好像在溝瀆中行。如果禹貢和漢書所說的積石就是這個，那無異把上游二千公里的黃河截去不談。所以僞孔傳說：

> 施功發於積石。

正義疏通之云：

> 河源不始於此，記其施功處耳。

崑崙以下，積石以上的天然河流無礙於人，沒有加功的必要，所以可以不提，這是很好的調停辦法。但是唐魏王泰的括地志卻說：

積石山今名小積石山，在河州枹罕縣西七里。（史記夏本紀正義引）

唐的枹罕即漢河關。從這上面，可以知道那時的積石是有大小之分的。張守節的史記正義也承着説：

黃河源……出大崑崙東北隅，東北流，經于闐，入鹽澤；即東南潛行入吐谷渾界大積石山，又東北流；至小積石山，又東北流。（夏本紀“道黑水”下）

他們爲什麼把河關的積石降爲小積石，而把吐谷渾界内的大雪山稱爲大積石（即今青海東南角的積石山，蒙古名阿尼馬卿山）？這無非由於唐代的疆域開拓了，地理知識進步了，他們覺得導河在河關的積石未免太近，如果禹只到那裏，顯見得禹跡不廣，説來寒傖，合不上偉人的身份，應當向西推遠，使禹走近河的重源，於是就把河曲這座大山稱做積石了。左傳上説：“新鬼大而故鬼小”，後起的常常壓低了前任的固有地位，正是對於這個道理的絶好説明。

到了清朝，乾隆四十七年（一七八二），清高宗命侍衛阿必達尋訪河源，他回來報告道：

星宿海西南有水名阿勒坦郭勒。更西有巨石，高數丈，名阿勒坦噶達素齊老。蒙古語“阿勒坦”爲黃金，“噶達素”爲北極星，“郭勒”爲河，“齊老”石也。崖壁黃金色；上有池，池中泉噴涌，爲百道，皆黃金色。入阿勒坦郭勒，迴旋三百餘里，入星宿海，爲黃河真源。（清史稿列傳七十阿必達傳）

這是一個新的發現。高宗大喜，就命四庫館諸臣編輯河源記略。

可是當時君臣好古情深，在青海的真河源之上捨不得放棄新疆的
“河源”，於是班固的“南出于積石爲中國河”之説竟得了極適合的
證明。丁謙積石山考云：

> 積石之山始見禹貢，以禹治鉅大之水皆從發源處施功，
> 導河自積石，猶……導淮自桐柏，導渭自鳥鼠同穴也。……
> 山海經言積石者四，……其海外北經則言“禹所積石之山，
> 河水所入”，大荒北經則言“其西有山，名曰禹所積石”，夫
> 山稱積石，玩一“積”字已有人力所成之意；而提綱（齊召南
> 水道提綱）記噶達蘇齊老僅高四丈，正與人力所成情形相
> 合。……意禹當時治水至此，特於小山之巔砌石成峰，以爲
> 導河經始之標識，猶今蒙古人積絫巨石以分疆界，名曰“鄂
> 博”是已。惟年代久遠，土人不知古事，故以“落星石”呼之。
> 然則噶達素齊老謂即禹貢積石，……殆無一不相合者。……
> （穆天子傳考證）

有了這一篇文章，積石山便成了巴顔喀喇山的主峰噶達素齊老，
河水重源顯發就在於此，巨石高四丈更證明了人工的堆積。其地
尚在星宿海之西，當然更在大積石山之西，所以有了此説之後，
大積石和小積石兩個山石都可一筆勾銷了，禹貢所謂“導河積石”
原是直從源頭導起，無所謂“河源”與“施工”之異，古今來的聚訟
也都不打而自倒了，這多麼痛快！自從張騫到丁謙，逐漸的發明
和考訂，所得的結論是：真正的河源是葱嶺的南河、北河和和闐
河，東流到羅布淖爾，潛行地下，南到青海的噶達素齊老而伏流
始出；那裏有高峙的巨石，爲禹治水時所堆積，作爲導河經始的
標識，無疑地該稱爲積石山。至於崑崙山呢，雖經漢武帝實定爲
于闐南山，但因史學權威司馬遷、班固等接續的反對，實際也找
不出一個偉大奇麗的山可以確指爲崑崙的，所以歷代地理學者對

它頗爲冷淡，它似乎和河源可以不發生必然的聯帶關係；只是已有武帝的定名在前，必要時姑且沿用而已。

八　鄒衍以後的世界觀
——神州和崑崙 *

　　世界究竟有多少大？世界和人類的歷史究竟又有多少長？這是從原始社會以來大家就在猜索的問題，而直到今天也仍然是學者們研究探索的大問題。在我國探索這些問題的學者，見於文字記載的，大概要推戰國末年（公元前三世紀的前半）的鄒衍爲第一個。他是齊國的一位有名學者，是一個偉大的探索宇宙問題的思想家，一手組織了歷史和地理的兩個大系統，奠定了後世陰陽五行學說的基礎。自西漢以來所謂"陰陽學家"的讖緯，都可以説是他的學說的流派。

　　現在先説他所建設的歷史學説：

　　　　先序今以上至黃帝，學者所共術，大並世盛衰，因載其機祥度制，推而遠之，至天地未生，窈冥不可考而原也。……稱引天地剖判以來，五德轉移，治各有宜，而符應若兹。（史記孟子荀卿列傳）

自從崑崙區的中心人物——黃帝——傳到了中原（見本文第四章），巍然居百王之首，當鄒衍時代一提到古代史，大家就從黃帝説起，以爲他是最古的人王了。但鄒衍對這還不滿足，他要從

　　＊　原載中國古代史論叢 1981 年第一輯，題鄒衍及其後繼者的世界觀。

"天地剖判"以來講起；還不夠，要從"天地未生"時講起，直到"窈冥不可考而原"而止。他的目的，要把天文、地質、生物諸學科和他的歷史學相銜接，這真可説是探本尋源到了盡頭處了。自從有了天地之後，過了若干時候才有人，又過了若干時候才有政治組織，那已到了黃帝之世了。政治領袖是各有其朝代的，他説當每一個朝代興起時一定會有它的符應（就是上帝給予的祥瑞）；這種符應便照着這位帝王所佔着的五德（就是五行的德性）之數而表現。五德像輪子一般地轉，待到這個德又銷磨到了盡頭的時候，占有下面的一德的帝王就起來接替着王位。如此終而復始，連續不斷，歷史才像真有系統了。鄒衍的書已失傳了，但他的五行學説幸而在呂氏春秋中保留了一麟半爪，使我們知道一個大概。有始覽名類篇説：

> 凡帝王者之將興也，天必先見詳乎下民，黃帝之時天先見大螾大螻，黃帝曰："土氣勝。"土氣勝，故其色尚黃，其事則土。及禹之時，天先見草木，秋冬不殺（按此句以下文例之，應爲"天先見木，草秋冬不殺"，後未懂得其句讀，遂誤倒爲"草木"），禹曰："木氣勝！"木氣勝，故其色尚青，其事則木。及湯之時，天先見金，刃生於水，湯曰："金氣勝！"金氣勝，故其色尚白，其事則金。及文王之時，天先見火，赤鳥銜丹書集於周社，文王曰："火氣勝！"火氣勝，故其色尚赤，其事則火。代火者必將水，天且先見水氣勝，水氣勝，故其色尚黑，其事則水。

這一段話，跟史記的"五德轉移……符應若兹"，如淳注的"五行相次轉用事，隨方面爲服"，七略的"終始五德，從所不勝：土德後木德繼之，……"的説法完全符合，故呂氏春秋引用的，必然是鄒衍的學説。這個學説的實現是在秦始皇時，史記説：

　　騶（鄒）子之徒論著終始五德之運，及秦帝而齊人奏之，
故始皇采用之。（史記封禪書）

看了這說，見得始皇開國時所定的制度即是鄒衍理想中所預定的
制度。這是何等偉大又何等巧妙呀！

　　史記又說：

　　秦始皇既并天下而帝，或曰："黃帝得土德，黃龍、地
蟥見。夏得木德，青龍止於郊，草木暢茂。殷得金德，銀自
山溢。周得火德，有赤鳥之符。今秦變周，水德之時。昔秦
文公出獵，獲黑龍，此其水德之瑞。"（同上）

可見這個五德之運是照着五行相勝（後面的一德克着前面的一德）
說而轉的：木從土中發出，它可勝土，所以木德的夏代繼承了土
德的黃帝；金勝木（刀斧可以砍斷樹木），所以金德的殷會革掉了
木德的夏代的命。所謂"符應"，即是黃龍、赤鳥這一套花樣，這
便是上帝降下的符瑞。中國的略近統一的大朝本只知有夏、商、
周，自從崑崙故事傳入之後而後有黃帝，自始皇兼併六國而後有
秦，剛剛湊滿這一次五德循環，還沒有輪到第二次的循環呢。他
以爲帝王一定是受了天命的，而所謂天命實在只由於一種自然力
（五行）的支配。

　　由於他所建設的地理學，則是：

　　先列中國名山、大川、通谷、禽獸，水土所殖，物類所
珍；因而推之，及海外，人之所不能睹。……以爲儒者所謂
中國者，於天下乃八十一分居其一分耳。中國名曰赤縣神
州，赤縣神州內自有九州，禹之序九州是也，不得爲州數。
中國外如赤縣神州者九，乃所謂九州也，於是有裨海環之，

人民禽獸莫能相通者，如一區中者乃爲一州。如此者九，乃有大瀛海環其外，天地之際焉。（史記孟子荀卿列傳）

他既有一個極長的歷史系統，又有一個極廣的地理系統，他的假想的成就有這麼地廣大呀！可是我們在讀了山海經之後再看這段話，覺得兩種東西多麼相像呀，他“先列中國名山、大川、通谷、禽獸，水土所殖，物類所珍”，好像即是五篇山經。裨海是小海，裨海之內接近中國的一大州（即中國以外的八州），好像即是海內經。大瀛海之內的九州（即大九州），又好像即是海外經。（實際上，山海經并沒有如此嚴格分配，說見本文第三章；但單就篇名看，確可令人生出這樣的觀念。）這可見他的學說所受山海經的影響一定是很大的。山海經以崑崙爲中心，是西北陸路交通發達的成果。鄒衍生於齊，齊地濱海，那時已有海上交通，近則朝鮮、倭人，遠則交趾、天毒，應當都有海舶停留在今烟臺、青島等處登陸的碼頭。海外經寫定較遲，已有此類外國記載。鄒衍和海外人發生直接或間接的接觸是很可能的，所以他敢把中國的九州說推了再推，推出了世界的廣大，而把中國看作世界的八十一分之一。這是他大膽的想像，也是合理的創造。他把中國確定了在世界中央的地位，於是替她創立了一個在世界中的名詞，叫做赤縣神州，成爲裨海以內的九州之一。但爲什麼既稱“縣”又稱“州”呢？按禮記王制云：

天子之縣內……

鄭玄注：

縣內，夏時天子所居州界名也。

他説"夏時"固不可靠，但他説"縣内"即"天子州界"卻是對的。古代王畿千里，而王制説"州方千里"，可見王畿即佔一州；爲了天子所都，又稱爲"縣"。又逸周書作雒云：

> 制郊甸方六百里，國西土爲方萬里，分以百縣。

也是説王畿之内即是立縣的地方。拿這些話來看鄒衍的説法，可見"神州"是這州的本名，"赤縣"則是爲了帝王建都之處而特加的一個徽號。

鄒衍的著作在西漢猶存，見於漢書藝文志的有鄒子四十九篇，鄒子終始五十六篇；可惜到了東漢之世全已亡佚，我們只能靠史記所説的這一點來推想他所建立的體系。史記沒有説明神州在這一大州的哪一面，使讀者感到了缺憾。幸而有王充的論衡在談天篇裏已代爲説明了：

> 鄒衍之書言天下有九州。……禹貢九州，所謂一州也。……禹貢九州，方今天下九州也，在東南隅，名曰赤縣神州；復更有八州。

又説：

> 鄒衍曰：方今天下在地東南，名赤縣神州。

由此可見神州確實在這一大州的東南角上。鄒衍爲什麼要這樣安排？因爲中國的海岸綫在東和南兩方，這個海即是他所説的裨海。

鄒衍以後，約莫過了一百年，淮南地形裏有相似的幾段話，我們可以猜測它和鄒衍有關。它説：九州之外有"八殥"（殥，初學記地理部上引作"埏"，埏是地的邊際）；八殥之外有"八紘"（紘是繫網的繩索，借言地的經界）；八紘之外有"八極"。它一一記下了地名，説：

　　　　九州之大，純方千里。

　　　　九州之外乃有八殥，亦方千里。自東北方曰〔大澤〕（無通），曰〔無通〕（大澤）。東方曰大渚，曰少海。東南方曰具區，曰〔元〕（亢）澤。南方曰大夢，曰浩澤。西南方曰渚資，曰丹澤。西方曰九區，曰泉澤。西北方曰大夏，曰海澤。北方曰大冥，曰寒澤。凡八殥、八澤之云，是雨九州。

　　　　八殥之外而有八紘，亦方千里。自東北方曰和丘，曰荒土。東方曰棘林，曰桑野。東南方曰大窮，曰衆女。南方曰都廣，曰反戸。西南方曰焦僥，曰炎土。西方曰金丘，曰沃野。西北方曰一目，曰沙所。北方曰積冰，曰委羽。凡八紘之氣，是出寒暑，以合八正，必以風雨。

　　　　八紘之外乃有八極。自東北方曰方土之山，曰蒼門。東方曰東極之山，曰開明之門。東南方曰波母之山，曰陽門。南方曰南極之山，曰暑門。西南方曰編駒之山，曰白門。西方曰西極之山，曰閶闔之門。西北方曰不周之山，曰幽都之門。北方曰北極之山，曰寒門。凡八極之云，是雨天下；八門之風，是節寒暑；八紘、八殥、八澤之云，以雨九州而和中土。（文字的改正，依王念孫、俞樾説。）

照這説法，凡是雲、雨、氣、風都有它發出的一定部位和它所達到的一定地方。這段話，我們可以斷説它模倣鄒衍的大九州説的。爲什麼我們只説它模倣，不説它鈔襲？因爲大九州説把全世界劃爲(1)不得爲州數的州，(2)九州，(3)大九州，凡三套；這段話則是劃分爲(1)九州，(2)八殥、八澤，(3)八紘，(4)八極，

凡四套。他們都是把世界推擴的很遠；但細一算計，淮南還不及
鄒衍推想的遠。依鄒衍說，中國居世界八十一分之一，那時中國
方三千里（孟子梁惠王、呂氏春秋慎勢、禮記王制等篇都這麼
說），爲一州，則每一個大州的面積爲方九千里，即八千一百萬
方里；大九州的總面積是七億二千九百萬方里。淮南之說，九州
州方千里，八殥亦方千里，八紘亦方千里，八極的里數則淮南書
上未提。按此說不合事實，因爲九州方三千里，則八殥在九州外
須方五千里，八紘在八殥之外須方七千里。現在說八殥的每一殥
方千里，便是在這個界畫内有八個方千里之地是空着的；說八紘
的每一紘方千里，便是有十六個方千里之地是空着的。茲姑代爲
假定不空，則九州方三千里，面積爲九百萬方里；八殥方五千
里，去了九州部分，面積爲一千六百萬方里；八紘方七千里，去
了九州、八殥部分，面積爲三千三百萬方里；八極方九千里，去
了九州、八殥、八紘部分，面積爲四千八百萬方里；合共八千一
百萬方里，才抵得大九州裏的一個州，即鄒說的九分之一。至於
他們所題的四十八個地名，分析起來，可以別爲五類：（1）實際
的地名，如大夢、具區、大夏。（2）山海經上的地名，如都廣、
委羽、焦僥、一目、不周、閶闔。（3）以五行說編排出來的地名，
如金丘、炎土、蒼門、白門。（4）空衍的地名，如大澤、少海、
暑門、寒門、南極、北極。（5）還有由當時傳說取來的地名，如
反戶，即史記始皇本紀的北戶，那時人們相信極南的地方已到了
太陽的南面，該向北開門了。這種分界的說法似乎後來没有得着
反應，我們可以不管。再說九州，地形的文是：

　　　東南神州，曰農土。正南次州，曰沃土。西南戎州，曰
　滔土。正西弇州，曰并土。正中冀州，曰中土。西北台州，
　曰肥土。正北泲州，曰成土。東北薄州，曰隱土。正東陽
　州，曰申土。

上列九州的名詞和尚書禹貢、周禮職方、爾雅釋地及呂氏春秋有始覽全然不合，可是神州一名卻和鄒衍説的一樣，地位在東南也一樣，我們可以斷説它鈔自鄒氏書。那麼，這個名單該是某一個大州裏的九州之名。不過這裏有一個難解釋的地方，就是"正中冀州，曰中土"，這"冀州"卻是禹貢等篇裏共有的名詞，"中土"又是中國人對於所居之地的通稱，這究竟在中國以內呢，還是以外呢？按墨子兼愛中説：

> 古者禹治天下：西爲西河漁竇，……北爲防原派，……以利燕、代、胡、貉與西河之民；東方漏之陸，……以楗東土之水，以利冀州之民；南爲江、漢、淮、汝，……以利荆楚、干（吳）、越與南夷之民。

這裏把"東土"與"冀州"連言，分明冀州就是東土的代稱。但到了後來，冀州竟變成了中國的代稱了。楚辭九歌云：

> 覽冀州兮有餘，橫四海兮焉窮！（九歌雲中君）

淮南覽冥也説：

> 往古之時，四極廢，九州裂，……於是女媧鍊五色石以補蒼天，斷鼇足以立四極，殺黑龍以濟冀州，積蘆灰以止淫水。蒼天補四極正，淫水涸，冀州平。

這個"冀州"是和"四海"、"四極"對舉的，當然是指全中國而言。所以高誘注道：

> 冀，九州中，謂今四海之內。

但這一句話説的有些模稜："四海之内"，當然指中國全境；"九
州中"，又像指中國的中部。這也難怪，那時冀中一名確也含有
這兩種意義。例如穀梁桓五年傳説：

　　鄭，同姓之國也，在乎冀州。

鄭國在黃河以南，正是禹貢的豫州，爲什麼稱爲冀州呢？楊士勛
疏云：

　　冀州者，天下之中州。

拿這一句話來看"正中冀州，曰中土"，何等地合拍！然則中國在
這個九州説裏該是"正中冀州"而不是"東南神州"了。所以對於這
個問題，我們如果依據實際的地形，便該從鄒衍説，把中國放在
這大州的東南角，稱爲神州；如果依照向來的習慣説，又該從淮
南説，把中國放在這大州的中央，而稱爲冀州了。推究這個糾紛
所由起，就因爲小州和大州的名號混亂了，他們編造大州的名號
時還不曾嚴格地和小州的名號分開來。

　　緯書是西漢後期和東漢初期的集體創作。那時正是陰陽家的
思想風靡一世，大家覺得經書過於平正，不够味兒，所以從直綫
的"經"上想出橫綫的"緯"字來，替孔子造出許多緯書，使得經學
好和陰陽學相調和。這種集體創作的人們現在已無從查考了，想
來不會是太高級的知識份子吧。我們對於這些東西，雖然要把它
驅出經學的園地，不使它攪亂了經學的真面目，可是我們同時承
認它在漢代思想史裏的重要性，要從它身上剝出當時的社會意
識來。

　　古代中國人相信有兩部神秘的經典，叫作河圖和雒(洛)書。
河圖是黃河裏浮出來的圖，雒書是從雒水裏發現的書。更神秘一

點，就説河圖是龍背出水的，雒書是龜背出水的。因爲這樣，所以在緯書裏，河圖緯和雒書緯也特別多，約有五十種光景。我現在主要介紹的一部是河圖括地象，這是講地理的一部書，而且本來有圖，也和山海經一樣，可惜的是同樣地失傳了。尚書中候裏説：

> 伯禹曰："臣觀河，河伯面長，人首，魚身，出曰：'吾，河精也。'授臣河圖，躔入淵。"（御覽八十二引）

又注云：

> 觀河，觀於河水也。河圖謂括地象。躔，去也。（同上）

按隋書經籍志："尚書中候五卷，鄭玄注"，是鄭玄以爲括地象記的即是河圖上的文字，相信它是由河伯授給禹，又由禹進呈堯、舜的。又尚書益稷正義引鄭玄説云：

> 禹所受地記書曰："崑崙山東南地方五千里，名曰神州。"

這是括地象的遺文，而稱爲"禹所受地記書"，見得這是神靈特降的一部寶典，不是人間的筆墨。它神聖到這般，價值何等地高偉！只惜西晉以後圖緯一類的書屢遭帝王的焚禁，到隋煬帝時禁得更凶，所以現在不過存留了零碎的幾段話了。

崑崙，我們從山海經和別種古書看，都是確定在西北的。這只因作書的人是中國人，從中國的立場看來，當然如此。但在這個傳説發生地方的人們的心目中，無疑地把崑崙區當作世界的中心。所以帝江這個神，已在西次三經的最西頭了，而莊子應帝王還稱他爲中央之帝。又海内經説：

> 西南黑水之間，有都廣之野，后稷葬焉，其城方三百
> 里，蓋天地之中。

爲什麼作者既説“西南”，又説“天地之中”呢？從我們看來，則説
“西南”的是站在中國人的立場上，而説“天地之中”的則是站在崑
崙區的立場上，各不相妨。這是兩種看法的並存。又淮南時
則説：

> 中央之極，自崑崙東絶兩恒山，……衆民之野，五穀之
> 所宜，龍門、河、濟相貫，以息壤埋洪水之州，東至於碣
> 石，黄帝、后土之所司者萬二千里。

它把崑崙與中國都放在中央，這又是前兩種看法的調和。禹本
紀説：

> 崑崙……去嵩高五萬里，地之中也。（水經注卷一引）

這才是崑崙傳説的本來面目。緯書起來時，便承受了這個見解。
括地象道：

> 崑崙山爲柱，氣上通天。崑崙者，地之中也。地下有八
> 柱，柱廣十萬里；有三千六百軸，互相牽制；名山、大川孔
> 穴相通。（初學記五、御覽三十六引）

大地是平的，地下有八根大柱子托着，三千六百根小軸牽制着，
好像現代的鋼骨水泥的大廈一般，既極堅牢，又可互相貫通；但

不知它的底層奠定在哪裏？崑崙峙其中央，又像一座輝煌的屋頂，上通天而下通地，其絕大的重量由八根柱子平均擔負，更見得它的整齊和偉大。八柱之説已見於楚辭天問，云：

> 斡維焉繫？天極焉加？八柱何當？東南何虧？

可見這是很早的崑崙説，並非緯書作者的創造。括地象又説：

> 地南北三億三萬五千五百里。地部之位，起形高大者，有崑崙山，廣萬里，高萬一千里，神物之所生，聖人、仙人之所集也。出五色雲氣，五色流水。其白水東南流入中國，名曰河也。其山中應於天，最居中，八十城布繞之。中國東南隅居其一分，是好城也。（博物志卷一引，參御覽八及古微書三十二）

崑崙植根既深，透露在地面上的又極高廣。“高萬一千里”，和淮南地形同；而“廣萬里”則首見於此。爲了有五色流水，所以蒸發爲五色雲氣。白水即黃河，合於爾雅釋水所謂的：

> 河出崑崙虛，色白；所渠并（併）千七百一川，色黃。

又左氏僖二十四年傳説：

> 公子（晉文公）曰：“所不與舅氏同心者，有如白水！”投其璧於河。

投璧於黃河而誓稱“白水”，可見當時人確實相信黃河的上游是白色的。崑崙“居中”而中國在“東南隅”，那麽中國真是神州了。所以括地象又説：

> 地中央曰崑崙。崑崙東南萬五千里，名曰神州。中有五
> 山，帝王居之。（周禮職方疏、御覽一五七引）

“五山”即是五嶽，神州爲中國的全境更自無疑。因爲神州是帝王
所居，所以鄒衍稱爲赤縣，二文也正好相證。尚書正義録鄭玄所
引作“崑崙東南方五千里”。所謂“方五千里”，係承禹貢五服之
文，指中國疆域的全面積及其聲教所被，不是距離崑崙的里數。
此間作“萬五千里”，疑“方”訛爲“万”，“万”又轉作“萬”，加上禹
本紀的崑崙去嵩高五萬里之説，乃有這錯誤。括地象又分別大小
九州道：

> 凡天下有九區，別有九州。中國九州名赤縣神州，即禹
> 之九州也。九州八柱即大九州，非禹貢赤縣小九州也。（初
> 學記四引，但作河圖，潛確類書引作括地象）

崑崙居中爲一州；八柱各頂着一州，便是大九州。這似乎把鄒衍
的學説修改了一下，鄒氏以裨海之内爲九州，大瀛海之内爲大九
州，它則只取裨海之内的九州而稱爲大九州了。至於這個大九州
的名目是：

> 東南神州，曰晨土。正南卬州，曰深土。西南戎州，曰
> 滔土。正西弇州，曰开土。正中冀州，曰白土。西北柱州，
> 曰肥土。北方玄州，曰咸土。東北咸州，曰隱土。正東陽
> 州，曰信土。（後漢書張衡傳注引）

把這文和淮南所叙比較起來，則“農土”作“晨土”，“次州”作“卬

州”，“沃土”作“深土”，“并土”作“开土”，“中土”作“白土”，“台
州”作“柱州”，“沛州”作“玄州”，“薄州”作“咸州”，“申土”作“信
土”，文字別異處甚多。正西的土名“开”，疑由汧水、岍山來，
與沛州由濟水來的一樣，自是正字。“申”和“信”也是同音通假。
冀州作白土，疑由禹貢的“厥土惟白壤”來；不再稱“中土”，見得
中國不在那邊。其他則不知孰正孰誤。還有一段，和這文又有些
不同：

> 崑崙之墟，下洞含右。赤縣之州，是爲中則。東南神
> 州。正南卬州。西南戎州。正西弇州。正中冀州。西北括
> 州。正北濟州。東北薄州。正東陽州。（初學記五引）

這“下洞含右”四字難解得很，不敢妄説。“中則”一名和楚辭天問
的“圜則九重”、“地方九則”同義。這個“則”字如作區畫解，又似
乎説中國是冀州了。如果不然，那麼它把赤縣歸中央，神州屬東
南，又將“赤縣神州”一名腰斬了。“括州”和“柱州”字形相近，不
知哪一個對。“濟州”即淮南的沛州。我們據此，可説“玄州”是誤
文。“薄州”亦和淮南同，三占從二，可知“咸州”是誤文。
　　唐賈公彥作周禮疏，於職方氏道：

> 自神農以上有大九州，柱州、迎州、神州之等。至黃帝
> 以來，德不及遠，惟於神州之内分爲九州，故括地象曰：
> “崑崙東南萬五千里，名曰神州”是也。

這裏的“迎州”即是括地象的“卬州”。賈氏以爲大九州是神農以前
的制度，那時的中國奄有大九州中的一州；黃帝以後德衰了，疆
土失去九分之八，僅僅保有了一個神州，於是再在神州裏分出了
九州來。就成爲禹貢裏的九州。這分明是莊子的“退化論”的具體

表現！

鄒衍的地理説必然被淮南子和緯書採用，但究竟採用了多少，因爲比較材料的缺乏，我們無法分析。現在只敢説：神、卯（次、迎）、戎、弇、冀、柱（台、括）、沛（濟、玄）、薄（咸）、陽九州的名詞可以推測其出於鄒氏書中，這是一個大州裏面的九州之名；尚有七十二個州名，則已完全亡佚了。崑崙，不知鄒氏有未説起？如果他所説的也和括地象相同，那就是他有意改變山海經的自然神話而成爲他整理宇宙空間的一項工具了。

希望將來尚有從古墓裏得到的新發現，像老子和孫臏兵法一樣，給我們認識鄒衍大九州説的真面目及後人繼續推衍的概況。

九　水經中的河源[＊]

水經承接着禹貢，作科學性的地理記載，把禹貢的導水一章擴大爲專書，這是中國學術界中最可紀念的偉績。

這部書是誰所著，開頭没有人能説，直到唐六典始説爲西漢末桑欽作。桑欽是傳古文尚書的專家，漢書地理志裏採録了他很多考釋水道的文字，當然有此可能。但唐杜佑在通典裏指出許多地名不是桑欽時所有，在他指出的證據中有一個最遲出的地名是永安，這是河東郡的縣，本名彘，到東漢的順帝才改名的，可見這書該出於順帝之後。後來討論日密，到清代，胡渭、全祖望、趙一清、戴震、楊守敬等找出了些曹魏時的地名，因此斷爲東漢後陸續增益，或直斷全文爲三國魏人所作。近人鍾鳳年水經著作時代之研究，詳爲分析，尋出許多西漢專有的地名，以爲漢書溝

＊　原載文史集林第一輯（人文雜誌叢刊第四期），1985 年 5 月。

洫志稱"王莽時徵能治河者以百數，……但崇空語，無施行者"，經文當即由此百餘治河專家徵至首都，各出所知，合纂而成。因爲本非出自一人，故不得其主名。其著作的時間在王莽始建國三年(公元一一)河決魏郡以後。從東漢到三國，遞有修改，遂大失其本來面目(齊魯學報第一期)。這個結論是我們可以接受的。

這些治河專家雖是想做一部科學性的水經，可是那個時代的工作條件還不夠，他們不容易得着遠方的正確材料，所以書中所講的河源竟是非常的迷離惝恍，十分反科學。

水經是酈道元注的，經和注向來混淆不清。自明朝的朱謀㙔起，細心分析，經過清代學者的繼續工作，才可作大體的決定。王先謙本最後出，現在就根據了他所定的經文鈔在下面：

> 崑崙墟在西北，去嵩高五萬里，地之中也。其高萬一千里。河水出其東北隅，屈從其東南流，入渤海。又出海外，南至積石山，下有石門。又南入葱嶺山，又從葱嶺出而東北流；其一源出于闐國南山，北流與葱嶺所出河合。又東，注蒲昌海。又東，入塞，過敦煌、酒泉、張掖郡南。又東，過隴西河關縣北，洮水從東南來流注之。……

經文先說崑崙在嵩山西北五萬里外，河水從那裏出來，進了渤海；再從渤海出來，流經積石山的石門，又南到葱嶺。這可見崑崙和積石都在葱嶺的北面。葱嶺的北面，現在是中央亞細亞，要從那邊尋出一個渤海來，該是巴爾喀什湖(L. Balkhash)吧？崑崙更在渤海的東北，該是分畫歐、亞兩洲的高加索山(Mt. Caucasia)吧？他再說葱嶺、于闐兩河東注蒲昌海之後，東入中國的敦煌、酒泉、張掖三郡的南面，於是再到隴西的河關縣北，天呀，在河西走廊裏怎能尋出這樣一條從西到東的大川？而且三郡之南即是祁連山，難道河水能在這高山上自由的流行？漢河關縣在今甘肅臨夏縣西，即指今青海的貴德、循化兩縣的黄河，又不知張掖的河水如何跳過了祁連山而至河關？

崑崙、積石在葱嶺之北，以前没有人講過。河水從蒲昌海東入塞，直到張掖，以前也没人講過。河關縣的河水上承張掖之流，以前更没人講過。水經這説法，真可稱爲旋乾轉坤、石破天驚的大手筆，直使我們咋舌不止！

他們爲什麽會離開實際的世界而另外創造出這一個？那時没有正確的地圖可以依據固是一個重要原因，但還有一個更重要的原因，即是作者想彙合許多不同系統的記載，而整齊拍合，使得它不矛盾；卻不料結果自己卻陷於更矛盾的結局。

現在，我試尋這一段文字的根源來：

禹本紀説：“崑崙……去嵩高五萬里，天地之中也。”（郭注海内西經及酈注引）所以它也説：“崑崙墟……去嵩高五萬里，地之中也。”

淮南地形説：“崑崙虛……其高萬一千里。”所以它也説：“其高萬一千里。”

海内西經説：“河水出東北隅以行其北，西南又入渤海，又出海外，即西而北，入禹所導積石山。”西次三經説：“積石之山，其下有石門，河水冒以西流。”所以它也説：“河水出其東北隅，屈從其東南流，入渤海；又出海外，南至積石山，下有石門。”在這裏，作者修改了一點，就是海内西經的河水是西南入渤海，又西北入積石的，這位作者以爲崑崙在中，中國在東，如果照海内西經的説法，則北去更遠，無法與葱嶺相接，所以他改爲東南入渤海，南至積石。

漢書西域傳説：“其河有兩源，一出葱嶺山，一出于闐；于闐在南山下，其河北流與葱嶺河合，東注蒲昌海，……去玉門、陽關三百餘里。”所以它也説：“又南入葱嶺山；又從葱嶺出而東北流，其一源出于闐國南山，北流與葱嶺所出河合；又東，注蒲

昌海；又東，入塞，過敦煌、酒泉、張掖郡南。"這樣一比較，就
知道他所以敢説"過敦煌、酒泉、張掖郡南"，即因西域傳有"去
玉門、陽關三百餘里"之文，玉門、陽關之内就是這三郡，因此
他竟大膽地寫下去了。哪知西域傳此語乃是説蒲昌海與玉門、陽
關的距離的，並不是指河水經歷的路綫！這樣看來，這段文字的
寫出自在班固之後，作者讀得漢書，以至有此誤讀的錯謬；其爲
東漢至三國時人的修改，又有何疑！

　　這段文字所取資的材料，以上都抉摘出來了。它字字有來
歷，然而作者不辨神話與歷史的分野，一起拼湊上去，造成極大
的訛誤。實在説來，就是拼湊的工作，這位作者也何嘗幹好。漢
書西域傳明説"蒲昌海……潛行地下，南出於積石爲中國河"，可
見積石是中國的山，在蒲昌海之南。現在他把積石扔遠了。南出
於積石的是葱嶺河了，等到河水流進隴西河關時就再不見有積石
了！這是説得過去的嗎？

　　錯誤到如此地步，酈道元作注也没法替它圓謊，所以説：

　　　　余考群書，咸言河出崑崙，重源潛發，淪于蒲昌，出於
　　海水，……逕積石而爲中國河。……而經文在此，似如不
　　比。積石宜在蒲昌海下矣！

杜佑也不客氣地説：

　　　　夫山川地形固有定體。自葱嶺、于闐之東，敦煌、酒
　　泉、張掖之間，華人來往非少，從後漢至大唐，圖籍相承，
　　注記不絶。大磧距數千里，未有桑田碧海之變，陵遷谷移之
　　談，此處豈有河流！纂集者不詳斯甚。（通典卷一七四州郡
　　四）

這些話都很對，它的錯誤已指出來了。只有清朝人愛惜古書，還想在無可奈何中替它回護。胡渭禹貢錐指道：

　　　案水經叙西域兩源，較漢書尤爲明備。惟是積石一山，錯簡在渤海之下，葱嶺之上，遂來後人之彈射，並其全經而疑。而不知此非本文，乃庸妄人之所竄易也。……漢世河關以西皆爲羌中地，河水所經人莫能睹，故聊假三郡之南以表之，非真謂河自鹽澤入玉門、陽關也。

其實古人的時代和我們不一樣，他們想取得正確的知識非常困難，他們的錯是可以原諒的。何必説古人無所不知，知無不合，而把實在不合的地方歸罪於"錯簡"。我們現在只從它的材料根源和作者的拼接方法看來，已可斷定這是無可辨駁的錯誤了！

　　再有死心眼兒包庇水經此文，不以爲有錯的，是郝懿行的山海經箋疏。他説：

　　　（河水……入禹所導積石山），案括地志所謂小積石也。……據水經説，積石山在蒲昌海之上，蓋大積石也。此及海外北經所説，皆小積石了。酈氏不知，誤以大積石爲即小積石，故濫引此經之文，又議水經爲非，其謬甚矣！（海內西經）

河關縣的積石爲小積石，這本是唐人之説。但大積石一名，唐人派在河關西南的大雪山，郝氏卻改派到葱嶺的北面去了。只爲回護古人，不惜杜造故實，反駡酈道元爲"其謬甚矣"，其實這個"謬"正是夫子自道也！而且海內西經言"禹所導積石山"，海外北經言"禹所積石之山"，積石之上皆冠以禹，何等鄭重，倘使禹親自積石所成的山還説是"小"，該誰所堆積的才合稱"大"呢？

然則水經此文没有一點好處嗎？那也不然。自從張騫以來河水潛行地下的説法給這位作者推翻了。他只認有顯流，不認有伏流，這也算是一回革命！

一〇　酒泉崑崙的實定[*]

漢武帝開拓邊疆，置立初郡，把文、景以來的積蓄都用光了，只得和興利之臣桑弘羊等計畫經濟政策，吸收民間財富，弄得許多商民都破了産。從此人們怨恨漢朝，咒詛它早亡，造出種種災異的現象和説法，想把王室逼倒。平帝之世，王莽當政，他想攫取漢朝的天下，就反其道而行之，儘量替自己找祥瑞來買服人心。他既北化匈奴，南懷黄支，於是想到了西邊。漢書王莽傳説：

> 迺遣中郎將平憲等多持金幣，誘塞外羌，使獻地願內屬。憲等奏言羌豪良願等種人口可萬二千人，願爲內臣，獻鮮水海、允谷、鹽池，平地美草皆予漢民，自居險阻爲藩蔽。問良願降意，對曰："太皇太后聖明，安漢公至仁，天下太平，五穀成孰，或禾長丈餘，或一粟三米，或不種自生，或蠒（繭）不蠶自成，甘露從天降，醴泉自地出，鳳凰來儀，神爵降集，從四歲以來，羌人無所疾苦，故思樂內屬。……"莽復奏……請受良願等所獻地爲西海郡。（卷九十九上）

這是元始四年（公元四）立西海郡的由來。鮮水海，即青海。允

---

[*]　原載中國史研究 1981 年第二期，題酒泉崑崙説的由來及其評價。

谷，在今青海興海縣，即大河壩。青海境內最大的鹽池是柴達木
盆地裏的達布遜湖；這裏所謂鹽池，當指都蘭以東的茶卡（茶卡，
藏語鹽池）。羌人受了王莽的籠絡把青海一帶的平地美草完全獻
給中央。因爲漢朝早有了東海、南海、北海郡，所以把這塊新地
方喚作西海郡。所謂"西海"，無疑地就是青海。醴泉，本爲崑崙
所有。"禾長丈餘"和崑崙上長五尋的"木禾"也相近。"不種自
生"，又與海內經説稷葬處"膏菽、膏稻、膏黍、膏稷、百穀自
生"一樣。這不是把山海經中的想像做一次具體的表現？

　　王莽自從立了這西海郡，居然從那裏獲得了有名的瑞應。居
攝四年（公元七），東郡太守翟義起兵討莽，莽於是模倣了尚書裏
的大誥作成一篇新的大誥，歷述他自己維護漢室的苦心，中説：

> 太皇太后……配元生成，以興我天下之符，遂獲西王母
> 之應，神靈之徵。（漢書翟方進傳）

孟康注：

> 民傳祀西王母之應也。

他所謂民傳祀西王母事見於漢書哀帝紀，云：

> （建平）四年（公元前三）春，大旱，關中民傳行西王母
> 籌，經歷郡國，西入關至京師。民又會聚祠西王母，或夜持
> 火上屋，擊鼓號呼相驚恐。

傳行西王母籌恐即近日"幸福連鎖"的意思，得到人家送來一籌時
就自寫十籌分送。爲祠西王母而持火上屋，擊鼓號呼，又大類義
和團的祠黃蓮聖母。可見漢代民間對於西王母的崇拜是何等的熱

烈。不過太皇太后(元后)所得的"神靈之徵"一定是極貴重的，遠非民間的福應可比，只恨漢書沒有説出，後人也無從想像。下面又説：

> 太皇太后臨政，有龜、龍、麟、鳳之應，五德嘉符相因而備，河圖、雒書遠自昆侖，出於重壄。古讖著言，肆今享實。此迺皇天上帝所以安我帝室，俾我成就洪烈也！(同上)

這是説自從平帝即位，太皇太后臨朝，大司馬王莽秉政之後，各種祥瑞都來了。河圖、雒書從前但有傳聞，現在竟從崑崙和重野實現了。顏師古注：

> 崑崙，河所出，重壄，洛所出，皆有圖書，故本言之。壄，古野字。

可見這個河圖是由崑崙山下的黃河裏出來的。這真是第一等的瑞應，是皇天上帝要王莽成就大功業的最親切的表示。可惜漢書裏對於這個寶貝東西也没有詳細記載，任它作了一現的曇花！

東漢初年，王充作論衡，在恢國篇裏説：

> 孝平元始……四年，金城塞外羌……良願等獻其魚鹽之地，願内屬。漢遂得西王母石室，因爲西海郡。周時戎狄攻王，至漢内屬，獻其寶地，西王母國在絶極之外而漢屬之，德孰大？壤孰廣？

這是"西王母石室"一名的初見，這西王母石室是西海郡裏的一個奇蹟，所以王充雖是東南人，也覺其值得誇炫，就取它來量度周、漢兩代的短長了。

　　第二個記載這事的是班固，他雖然跟着司馬遷，不信于闐南山爲崑崙，在漢書西域傳裏絶不提起這一名，可是他在地理志中卻又兩次説着。他道：

　　　　金城郡臨羌：西北至塞外，有西王母石室、僊海、鹽池；北則湟水所出，東至允吾入河；西有須抵池，有弱水、昆侖山祠。

這裏所説的，除了湟水以外都是臨羌縣"塞外"的山川景物。臨羌的塞外，西北有西王母石室，正西有弱水祠和崑崙山祠，當然是山海經裏的神話區域。這些地方，王莽時本在西海郡裏面，但王莽一失敗，羌人就奪回去了。漢臨羌故城在今青海西寧縣西。允吾亦金城郡屬縣，在今甘肅皋蘭縣西北。湟水流經臨羌北，東南行到今永登縣境東南近皋蘭處入黄河，故云"東至允吾入河"。僊海，即鮮水海，"僊"與"鮮"是同音字，"青"也是一聲之轉。須抵池，不詳所在；按今布爾汗布達山之南，巴顏喀喇山之北，有阿蘭泉、托索湖等湖泊，恐即在此。弱水，照大荒西經所説，本是環繞崑崙的，兩地所去必近。但地理志不説是"弱水"和"昆侖山"，而説"弱水、昆侖山祠"，見得只是兩所祭祀山川的廟宇，那麽，真的山川在哪裏呢？臨羌的西北是祁連山脈，其正西偏南是巴顏喀喇山脈，是不是西王母所在或其神話中心在祁連山，而弱水和崑崙所在或其神話中心在巴顏喀喇山呢？這都不是容易解決的問題。地理志又説：

　　　　敦煌郡廣至：宜禾都尉治昆侖障。

漢廣至故城在今甘肅安西縣之西，疏勒河之南。"障"，有壅塞阻隔之義。史記酷吏列傳："居一障間"，正義："障謂塞上要險之處，別築城置吏士守之，以扞寇盜也。"又通作"郭"，匈奴列傳："築城郭列亭"，正義引顧胤云："郭，山中小城亭，候望所居也。"這可以知道崑崙障是一個堡寨之名。這個堡寨爲什麼要以崑崙爲名？想來不出三種原因：一是築在崑崙山上；一是山上有崑崙祠；再則或因它有如崑崙的特高，所以取這嘉名來形容它。究竟哪一個說法最有可能性，因爲本條文字既少，又没有別的材料可以證明，所以現在無法斷定。後漢書明帝紀說：

> （永平）十六年（公元七三），伐北匈奴，竇固破呼衍王於天山，留兵屯伊吾廬城。

李賢注：

> 既破呼衍，即其地置宜禾都尉以爲屯田，今伊州納職縣伊吾故城是也。

唐伊吾即漢廣至。這文說明了所以設置宜禾都尉的原因。漢書地理志裏本來很多東漢材料的。

晉高陽王睦的長子司馬彪，武帝泰始中任祕書郎，他篤學不倦，接受了班固的規模，起於光武，終於獻帝，作成續漢書八十篇。後來人因爲他的書有志，范曄的後漢書有紀、傳，拿來併作一部書。他的郡國志裏說：

> 金城郡臨羌：有昆侖山。

這是確定崑崙在臨羌縣境内的，只怕他誤讀了漢書。崑崙即使在那邊，也只會在臨羌的塞外而不會在臨羌的縣境呵！

其後酈道元作水經注，在河水篇說：

（河水）又東過金城允吾縣北，……〔南〕（北）有湟水，出塞外，東逕西王母石室、石釜、西海、鹽池北。故闞駰曰："其西即湟水之源也。"

這條文字當由漢書地理志鈔來。但漢書只説"臨羌塞外"有西王母石室，他卻安排在湟水流域，正同郡國志一樣，把塞外地方拉進了內地。可是，青海哪會在湟源之東？湟源東又哪裏有鹽池？所以清董祐誠水經注圖説殘稾駁他道：

> 僊海，即西海，今曰青海，蒙古曰庫克諾爾。鹽池在其西南，蒙古曰達布遜諾爾。"庫克"謂青，"達布遜"謂鹽，"諾爾"則積水之名也。今湟水出青海東北，實不逕青海、鹽池之北。漢志："北則湟水所出"，蓋指縣北言之，與上"西北"一例，非蒙上"僊海、鹽池"也。酈氏偶失檢耳。（卷二）

讀古書真難，一不小心就弄錯。不過水經注總是一部古代地理材料的總匯書，這裏既在"石室"之外多出了"石釜"，又在白土川水下説：

> 河水又東北會兩川，右合二水。……河北有層山，山甚靈秀。山峰之上立石數百丈，亭亭桀豎，競勢爭高。……其下層巖峭舉，壁岸無階。懸崖之中多石室焉，室中若有積卷矣，……因謂之"積書巖"。巖室之內，每時見神人往還矣。……俗人不悟其仙者，乃謂之神鬼。彼羌目鬼曰"唐述"，復因名之曰"唐述山"；指其堂密之居，謂之"唐述窟"。……秦州記曰："河峽崖傍有二窟：一曰唐述窟，高四十丈；西二里有時亮窟，高百丈，廣二十丈，深三十丈，藏古書五笥。"

這些地方是在甘肅臨夏以西，青海循化、化隆一帶。晉書地理志，金城郡有白土縣，即此。那邊懸崖上洞窟特多，稱爲石室，神人往還及積書等傳説由此而起。羌人只知有神和鬼（這正與山海經合）而不知有仙，所以稱之爲鬼山和鬼窟。這種鬼窟有極高大的，漢志裏的"西王母石室"大概就屬於這一類，大荒西經説西王母"穴處"也因於此。漢志於臨羌的西北塞外，先言西王母石室，再説僊海，再説鹽池，分明順了由東往西的次序而寫的。那麼，我們可以説：西王母石室是在青海之東，湟與河二水之間；按着現在疆域，當在海晏縣和輝特旗附近。

　　祁連山雖然在漢分割了河西四郡和金城郡，在今分割了甘肅、青海兩省，但山南山北的居民都是羌人，從種族的眼光看來只是一區。這一區裏，看漢書地理志所説，該是有崑崙的。所以到了公元四世紀，就有馬岌起來，把崑崙實定在祁連山。

　　自從漢武帝實定于闐南山爲崑崙之後，歷四百餘年，在五胡亂中，河西爲晉涼州牧張軌所據，傳子及孫，儼然世襲的大國，後人稱她爲前涼。張軌的孫張駿即位，被衆推爲涼王。崔鴻十六國春秋道：

> 　　魏昭成帝建國十年，涼張駿酒泉太守馬岌上言："酒泉南山即崑崙之體也。周穆王見西王母，樂而忘歸，即謂此山。山有石室王母堂，珠璣鏤飾，煥若神宮。又删丹西河名曰弱水，禹貢崑崙在臨羌之西，即此明矣。宜立西王母祠，以神國家無窮之福。"駿從之。（史記秦本紀、司馬相如列傳正義引，其辭未完；自"宜立西王母祠"下，以晉書張軌傳文補足。）

按這裏所記年代有些錯誤。張駿即位於晉明帝太寧二年（公元三二四），卒於晉穆帝永和元年（三四五）；代什翼犍建國十年爲晉永和三年（三四七），那已是駿子重華二年；故此事如發生在張駿的世裏必當在建國八年以前，不能在十年。酒泉南山即祁連山的一部，在這山上也有西王母的石室，稱爲"王母堂"，裝飾得非常美麗，又有弱水在附近，又離臨羌的昆侖祠和廣至的昆侖障都不太遠，所以馬岌以爲這山顯然是古書裏的崑崙。他既提出這實際的證據，可和漢書地理志相互證明，所以張駿也就依從了他，立了西王母祠在那邊，定這山的名稱爲"崑崙"。

　　這是崑崙的第二次實定。隔了三百年光景，唐李泰作括地志，就寫道：

　　　　崑崙山在肅州酒泉縣南八十里。

張守節作史記正義，凡書中提到崑崙的必引馬岌李泰之言，於是這一說因爲有了經典的根據，它的力量竟超過了漢武帝所定的。不過張氏也覺得有一點不妥當的地方，就是崑崙必和黃河發生關係，而這裏竟找不到河源，所以他只定它爲"小崑崙"。他在秦本紀注中說：

　　　　按肅州在京（長安）西北二千九百六十里，即小崑崙也，
　　　　非河源出處者。

他替酒泉崑崙謙居於"小"，隱然以河源所出的爲大崑崙，似乎過得去了。可是這"小崑崙"一名，從前已給人用過。晉張華（?）博物志道：

　　　　漢使張騫渡西海，至大秦。西海之濱有小崑崙，高萬
　　　　仞，方八百里。（卷一）

張騫是否到過大秦不必論，大秦即羅馬，大秦的小崑崙是歐洲第一高峰阿爾卑斯山的勃朗峰（mt. Blanc）嗎？是縱貫希臘的班都斯山（Pindus mts.）嗎？這也不可知，但這個小崑崙和那兩個大小崑崙實在隔得太遠了，究竟能不能發生關係？到了清代，畢沅作山海經新校正，説：

> 張守節云："肅州即小昆侖，非河原出者"，後世皆仍其誤。考博物志云："漢使張騫度西海，至大秦國，西海之濱有小昆侖"，則古以"小昆侖"爲是大秦國之山。肅州之山爲夏書、山海經"昆侖"亡疑也。（卷二）

他雖不信酒泉崑崙是"小崑崙"，但確信它是禹貢和山海經裏的"昆侖"，所以他説：

> 昆侖之丘，山在今甘肅肅州南八十里。……古言昆侖皆是西北，去中國亦止數千里耳。海内西經云："海内昆侖之虚在西北。"鄭君注尚書引禹所受地説書云："昆侖東南地方五千里，名曰神州。"説文云："丘字从北一，中邦之居在昆侖東南。"漢書云："黄帝使泠倫自大夏之西，昆侖之陰，取竹之解谷。"大夏者，春秋傳所言實沈之遷，在山西境。"昆侖之陰"，吕氏春秋作"阮隃之陰"。案阮即代郡五阮關，隃即西隃雁門，見説文，亦在今山西。山西西接陝西以至甘肅，皆在西北，以知此之昆侖在肅州。……自十洲記、遁甲開山圖以下多有異説，故水經亦云"去嵩高五萬里"。無稽之談，蓋不取云。（卷二）

他要在域内尋崑崙，使得禹貢雍州和山經西山的崑崙都可以在甘肅境内得到實證，在勢只有酒泉這一個最爲近情，所以他對馬岌之説十分願意接受。又"小崑崙"一名，在張守節前，郭璞也已用了。海內西經郭注：

> 言海內者，明海外復有昆侖山。

又道：

> 此自別有"小昆侖"也。

郭意以海內的昆侖爲小昆侖，海外的昆侖爲大昆侖。畢氏辨之，云：

> 郭以此为小昆侖，非。博物志云："漢使張騫度西海，至大秦，西海之濱有小昆侖"，則是肅州之山乃古之昆侖，小昆侖在海外。郭説正相反。

又大荒西經"昆侖之丘"下，畢氏也説：

> 此肅州昆侖也。

他把西次三經、海內西經、大荒西經裏的昆侖都極肯定地放在肅州；至於小昆侖，則他以爲山海經所未記，僅見於博物志。對於昆侖下的四水，他説河水道：

> 今水出於積石，當肅州昆侖之南。海內西經曰："出東北隅"，蓋其伏流也。（卷二）

用"蓋其伏流"一語作掩護，出于積石的河水居然也跟酒泉崑崙發生了關係。赤水呢，他説：

> 疑即浩亹水也。（同上）

按浩亹水即今大通河，出酒泉南山的東南，這自與西次三經所説的赤水方向完全密合。洋水，他説：

> 水經注云："闞駰説：'漢或爲漾。漾水出昆侖西北隅，至氐道，重源顯發而爲漾水。'"據此則即甘肅秦州南之漢水也。海内西經云："出西北隅"，或其潛源歟？（同上）

這又用了"潛源"説把天水、酒泉兩地的山川打通了。黑水，他無説。這四條大水，他總算安排了一下，雖則並未熨貼。

畢氏固然沒有在西次三經提及實際的黑水，而肅州崑崙附近畢竟有條黑水，所以他在海内西經裏又根據了括地志而注黑水。按括地志云：

> 黑水源出伊〔吴〕（吾）縣北百二十里，又南流二十里而絕，三危山，在沙州燉煌縣東南四十里。（史記夏本紀正義引）

張守節又爲加上説明道：

> 其黑水源在伊州，從伊州東南三千餘里至鄯州，鄯州東南四百餘里至河州入黃河。……然黃河源從西南下出大崑崙東北隅，東北流，經于闐，入鹽澤；即東南潛行入吐谷渾界大積石山，又東北流；至小積石山，又東北流：來處極遠。其黑水當洪水時合從黃河而行，何得入于南海。……（夏本

紀）

他稱漢武所定的崑崙爲"大崑崙"，張駿所定的崑崙爲"小崑崙"，稱吐谷渾界内的積石爲"大積石山"（詳見本文第七章），今永靖縣的積石爲"小積石山"，這可説是地理學上的一次名詞整理。他以爲黑水不能入南海，只能入黄河，也是一個正確的看法。畢沅對他的名詞整理雖不認爲滿意，而對於他所説的黑水路綫則表示容納，所以他注海内西經時即取此説，云：

> 黑水源在伊州，從伊州東南三千餘里至鄯州，鄯州東南四百餘里至河州入黄河，……黑水合河入海也。

按唐伊吾故城在今甘肅安西縣北，水道經安西而流至敦煌的只有現今的疏勒河，一名布隆吉爾河，古名籍端水，源出玉門縣南山，西北流至安西縣城北，又西至敦煌縣城北，會合南來的黨河，瀦爲哈拉湖。括地志這樣説，是確指這條河爲黑水。可是這條河是由東向西北流的，到了哈拉湖就停止了。或者李泰從地圖上看來，誤認它是由哈拉湖向東南流的，又認疏勒河的南端即是大通河的北頭，所以括地志説從伊吾東南流至鄯州（今青海樂都縣），入於湟水，又至河州入黄河。這大通河即是蔣廷錫所説的"雍州黑水"，可惜已被畢沅在西次三經裏派作赤水了。想不到他到了校注海内西經的時候竟又沿用了蔣廷錫之説而把它重定爲黑水！它究竟是黑是赤？這問題可不悶死人！

除此之外，酒泉南山可以定爲崑崙的條件，它和弱水相近是一個絶大的理由。弱水的最早記載，是海内西經説的：

> 弱水……出（昆侖之虚）西南隅以東，又北，又西南，過畢方鳥東。

出西南而東北，又西南，即是把崑崙環繞一周，所以大荒西經説：

> 昆侖之丘……其下有弱水之淵環之。

禹貢則説：

> 導弱水，至于合黎，餘波入于流沙。

淮南地形也説：

> 弱水出自窮石，至于合黎，餘波入于流沙，絶流沙南至南海。（王引之以爲後人取禹貢文增改，見本文第三章。）

從這幾條文字看來，可知弱水發源窮石，經過合黎，進入流沙，流成一條圓綫。在這幾個條件下，給漢朝人尋出了。漢書地理志説：

> 張掖郡删丹：桑欽以爲道弱水自此，西至酒泉合黎。

又

> 居延：居延澤在東北，古文以爲流沙。

合黎是山名，同時也是水名。這個分別，括地志説得清楚：

> 蘭門山，一名合黎，一名窮石山，在甘州删丹縣西南七里。（史記夏本紀正義引）

合黎，一名羌谷水，一名鮮水，一名覆袤水，今名副投河，亦名張掖河，南自吐谷渾界流入甘州張掖縣。（同上）

刪丹，今甘肅山丹縣。窮石山即祁連山的一部分。山丹河和洪水河都出山丹西南的祁連山（即窮石山），匯合西北行，至張掖縣，與張掖河合，俗稱黑河，蒙古人叫作額濟納河；西北流經臨澤、高臺兩縣，出邊牆到鼎新縣，與白河相會，北流歧出爲二，分入二泊，就是古代的居延海，經書裏喚作流沙的。這白河古名呼蠶水，又名洮賚河，一作討來河，發源青海西北的洮賚山（也寫作托賴山），西北流入甘肅界，至酒泉後東北行，經金塔至鼎新，入黑河。黑白二河異流同趨，把酒泉南山包圍了起來，正應着大荒經中的弱水之淵環繞昆侖之丘的一句話。所以它在酒泉崑崙中，根據的堅強實在遠出其他諸水之上。

足以證成馬岌這一説的證據還有。漢書地理志注云：

酒泉郡：應劭曰：“其水若酒，故曰酒泉也。”師古曰：“舊俗傳云：‘城下有金泉，泉味如酒。’”

這不是禹本紀所説的崑崙的醴泉嗎！又段國沙州記：

羊鵲嶺東北二百里有大山，遙望甚似東岳岱山，極高大嶮峻，嵯峨崔嵬，頗有靈驗，羌胡父老傳云：是西王母檮蒲山。（御覽地部十五引）

沙州即今敦煌。看西次三經，西王母所居在崑崙西，而敦煌在酒泉西，不是恰恰相應嗎！又西次三經的近末尾處有三危山，括地志云：

> 三危山有三峰，故曰三危，俗亦名卑羽山，在沙州燉煌縣東南三十里。（史記五帝本紀正義引）

三危的西面是天山，括地志又云：

> 天山一名白山，今名初羅漫山，在伊吾縣北百二十里。（史記李將軍列傳正義引）

這又不是和實際的山很合符嗎！怪不得張守節和畢沅要竭力擁護這一說！

可是我們終有一點遺憾，不敢作圓滿的肯定，其故有二。其一，酒泉南山如爲崑崙，何以班固在地理志裏不把崑崙放在酒泉而偏記在金城臨羌？臨羌離酒泉固然不算太遠，究竟要翻過一座祁連山。又酒泉有西王母石室，臨羌之西也有西王母石室，所以臨羌的崑崙不見得就是酒泉的崑崙。其二，崑崙和四水是分不開的，尤其是黃河，漢武帝因河源的確定而才有崑崙的確定。酒泉崑崙說擺脫了河源問題不談，雖有弱水的合拍，黑水的近似，究竟避重就輕，逃不過明眼人的指摘。水經作者說：“河水過敦煌、酒泉、張掖郡南”，這是酒泉崑崙說的極大要求；可惜終是一個想像，不能提出實證替這一說張目。畢沅模倣張騫，說是伏流，這又是一個巧妙的方法，可是西域有廣袤三百里的蒲昌海，酒泉崑崙又有什麼大量蓄積的水池可以做河水伏流的源泉？所以這種想法不過紙上談兵而已，實際不但不能解決這問題，反而增加了這問題的糾紛性。

附

崆峒山與洋水 *

提到崑崙（kuən lŭn），我們必得注意到另一名詞——崆峒（kúng dùng）一作"空桐"、一作"空同"。這個名詞始見於莊子。在宥篇云：

> 黃帝立爲天子十九年，令行天下。聞廣成子在於空同之上，故往見之，曰："我聞吾子達於至道，敢問至道之精。……"

黃帝傳説的大本營，我們從山海經知道是在崑崙。這兒有一個空同，空與昆爲同紐，同與侖爲同韻，這是值得注意的。在史記裏也提到這山名：

> 天下有不順者，黃帝從而征之。……西至于空桐，登雞頭。（五帝本紀）
>
> 余嘗西至空峒。（五帝本紀贊）

集解引韋昭曰："在隴右。"正義曰：

> 括地志云："空桐山在肅州福禄縣（今甘肅高臺縣西北。）東南六十里。抱朴子内篇云：'黃帝西見中黃子，受九品之

---

* 未刊。録自原稿。

方；過空桐，從廣成子受自然之經'，即此山。"括地志又云：
"笄頭山一名崆峒山，在原州平陽（陽誤，當作高。）縣西百
里，禹貢涇水所出。"輿地志云："或即雞頭山也。"酈元云：
"蓋大隴山異名也。莊子云：廣成子學道崆峒山，黄帝問道
於廣成子，蓋在此。"按二處崆峒皆云黄帝登之，未詳孰是。

如此説，則唐括地志説崆峒已有肅州、原州二説。肅州正是馬岌
所説崑崙所在，這兩個名詞簡直可以合一。原州即今甘肅固原
縣，是同爲西北之山。

趙世家：

襄子……娶空同氏，生五子。

正義引括地志，説爲崆峒山，戎地。

漢書武帝紀，元鼎五年：

冬十月，行幸雍，祠五時，道踰隴，登空同，西臨祖厲
河而還。

又元封四年：

冬十月，行幸雍，祠五時，通回中道，遂北出蕭關。

祖厲，漢縣，屬安定。回中，宮名，在安定高平，蕭關在其北。
這些地方，都在今甘肅平涼一帶。因爲武帝到空同，所以司馬遷
也得隨駕到那裏。這山勢秀削，是度隴而西的第一名勝。

空同之名，在經典中並不生疏。爾雅釋地四極：

北戴斗極爲空桐。……空桐之人武。

又逸周書王會中的湯四方獻令：

> 正北：空同、大夏、莎車……代翟、匈奴、樓煩、月氏……

在這兩條裏可知空同實在北方，故一云"北戴斗極"，一則與匈奴、樓煩、大夏、月氏排在一起。我覺得，空同所以放在北方正因崑崙在北方的緣故吧？（此空同當在肅州）

清張伯魁崆峒山志説：

> 按輿圖，宇内之山名崆峒者七：曰平涼，曰汝州，曰薊州，曰岷州，曰肅州，曰逖道，曰西和，皆有崆峒山。

括地志所舉二處，即此肅州與平涼，在唐以後又多出了五處，汝州在今河南，薊州在今察哈爾，其他岷州、狄道、西和皆在今甘肅的南部，即古代的氐、羌區域。薊州爲什麼有崆峒？想來涿鹿是黃帝故事的中心，因黃帝而分化的。汝州爲什麼有崆峒？這也因爲有莊子徐無鬼篇的話：

> 黃帝將見大隗乎具茨之山，方明爲御，昌㝢驂乘，張若、諩朋前馬，昆閽、滑稽後車，至於襄城之野，七聖皆迷，無所問塗。適遇牧馬童子，問塗焉，曰："若知具茨之山乎？"曰："然。"曰："若知大隗之所存乎？"曰："然。"……

陸德明莊子釋文云：

> 大隗，……司馬崔本作"泰隗"，……神名也。……具
> 茨，……司馬云："在滎陽密縣東，今名泰隗山。"

具茨山在今河南密縣，襄城爲戰國時魏邑，今河南縣，都在嵩山
之東。嵩山區本是羌人所居，所以黃帝故事傳說甚盛（另詳四嶽
篇），莊子的作者就採用了。汝州今爲臨汝縣，在嵩山南，因此
就有了黃帝問道的崆峒山。

　　我所以要提出這個區域，爲的是這個區域確有做崑崙的資
格。西山經說洋水出於崑崙而西南流，注於醜塗之水；海内西經
和淮南地形則說它出崑崙西北隅而東流，南入海。無論流的方向
有差異而洋水之名則盡同。洋水是什麼？是漢水的上流。禹貢
裏說：

> 嶓冢導漾，東流爲漢，又東南滄浪之水……南入于
> 江，……東爲北江，入于海。

這水在嶓冢山發源處名漾，東流後名漢，先入江，再入海。按西
山經說的似指它入江，而海内和地形說的則明指它入海。漾即
洋，是不成問題的，故高注淮南云：

> 洋水逕隴西氐道，東至武都爲漢〔陽〕。或作養水也。

水經也說：

> 漾水出隴西氐道縣嶓冢山，東至武都沮縣爲漢水。……
> 又東南，過江州縣東，東南入于江。

這是說的西漢水，即今嘉陵江。其東漢水則另列爲沔水，云：

> 沔水出武都沮縣東狼谷口，東過南鄭縣南。……至江夏沙羨縣北，南入于江。沔水與江合流，……東入于海。

漾水、沔水的發源地，顯而易見在今甘肅清水縣（氐道）和陝西略陽縣（沮縣），無論如何套不上崑崙。但山海經裏竟又明白説在崑崙，這怎麼辦呢？所以水經注便説：

> 漾水出崑崙西北隅，至氐道，重源顯發而爲漾水。

這分明是套漢書的河水説的。什麼水都可説"重源顯發"，那麼一切的水都可以説發源在崑崙山了！如果説崆峒山即是崑崙山，那麼，這個困難問題似乎可以解決，因爲東西漢水都發源於平涼崆峒山的西南，從鳥道看來相距不過二百公里。

　　讀者看這結論，必定以爲我太武斷了，崑崙如何可以搬到甘肅的東南部？但一問題的解決必有一個整個的看法，讓我在下面再説明罷！

僞東方朔書的崑崙説 *

　　東方朔是漢武帝的弄臣，滑稽取樂，玩世不恭，所以當時人覺得他有趣，都喜歡傳述他的故事，好像現在人講徐文長故事一樣。漢書東方朔傳末了，班固寫上一筆：

> 凡劉向所錄朔書具是矣，世所傳他事皆非也。

---

* 原載中國歷史地理論叢第二輯，1985 年 9 月。

顯見他這篇傳文是根據劉向所録的朔事，他只信劉向所録而不信別人録的，因爲別人録的更顯得詭誕，劉向的態度比較嚴肅，自然可靠的成分爲多。贊中又説：

> 朔之詼諧，逢占射覆，其事浮淺，行於衆庶，童兒牧豎莫不眩耀，而後世好事者因取奇言怪語附著之朔，故詳録焉。

他這樣的重言申明，足見當時假託的東方朔故事實在太多了，他真成了滑稽的箭垛！

不想到了南北朝時代還有兩部他的假書新做出來，爲酈道元所見而採入水經注。這兩部書，一名神異經，是模倣山海經的，所以也以"荒經"標題；一名十洲記，是模倣鄒衍的大九州説的，説大海之中的十個大島。

這兩書中都説到崑崙山和西王母，描寫得比山海經和穆天子傳還要絢華。神異經的中荒經説：

> 崑崙之山，有銅柱焉，其高入天，所謂"天柱"也。圍三十里，周圓如削。下有回屋，方百丈，仙人九府治之。上有大鳥，名曰希有，南向，張左翼覆東王公，右翼覆西王母；背上小處無羽，一萬九千里。西王母歲登翼上，會東王公也。故其柱銘曰："崑崙銅柱，其高入天。員周如削，膚體美焉。"其鳥銘曰："有鳥希有，碌赤煌煌，不鳴不食；東覆東王公，西覆西王母。王母欲東，登之自通。陰陽相須，唯會益工。"

作者把崑崙與西王母放在中荒經，足見崑崙爲天地之中的學説已得到普遍的承認。他把西王母與東王公爲配，這是從西王母這個名詞上化出來的。然而既名爲東王公，自然該住東方，所以他的東荒經説：

> 東荒山中有大石室，東王公居焉，長一丈，頭髮皓白，
> 人形鳥面而虎尾。

因爲漢書裏有"西王母石室"，所以他爲東王公也預備一所大石
室。因爲西山經裏説"西王母其狀如人，豹尾虎齒"，所以他也爲
東王公寫成"人形鳥面而虎尾"，顯見得恰恰相配。至於這頭大
鳥，一半取自西山經裏侍奉西王母的三青鳥，又一半則取自莊子
逍遥遊的大鵬鳥。不過這大鵬鳥雖已竭莊子的想像力，説："鵬
之背不知其幾千里也，怒而飛，其翼若垂天之雲"，又説："鵬之
徙於南冥也，水擊三千里，搏扶摇而上者九萬里"，究竟天地之
大，它尚有迴旋之餘地。現在這頭希有鳥，它的左翼覆了東荒的
東王公，右翼覆了中荒的西王母，已經充塞了半個世界的天空，
叫它怎麼奮翅高飛？西王母要見東王公時，也不見得方便吧？
　　至於十洲記裏的崑崙，則又是一種寫法：

> 崑崙，號曰崑崚，在西海之戌地，北海之亥地，去岸十
> 三萬里，又有弱水周迴繞帀。山東南接積石圃，西北接北户
> 之室，东北臨大活之井，西南至承淵之谷。此四角大山，實
> 崑崙之支輔也。積石圃南頭是王母居。周穆王云：咸陽去此
> 四十六萬里。山高平地三萬六千里。上有三角，方廣萬里，
> 形似偃盆，下狹上廣，故名曰"崑崙山三角"。其一角正北，
> 干辰之輝，名曰閬風巔。其一角正西，名曰玄圃堂。其一角
> 正東，名曰崑崙宮。其一角有積金爲天墉城，面方千里，城
> 上安金臺五所，玉樓十二所。其北户山承淵山又有墉城，金
> 臺玉樓，相鮮如流精之闕光，碧玉之堂，瓊華之室，紫翠丹
> 房，錦雲燭日，朱霞九光，西王母之所治也。真官仙靈之所

宗，上通璿璣，元氣流布，五常玉衡，理九天而調陰陽，品物群生，希奇特出，皆在於此。天人濟濟，不可具記。此乃天地之根紐，萬度之綱柄矣。

這位作者把崑崙説成了"天地之根紐，萬度之綱柄"，使得崑崙對於人生發生了實際的效用，它爲萬彙所託命，地位的高超還了得！依五行學説，戌在西北，亥稍偏北，這裏説"西海之戌地，北海之亥地"，等於説西海之西，北海之北，那麼崑崙是在最西北處，與神異經的把它列在"中荒"又不相同。説"去岸十三萬里"，又似孤立海中然。弱水周迴繞市，取自淮南。四角大山，只有積石爲以前所見，若北户則是理想中的極南地名，那時人想像極南到了太陽的南邊，應當開户北向方進日光，這名見吕氏春秋和始皇琅邪刻石，現在把它移到西北，又作爲山名，這是前所未見的。崑崙四角既有大山，山上又有三角伸出。閬風、懸圃本是崑崙的層名，現在成爲凸出的三角，把立體變成了平面。山高三萬六千里，比了淮南子所説的又加高了三倍多。西王母所居在積石圃的南頭，則是在東南方，已經出了崑崙區；但她所治則是承淵、北户兩山上的墉城。這些墉城裏面有金臺、玉樓、碧堂、瓊室、丹房，多麼的美麗。這或者是漢武帝求仙時造的"五城十二樓"的反映吧？

除了崑崙，十洲記裏又把鍾山描寫了一下：

其北海外又有鍾山，在北海之子地，隔弱水之北一萬九千里，高一萬三千里，上方七千里，周旋三萬里，自生玉芝及神草四十餘種，上有金臺玉闕，亦元氣之所舍，天帝居治處也。鍾山之南有平邪山，北有蛟龍山，西有勁草山，東有束木山，四山並鍾山之枝幹也。四山高鍾山三萬里，官城五所如一，登四面山下望乃見鍾山爾。四面山乃天帝君之城域也。仙真之人出入道經自一路，從平邪山東南入穴中，乃到鍾山北阿門外也。天帝君總九天之維，貴無比焉。

這把鍾山也説成崑崙的規模，四面四山，幾乎都有崑崙那麼高，每個山上都有天帝君的城域，這是他總治九天的地方。子爲正北，則鍾山在北海的正北。這兩個大山，比了山海經和淮南子裏排場闊氣了多少？

南北朝時代，道教在寇謙之和崔浩等人的提倡之下，聲勢極盛。這兩部假東方朔的著作該是道士們做的。崑崙山的神話，他們已儘量國貨化了。

附王煦華後記

此文於 1950 年 2 月至 6 月寫畢，如"引言"所説，原擬在法國巴黎大學漢學研究所的機關刊物上發表，因退稿而未果。顧先生作此稿原想以稿費還債，因此在日記中感慨地説："亂世文章不值錢，自是鐵律，予能作出此文，總是自己成績，今日曾欲換美金數百而不得，而他日之價值必非數千美金所可及也。"（1950 年 7 月 14 日日記）以後即置諸篋中。我 1978 年奉調來京整理他畢生的積稿，發現在十年動亂中，失去我所鈔清稿二册中的上册。但原稿及其它鈔稿尚存。整理後，即改章爲篇，在刊物上發表。在顧先生生前發表的四篇，都有些修改。其中第五章是顧先生 1951 年自己發稿的。第二、四、八章是 1978 至 1980 年我協助他發稿的：第四章他要我代他加一個頭，我加了一千字，二、四章，還做了一些小修改，統由他審定後發出；第八章則是他親自修改。由章名改爲篇名時，顧先生對題目都有所改變。收入本書時，係全文同時發表，故仍恢復原章名，文字因係他自己修改或審定，故不再恢復原來文字。末附二篇亦係當時所作。

王煦華

中國古代的城市 *

一、我所見到的古建築

我是不懂土木工程的，今天到蘇工專的建築科裏來講古代城市的建築，真是貨真價實的"班門弄斧"。

不過，我雖沒有建築的知識，而對於古代的建築是接觸過的，對於古代建築的發展史也略曾注意過，所以有一點見聞可以對諸位講講。

蘇州是歷史遺跡最多的地方。蘇州城是吳王闔閭時伍子胥所造，到今已有兩千四百多年的歷史，是全中國最古的一所城池。蘇州公園是吳王宮的遺址，靈岩山是吳王離宮的遺址，雖然遺跡已很少，但是地位沒有變動，徘徊在那裏，還可以想像古人的生活。此外，如玄妙觀和開元寺都是晉朝的，而當時的建築已無存，只有開元寺石佛和彌羅寶閣的畫石是晉朝的東西；虎丘山的寶塔是隋朝築的，府學、三清殿和雙塔是宋朝築的，獅子林是宋、元間築的，拙政園和無量殿都是明朝築的。我長大在這個環

＊ 1953 年 5 月上旬作。5 月 8 日在蘇州工專演講。原載歷史教學問題 1983 年第三、第五期。

境裏，對於歷史遺跡從小就發生了很深的興趣。

二十一歲進了北京大學，此後住在北京有二十年光陰。北京是遼、金、元、明、清五代建都的地方，古跡雖不如蘇州早，但數量卻比蘇州多。我每逢假日，常和朋友們一塊出去訪古。天寧寺塔是隋朝的，北海公園是遼、金皇室的花園，蘆溝橋是金朝的，國子監、觀象臺、白雲觀、東嶽廟和居庸關石門是元朝的，長城、十三陵、碧雲寺以及整個的北京城是明朝的，圓明園、頤和園、靜明園(玉泉山)、靜宜園(香山)、雍和宮等是清的。

因爲北京是華北鐵路的中心，所以可以乘了京綏路車到察哈爾和綏遠。我在大同看到了北魏時的雲岡造像及其洞窟。所謂洞窟，就是在石山上鑿出的洞，等於一所一所的石室，上面刻着藻井和飛天，四圍站的坐的都是佛像，盈千累萬，表現了那時人對於佛教的真誠的信仰。翻過陰山到了百靈廟，住在蒙古包裏，因而想起先民在沒有屋子的時候該有一個長時期的帳幕生活。在河套裏看着土法和新法的溝渠，認識了古人對於灌溉的寶貴的經驗。乘了津浦路車到山東，在濟南看到春秋時譚國的故城，拾到了黑陶片，是那時的家常日用器物。在曲阜看到了巨大無比的孔廟和孔林(孔子墓)。上泰山看到了秦碑殘石。轉膠濟路，又見了戰國時的齊都臨淄，那是比蘇州城還大的一個遺址。乘了京漢路車南行，看到的古跡更多了。在周口店，看到了北京人的洞窟。在易縣，看到了戰國時的燕下都，廣約二十七里，土臺纍纍，是當時宮殿的遺址。在邯鄲縣，看到了戰國時的趙都，址不甚廣而很整齊，那是和齊的臨淄同爲當時的經濟中心，史書上說它們是繁盛到極點的。在正定縣，看到隋朝的龍興寺，那是少有的一所大廟，它保持了一千多年的興盛，唐、宋時的建築和造像甚多，可惜近數十年中已頹敗了，然而在亂磚碎瓦裏還在發揮出它的光彩。在磁縣，見了响堂山的造像和北齊高歡的墓窟。在安陽縣，到了商朝建都二百餘年的殷墟，那是著名的甲骨文發見地，也連帶出土銅器和白陶。從鄭州轉隴海鐵路，這是沿着黃河和渭水的一條路，是我國古代文化的搖籃。鄭州以西，處處見着穴居，叫做窰洞，是最原始的房屋，可也是冬暖夏涼、適於居住的所在。在洛陽，看見了魏故城和中國歷史上第一個佛寺——白馬寺，又見了和雲岡造像時代約略相等的龍門造像，又見了北邙山上無數古塚和墓磚、墓誌。在鞏縣，見了北魏石窟寺的造像和北宋的皇陵。在長安，見到了周圍八十里的隋、唐故城和包括在內的漢未央宮遺址，又見了唐代的慈恩寺塔，是玄奘譯經的地方。在咸陽，見了幾百個高大的古墓，時代從周文王開始。

因爲軍閥的混戰和帝國主義的侵略，我的生活不能安定，因此，又到了福建一年，廣東二年，甘肅和青海二年，雲南一年，四川六年，以及蘇州、杭州、上海等處九年。在這流離轉徙的日子裏，我到過中世紀的中外貿易的中心——泉州，它是唐、宋時代的上海，偉大的建築甚多，最顯著的是五里橋和洛陽橋，洛陽橋是舉世聞名的，但它不過兩里路長，比五里橋不及一半。還有開元寺，它的一座大殿比北京的太和殿還要大，只是沒有太和殿高。在廣州，見了唐代的回教墳墓和光塔，因爲阿剌伯人從海道來是由廣州上岸的。在甘肅，見到了秦始皇的長城（通常所見和地圖上所繪的都是明朝的），版築的痕跡還很清楚。在青海，見到了唐以前的吐谷渾的烽火臺和宗喀巴出生聖地——塔爾寺。在甘青的交界上，見到了明朝的邊牆和拉卜楞、黑錯、陌務幾個喇嘛教大寺，寺中用黃金鑄佛像，又用黃金鍍銅瓦，太陽照着，金光四射，比北京皇宮還要壯麗。拉卜楞合十八寺爲一寺，房屋約兩萬間，恐是西藏拉薩布達拉宮以下惟一的大寺。在四川，看見許多漢闕崖墓（在山壁上塔架鑿洞，置棺其中，拆架後人不能上）和許多不規則的墓。在新都，見到所謂諸葛亮的八陣圖。在嘉定，進了許多"蠻子洞"，即是在山石上鑿洞安門的墓，門外有很好看的雕刻。在新津，進過一個漢墓，也是在山石上鑿成的，裏面有八間屋子，又有樓房，想見古人的房屋制度。在大邑和合川，見了唐、宋時代的許多造像洞窟。在灌縣，看見戰國時秦國的成都太守李冰開的都江堰，把岷江的水分流到東面的十四個縣，要用多少水時就開進多少水，使得二千多年來無旱災，成爲天府之國，實在是我國最古而又最偉大的水利工程。

二、古代築城的方式

　　我是有志研究歷史的，歷史的範圍太大了，從自然界以至人類社會都有它的發展的經過，作爲一個歷史學者來説，就都得看上幾眼。不管學問領域如何偉大，個人知識如何渺小，總得説上幾句話，表示出自己在一瞥中的印象。

　　周禮裏邊有一篇考工記，講當時的金工、木工、陶工、石工、車工、武器等等，大概是戰國時人所寫，是我國工藝史上一部最重要的經典。裏面“匠人”一官管着三件事情：一、建國，是決定國都的地位和方向；二、營國，是在決定的地點上造起城牆，在城内造起宮殿和神廟，以及鋪好道路等等；三、爲溝洫，就是在野裏開溝道，畫井田。一、二兩項是建築，第三項是農田水利。

　　關於第一項，考工記説：“匠人，建國，水地以縣（懸）。”這就是説用了水平來定地平。又説：“置槷（臬）以縣，眡（視）以景（影）。”這是説用一條長木頭插在地上做表，在太陽下看它的影子，來定方向。又説：“爲規識日出之景與日入之景，畫參諸日中之景，夜考之極星，以正朝夕。”這是説又做一個圓盤（即如今的日晷）來看太陽出入時的影子，夜裏再看北極星來確定方向。這可見當時造城，第一要平，第二要正，地要極平，方向要極正。在缺乏良好工具的古代，要做到這兩點，没有些兒差錯，確實是勞動人民的智慧的創造。詩經衛風裏有一首講衛文公在楚丘築城的詩，説："定之方中，作于楚宮。揆之以日，作于楚室。"定是天上的營室星，衛國人看這星當頭的時候來造楚宮，確定工作的時間，其時是陽曆十一月的下半月，已過了農忙。"揆之以日"，揆是量度的意思，即是"置槷以縣，眂以景"和"爲規識日出之景與日入之景"了。

　　第二項，考工記説："匠人營國，方九里，旁三門。國中九經九緯，經涂九軌。左祖，右社。面朝，後市。市朝一夫。"這裏它説的是王都，所以規模較大。方九里，是縱九里，橫九里，周圍三十六里，面積八十一里。逸周書作雒篇説："作大邑成周於土中，城方千六百二十丈。"以一百八十丈爲一里計之，恰是方九里。在這方九里的城裏，取九分之一。即方三里，築王城，王城有三個門，最外的叫做"皋門"，進門爲"外朝"，是審判獄訟用的；中間叫"應門"，進門爲"治朝"，是辦理政務用的；又進去是"路門"，門内爲"燕朝"，是國王宴客用的。這叫作"三朝"。再往裏去，便是王的六宮六寢了。在這方九里的大城裏，劃出大街，縱的九條叫經路，橫的九條叫緯路。這些幹路爲有大車通行，所以很寬。那時一輛車子廣六尺六寸，寬裕一點，讓它不和別的車碰，定爲八尺，叫做一軌（從前的路都是泥路，車輪所過，深陷成軌，所過的車都須順從這軌裏走），九軌就是七丈二尺。再加上人行道，其寬可知。再説到王城，左邊是國王的宗廟，叫做"祖"；右邊是國家的土地神叫做"社"；南面是上邊説的三朝，北面是商店。一夫是一百步，就是六百尺。王城方九百步（即方三里），三個朝各佔百步，兩面各佔四百步，後面佔百步，最高統治者住在裏邊盡有發展的餘地。這個制度是歷代統治者所遵照實行的。試看北京城，内城之内有皇城，皇城之内有紫禁城，紫禁城即等於考工記上的王城，這城有午門、太和門、乾清門三門。

午門等於皋門，所謂外朝。太和門等於應門，所謂治朝。乾清門等於路門，所謂燕朝。皇城的南門是天安門，東邊是太廟，即"左祖"（現在改爲勞動人民文化宮）；西邊是社稷壇，即"右社"（現在改爲中山公園）。內城的幹路，如東、西長安街，東四、西四大街，都是非常寬廣，八九輛汽車並行是可能的。天安門內是朝，地安門外是市，也和考工記說的一樣。

　　在封建社會裏，土地作無限制的分割，王封諸侯，諸侯封卿大夫。所謂"封"就是把土地割贈給那人，那人受到了土地就要劃起界綫，不讓人家來侵奪。劃界綫的事，現在是豎立界碑，從前則是用泥土堆起短牆，堆土就叫作"封"。在各個貴族的封疆裏，爲了保守他們的私有財產，各各要築起城來。築城不是一件容易事，要召集許多勞動人民共同工作，先挖深了城濠（池），再把這挖出的泥土堆成高牆（城）。土地佔得大的，他的奴隸和農奴多，城當然築得大些；土地佔得小的，他的力量只能築一個小城。所以城的大小就有了自然的等差。再說，大的封建領主爲了保持他的尊嚴，也許由他定出制度，不許小領主們造大城。在春秋左傳的第一頁上就記載鄭國的祭仲的話，他說："都城過百雉，國之害也。先王之制，大都不過國三之一；中，五之一；小，九之一。"這一段話怎麼講呢？原來古代築城都是泥打牆，用磚砌城是唐以後的事（蘇州是唐末錢鏐改砌的磚城）。在古代，無論是房屋的牆，是城牆，是萬里長城的牆，沒有不是泥打的。泥打牆必須用長條的版，兩面相對，把泥土畚在版內，打得結實；再用別的版加在上面，越打越高。每塊版長一丈，高二尺，打到五版時，就高一丈了，可以不再放高了，因此五版叫做一堵。現在我們說"一堵牆"，就是這樣來的。這是從豎裏說；若從橫裏說，則三版叫作一雉，就是三丈寬。爲什麼三丈叫作一雉？歷代經學家都沒有講。我望文生義，以爲野鷄飛時不能太遠，一起一落，約得三丈，所以古人借它來作計算的單位。假定鄭國的城方五里，那麼，鄭君分封的貴族所自築的城，大的不能超過五里的三分之一，中的不能超過五分之一，小的不能超過九分之一。這就是說，鄭君的城方五里爲方九百丈，即方三百雉；三分之一是方三百丈，即方一百雉；五分之一是方一百八十丈，即方六十雉；九分之一是方一百丈，即方三十三又三分之一雉。祭仲的意思，是說：諸侯之國的貴族如有超過了方三百丈的城，那麼他的力量就很雄厚，可以抗拒國君或襲擊國君了。這樣看來，古代的城有很小的，最小的周圍只有二里多呢（九之一的城周圍是四百丈）。何況古代的尺比現代小得多，還須打一個六折（這種小城，我在甘肅、四川都見過，只容着封建地主一家）。

以上講的是春秋時代。到了戰國時代，情形就很有不同。因爲那時人工開鑿的運河多了，彌補了自然水道多東西流而少南北流的缺憾，把許多不在交通綫上的地方都聯繫了起來，貨物暢通，商業自然發達。自從吳王夫差好大喜功，開了兩條運河，使得陶地成了商業都會。後來梁惠王開了鴻溝，大梁又成了大都會。此外齊的臨淄，趙的邯鄲，周的洛陽，楚的鄢郢，韓的宜陽，秦的咸陽，都成了很大的城市。臨淄城周四十里，居七萬戶，史記上説它城裏，“車轂擊，人肩摩，連衽成帷，舉袂成幕，揮汗如雨”，熱鬧的情況，大有現在上海大馬路的樣子。因此，墨子和孟子書上都説“三里之城，七里之郭”。原來的城太小不够住了，就得把郭（外城）放大五倍多了。在那時的城裏，除了封建領主的官署和住宅區而外，一定有手工業區、商業區、文化區等等，和現代的城市相同。

再有一事該附帶一提。我們到許多古城遺址裏去，土堆子總是很多的，當地的人或稱爲“臺”，或稱爲“塚”。我想，臺和塚當然是有的，但不一定都是臺和塚。史前的人類，爲了避洪水猛獸的襲擊，都喜歡住在山上，例如周口店的北京人就是住在山腰裏的。後來遷居平地，還是要住在高處，一來取其開暢，二來取其乾燥，所以就堆土作屋基。現在的蘇州公園，從前是吳王的宮，古代叫作"高平里"，我小時從言橋到王廢基，還要上高坡，後來才爬平了。所以這許多土堆可以決定是從前統治階級的屋基或宮基。我們到北京，游太和殿、乾清宮，是要走上幾十級石階的，這就是一個很好的證明。

　　古代建築城市很有計劃，從上面所說已可知道。不過上面所說偏於統治階級的宮廷，至於對人民所住的地方的計劃還得補說一下。就拿蘇州城來說罷，吳王的宮所謂"子城"，在全城裏也不過佔九分之一光景，其餘九分之八都是人民住的，試看在這區域裏開河道，造橋梁，定街巷，何等的整齊，可知在着手築城的時候就已擬定了計劃，畫出了地圖。不是像上海市一般，聽其自由生長，以致爲走路的人增加了許多痛苦。韓非子裏說鄭國的子產執政，政治清明，國無盜賊，"桃棗萌於街者，莫有援也"，就是說街上的桃棗樹結了果子，沒有人摘了吃的，可見當時街道上都種着樹。以蘇州河道的多，栽樹方便，一定綠葉成蔭，非常的美麗。唐朝人做的吳地記說蘇州城內六十個坊（現在尚存通關坊、嘉魚（余）坊、富春（仁）坊、黃鸝坊等），就是畫全城六十區，可見其十分整齊。現在雖因街巷名多改變，不能一一考實，畫出一張唐代蘇州城圖來，但看清人徐松著的唐兩京城坊考，就可看出古代的街坊如何整齊，築城時候又如何有計劃。

　　蘇州的河道，幹道是三橫四直，還有許多支流。這河用現代眼光看來，當然不免落伍，所以許多人主張填塞了事。但我想，當初開鑿的用意有二。其一，是把它作運輸用，凡是重載貨物都由船運，好似現在馬路上駛着大卡車似的；街巷則是人行道，運物與行人兩不相妨。其二，是把它作排泄用，一座大城市裏住了幾十萬人，一天糞便有多少，如果淤在城裏，豈不臭氣薰天，釀成瘟疫，若由水道運出，城裏既清潔，田裏也有了肥料，可以說是城鄉兩利。北方道路可以放寬，但是開河不易，所以在衛生上就差得多。但我在長安，看見從漢故城裏挖出的陶制陰溝水管，約一尺見方，互相套着，簡直同上海馬路底下埋着的鐵制髒水管一樣，不能不佩服古代人民的智慧。偌大一座長安城，當時市政建築的完善，就從這一件器物上可以斷定了。

三、古代城市的形勢

從前人家造屋造坡，都必須看風水，看風水的人喚做陰陽先生，在他的判斷吉凶之下定出工事的進止，這當然是迷信，在新時代裏該淘汰。但是，如果剝去他的迷信成分，在營造方面還是有用的。所謂"風"，就是透氣，日光空氣充足。建築該選擇塏爽的地方，本是天經地義。所謂"水"，就是水源充分，飲食洗灌不感困難，這也十分適合衛生的條件。

我們古代人民選擇城市也是以風水爲標準的。詩經裏有一首詩說公劉選擇京地立國，是"相其陰陽，觀其流泉"。下句是尋覓水源，上句是觀察山水的方位。古人說陰陽，是山南爲陽，山北爲陰；水南爲陰，水北爲陽。太陽經天，由東南而西北，山南多照到太陽，故謂之陽，山北少照到，故謂之陰，這是一說就明白的。至於水南水北，太陽同樣照到，爲什麼會分出陰陽來呢？原來這是從古人建都上來的。古人建都，喜歡背山面水，坐北朝南，後面有靠山，擋得住北風。前面有長河，望出去開廣。他既住在山之陽，自然也以爲是水之陽了。秦都咸陽，咸者皆也，就是山水皆陽。那個地方，北面是九嶺山，南面是渭水。

當周朝奪得了商朝的天下，自嫌偏在西南，不容易控制東方，所以要選擇一個地方建立東都，使得四方諸侯朝覲時地點適中。結果選中了洛陽。那塊地方，北面是北邙山，北邙山北是黄河，黃河的北面是王屋山，南面是伊水和洛水，東面是瀍水，西面是澗水，可説是襟山帶水，具備了建都的條件。而且東面是成皋，即虎牢關，西面是函谷關，南面是轘轅關，重重的要隘。易經裏説的"王公設險以守其國"，在當時的脆薄的武裝上確是可以擋住敵軍。因爲那裏有這樣好的形勢，所以東周的王一住就是五百四十年。不過那時諸侯中霸主當權，這裏不過一個形式上的中央政府。其後東漢也在那裏建都一百六十五年，那時的統一集權的中央政府，可稱是洛陽的全盛時代。此後曹魏、西晉、北魏、隋、唐、後唐也都建都過，或是割據，或是陪都，比較東漢就差得多了。綜計洛陽建都的年代是八百四十八年。

　　戰國時秦都咸陽，東面有函谷關、潼關，可以擋住三晉、燕、齊，東南有藍關、武關，可以擋住楚國，西有大散關、蕭關，可以擋住匈奴和氏羌。南面有棧道、劍門，秦惠王在這條路上滅了巴和蜀。因爲四面是關，所以秦地稱爲"關中"。這是四塞其地，只有秦去打人家，不許人家來打秦，所以戰國初年，楚國最強，齊國最富，秦是一個落後的國家，只因他們住在關中，人家打不着他，所以他們可以養精蓄鋭，把六國一一打倒。當漢高祖平了項羽，本意建都洛陽，後來給婁敬講了一番，才知道關中的形勢比了洛陽還好，即日西遷。到惠帝時，建築了長安城。長安在咸陽之南，它在終南山的北面，渭水的南面，依照上例可以叫做"咸陰"。爲什麼不都咸陽而都咸陰呢？這有三個原因。第一，渭水北岸，地方偪仄，發展不開。第二，秦國雖都咸陽，而已把國都伸到南岸，阿房宮就在漢長安城西，大可因秦舊址，少動工事。第三，長安之南，有滻水，有灞水，有灃水，有滈水，依然是"水北曰陽"。西周時，文王都灃，武王都鎬，都在長安的西南。從那時算起，經過秦、漢、隋、唐，又加上前趙、前秦、後秦、西魏、北周等偏霸之國，計共建都一千另六十六年。從全國看來，這是建都最久之地。關中稱爲"天府"，蜀中亦稱爲"天府"，天府是天的倉庫的意思，可見其生產的豐富。只是關中平原太小，又常常鬧旱災，以致赤地千里，蜀中和關中，隔着秦嶺，究竟交通不便，遠水救不着近火，東方糧食漕運，又常在砥柱覆舟，所以唐朝建都二百餘年之中，每逢大旱，就由皇帝領着群臣和宮女，住到洛陽，可以説是皇帝逃荒了！懂得了這一點，就可知道五代和北宋何以建都汴梁的道理，那就因爲汴梁偏在東邊，漕運由運河轉入汴河是十分方便而又無危險的。

最後一個都城是北京。北京如果由遼的建都（公元九一六）算起，到今也有一千多年了。但遼國的京城在臨潢（在今内蒙古），北京只作爲一個陪都——南京。北京真正的建都是金朝海陵王貞元元年（一一五三）的事，到今年恰恰八百年。北京東面是渤海，西面是太行山，北面是燕山，南面是永定河、大清河、溏沱河等，從形勢上説比長安、洛陽更雄壯，從交通上説也更方便。否則遼、金、清三朝起自東北，固易建北京爲國都，而元朝起自朔漠，明朝起自江淮，何以也要選中這個地方呢？所以設險守國，古今情勢有變，以前所謂險要，現在看來已失去了價值。只有交通的價值是不容易改變的。自從元朝把南北運河開通之後，南北轉運毫無困難，又開了海運，貨物往來更加方便。自從清末造鐵路，北面以北京爲中心，無論到東北，到西北，到東南，到西南都握住了樞紐。陸運水運這般順利，可云全國無匹。北京在我國的都會史上有重要的地位，成爲一座舉世聞名的壯嚴美麗的大城，就因爲這個緣故。

遼的南京，金的中都，都在現今北京城的西南，何以到了元朝遷到現在的地點呢？這是和三海有關係的。（北方稱湖爲海，三海加起來還没有蘇州的石湖大。）原來今天的北海公園當時本爲西郊高梁河水所灌注，是一片沼澤之區，由於勞動人民的經營，排治積水，開濬湖泊，把一塊荒凉的地方化作一片美好的田園。金朝建都，統治者掠爲己有，修造大寧宮，堆起一座山，唤做瓊華島。到了元朝忽必烈(世祖)時代，就把瓊華島一帶地方作爲全城設計的中心，在湖邊造起了宮殿；又在東、西、北三面加築大城，布置街道，稱爲大都。這個大都城就是今天内城的前身，算到現在已有六百八十餘年的歷史。其後又經明朝三次改造，一直到嘉靖三十二年(一五五三)才完成了今日北京内外城的形狀，算到今年又恰好是四百周年。

北方沙漠南侵，湖泊減縮，無論到那裏，用水總是一個大問題。北京所以爲統治階級所看中而建都，就爲了這一點水。可是這一點水是不够用的。自從金朝統一了華北大平原，每年都要把所征的糧食運到中都，需要尋找水源，開鑿運河。他們先用永定河(即渾河)水，但這河流量極不穩定，夏秋間洪水來勢兇濫，常常泛濫成災；到了冬春少雨的時候，河床又近乾涸，所以結果不能用。高梁河的流量太小，無濟於事。他們又把甕山泊(今昆明湖)的水引入高梁河，增加它的流量。到了元朝，統一全國，大都城的居民比了金朝都多得多，都市用水供不應求，於是請了大科學家郭守敬另找水源。他在昌平城東南三公里處找到個百浮泉，計劃引到大都城。這件事看着容易，實行起來甚有困難，因爲這一帶地方並不是一塊理想的平地，從這泉到大都，地形的變化不是逐漸下降的而是上下起伏的。這中間有沙河與清河東西橫流，造成兩條河谷低地。假使把百浮泉水徑直引向大都，勢必一入河谷低地便順流東去。因此，郭守敬先把泉水引向西去，然後由西方轉而南流，大致與西山山麓相平行，這樣就保持了水道坡度在海拔五十公尺以上的地帶逐漸下降的趨勢，并且截留了由西山山麓下流的泉水，匯而東南，經甕山泊、高梁河以入大都。他在河道東岸修築長堤，擋住水的東流，這堤長三十公里，號爲百浮堰。在這南北三十多公里間，地形起伏相差不過十公尺，這不是用人眼能直接觀察的，他在那時的條件下究竟用什麼法子達到這樣精確勘測的結果，這真够我們驚奇的。這計劃完成的時候，漕糧船隻竟可直入大都，停泊到今日的什刹海。可惜到明朝初年，這堰因久無人修而頹圮了。清乾隆時（一七三六——一七九五），把西山碧雲寺一帶的泉水用引水石槽導入玉泉山前湖以補充其下入瓮山泊的流量，又把瓮山泊大加開鑿，築起大堤，提高了湖水的水位。經過了這一番整理，瓮山泊變成了北京城的一個蓄水庫，改用新名叫昆明湖，瓮山也改稱萬壽山。這就是頤和園的由來。這是八百年來都市史上，人工克服自然條件的最好的例子。

解放以來，長城以外遍造防風林，阻住了沙漠的南移。又在長城外懷來盆地裏，利用永定河的天然山峽，築堤攔水，造成寬廣數十公里的人工湖泊——官廳水庫，以解決北京的用水問題。將來的北京一定是全國所有的都市裏最壯嚴美麗的一個，也許成爲全世界的都市裏最壯嚴美麗的一個。我們謹在這裏預祝它的成功！

山海經説明 *

　　“山海經”是中國最古的一部地理書，本是“山經”和“海經”兩部書，後人把它們合在一塊兒。山經中依了方向，分成“南山”、“西山”、“北山”、“東山”、“中山”五經，每一經中又分析爲三、四篇或十餘篇。本書所錄的“北次三經”，就是北山經裏的第三篇。用現在名詞説來，山經大致可稱爲“本國地理”。海經裏依了它的遠近，分爲“海外”、“海内”兩大部分，每一部分也都依方向分爲“南”、“西”、“北”、“東”四經。還有一種海經的別本，稱爲“大荒經”和“海内經”，大荒經卻依了“東”、“南”、“西”、“北”的方向分爲四經，海内經則只有一篇。因爲它是一種別本，也許根據的圖畫有些不同，所以叙述的内容和海經有出入。用現在名詞説來，這兩部海經大致可稱爲“世界地理”。只是山經和海經尚有錯出的地方（例如崑崙，山、海兩經都有），不能有劃得很清楚的界綫而已。

　　中國的古書在西漢時作過一回大整理，那時正統的學派是儒家，他們所信仰的宗教是五行，爲了要求統一思想，許多古書都被他們改竄了；可是這部山海經卻倖免於難，它還保存了原來面目。中國古代的學術集中在貴族的宮廷裏，而替貴族們管理學術資料，進而從事於創作的，是“巫”和“史”。凡是人類社會的事務

---

　　* 1959 年 1 月 9 日爲中國古代地理名著選讀第一輯作。後未刊。録自　　底稿。

記載，由史管着；凡是神的社會以及神和人交通的記載，由巫管着。尚書、春秋、世本、詩經、禮經都屬於前一項；易經、山海經、楚辭中的九歌等等屬於後一項。

古代人口稀少，山林沒有開闢，交通不發達，禽獸衆多，人類不易征服自然，所以那時人把旅行看作是一件大事，怕走到半路就給野獸吞了，又怕犯了山神受到災難，在這些恐怖的心理之下，所以各處都有神和獸的傳説。雖然後來各國商品生産發達，突破了自給自足的經濟情況而作大規模地區間的廣泛交換，交通已大爲便利，可是這種傳説仍然存在，經過巫師们的搜集、整理和夸大，就綜合成了山經這類的書，説明哪裏哪裏有異禽怪獸，哪裏哪裏的山神的面貌怎樣，人們走到哪裏哪裏就應該用什麽東西來祭祀山神。這從思想進步的人們看來，無疑是迷信，所以司馬遷在史記中大宛列傳的贊裏直捷地説："至禹本紀、山海經所有怪物，予不敢言之也！"到了清朝，修四庫全書的人就把山海經從地理類裏剔了出來，放到"小説類，異聞之屬"去了。

到了今天，我們懂得了歷史是發展的，而發展有一定的階段，在二千多年前決不可能有純粹的科學，科學的萌芽往往就包含在迷信裏頭。像漢武帝時方士的"鬥棋，使棋自相擊觸"，就是利用物理學的磁力作用；"以丹砂鍊黃金"，又是化學的胚胎。巫，固然大多數利用了神權來嚇謊人，但也有少數的科學工作者在内，他們想作一點有利於人民的事。例如醫學和藥學，本來就是巫創造出來的，所以吕氏春秋裏説"巫彭作醫"，大荒西经裏也説："大荒之中……有靈山，巫咸、巫即、巫盼、巫彭、巫姑、巫真、巫禮、巫抵、巫謝、巫羅，十巫從此升降，百藥爰在"，在這些地方很可以透露出巫在醫藥方面的努力搜集和研究的態度。同樣，在地理學上，他們也是隨處注意山的形勢、山與山間的距離、河道的發源地和流注地，沙漠裏的伏流，各地生産的動物、植物、礦物，以及對於人類社會有巨大影響的豐年、水災、瘟疫、兵災等等的來源。雖然他們的觀察不一定正確，甚而至於十分錯誤，可是就是這幼稚期中留下的一鱗片爪，已爲中國地理學史上寫出了最寶貴的第一頁。

山經和海經的寫定可能有先後，山經早一點約在戰國，海經遲一點約在西漢，這是從列舉的地名上可以看出來的。不過作者沒有寫定經文的時候先已有了圖畫，我們看海內南經的"長臂國……捕魚水中，兩手各操一魚"，海內北經的"犬戎國，狀如犬，有一女子方跪進杯食"，只記了一霎間的動作，分明是圖畫的直接記錄。在屈原做的離騷和天問裏已大量用進山海經中的地名和怪物，如果他不是根據的山海經，那至少山海圖必已流行於戰國時代的楚國，看呂氏春秋的本味篇也大量用進山海經的名詞，又可知它那時必已流行於秦國。那麼開始畫這圖的人是哪一個國籍的呢？依我們猜想：山經圖的畫家大概是秦國的，因爲西山經和北山經記得都很詳細，但一到東山經和南山經便模糊了，舉不出幾個符合實際的地名，所以他們的籍貫可以肯定在西北。南山經的地方，那時是越族所居，如果出於楚人，楚和越是多年的鄰國，楚威王時又滅越，必不會這樣白茫茫地一片。秦的本邦本在甘肅，自秦穆公後又畢力開發西戎，所以秦和西北方有長久的聯繫，他們知道一些西北方的實際地理是很可能的。

本書選録的北次三經，在春秋、戰國時代是晉國和三晉（趙、魏、韓）國的疆域，秦和晉是近鄰，戰爭不絶，交通頻繁，所以這一篇裏的山川約有半數可以徵實。最可注意的，黃河本是沿了太行山北行，到今河北省樂亭境内入海，所以今河北省北部的河道都入黃河，自周定王五年（公元前六○二，春秋魯宣公七年）河徙之後，在今河北省滄縣境内入海，南移了很遠，因此灅河、桑乾河、白河、唐河或獨自入海或在天津境内合流入海。但這篇從高是山（今山西渾源的恒山）以下，從南到北，説滱水（即今唐河）"東流注於河"，鄗水（或是白河）"東流注於河"，般水（或是沟河）

"東流注於河"，燕水（或是桑乾河）"東流注於河"，歷虢之水（或是灅河）"東流注於河"，倫水（或是青龍河）"東流注於河"，繩水（或是洋河）"東流注於河"，還保存得周定王以前的黃河囊括北方諸水的原狀。這是在別的古書裏所見不到的。爲了有這樣早期的記載，足以證明山海經的醞釀和出現的時代，所以選錄了。將來出版中國古代地理名著選讀的二集和三集時，我們還要選錄海經，讓同志們看看中國古代海上交通的遺痕。

　　山海經這部書，牽涉的方面很廣，和地理、地質、土壤、生物、歷史、民俗諸種科學全都有關係，必須集合各方面的專家才可對其中的問題作全面的解決。前代學者研究山海經的有晉朝的郭璞山海經注，明朝的楊慎山海經補注、王崇慶山海經釋義，清朝的吳任臣山海經廣注、汪紱山海經存、畢沅山海經新校正、郝懿行山海經箋疏、陳逢衡山海經彙説、呂調陽五藏山經傳、海内經附傳、吳承志山海經地理今釋都曾用了許多功夫，但卻只有校勘文字是可以肯定的成績，地名考證就不一定靠得住。吳承志把清一統輿圖和山經細細比勘，碻定經中的某山某水即是今天的某山某水，雖然費了高度的勞動力，勉強把古人的地理知識符合於今人的地理知識，我們認爲仍是一種冒險行爲，不敢率爾相信。我們在本篇的注裏雖然選錄了若干，只是備讀者的參考而已，希望大家用批判接受的態度對待它吧！

西藏簡史 [*]

1. 羌人和發羌(紀元前 20 世紀至前 1 世紀)
2. 奴隸制下的吐蕃國(前 1 世紀至 9 世紀)
3. 西藏成爲中國不可分割的一部分(9 世紀至 18 世紀)
4. 帝國主義的魔掌深入西藏及其退出(18 世紀至 20 世紀)

(1)羌人和發羌

羌人，是從很早時候就住在中國西部的一種民族。我們祖國最早的文字是甲骨文，我們從這裏得到許多商朝後期的歷史資料，其中就有不少關於羌人的記載，見得商朝和羌人關係的密切。這已是三千多年前的事情了。詩經裏有一篇殷武，説"昔有成湯，自彼氐、羌，莫敢不來享，莫敢不來王，曰商是常。"氐和羌是兩個最接近的民族，從這詩上看，在商朝初期的成湯時代，他們已經做了商朝的屬國，受了商朝的壓力，世世來貢獻和朝見。"曰商是常"這句話的意思，大概是説商朝是氐和羌的永久的宗主國。成湯時已經這樣，那麼羌的建國至少是在四千年前的夏朝了。

---

* 1959 年 5 月下旬作。5 月 26 日爲全國政協同人宣講。錄自底稿。

到了周朝興盛，羌因爲住在西邊，地和周近，又服屬於周。尚書裏有一篇牧誓，説周武王伐紂的時候，他所率領的八個少數民族的軍隊，羌人是其中之一。其實，羌對周不僅是服屬的關係，而是主要的姻親之國。周家姓姬，和姬姓通婚姻最多的是姜姓，例如周太王的妻子是太姜，周武王的妻子是邑姜，所以在周得天下之後，姜姓的人受封爲中原諸侯的就不少，最著名的是齊國的姜太公，現在姓姜的遍於全國各地。他們這個民族爲什麼姓姜？從古代社會看來，每一個部族都有一個圖騰（Totem），作爲本族的標記，也作爲信仰的對象。例如狄人是以犬爲圖騰的，所以也叫作"犬戎"；閩人是以長蟲爲圖騰的，現在臺灣的高山族還保存這種風俗，在每個器物上還刻塑着蛇形。羌族是把羊作圖騰的，新唐書吐蕃傳説他們"事羱羝爲大神"，羱是野生的大羊，羱羝是大公羊，可見他們到唐朝還保存這個風俗，正同漢族崇拜龍鳳一樣。"羌"字從羊從人，他們這一族的女兒也就用了從羊從女的"姜"字作了姓。周朝封國時，封到内地的姜族就列於"諸夏"；其留居於原地方的仍爲"羌人"；介乎其間的是住在晉國的"姜戎"，後來就混合在晉國人裏頭了。

羌族在中國西部佔有極廣大的面積。可惜他們没有文字，也就没有歷史記載，我們無法知道他們在古代的生活情形。關於他們的系統的歷史記載，是漢人替他們寫的，最早的一篇是公元五世紀時范曄在後漢書裏作的西羌傳。在這篇傳裏，講到羌族的一位領袖叫無弋爰劍，他在公元前四世紀時（戰國前期）被秦國人虜去作了奴隸，後來得到天的保佑，逃到青海。那時青海的羌人只懂得打獵爲生，無弋爰劍教他們種田，又教他們畜牧，他們的生產發達了，羌人就大大地蕃殖起來，而無弋爰劍的子孫也就分開來做了一百五十個部落的酋長。到公元二世紀時，他們有兵士二十萬人，可見他們已有强大的組織。

西羌傳又説：有一種叫"發羌"，因爲他們住的地方太遠了，所以和青海的羌人没有往來。發羌的地方離青海遠，而不是在青海西北面的西域（新疆），所以我們可以推想爲西藏。西藏岡底斯山北部通名爲"羌塘"，這也是一個證據。到十一世紀，宋朝人修新唐書，在吐蕃傳裏説：吐蕃是發羌的後代，"蕃"和"發"因聲近相通。他們這句話是靠得住的，"發"和"蕃"現在都是輕唇音，而古代只有重唇音，凡是現在讀爲輕唇音的字，古人都讀作重唇音，這在形聲字裏還保存了若干。所以，"發"字加"水"旁，我們便念作"潑"，"蕃"字去了"艸"頭，就讀"潘"，廣東的番禺縣是一個證據；加了"蟲"旁，就讀"蟠"，這都保存着原來的重唇音。所以唐朝時候的西藏人國名爲"蕃"，也稱爲"寶髻"，到現在，西藏人還自稱爲 Bod。至於吐蕃的"吐"，那就是"大"字的音變，只是加在國名上的尊號，和"大夏"稱爲"吐火羅"一樣。那時因爲唐稱"大唐"，所以蕃人也就自稱"大蕃"。突厥人稱吐蕃爲圖伯特（Töböt），即保存"大蕃"二字的原音。現在外國人稱西藏爲 Tibet，又是"大蕃"二字的音轉。

至於稱藏族爲"番子"，"番"和"蕃"本即一字，和蒙古人建國號叫"韃靼"，而稱他們叫"韃子"一樣，並不含有侮辱的意義。（臺灣高山族被稱爲"生番"、"熟番"，當然是侮辱性的。）至於"藏"呀，"康"呀，都是"羌"字的音變。"西藏"和"西康"的"西"字只是漢人就它的方向而加上去的形容詞。

據十四世紀西藏薩迦派教徒福幢（宗喀巴的老師）所作的西藏王統記説：西藏人的始祖是由觀世音菩薩座下的獼猴和羅刹女結婚所生，這當然是佛教傳入西藏後所發生的神話。他又説：印度日札巴王生了三個兒子，最小的馬夾王，因爲國內有亂，喬扮女裝，逃到西藏，就做了西藏的第一個王——天尺王。無論這個説法不可信，就便可信，也只限於西藏統治者的家庭，和一大群人民無關。我們試看，印度人是阿利安種，是白種人的一個分支，固然因爲太陽旺，天氣熱，把皮膚曬得黃了，但鼻子高，眼眶深，眼睛綠，依然表現出白種人的特徵。西藏人鼻子扁平，眼睛不深不綠，一望就知道他們不同於印度而同於中國。所以這個説法也是佛教傳入西藏後，因爲景仰印度人而想出來的，和日本人先前受了中國文化的熏陶，自稱是吴太伯之後，同樣的不可信。西藏人是羌的一種，吐蕃强盛的時候佔領了全部的羌地，漢人裏邊有不少的羌人血統，羌人裏邊也有不少的漢人血統，這都是事實。

　　本年4月18日，由印度外交部官員散發給報界的所謂"達賴喇嘛的聲明"，開頭説："西藏人和中國漢人是不同的，這一點是一向得到承認的"，這真是閉着眼睛的胡説，我們該從歷史的證據裏擊破這種挑撥民族感情的陰謀！在這個聲明裏又説："印度和西藏有着一千年的宗教、文化和貿易關係"，好像他們真有了不起的不可分割的歷史淵源，現在我們可以説：西藏在它祖國——中華人民共和國的大家庭裏已經有四千年的歷史了！我們來比一比吧！

(2)奴隸制下的吐蕃國

　　據西藏王統記説：從西藏最初的王也尺贊保到囊日松贊（松贊岡布的父親）王，共三十一朝，約七百三十年。推算起來，也尺贊保該和漢武帝同時。這很有可能。因爲羌人的繁盛是在秦漢之際，漢武帝時，爲要北面擋住匈奴的侵略，而一部分羌人是和匈奴有聯絡的，不得不把匈奴和羌人交通的道路隔絶，因此就出兵青海，説不定有一部分羌人爲了避開兵災，搬得更遠一點，因此有越過唐古拉山到西藏去的發羌。那裏没有敵國，足以蕃養生息，因此在七百多年裏邊就成爲一個强大的國家。

在這個七百多年期間（公元前二世紀末到公元七世紀初），漢文裏邊沒有什麼材料，就是藏文裏邊的記載也極簡略。想不到在敦煌石窟裏竟發見了古藏文的吐蕃"史傳"和"紀年"，使我們能夠多知道一些吐蕃的事情，可以斷説他們已經進入了奴隸社會。

在發見的古藏文書裏説，那時在吐蕃的鄰近，有一個爲墀邦參所統治的國家，被囊日松贊所擊滅，囊日松贊把俘獲的東西分給他的功臣，孃曾古得到的是都巴城寨和奴隸一千五百家，巴比曹得到的是雜戛申的土地和奴隸一千五百家，嫩准波得到的是布努、波嫩等地方和奴隸一千五百家，側繃那僧得到的是悶城寨的奴隸三百家……他們都作了普贊（王）的大臣。其他功臣亦多升級爲諸侯。在這一次戰役裏，只一次賜予就有奴隸四千八百家，吐蕃王自己得到的奴隸還不算在裏邊，可見被征服者作爲奴隸已經成爲當時社會通行的事情，而且數目是相當大的。這許多奴隸不可能都作爲家内奴隸，必然從事農業和牧業的生産，可見當時吐蕃的農業和牧業是相當發達的。足食也就可以足兵，所以吐蕃兵力很強。他們的軍隊組織是把原來的部族組織作爲基礎。吐蕃全國分成四個軍區，由將軍和副將統率。人民重視壯年，輕視老年，兒子在家庭的地位高過了父親，家長制不發達。軍人以戰死爲光榮，臨陣時士氣極旺。凡戰死的人，在墓上都標舉着他的功勞；敗退的爲社會所不齒，要把一條狐狸尾巴挂在他的頭上，表示他像狐狸一般的怯懦，所以打了敗仗比死還難過。

公元六世紀末年，松贊岡保繼位，國勢大盛；他又在位七十年，在這安定的環境裏就想發展文化。他派青年們到唐朝進學校，又請唐朝的文人替他寫表疏。又派吞米桑布札到印度學習文字，變化梵文爲藏文。他娶了尼泊爾的尺尊公主，又娶了唐朝的文成公主。這兩位王后都是佛教徒，因此他大興佛教，建築大招、小招等寺院。他又請求唐朝發給蠶種，送去造酒、鑿碾磑、制紙墨的工匠，拿中國文化來豐富了吐蕃的文化，並提高了吐蕃的生產力。其他方面，如曆法、醫學、音樂等等，也都由中國輸入了。有一次，唐朝派王玄策到印度去，爲中天竺人所劫掠，他就發出精兵，和王玄策一同打敗天竺，可見那時漢和蕃友誼的親密。唐朝封他爲"西海郡王"，又進封爲"賓王"，他都接受了。

唐朝把公主出嫁到吐蕃共兩次，第一次是文成公主，在公元六四一年(唐太宗貞觀十五年)。第二次是金城公主，在七一〇年(唐中宗景龍四年)，嫁的贊普是松贊岡保的玄孫尺帶珠丹。尺帶珠丹婚後向唐朝請求"河西九曲之地"(今青海東南部大積石山一帶)作爲金城公主的湯沐邑，唐朝也答應了。這塊地方水源豐足，土質肥沃，吐蕃就更加强盛起來，並且把這塊地方作爲根據地東向發展，取得了洮河流域、渭水流域等地方。吐蕃是奴隸制國家，所以除了侵略土地之外還要俘虜人民，這些事唐書和通鑑裏記得很多，吐蕃在甘肅、陝西、青海、新疆境內打一次仗就要虜去幾萬人。最多的一次是公元七八零年(唐德宗建中元年)，虜去了五十萬人。最深入的一次是七六三年(唐代宗廣德元年)，直打進唐都長安，結果爲郭子儀所擊走。因爲他們的奴隸太多了，所以一個兵士常常帶着十幾個奴隸從軍，替他屯田生產。

吐蕃的極盛時期約二百五十年。到公元八五一年(唐宣宗大中五年)，吐蕃内部矛盾尖銳，河、湟一帶吐蕃將官自動干戈，互相討伐，引起了被奴役的人們起義。這些人被稱作"嗢末"，是吐蕃的奴隸部衆，平時散處耕牧，到這時聚合了數千人，自稱爲"嗢末"，推張義潮爲領袖，率領今甘肅西北部的瓜、沙、肅、甘等州，今甘肅西南部的河、渭、蘭、岷、叠、宕諸州，今青海本部的鄯、廓諸州，今新疆東部的伊、西諸州人民一齊起義歸唐，並收復涼州。那時一班微弱的吐蕃部落，因爲起義軍勢大，也就依附了他們。這就加速了吐蕃國的分崩。

以上説的是吐蕃掠奪奴隸、擴張領土的方面。再説在西藏的吐蕃，自從八一七年，熱巴巾即位，他篤信佛教，規定了七家供養一個喇嘛的制度，這樣一面加强對人民的剝削，一面又減少社會的勞動力，遭到了人民和貴族兩方面的反對，爆發了以他的弟弟朗達馬爲首的反宗教運動，把熱巴巾殺掉，焚毁所有的佛像，消滅所有的喇嘛，西藏從此八十多年斷絶了佛教。朗達馬執政後五年被刺死。吐蕃的政權從此分裂，造成了“反教”和“護法”的一些割據集團的鬥爭。在這件事情上，説明在吐蕃建國時期，佛教固然已經取得了王室的信仰，但在人民中間還没有打好基礎，這是和後來得到群衆熱烈信仰是很不相同的。那時，貴族也多信奉原始本教(黑教)，常與王室形成矛盾。這便是佛教統一信仰的性質和原始本教拜物多神性質的矛盾。

　　吐蕃建國時期恰和中國唐朝一代相終始。在這時期裏，中國爲了吐蕃付出了多少人力和物力，吐蕃的强大，可以説中國人的助力是最大的成分。同時，這又是蕃、漢血統大混合的時期，吐蕃統治者爲要用和平的手段得到更多的奴隸，被掠去的漢人男子要配與吐蕃女子(當然也是奴隸)，讓他們生兒育女。白居易的新樂府裏有一篇縛戎人，寫一個涼州漢人在唐代宗大曆年中(766—779)，爲吐蕃掠去，他不甘心于奴隸生活，“誓心密定歸鄉計，不使蕃中妻子知”，居然逃回來了。但唐朝的軍隊看見他穿了吐蕃的服裝，當他是一個吐蕃派來的奸細，把他縛了起來，押送到江南。他歎口氣説：“涼原鄉井不得見，胡地妻兒虚棄捐。”又説：“早知如此悔歸來，兩地寧如一處苦。”從這首詩裏，可見奴隸是有室家之樂的。血統既大混合，文化當然也大混合，中原和西藏的關係就日益緊密了。

（3）西藏成爲中國不可分割的一部分

　　自公元八四二年（唐武宗會昌二年）吐蕃國王朗達馬被刺死，兩個兒子爭立，遂成割據之勢。此後兩系的子孫繁衍，分割得越來越小。這一段吐蕃王朝分裂時期約有四百餘年，從漢族的年代説來，即從唐末到元初。

　　十一、十二兩個世紀，西藏的佛教復興起來。在這以前，西藏的宗教有黑教和紅教。黑教，藏人稱爲“本卜”，是以西藏原始的巫教爲基礎而滲入了印度和中國的佛教而形成的。中國古代的僧人穿黑衣，稱爲“緇流”，西藏的本教承這流風，所以稱爲“黑教。”黑教時代是吐蕃武力向外發展的極盛時期，直到第八世紀中葉（唐玄宗時代）紅教興起時才衰敗下去。紅教，藏人稱爲“寧瑪巴”，是八世紀中葉印度人蓮花生入藏後所創。它是以印度的佛教爲內容，揉雜着一些黑教的儀式，僧侶穿着紅衣，因此稱爲紅教。第九世中葉，朗達馬毀法，紅教衰了。到第十一世紀，後藏的寶王在薩迦建寺，寺牆上塗着兩小幅紅、白色，一大幅灰色，看起來很華麗，因此稱爲“花教”，又叫“薩迦派。”

　　十三世紀時，蒙古的武力從北印度進入西藏高原。這時薩迦派以八思巴爲首，先結納了蒙古的外援，取得了統治西藏的政權。八思巴是寶王的侄子（1239－1279），本身是個貴族，而又非常聰明，七歲就誦經數十萬字，通其大義，所以吐蕃人稱他爲“聖童”。1253年，他15歲，謁見蒙古憲宗（蒙哥汗）的弟弟忽必烈，大得尊寵。到1260年，忽必烈即帝位，就尊他爲國師，命他制定“蒙古新字”，他就採用了吐蕃字母，製成方體字。不久，元朝設立“宣政院”，命他主院事，管理吐蕃三部（中部、前部、後部），元史釋老傳裏説："乃郡縣吐蕃之地，設官分職而領之于帝師。"這就把四百多年來的分崩局面回復了統一，而且神、俗兩權結合的紐帶更加鞏固了起來。我們可以説：西藏的"政、教合一"是從這時開始的。從此，西藏的宗教主成了最大的封建主，和各個土司、廟主、封建主掌握了西藏所有的土地。

八思巴在忽必烈的朝廷裏先號"國師"，升號"大寶法王"。1279年，八思巴死，又賜號爲"皇天之下、一人之上、宣文輔治、大聖至德、普覺真智、佑國如意、大寶法王、西天佛子、大元帝師"。從此，他的一家世世繼承"帝師"這個職務。忽必烈爲什麼要對八思巴這樣尊重，説穿他的動機，無非是懂得利用佛教來統治勇悍的吐蕃民族，比了唐朝人與他們以武力相爭的便宜得多。花教靠了元朝的權力，在西藏執掌政權七十五年（1270－1345）。

十四世紀中葉，薩迦派的政權隨着元帝國的衰敗而崩潰，代之而起的是以帕摩主巴爲首的白教政權。白教，藏人稱爲"噶舉派"，是十一世紀藏人瑪巴所創。瑪巴留學印度，藏人常以白色代表印度，這派的寺牆上塗着白色，因此稱爲"白教"。白教執政時期很長，有二百八十餘年，適當明朝一代。明朝諸帝襲用了元朝的政策，對白教的大喇嘛各予封號，如"烏斯藏大寶法王"、"大乘法王"、"大慈法王"等，並就西藏地方勢力，量其大小，給予一定的職銜，如"宣慰司"、"招討司"、"萬户府"、"千户府"等，都是世襲的，其中地位最高的是"烏斯藏都指揮使"。"烏斯"二字合音爲"衛"，西藏分爲四部，中間是"衛"，東邊是"康"（喀木），西邊是"藏"，再西爲"阿里"。"衛"亦稱"前藏"，因爲這是吐蕃建國以來的政教中心，所以就用了"烏斯"一名來代表全部西藏。

當花、白兩教先後執掌政權時，他們的教徒都腐敗了下來。他們同紅教一樣，娶妻飲酒，違反了佛教的戒律。青海西寧人宗喀巴在十四世紀末年到十五世紀初葉（明初），入西藏學法，先習白教，後習花教，最後歸於嚴守戒律的甘丹派，一革以往各教的流弊，不飲酒，不娶妻。以前的喇嘛戴的是紅帽，宗喀巴爲要與他教有些分別，叫他的教徒戴黃帽，因此，這一派稱爲"黃教"。因爲這一派的態度嚴肅刻苦，引起了全藏人民的信仰，勢力就擴大起來。他的大弟子有達賴，有班禪，有哲布尊丹巴等人，都有轉世的呼畢勒罕。第一世達賴敦根珠巴，是贊普的子孫，到這時出了家，繼承宗喀巴的衣鉢，開始以法王兼藏王事。1580 年（明萬曆八年），韃靼的俺答汗親到西藏，迎第三世達賴鎖朗嘉措到青海，大會諸部，聽他講法。達賴勸他不再殺人，不再用活人殉葬，行十善福政，從此蒙古地方都接受了黃教，黃教的區域愈來愈廣大了。

到十七世紀中葉（1640，明崇禎十四年），西蒙古（新疆）和碩特部的固始汗發展他的軍事政治勢力，先吞滅青海各部，再併吞喀木各部，令自己的子孫佔領青海，而喀木貢輸賦稅；又令達賴專管前藏，藏巴汗（西藏非宗教的統治者）專管後藏。既而固始汗又滅掉藏巴汗，把後藏交給班禪管理，從此達賴和班禪分主了前、後藏。這是 1642 年的事。

當清朝沒有入關的時候，達賴、班禪已和清太宗有往來。入關後，1652 年（順治九年）達賴到北京，受封爲"西天大善自在佛、領天下釋教、普通鄂濟達賴喇嘛"。同元朝一樣，清朝也得到了全藏的擁護。

1682 年（康熙二十一年），第五世達賴羅桑嘉措去世。西藏上層反動分子爲要專權，秘不發喪，並且聯合了天山北路的准噶爾部來和清政權鬥爭，准噶爾部遂入西藏，我國西部爲之擾攘不寧了數十年。准噶爾部的噶爾丹，曾經入藏做喇嘛，回去後就篡奪了汗位，並奉宗喀巴的第三弟子哲布尊丹巴的後身到外蒙古，做大呼圖克圖。1690 年，噶爾丹入侵內蒙，爲清兵打敗。1696 年，康熙皇帝親征噶爾丹，行至克魯倫河，噶爾丹逃走了。

1705 年(康熙四十四年)，伊犁的統治者策妄那布坦進藏，把固始汗孫子拉藏汗殺掉。清廷爲了保護西藏，分兩路進軍入藏。亂事平定後，送第六世達賴倉央嘉措到拉薩。在西藏的新疆蒙古勢力，從此以後完全肅清了。

1727 年(雍正五年)，清廷設置"駐藏大臣"，直接由中央派到西藏，管理前、後藏的一切重要政務。又收西藏東面的巴塘和裏塘歸四川，設宣撫土司治理；收巴塘南面的中甸和維西屬雲南，設兩個廳治理。到 1750 年(乾隆十五年)，西藏地方又有些小叛亂，清朝政府平定亂事之後，就在達賴喇嘛下面設"噶倫"四人，幫助達賴辦事，也就節制于駐藏大臣。駐藏大臣這個職位，名義上雖和達賴、班禪平等，實際上則是清朝皇帝的代表，是西藏的最高權力。這四個噶倫出缺，都由駐藏大臣和達賴會同選授。達賴、班禪的轉世呼畢勒罕不止一個人時，由駐藏大臣會同大喇嘛在金瓶裏抽籤決定。此外，凡是銀錢出入、春秋巡查，也都歸駐藏大臣辦理。事權歸一，西藏確定爲中國的疆土。這是從元而明，從明而清，經過四百五十年的醞釀而成熟的制度。從此以後，西藏就不再有非宗教的汗、王、貝子、貝勒的封號了。

上面簡單的叙述，足夠説明印度尼赫魯總理所説的西藏是獨立國、達賴喇嘛從元朝時候起就作了西藏的政教領袖等等，都是絕對歪曲事實的發言。須知在七百年以來，中國政府已經取得了西藏的行政權，到最近二百多年來，西藏已是中國西南角上不可分割的一部分了。

(4)帝國主義的魔掌深入西藏及其退出

新疆的地方勢力三度侵入西藏，一一爲清朝政府擊退，西藏已不再受北邊的災難。可是南邊的災難又突然來臨。西藏的西南是尼泊爾國，也稱做廓爾喀。1790 年（乾隆五十五年），廓爾喀爲了貿易事件，興兵入藏，大掠札什倫布。清廷命福康安進討，一直打到他們的國都，廓爾喀勢竭投降，把搶去的藏中寶物送還。從此清朝留着藏兵三千、漢兵和蒙古兵一千守着西藏，防禦外患。

自十六世紀末年，英國和印度發生了貿易關係，十七世紀初葉，英人建立印度商會，把印度作爲他們的殖民地，就覬覦到印度北面的西藏。1774 年（乾隆三十九年），英國的印度總督派遣使節到西藏協商關於尼泊爾政策的問題，但是沒有成功。1859 年，英人佔領了全印度。1860 年（咸豐十年），英人把尼泊爾和錫金（哲孟雄）放在自己的支配下。1876 年（光緒二年），英王加冕作了印度皇帝，那年就和腐敗無能的清廷簽訂了"煙臺條約"，規定英人可以"探險"西藏。1890 年（光緒十六年），英國又强迫清廷，續訂了"藏印條約"，中國承認錫金是英國的保護國。1893 年（光緒十九年），又訂"藏印續約"，規定把西藏的亞東開爲商埠，英人在西藏享有往來貿易自由和領事裁判權。這一系列的侵略行動，中國人民沒有不憤慨的，西藏僧俗人民更感到切膚之痛。十三世達賴土登嘉措在全藏反英高潮中親政，就想聯合帝俄，反對英國。英帝企圖直接和西藏交涉的事件，全爲達賴拒絕。

1904 年（光緒三十年），日、俄兩國在我們的東北開戰，英國就趁着這個空隙，由榮赫鵬大佐（Francis Younghnsband）率軍攻陷拉薩。這時達賴逃到蒙古，英人就强迫四噶倫和三大寺（拉薩的噶丹寺、哲蚌寺、色拉寺）訂立"拉薩條約"，開亞東、江孜、噶大克三地爲商埠，排除中國在西藏的主權。榮赫鵬事後做了一部印度、西藏及兩國關係史，在它的結論裏說："不管我們的主觀欲望如何，可是要聽西藏人孤獨存在是絕對不可能的事。藏、印之間必須發生某種關係。我們須從西藏買進羊毛，而向他們出售茶及棉織物。除貿易問題外，我們切盼敵人（指帝俄）的勢力不致膨脹到西藏，因而擾亂了邊境的安寧。"這是他的最真實的供狀。英國人所以要侵略西藏，一方面固然爲了發展他們帝國主義的經濟，可是另一方面卻是爲了抵抗帝俄的勢力從中央亞細亞達到西藏，因而妨礙了印度的安全，他們要把西藏作爲印度的屏障，從而伸展到川邊、青海和新疆等省區。

　　清朝末年，在川邊和昌都地區施行"改土歸流"的政策，就是把元、明、清三朝所封的世襲土官改爲幾年一任的流官，由四川和西康的地方政府直接管理。這一改革，對於當地的大農奴主的固有權利是削弱了，所以他們紛紛起來反對。1910 年（宣統二年），清廷派兵進藏壓制，十三世達賴奔往印度。這位達賴本是親俄反英的，但既逃到印度，處於英國人的魔爪之下，就不由得改變態度，投向英帝國主義的懷抱。辛亥革命（1911）後，英人送達賴回西藏，鼓勵他舉起所謂"獨立運動"的旗幟，打進昌都地區和川邊。1914 年，英國請中國政府派遣代表，到北印度西姆拉地方，訂立了所謂"西姆拉協定"，規定拉薩三百英里以內的地方不准中國駐軍，並且想出花樣，創立了"内藏"和"外藏"的新名詞，想把西康、青海、甘肅、新疆、四川、雲南等省區凡是有藏族居住的地方統統組織在傀儡的"大西藏國"裏頭，讓英帝國主義者來獨吞。雖然引起了我們全國人民的反對，使得這個協定成爲懸案，但英帝的侵略行動並沒有停止。他們對於西藏，不採取直接干涉内政的方法，而一意注重軍隊的訓練，務使西藏能有强大的近代化的軍隊，作爲醖釀脱離祖國的條件。爲了練兵，西藏人民的軍費負擔就很重了。

　　英帝爲了實現"大西藏國"計劃，曾經採取下列的步驟：

1. 鞏固在西藏的勢力計，着手印藏鐵路的興築。（後來通至大吉嶺）
2. 開發新疆計，要敷設印新鐵路。

3. 煽動西藏軍向川、康、青海進攻，擴展他們的勢力。

4. 在新疆西南吉爾吉特（Gilgit，在喀什米爾的北面）附近，設英軍駐屯軍以利軍事指揮。

按照英國的最初計劃，一方面要使南疆獨立，再配合西藏軍在青海、西康邊境的勝利，這個廣大的領域再包括了川、滇的一部，就可以湊成一個强大的"西藏國"。所以 1918 年藏軍就侵佔了西康西部十一個縣，直達到德格東境絨壩岔，他們和西康地方當局締結了所謂"絨壩岔休戰條約"，劃甘孜、巴塘以西爲藏軍駐地，後來竟成了三十多年中康、藏駐軍的分界。可是他們向新疆發展，形勢不利，南疆獨立的陰謀遭受了巨大的打擊而失敗了。

英帝在西藏，繼續推進卵翼西藏"獨立"的政策，離間達賴和班禪的感情，好使達賴獨攬大權。果然到了 1924 年，九世班禪爲了反對過重的軍費負擔，被十三世達賴所趕走。從此達賴統治了整個西藏，實際上卻是整個西藏成爲英帝的半殖民地。

十三世達賴是 1933 年逝世的。他死了之後，照例西藏政權應由班禪執掌。班禪雖流離四方，也該迎他回藏才是。可是，西藏竟違反了慣例，由拉薩三大寺推舉熱振呼圖克圖爲攝政，這當然是英國的主意，因爲九世班禪對於英國是有反感的。

熱振憑着老資格被選爲西藏的攝政，但他卻是代表封建貴族和寺院保守派的利益的，他的基本態度反對親英，對於本國的中央政府，只要在取得優待藏人的一切權利而不過問他們內政的條件之下，是可以保持着相當的聯繫的。可是這樣一來，英國人看着就不順眼，一班西藏上層分子留學於英國和印度的就不能攬權，也心有不甘，這班親英分子勾結了帝國主義，强迫熱振退位；1947 年又把熱振殺死。西藏的反英勢力從此瓦解，執政者又成爲道地的英帝僕從。

在第二次世界大戰期間，美帝國主義就準備了侵略西藏的計劃，派遣間諜，借口探測路綫，深入西藏各地。大戰結束後，英國通過了美帝的控制，於 1947 年宣佈印度獨立，把在西藏所取得的權利，形式上轉讓給印度，例如英國駐拉薩的"政治使節團"改稱爲"印度使節團"，實際上還是英國的特務在操縱。1947 年，在印度新德里舉行的泛亞洲會議，西藏的反動統治階級在美、英的支持下，儼然以"獨立國"的身份出席。1948 年，西藏派遣"商務代表團"訪問華盛頓和倫敦，當時都以"獨立國"的姿態出現，受了美、英政府的"熱烈招待"，實際上這個"訪問"就是反映了美、英對西藏的加緊侵略。1949 年，西藏反動當局借口"共產黨分子有搗亂行爲"，驅逐了漢人和國民黨政府駐藏人員，想用這個煙幕來作爲解放西藏的擋箭牌，實際上是美、英帝國主義想掠奪中國領土主權、奴役西藏、侵略中國，進一步破壞世界和平的陰謀的總暴露。

"事實上，西藏問題的和平解決，不但不能妨礙人民解放軍的進軍，而且必須以和平接受人民解放軍進軍爲條件。"（人民日報）1950 年 10 月 19 日，人民解放軍解放了西藏東方門户的昌都，打通了通往西藏的孔道，繼續進軍西藏。1951 年，西藏地方當局派出以阿沛·阿旺晉美爲首的代表團，在黨和毛主席的偉大感召之下，簽訂了"和平解放西藏辦法"的協議。從此西藏人民才擺脱了美、英帝國主義的束縛，和其他兄弟民族一樣，成爲祖國大家庭中一個重要的成員。

可是藏族上層反動分子是不會甘心放棄固有的剥削權利、自動退出歷史舞臺的，所以四川、甘肅、青海一帶的藏族大農奴主敢於在解放後組織起"護教反共軍"，作"螳臂擋車"的一擊；西藏反動集團也於今年 3 月 19 日夜間在拉薩向人民解放軍駐軍發動武裝進攻，劫持達賴，終至遭到了可恥的失敗，逃亡印度。美、英帝國主義者和承繼印度在藏特權的印度擴張主義分子就利用了這個機會，大造謠言，污蔑中國領袖，夢想還有"卷土重來"的一天。印度總理尼赫魯主張中國派員到印度，成立印、中、藏三方面的協議，癡想把四十五年前的西姆拉會議的歷史復演一次，他不知道時代已經變了，歷史是不可能復演了，一百多年來帝國主義者的種種陰謀都枉費了。

藏族，是我們漢人四千多年來的堂兄弟，我們珍重同堂的情誼，不忍外國帝國主義者和本地大農奴主的剝削和摧殘。他們本有人口一千多萬，爲了受不起嚴酷的剝削，現在銳減到三百多萬了。我們有義務幫助他們發展生産，繁榮人口，一同進入社會主義和共產主義的世界。把西藏高原建設成爲人間的樂園，這是西藏人民的迫切要求，也是我們全國人民的共同要求。

東夷語試探[*]

每讀古籍，輒見人名、地名、器物名有不可解者，心竊竊疑之，而未得其故也。注家解釋，如“句吳”之“句”，“於越”之“於”，但云“發語聲”，又不解何以其他諸國邑皆無發語聲，獨吳、越有之也？既而聚吳、越人地名漸多，乃發見其中不獨有發聲，且有語尾，又有廁於一名詞中間之聲，而後知吳、越語原非一字一音，實類乎今世之所謂屈曲語也。既而推之於其同時諸國，則如邾、如莒、如杞、如郯，凡諸接近東夷諸國，莫不皆然；即華夏集團諸國，如魯、如齊、如宋，凡封於東方者，亦莫不有然；更讀後漢書東夷列傳，則夫餘、句驪諸國亦有可徵，而後知沿海一帶，古代所謂“東夷”區域，其語大同，特吳、越方言保存稍多，鉤稽較易耳。至於太行以西，江、漢之上游，此類痕跡亦間有之，則文化流轉之功，猶之今日中國人士好以“約翰”、“馬利”名其兒女，原非有此必要；或則民族遷徙之所致，如陸渾之戎居於嵩高，遂名其縣曰“陸渾”是也。

語言學家以音之發於前者謂之前置音（Prefix），其廁於中者謂之中置音（Infix），其衍於後者謂之後置音（Suffix）。今依其次第，列之於下。名之曰“試探”者，以其尚未有確實之把握，所列諸證，慮多失出失入之處，不敢視之爲定論耳。題爲“東夷語”而

---

* 1949 年 2—3 月作。原載 1949 年 2 月 27 日—4 月 1 日東南日報文史第一二七—一三一期，署周塈。

亦收入西方材料者，所以資比較，知東方用之者至多，迥非西方
所可及也。

（甲）前置音：

一、句——"句吳"，見史記吳太伯世家，國名。

　　　　　"句繹"，見春秋哀二年經，邾地。

　　　　　"句無"，見國語越語，越地。

　　　　　"句容"，見漢書地理志，丹陽郡之縣。

　　　　　"句章"，見漢志，會稽郡之縣。

　　　　　"句陽"，見漢志，濟陰郡之縣。

　　　　　"句町"，見漢志，牂柯郡之縣。

　　　　　"句驪"，見後漢書東夷傳，國名。

　　　　　"句卑"，見史記吳世家，吳君。

　　　　　"句餘"，見左襄二十八年傳，吳君。

　　　　　"句踐"，見左定十四年傳，越君。

　　　　　"句注"，見匈奴列傳，山名，在雁門。

　　　　　"句耳"，見左成十六年傳，鄭大夫。

二、皋——"皋鼬"，見春秋定四年，魯地。（公羊作"浩油"。）

　　　　　"皋滸"，見左宣四年傳，楚地。

　　　　　"皋虞"，見漢志，琅邪郡之縣。

　　　　　"皋陶"，見詩、書，江淮間偃姓諸國之祖。

　　　　　"皋夷"，見左定十三年傳，晉人。

　　　　　"皋如"，見左哀二十六年傳，越人。（吳越春秋作"句
　　　　　　如"。）

　　　　　"皋比"，見左莊十年傳，魯稱"虎皮"。又人名，宋華
　　　　　　閱子。見左襄十七年傳。

三、姑——"姑蔑"，見竹書紀年，魯地。（春秋隱元年但作"蔑"。）

　　　　　又吳、越間地亦有"姑蔑"，見越語，韋注："今

太湖。”

“姑熊夷”，見吳語，吳地。

“姑胥”，見淮南人間，吳地。（一説即“姑蘇”。）

“姑蘇”，見吳語，吳臺名。

“姑孰”，見漢志，丹陽郡之縣。

“姑幕”，見漢志，琅邪郡之縣。

“姑臧”，見漢志，武威郡之縣。

“姑容”，見左襄六年傳，杞桓公名。

“姑曹”，見左哀八年傳，吳王子。

“姑布子卿”，見史記趙世家，善相者。

四、干——“干遂”，見淮南道應，吳地。

“干將”，見吳越春秋，吳鑄劍者及劍名。

五、州——“州來”，見春秋成七年，楚地。

“州胡”，見後漢書東夷傳，馬韓海島之國。

“州吁”，見春秋隱四年，衛公子。

“州于”，見左昭二十年傳。即吳王僚。

“州蒲”，見春秋成十八年，晉厲公名。

“州犁”，見左昭元年傳，晉人。

“州仇”，見左哀十一年，魯叔孫武叔。

六、烏——“烏傷”，見漢志，會稽郡之縣。

“烏程”，同上。

“烏存”，見左昭二十三年傳，莒人。

“烏獲”，見孟子及史記秦本紀，力士。

七、於——“於餘丘”，見春秋莊二年，魯南國名。

“於越”，見春秋定五年，國名。

“於陵”，見漢志，濟南郡之縣。

“於潛”，見漢志，丹陽郡之縣。

“於菟”，見左宣四年傳，楚人謂虎。

八、夫——"夫鍾"，見春秋桓十一年，郕地。（公羊作"夫童"。）

　　　　"夫椒"，見左哀元年傳，吳、越間地。（杜注："太湖中椒山。"）

　　　　"夫餘"，見後漢書東夷傳，國名。（一作"扶餘"。）

　　　　"夫槩"，見左定四年傳，吳人。

　　　　"夫差"，見左定十四年傳，吳君。

九、諸——"諸暨"，見漢志，會稽郡之縣。

　　　　"諸兒"，見春秋莊八年，齊襄公名。

　　　　"諸樊"，見左襄二十五年傳，吳君。

　　　　"諸梁"，見左哀四年傳，楚葉公名。

　　　　"諸稽郢"，見吳語，越人。

十、居——"居巢"，見史記吳世家，楚地。（春秋及左傳昭二十四年但云"巢"。）又見漢志，廬江郡之縣。

　　　　"居庸"，見漢志，上谷郡之縣。

　　　　"居就"，見漢志，遼東郡之縣。

　　　　"居風"，見漢志，九真郡之縣。

　　　　"居延"，見漢志，張掖郡之縣。

一一、且——"且知"，見左昭二十七年傳，魯地。

　　　　"且如"，見漢志，代郡之縣。

　　　　"且居"，見漢志，上谷郡之縣。

　　　　"且慮"，見漢志，遼西郡之縣。

一二、鉏——"鉏商"，見左哀十四年傳，魯人。

　　　　"鉏麑"，見左宣二年傳，晉人。

　　　　"鉏任"，見左成四年傳，許人。

一三、餘——"餘干"，見淮南人間，越地。

　　　　"餘汗"，見漢志，豫章郡之縣，即餘干。

　　　　"餘杭"，見漢志，會稽郡之縣。

　　　　"餘姚"，見漢志，會稽郡之縣。

"餘暨"，見漢志，會稽郡之縣。

"餘發"，見漢志，九真郡之縣。

"餘橋疑吾"，見吳世家，吳君。

"餘祭"，見左襄二十九年傳，吳君。

"餘眛"，見吳世家，吳君。

"餘皇"，見左昭十七年傳，吳王之乘舟。

一四、夷——"夷儀"，見春秋僖元年，邢地。（公羊經作"陳儀"。）

　　　　"夷庚"，見左成十八年傳，吳、晉間地。

　　　　"夷虎"，見左哀四年傳，國名。

　　　　"夷輿"，見漢志，上谷郡之縣。

　　　　"夷安"，見漢志，高密國之縣。

　　　　"夷羿"，見左襄四年傳，古帝王。

　　　　"夷吾"，見吳世家，吳君。又管仲及晉惠公皆名
　　　　　　"夷吾"，見左莊八年及僖二十四年傳。

　　　　"夷皋"，見春秋宣二年，晉君。（公羊經作"夷獔"。）

　　　　"夷仲年"，見左隱七年傳，齊公子。

　　　　"夷末"，見春秋昭十五年，吳君，即餘眛。

　　　　"夷羊五"，見左成十七年傳，晉人。（晉語作"夷陽
　　　　　　午"。）

　　　　"夷射姑"，見左定二年傳，邾人。

一五、無——"無棣"，見左僖四年傳，齊地。

　　　　"無婁"，見春秋宣十五年，杞地。（公羊經作"牟
　　　　　　婁"。）

　　　　"無終"，見左昭元年傳，國名。又見漢志，右北平
　　　　　　郡之縣。

　　　　"無假"，見越世家，楚關名。

　　　　"無錫"，見漢志，會稽郡之縣。

　　　　"無慮"，見漢志，遼東郡之縣。

"無切"，見漢志，九真郡之縣。

"無編"，同上。

"無鹽"，見漢志，東平國之縣。

"無駭"，見春秋隱二年，魯公族。

"無知"，見春秋莊八年，齊公子。

"無虧"，見左閔二年傳，齊公子。

"無野"，見春秋成九年，齊頃公。

"無極"，見左昭十五年傳，楚人，費氏。

"無宇"，見左襄六年傳，齊人，陳桓子。又見襄三
　　十年傳，楚人，申氏。

"無恤"，見左文十二年傳，晉人，范氏。又見哀二
　　年傳，魯人，王良。又見哀二十年傳，晉人，
　　趙襄子。

"無餘"，見越世家正義，少康庶子。

"無彊"，見越世家，越君。

"無射"，見左昭二十一年傳，周定王鐘名。

（乙）中置音：

一、句——"甬句東"，見吳語、越語，越地。（越世家但作"甬
　　東"。）

　　　　"匄句須"，見左成十七年傳，魯人。

二、姑——"藐姑射"，見莊子逍遙游，山名。

　　　　"靈姑浮"，見左定十四年傳，越人。

三、州——"延州來"，見左襄三十一年傳，吳地。（禮記作"延
　　陵"。）

四、於——"壽於姚"，見左哀十三年傳，吳人。

五、吁——"譯吁宋"，見淮南人間，西嘔君。

六、夷——"茅夷鴻"，見左哀七年傳，邾人。

七、隃——“顔隃倫”，見漢書古今人表，當是魯人。（韓詩外傳
　　　二但作“顔淪”。）

八、鉏——“西鉏吾”，見左成十八年傳，宋人。

九、樓——“東樓公”，“西樓公”，並見陳杞世家，杞君。

十、無——“疇無餘”，見左哀十三年傳，越人。

一一、娶——“謀娶公”，見陳杞世家，杞君。

一二、設——“鱄設諸”，見左昭二十年傳，吳人。（戰國魏策、
　　　呂氏春秋及史記等書俱作“專諸”。）

（丙）後置音：

一、句——“須句”，見春秋僖二十二年，東方國名。

　　　　　“宛句”，見漢志，濟陰郡之縣。

　　　　　“朱句”，見竹書紀年，越君。

　　　　　“僂句”，見左昭二十五年傳，臧氏寶龜名。

二、革——“惡來革”，見秦本紀，殷人，嬴姓之祖。（墨子所染、
　　　趙世家及秦本紀他處俱作“惡來”。）

　　　　　“鮑革”，見宋世家，宋文公。（左文十六年傳但作
　　　　　“鮑”。）

三、姑——“蒲姑”，見左昭二十年傳，古東方國名。

　　　　　“落姑”，見春秋閔元年，齊地。（公羊經作“洛姑”。）

　　　　　“離姑”，見左昭二十三年傳，邾地。

　　　　　“執姑”，見吳世家索隱引世本，吳君。

　　　　　“息姑”，見左傳杜注，魯隱公。（魯世家但作“息”。）

　　　　　“射姑”，見左桓九年傳，曹莊公。又見春秋文六年，
　　　　　晉人，狐氏。又見左定二年傳，邾人，夷氏。

　　　　　“益姑”，見左昭六年傳，杞文公。

　　　　　“申夜姑”，見左昭二十五年傳，魯人。

　　　　　“金僕姑”，見左莊十一年傳，魯矢名。

四、臯——"平臯"，見漢志，河內郡之縣。

　　　　　"成臯"，見漢志，河南郡之縣。

　　　　　"武臯"，見漢志，定襄郡之縣。

　　　　　"橐臯"，見春秋哀十二年，吳地。又見漢志，九江郡
　　　　　　　之縣。

　　　　　"旁臯"，見秦本紀，惡來之孫。

五、干——"發干"，見漢志，東郡之縣。

　　　　　"蘭干"，見漢志，天水郡之縣。

　　　　　"揚干"，見左襄二年傳，晉公子。

六、州——"薛居州"，見孟子滕文公下，宋人。

　　　　　"密州"，見左襄三十二年傳，莒犁比公。

七、都——"雩都"，見漢志，豫章郡之縣。

　　　　　"城都"，見漢志，山陽郡之侯國。

　　　　　"陽都"，見漢志，城陽國之縣。

　　　　　"呂都"，見漢志，濟陰郡之縣。

　　　　　"樂都"，見漢志，北海郡之縣。

　　　　　"軍都"，見漢志，上谷郡之縣。

　　　　　"慶都"，見秦始皇本紀，趙邑，即望都。

　　　　　"望都"，見漢志，中山國之縣。

　　　　　"高都"，見漢志，上黨郡之縣。

　　　　　"原都"，見漢志，上郡之縣。

　　　　　"脩都"，見漢志，朔方郡之縣。

　　　　　"武都"，見漢志，郡名；又五原郡之縣。

　　　　　"骨都"，見匈奴列傳，官名。

八、諸——"孟諸"，見左僖二十八年傳，宋地。（書禹貢作"孟
　　　　　　　豬"。）

　　　　　"望諸"，見樂毅列傳，即孟諸。（戰國中山策作"藍
　　　　　　　諸"。）

"絲諸",見漢志,天水郡之縣。

"悉諸",見呂氏春秋尊師,神農時人。

"詭諸",見春秋僖九年,晉獻公。(左氏本作"佹諸"。)又見左莊十六年傳,周人。

"意諸",見左文八年傳,宋人,蕩氏。

九、居——"鞫居",見左成二年傳,衛地。

　　　　"弋居",見漢志,北地郡之縣。

　　　　"且居",見左僖三十三年傳,晉人,先氏。

　　　　"鞫居",見左文二年傳,晉人,狐氏。

一〇、盧——"朱盧",見漢志,合浦郡之縣。

（盧）　"鄒盧",見漢志,膠東國之縣。

　　　　"闔廬",見左昭二十七年傳,吳君。(戰國策作"闔閭"。)

一一、慮——"取慮",見漢志,臨淮郡之縣。

　　　　"昌慮",見漢志,東海郡之縣。

　　　　"隆慮",見漢志,河內郡之縣。

一二、離——"鍾離",見春秋成十五年,楚地。

　　　　"符離",見漢志,沛郡之縣。

　　　　"于離",見漢志,太原郡之縣。

　　　　"索離",見後漢東夷傳,國名。

　　　　"吾離",見春秋桓七年,鄧侯。又見左襄十四年傳,姜戎之祖。

　　　　"漸離",見戰國燕策,燕人,高氏。

一三、黎——"祁黎",見公羊春秋隱十一年,鄭地。(穀左本作

（黎）　"時來"。)

（犂）　"合黎",見書禹貢,雍州山。

　　　　"戢黎",見左文十四年傳,楚人,盧大夫。

　　　　"祁犂",見春秋定六年,宋人,樂氏。(左傳但作

　　　　“祁”。）

一四、舒——“壽舒”，見左襄二十三年傳，莒地。

　　　　“留舒”，見左哀二十七年傳，齊地。

　　　　“龍舒”，見漢志，廬江郡之縣。

　　　　“平舒”，見漢志，代郡之縣。

　　　　“蒼舒”，見左文十八年傳，高辛氏之子。

　　　　“酆舒”，見左文七年傳，狄人。

　　　　“徵舒”，見左宣十一年傳，陳人，夏氏。

　　　　“追舒”，見左襄十五年傳，楚公子，令尹子南。

一五、輿——“丘輿”，見左成二年傳，齊地；又哀十四年傳，
　　　　魯地。

　　　　“平輿”，見漢志，汝南郡之縣。

　　　　“樊輿”，見漢志，涿郡之侯國。

　　　　“北輿”，見漢志，雲中郡之縣。

　　　　“展輿”，見左氏春秋昭元年，莒公子。（公穀本但
　　　　作“展”。）

　　　　“接輿”，見論語微子，楚人。

一六、與——“闕與”，見秦本紀，趙地。

　　　　“方與”，見漢志，山陽郡之縣。

　　　　“輒與”，見漢志，沛郡之縣。

　　　　“庚與”，見春秋昭三十二年，莒共公。

　　　　“鼩與”，見越世家，越君。（左哀二十四年傳作“適
　　　　郢”。）

一七、于——“淳于”，見左桓五年傳，州國之都。此後淳于髡，
　　　　淳于越等皆齊人。

　　　　“西于”，見漢志，交趾郡之縣。

　　　　“安于”，見左定十三年傳，晉人，董氏。

　　　　“且于”，見左哀六年傳，齊公子，南郭氏。

　　　　　“由于”，見左哀十八年傳，吳人。

一八、榆——“雍榆”，見春秋襄二十三年，晉地。

　　　　　“贛榆”，見漢志，琅邪郡之縣。

　　　　　“葉榆”，見漢志，益州郡之縣。

一九、餘——“夫餘”，見後漢東夷傳，國名。

　　　　　“壽餘”，見左文十三年傳，晉人，魏氏。

　　　　　“掩餘”，見左昭二十三年傳，吳公子。

　　　　　“蓋餘”，見吳世家，即掩餘。

　　　　　“蒲餘”，見左昭十四年傳，莒人。

二〇、由——“厹由”，見戰國西周策，國名。

　　　　　“蹶由”，見左昭五年傳，吳公子。

　　　　　“雠由”，見孟子萬章，衛人，顏氏。

二一、庸——“狐庸”，見左成七年傳，楚人，屈氏。

　　　　　“燭庸”，見左昭二十七年傳，吳公子。

　　　　　“彌庸”，見左哀十三年傳，吳公族。

二二、須——“密須”，見左昭十五年傳及周本紀，國名。（詩大
　　　　　　雅皇矣及周語但作“密”）。

　　　　　“頭須”，見左僖二十四年傳，晉人。

二三、臾——“顓臾”，見論語季氏及左僖二十一年傳，國名。

二四、夷——“與夷”，見左隱三年傳，宋殤公。

　　　　　“目夷”，見左僖八年傳，宋公子。

　　　　　“彊鳩夷”，見吳世家，吳王。

　　　　　“鴟夷”，見吳世家集解，吳革囊名。（吳語作“鴟
　　　　　　鵜”。）

二五、眙——“盱眙”，見漢志，臨淮郡之縣。

（胎）　“墨胎”，見伯夷列傳索隱引。應劭説，孤竹國君之

（駘）　　　氏。（案，周書怡峰傳云，“本姓默台，避難改

　　　　　　焉”，可見“胎”讀如“怡”。）

　　　　“狐駘”，見左襄四年傳，邾地。（案，杜注，“魯國
　　　　蕃縣東南有目台亭”，證以上文“墨胎”、“目夷”
　　　　二名，則“駘”亦應讀怡。）

二六、衍——“鄔衍”，見左哀七年傳，國名。（杜注，“即鄔也”。）

　　　　“呼衍”，見匈奴傳，氏族名。

二七、婁——“邾婁”，見公羊春秋，國名。（穀左本但作“邾”。）

　（陶）　“牟婁”，見左隱四年傳，杞地。

　（鏤）　“袁婁”，見春秋成二年，齊地。（穀梁本作“爰婁”。）

　　　　“訾婁”，見左昭二十三年傳，邾地。（公羊本作
　　　　“叢”，穀梁本作“訾樓”。）

　　　　“挹婁”，見後漢東夷傳，國名。

　　　　“桂婁”，見後漢東夷傳，高句驪部族名。

　　　　“雩婁”，見漢志，廬江郡之縣。

　　　　“贏陵”，見漢志，交趾郡之縣。

　　　　“工婁”，見左莊十七年傳，遂國氏族名。

　　　　“務婁”，見左襄十四年傳，莒公子。

　　　　“屬鏤”，見左哀十一年傳，吳劍名。

二八、如——“肥如”，見漢志，遼西郡之縣。

　　　　“僑如”，見左文十一年傳，長狄。又見春秋成二
　　　　年，魯人，叔孫宣伯。

　　　　“焚如”，見左文十一年傳，長狄僑如之弟。

　　　　“榮如”，同上。

　　　　“簡如”，同上。

　　　　“意如”，見左昭九年傳，魯人，季平子。

　　　　“賓如”，見左哀八年傳，魯人，臧氏。

　　　　“展如”，見左哀十一年傳，吳人。

二九、次——“榆次”，見戰國秦策，趙邑。

　　　　“安次”，見漢志，勃海郡之縣。

　　　　　"武次"，見漢志，遼東郡之縣。

　　　　　"掎次"，見漢志，武威郡之縣。

　　　　　"嬰次"，見新鄭銅器銘，王子。（案，即"嬰齊"。）

三〇、齊——"嬰齊"，見左閔二年傳，衛人，孔氏。又見僖十九

　　　　　年傳，滕宣公。又見宣十一年傳，楚公子，令

　　　　　尹子重。又見宣十二年傳，晉人，趙氏。又見

　　　　　成十五年傳，魯人，仲氏。又見成二十五年傳，

　　　　　魯人，子叔聲伯。又見昭十六年傳，鄭人罕氏。

　　　　　"奚齊"，見左莊二十八年傳，晉公子。

　　　　　"胡齊"，見周本紀，周僖王。

三一、其——"不其"，見漢志，琅邪郡之縣。

　（祺）"魏其"，同上。

　（期）"祝其"，見漢志，東海郡之縣。

　　　　　"蘭祺"，同上。

　　　　　"贅其"，見漢志，臨淮郡之縣。

　　　　　"梁期"，見漢志，魏郡之縣。

　　　　　"庶其"，見春秋文十八年，莒君。

　　　　　"愆期"，見左襄三十年傳，周人，單公子。

　　　　　"於期"，見戰國燕策，秦將軍，樊氏。

三二、且——"城鉏"，見左哀二十六年傳，衛地。

　（鉏）"強鉏"，見左莊十六年傳，鄭人。

　（徂）"貜且"，見左文十四年傳，邾定公。

　（苴）"將鉏"，見左成十六年傳，宋人，樂氏。

　　　　　"買朱鉏"，見左襄三十一年傳，莒君。（即"密州"。）

　　　　　"僚柤"，見左昭二十五年傳，魯人。

　　　　　"朱鉏"，見左哀二十六年傳，宋人，樂氏。

　　　　　"穰苴"，見史記本傳，齊人，田氏。

　　　　　"無且"，見戰國燕策，秦侍醫，夏氏。

　　　　　“順且”，見戰國衛策，殷氏。

三三、吾——“鍾吾”，見左昭二十七年傳，國名。

　　　　　“番吾”，見戰國趙策，趙地。

　　　　　“司吾”，見漢志，東海郡之縣。

　　　　　“蒲吾”，見漢志，常山郡之縣。（疑即“番吾”。）

　　　　　“蠡吾”，見漢志，涿郡之縣。

　　　　　“朱吾”，見漢志，日南郡之縣。

　　　　　“允吾”，見漢志，金城郡之縣。

　　　　　“徐吾”，見左昭二十八年傳，晉人，知氏。

三四、無——“會無”，見漢志，越嶲郡之縣。

　　　　　“善無”，見漢志，雁門郡之縣。

　　　　　“徐無”，見漢志，右北平郡之縣。

　　　　　“須無”，見左襄二十七年傳，齊人，陳文子。又見
　　　　　　楚世家，齊人，賓氏。

三五、母——“甯母”，見春秋僖七年，魯地。

　　　　　“虞母”，見左哀十一年傳，滕隱公。

三六、夢——“都夢”，見漢志，牂柯郡之縣。

　　　　　“壽夢”，見左襄十二年傳，吳君。（春秋作“乘”。）
　　　　　　又見昭二十四年傳，越人。

三七、牟——“黔牟”，見左桓十六年傳，衛公子。

　　　　　“彌牟”，見左哀十五年傳，衛公族。

　　以上所舉，自知不賅不備，蓋古代記載傳下者既甚鮮，即此
甚鮮者一時亦未易搜羅無缺，直於億萬之中存其十一而已。然即
今所錄，不難推見其大凡，試作一統計如下：

　　上文舉例，其見於先秦漢初故籍者得二百十八事。如以東、
中、西分別其地域，除有數事未詳外，可作如下之分配：

　　東方：吳—三九　越——六　魯—二二　魯附近國—四

　　　　齊——七　齊附近國—二

　　　　莒—九　邾—八　杞—七

　　　　鄶——　宋——〇　衛—八

　　　　曹——　滕—二　邢——

　　　　長狄—四　偃姓國——

　　　　晉（東方之部）—約七　趙（東方之部）—三

　　　　（共一六二）

　　中部：周—五　楚——四　鄭——

　　　　陳——　許——　鄧——

　　　　晉（山西之部）—約一四　趙（山西之部）—三

　　　　晉附近國—四

　　　　（共四四）

　　西方：秦—六

　　　　（共六）

　　加以統計，則東方居百分之七七弱，中與西合計居百分之二四强，東方已佔有四分之三。

　　其見於漢書地理志者得九十三事，依本篇末班固分國之統計之，則：

　　東方：燕——四　趙（東方之部）—五

　　　　齊——〇　魯—七　宋—八

　　　　衛—二　吳——七

　　　　（共六三）

　　中部：趙（山西之部）—五　魏—三

　　　　楚——　粵—八

　　　　（共一七）

　　西方：秦（西北之部）——〇　秦（西南之部）—三

　　　　（共一三）

　東方居百分之六九强，中與西合得百分之三二强。如以漢志郡國依彼時分州之制列之，則：

東方：幽——六　冀一三　兗一八
　　　青一四　徐一一二　揚一一八
　　　（共六一）

中部：司隸一三　并一五　豫一三
　　　交趾一八
　　　（共一九）

西方：朔方一三　涼一八　益一三
　　　（共一四）

東方居百分之六五，中與西凡百分之三五。雖疆域華離錯雜，必不能分配東西而無差爽，要之此類名詞其大本營在東方固無疑也。

如不以東、西、中爲別而分爲沿海與大陸兩區，則粵與交趾當與幽、冀、兗、青、徐、揚並列爲沿海區，其比例數達百分之七三强，與先秦時代之紀載正相應也。

觀此事實，可知沿海爲一種民族，一種文化，而大陸又爲一種民族，一種文化。此觀之史前時代之陶器亦復如此。黑陶，東北發見之，山東諸城發見之，河南洛陽以東發見之，浙江亦發見之，可知當時沿海文化大致從同。自洛陽以西，便爲彩陶區域矣。民族固有轉徙，文化亦常交流，傳云："杞，夏餘也，而即東夷"，襲用外來文化自是常事，故居大陸者接受沿海文化。是以吳有夷吾，知晉惠公之名爲夷化矣；邾有射姑，知晉狐氏之名爲夷化矣；嬰齊之名，東之魯、衛，中之楚、鄭，北之晉無不有之，則爲極普遍之夷名矣。然其大較，則大陸所接受之沿海文化，其數量僅得其四之一耳。

昔傅孟真君作夷夏東西說，別中國文化爲夷與夏二類。此文結論，可資證明。所謂夷文化者，沿海之文化也；夏文化者，大陸之文化也。夷在於先，而夏繼之。其後以秦漢之興，西方文化統一中國，夏居正統而夷儕閏位，嚴格的執行一字一音，於字爲方塊，於音爲孤立，此夏文化之戰勝夷文化也。

或曰：沿海一帶固爲東夷文化矣，何以山西、陝西、甘肅諸高原地帶亦得傳衍東夷文化耶？應之曰：民族遷徙爲歷史大事，然事多難考。匈奴一族，百餘年來歐洲學者主張屬土耳其，徒以其稱天爲"撐犂"，同於後世土耳其語也。日本博士白鳥庫吉始亦從之，繼而集證較多，別創新説，謂匈奴大體爲蒙古種，多少帶有通古斯種之血統，見其所作匈奴之起原一文。通古斯種則居於燕北之東胡也。誠取此説以觀吾文，則趙地之雲中、雁門，秦地之金城、武威，其地本匈奴所居，其語類於東夷，即足證匈奴本爲通古斯與蒙古之混合種，其居地自東徂西，自海濱以至高原皆是也。至於土耳其人，其稱天爲撐犂，則彼接受匈奴之文化耳，單文孤證本不足以定其族類之必與突厥爲一種也。

東夷之語，用 u 者特多。居，都，chu 也。如，ju 也。慮，盧，lu 也。嘍，lou 也。無，莫，牟，mu 也。須，舒，shu 也。次，tzu 也。由，餘，于，與，輿，yu 或 yü 也。於，吾，wu 也。雖古今音有殊，大要固如此矣。

其一字之名本文未列，然亦有此趨向。春秋時，國名有魯，邾，徐，舒。人名如夷（周簡王，晉昭公，薛惠公），盧（蔡平公，曹宣公），須（曹平公，晉韓氏，宋樂氏），舒（魏獻子，鄭印氏，魯叔孫氏），鉏（魯公子，齊公子，鄭罕氏，齊隰氏），亦是。地名則檢之漢志，清河郡有鄃，城陽國有慮，琅邪郡有諸，臨淮郡有輿，泗水國有于，泰山郡有牟與盧，廬江郡有舒，會稽郡有嘍，皆是也。

以一字之不必爲一聲，故有或出或不出之例。宋董逌廣川書跋曰："祕閣至和舊鼎，其銘曰'宋公緕鍊鼎'。……宋世家無公諱緕者。……竹書紀年有'宋景公緕'，而史爲'頭曼'。孫炎以緕爲頭曼合聲，以辨周秦之語。今考班固漢書猶有'兜緕'，蓋亦著其聲如此。”讀此，知“縊”與“曼”同聲，縊其本字，曼其假借，而“頭”爲其前置音，書之文字可出可不出。視上文所舉例，“葰”或爲“姑葰”，“巢”或爲“居巢”，均前置音之可出可不出也；“甬東”或爲“甬句東”，“專諸”或爲“鱄設諸”，均中置音之可出可不出也；“祁”或作“祁犁”，“展”或作“展輿”，均後置音之可出可不出也。

　　漢代學者不能解此，好施妄意。故定六年春秋云：“季孫斯、仲孫忌帥師圍運”，公羊傳云：“此‘仲孫何忌’也，曷爲謂之‘仲孫忌’？譏二名。二名，非禮也。”又哀十三年公羊春秋云：“晉魏多帥師侵衛”，傳云：“此‘晉魏曼多’也，曷爲謂之‘晉魏多’？譏二名。二名，非禮也。”夫春秋一經，開卷即有益師，無駭，履綸，州吁諸名，以二字爲名者何限，何獨於仲孫何忌與魏曼多之二名譏之？蓋東夷語至漢代而剗絕，群以一字爲名，故覩異文化而不了解，遂就春秋之異文而張其曲説耳。觀漢書王莽傳曰：“莽……重賂匈奴單于，使上書言，‘聞中國譏二名，故名“囊知牙斯”，今更名“知”，慕從聖制’”，亦猶是矣。

　　王莽好制作，物名多更定。其於地名，變易纍纍，檢漢書地理志可知也。渠以不能了解東夷語，喜將虛聲釋爲實義。如東郡有“發干”，莽改曰“戢楯”，天水郡有“蘭干”，又改曰“蘭盾”，皆視爲干戈之干，不知其爲後置音也。會稽郡“無錫”，莽改“有錫”，東平國“無鹽”，莽改“有鹽”，皆視爲有無之有，不知其爲前置音也。而沛郡“符離”，莽曰“符合”，上谷郡“且居”，莽曰“久居”，夷語也而以漢語解之，且以反對之詞易之，古人有知，不將笑於泉下乎！

　　非獨王莽然也，經師皆然。越語，“吾讲達王甬、句東”，韋昭注：“甬，甬江；句，句章”，則以“句”爲實字矣。莒君“密州”，又作“買朱鉏”，杜預注：“買朱鉏，密州之字”，不知“買”與“密”對音，“朱”與“州”對音，“鉏”則其後置音，以或出或不出而有此兩種寫法耳。故既知夷夏語言之同，則經典中之曲解便不難大量芟夷矣。

　　此問題所關甚大，其應有之研究工作亦極繁重，非予淺學所克討論，所以勇於發表者正欲作專家之喤引耳。夫古夷語已久絕，吾人加以揣測實難必中。例如"夫餘"，"且居"，"且慮"，"且如"，上一字皆可爲前置音，下一字皆可爲後置音，則不知其主音安在。又如"夷儀"一作"陳儀"，"夷"可知其爲前置音，"陳"則不易知；"鼬與"一作"適鄆"，"與"可知其爲後置音，"鄆"則不易知。凡此等處，皆必待長期之研究而後有確實之把握。至中置音，度亦甚多，惟極難指定。如杞有"東樓公"，"西樓公"，苟循文敷義，解爲樓閣，詎能遽斥其非。然邾地有"訾婁"，穀梁作"訾樓"，則樓即婁也。婁爲常用之後置音，自可用作中置音。東公，西公，蓋因其居地之異稱之，猶稱王子朝曰西王，王子勾曰東王也。其他類此名詞，亦復一時不易確舉，是則無可如何者耳。